保険判例の研究と動向

2014

石田　満 編
保険判例等研究会著

文眞堂

はしがき

本書は、第一部　保険判例の研究においては、保険判例等研究会で取り上げた保険判例から各会員が担当した保険判例について報告者の意見を明らかにした報告書を中心に研究会全員の討論の成果を取りまとめたものである。

保険判例の研究においては、新保険法との関連で、新保険法の内容をも吟味し、保険判例を検討した上で、議論を展開してきた。

第一部　保険判例の研究で取り上げた最高裁判決をみてみる。

最三小判平成二五年四月一六日裁判集民事二四三号三一五頁、裁判所時報一五七八号一頁、判例時報二二一八号一二〇頁、判例タイムズ一四〇〇号一〇六頁、金融・商事判例一四一六号一四頁（普通傷害保険契約者兼被保険者の嘔吐した物の誤嚥窒息死したことが、約款にいう「外来の事故」によるものとされた事例）がある。この判決については、原審判決とあわせて、傷害保険約款の「外来性」の要件について検討の機縁をあたえるものと評価されるのである。

第二部　新保険判例の動向においては、「責任・新種・海上（運送）保険関係」、「傷害・生命保険関係」、「火災保険関係」、「自動車保険関係」に分けてそれぞれ整理し、コメントを付して明らかにしたものである。主として判例集に登載された新保険判例の全体像を把握しておくことは、保険法・保険約款等の解釈や保険実務の処理・解決にも有意義であると判断されるのである。本書の「新保険判例の動向」では五五件の判決例を取り上げた。

本書「保険判例の研究と動向」の刊行に当たり、文眞堂常務取締役　前野眞司氏の尽力に負うところ大きい。執筆者を代表して感謝申し上げる。

平成二六年六月

上智大学名誉教授　法学博士　石　田　　満

目　次

はしがき

第一部　保険判例研究

一　自動車盗難の外形的な事実について「合理的な疑いを超える程度」まで立証がなされていないとして原判決が取り消された事例
〔大阪高裁平成二三年九月二七日判決（判例時報二一七〇号一三〇頁）〕
元損害保険事業総合研究所　佐藤公平　3

二　交通事故被害者の損害賠償請求訴訟における加害者の自白が保険会社の独立当事者参加により効力が否定され、保険事故発生が認められないとして保険金支払債務の不存在確認等が認容された事例
〔岐阜地裁平成二四年一月一七日判決（判例時報二一五九号一三四頁、自保ジャーナル一八六八号一四三頁）〕
専修大学法学部教授　出口正義　11

三　建物火災が被共済者ないしはその意を受けた第三者による放火により生じたものと推認されるとして詐欺による契約解除が認められた事例

〔福岡高裁平成二四年二月二四日判決（判例時報二一四五号一〇八頁、判例タイムズ一三八九号二七三頁）〕
東亜大学通信制大学院総合学術研究科客員教授　吉川栄一　19

四　飲酒運転者とともに飲酒した同乗者の民法七一九条二項の責任
〔東京地裁平成二四年三月二七日判決（判例タイムズ一三九〇号二八一頁）〕
名城大学法科大学院教授　菊地秀典　32

五　保険の契約者（原告）が建物の所有者でなく、これを告知していないためその建物の部分の保険契約は無効とされ、かつ、火災が原告等またはその意を通じた第三者の故意により発生したとされた事例
〔水戸地裁平成二四年六月二九日判決（判例時報二一八〇号一三三頁）〕
専修大学法学部教授　出口正義　41

六　交通事故と医療過誤が競合した場合、被害者の代理人である弁護士（被告）がすでに医療過誤による解決金を示談により受領しながら、この事実を加害者に説明しないまま、加害者側の保険会社（原告）から訴訟上の和解に基づき損害賠償金の二重支払いを受けたことにつき、原告の損害賠償の請求が認容された事例
〔東京地裁平成二四年七月九日判決（判例タイムズ一三八九号二三五頁）〕
東海大学法学部教授　石田清彦　52

七　仏壇の線香から生じた失火類焼事件で、失火者に重過失が認められるとして賠償が認容された事例

〔広島地裁福山支部平成二四年七月一九日判決（自保ジャーナル一八八八号一八〇頁）〕
元白鷗大学法科大学院教授　戸　出　正　夫　62

八　破産手続き開始後に生じた死亡保険金請求権の破産財団への帰属の要否
〔東京高裁平成二四年九月一二日決定（判例時報二一七二号四四頁、金融・商事判例一四一二号二〇頁、金融法務事情一九六三号一〇〇頁）〕
ＮＫＳＪひまわり生命保険株式会社　田　中　秀　明　73

九　生命保険約款の無催告失効条項が消費者契約法一〇条後段に該当しないとされた事例
〔東京地裁平成二四年九月一二日判決（判例タイムズ一三八七号三三六頁）〕
琉球大学法科大学院教授　久保田　光　昭　89

一〇　告知義務違反で解除された生命保険契約の保険金請求を受任した弁護士への損害賠償請求と、同弁護士の加入する弁護士賠償責任保険の保険金代位請求の可否
〔大阪地裁平成二四年九月一三日判決（判例時報二一七四号一一〇頁）〕
明治安田生命保険相互会社　上　原　純　99

一一　自動車との正面衝突により被害自動車の同乗者が後遺障害を被ったことにつき、自ら自動車保険契約を締結していた者の保険会社に対する人身傷害条項・無保険車傷害危険担保特約に基づく保険金の請求と被害自動車の運転者の母が自動車保険契約を締結していた別の保険会社に対する無保険車傷害特約に基づく保険金の請求との競合
〔広島高裁岡山支部平成二四年九月二八日判決（自保ジャーナル一八八五号一頁）〕
上智大学名誉教授　石　田　満　118

一二　被相続人が意思能力のない状態で締結した年金型保険契約の支払済保険料の返還請求権が相続財産に当たるとして重加算税が課された場合において、相続税申告受任税理士の債務不履行責任が否定された事例
〔東京地裁平成二四年一〇月一六日判決（判例時報二一七六号四八頁）〕
寺澤真一　130

一三　簡易生命保険について、保険契約申込書の保険契約者の氏名欄に氏名を記載された者とは異なる者を保険契約者と認定した事例
〔東京高裁平成二四年一一月一四日判決（判例時報二一七一号四八頁、判例タイムズ一三八六号二七七頁、金融・商事判例一四〇八号三一頁）〕
東海大学法学部教授　小野寺千世　136

一四　自動車保険契約の告知義務違反と保険契約の解除の可否
〔仙台高裁平成二四年一一月二二日判決（判例時報二一七九号一四一頁、判例タイムズ一三九〇号三一九頁、自保ジャーナル一八八九号三四頁）〕
日本大学法学部准教授　梅村悠　147

一五　交通事故被害者である従業員の休業により雇用者（企業）に生じた費用の損害賠償請求が認容されなかった事例
〔東京高裁平成二四年一二月二〇日判決（判例タイムズ一三八八号二五三頁）〕
ＮＫＳＪひまわり生命保険株式会社　田中秀明　158

一六　睡眠導入剤等を使用した際に生じた自損事故と車両保険金請求
〔岐阜地裁平成二五年二月一五日判決（判例時報二一八一号一五二頁）〕
熊本大学法学部教授　遠山聡　167

一七　交通事故による将来の介護費用について定期金賠償を相当とした第一審判決を是認した事例
〔東京高裁平成二五年三月一四日判決（判例タイムズ一三九二号二〇三頁）〕
日本大学法学部准教授　梅　村　悠　177

一八　傷害保険における食吐物誤嚥死亡事故の外来性
〔最高裁平成二五年四月一六日第三小法廷判決（裁判集民事二四三号三一五頁、裁判所時報一五七八号一頁、判例時報二二一八号一二〇頁、判例タイムズ一四〇〇号一〇六頁、金融・商事判例一四一六号一四頁）〕
元白鷗大学法科大学院教授　戸　出　正　夫　189

一九　集中豪雨、道路冠水のために自動車から降車し、避難中の被害者らが濁流に流されて死亡した事故について、「運行によって」発生した事故でない、とされた事例
〔東京高裁平成二五年五月二二日判決（ＬＥＸ／ＤＢ　文献番号２５５０１７１０）〕
損害保険料率算出機構　丸　山　一　朗　201

二〇　個人年金保険の勧誘をした銀行および生命保険会社の適合性原則違反・説明義務違反等による損害賠償責任がないとされた事例
〔仙台地裁平成二五年一〇月二日判決（金融・商事判例一四三〇号三四頁）〕
ＮＫＳＪひまわり生命保険株式会社　田　中　秀　明　213

第二部　新保険判例の動向

一　責任・新種・海上（運送）保険関係

はじめに　228
一　東京地判平成二三年七月一五日判例タイムズ一三八四号二七〇頁
〔国際海上物品運送法一三条の責任制限〕　231
二　仙台高判平成二三年九月二二日判例タイムズ一三六七号二四〇頁
〔公海上での船舶衝突、日本の国際裁判管轄　否定〕　233
三　東京地判平成二三年九月三〇日判例タイムズ一三七九号一九三頁
〔船舶の衝突につき、避航船の船員の過失七割、保持船の過失三割〕　239
四　山口地下関支決平成二四年一月一〇日判例タイムズ一三六七号二四八頁
〔船舶抵当権および根抵当権の効力が再編整備等推進支援事件の不要漁船処理対策助成金に及ばず〕　242
五　東京地判平成二四年三月三〇日判例タイムズ一三八二号一五二頁
〔税理士の消費税課税事業者選択届出書の提出についての助言等をする義務を怠った債務不履行責任　否定〕　247
六　神戸地尼崎支判平成二四年五月一〇日判例時報二一六五号一二三頁、自保ジャーナル一八八三号一八三頁
〔製造物責任法五条一項後段の「製造業者等が当該製造物を引き渡したときから一〇年を経過したとき」に当たる〕

七　大阪地判平成二四年九月一三日判例時報二一七四号一二〇頁　249
〔受任した弁護士に対する損害賠償請求棄却、弁護士賠償責任保険の代位請求却下〕
八　東京地判平成二四年一〇月一六日判例時報二一七六号四八頁　254
〔税理士法人の債務不履行責任　否定〕
九　東京地判平成二五年八月二六日金融・商事判例一四二六号五四頁　258
〔自動車保険契約の弁護士費用等担保特約に基づく保険金の支払義務　否定〕

二　傷害・生命保険関係

はじめに　264
一　東京地判平成二三年八月一〇日金融法務事情一九五〇号一一五頁　264
〔銀行による変額個人年金保険の販売、適合性原則・説明義務違反　否定〕
二　札幌地判平成二三年九月二八日判例タイムズ一三七二号二〇四頁　266
〔傷害保険契約の疾病免責条項の適用　否定〕
三　福岡地判平成二三年一一月八日金融法務事情一九五一号一三七頁　270
〔銀行等の変額個人年金保険等の勧誘・販売の適合性原則違反　否定〕
四　さいたま地川越支判平成二四年一月二三日判例タイムズ一三八五号二四三頁　271
〔共済金請求権の遺贈により死亡共済金請求権を原始取得したとの原告の主張　否定〕
五　札幌地判平成二四年三月二九日判例時報二一五二号五八頁　275
〔生命共済の入院特約に基づく共済金請求権が破産財団に属する〕
六　大阪地判平成二四年五月三〇日自保ジャーナル一八八三号一七五頁

七　東京高判平成二四年七月一一日金融・商事判例一三九九号八頁
〔生命保険無催告失効条項が消費者契約法一〇条により無効となるものでなく、自殺免責条項の適用の主張が権利濫用ないし信義則違反に当たらない〕　279
八　東京地判平成二四年八月七日判例タイムズ一三九一号二八七頁
〔団体信用生命保険契約に追加加入、被保険者の告知義務違反、保険会社に過失なし〕　283
九　東京高決平成二四年九月一二日判例時報二一七二号四四頁、金融・商事判例一四一二号二〇頁、金融法務事情一九六三号一〇〇頁
〔破産手続開始決定前に成立した保険契約につき、同決定後に保険事故が発生した場合の保険金請求権の破産財団への帰属〕　293
一〇　東京地判平成二四年九月一二日判例タイムズ一三八七号三三六頁
〔生命保険契約の無催告失効条項が消費者契約法一〇条後段に該当しない〕　295
一一　東京高判平成二四年一〇月二五日判例タイムズ一三八七号二六六頁、金融・商事判例一四〇四号一六頁
〔生命保険無催告失効条項が信義則に反せず、かつ、消費者契約法一〇条後段により無効とすることはできない〕　299
一二　東京高判平成二四年一一月一四日判例時報二一七一号四八頁、判例タイムズ一三八六号二七七頁、金融・商事判例一四〇八号三二頁
〔簡易生命保険において保険契約申込書の保険契約者の氏名欄に氏名を記載された者とは異なる者を保険契約者と認定〕　302　305

一三　最三小判平成二五年四月一六日裁判集民事二四三号三一五頁、裁判所時報一五七八号一頁、判例時報二二一八号一二〇頁、判例タイムズ一四〇〇号一〇六頁、金融・商事判例一四一六号一四頁〔普通傷害保険契約者兼被保険者の嘔吐した物の誤嚥窒息死が約款にいう「外来の事故」によるものとされた〕　310

三　火災保険関係

はじめに　316
一　広島地福山支判平成二四年一月一八日判例時報二一六〇号一二八頁〔火災が債務会社の取締役の故意による〕　316
二　福岡高判平成二四年二月二四日判例時報二一四五号一〇八頁、判例タイムズ一三八九号二七三頁〔火災が共済契約者ないしはその者の意を受けた第三者の放火〕　319
三　東京地判平成二四年三月二八日自保ジャーナル一八八一号一八二頁〔無人の建物が風水害等給付金付火災共済規約の「人が居住する建物」に当らない〕　324
四　水戸地判平成二四年六月二九日判例時報二一八〇号一三三頁〔保険の契約者（原告）が建物の所有者でなく、これを告知していなくてその建物の部分の保険契約が無効とされ、かつ、火災が原告等またはその意を通じた第三者の故意により発生〕　328
五　広島地福山支判平成二四年七月一九日自保ジャーナル一八八八号一八〇頁〔失火責任法に基づく損害賠償責任　肯定〕　330
六　東京地判平成二四年一〇月四日判例タイムズ一三九二号二五八頁〔パチンコ店建物の火災による財物保険金および利益喪失保険金の請求〕　332

七　長野地松本支判平成二五年七月一七日判例時報二二〇一号一三三頁 334
〔建物の火災が被保険者（原告）またはその意を通じた者の故意によると強く推認される〕

四　自動車保険関係

はじめに
一　大阪高判平成二三年八月二四日判例タイムズ一三八六号二九二頁 340
〔車両盗難、「被保険者以外の者が……被保険自動車を持ち去った事実」について合理的な疑いを超える程度の立証　否定〕
二　大阪高判平成二三年八月二六日判例タイムズ一三八七号二五七頁 342
〔未成年者（一四歳）の自転車運転中の歩行者との衝突、負傷させた事故につき不法行為責任肯定、その両親につき指導監督義務違反　否定〕
三　大阪高判平成二三年九月二七日判例時報二一七〇号一三〇頁 345
〔自動車の盗難の外形的事実、合理的な疑いを超える程度の証明　否定〕
四　大阪高判平成二三年九月二八日判例タイムズ一三八八号二八七頁 349
〔自動車のため池に落下、車両損壊による車両保険金の請求　否定〕
五　大阪地判平成二四年二月一日判例時報二一六七号一〇八頁 350
〔自動車のダム湖に転落・死亡、人身傷害条項特約の「急激かつ偶然な外来の事故」　肯定〕
六　東京地判平成二四年三月二七日判例タイムズ一三八七号二七五頁 352
〔自動車の損傷等、原告の故意推認〕
七　東京地判平成二四年三月二七日判例タイムズ一三九〇号二八一頁

〔交通事故につき運転者と共に飲酒した同乗者二人らに民法七一九条二項の責任　肯定〕 354
八　札幌地判平成二四年四月一二日判例タイムズ一三八六号二八四頁
〔被保険者の海中に転落していた自動車の車内での死亡、自殺〕 357
九　東京地判平成二四年七月九日判例タイムズ一三八九号二三五頁
〔交通事故と医療過誤との競合、被害者の弁護士の医療過誤による解決金受領の事実の説明義務
懈怠〕 358
一〇　大阪高判平成二四年七月一一日判例時報二一六三号一三五頁
〔自損事故による車両保険金請求、保険契約者の故意認定〕 362
一一　横浜地判平成二四年九月一一日判例時報二一七〇号九七頁
〔孫請会社の従業員の交通事故、元請会社の運行供用者責任　肯定〕 364
一二　広島高岡山支判平成二四年九月二八日自保ジャーナル一八八五号一頁
〔自動車との正面衝突による被害自動車の原告同乗者の後遺障害、複数の被告保険会社の責任〕 366
一三　徳島地判平成二四年一〇月一日自保ジャーナル一八八三号一六五頁
〔被保険自動車のベンツの海中転落、故意認定〕 369
一四　東京地判平成二四年一〇月一一日判例タイムズ一三八六号二六五頁
〔交通事故による介護費用、裁判所の定期金賠償方式による支払命令〕 372
一五　仙台高判平成二四年一一月二二日判例時報二一七九号一四一頁、判例タイムズ一三九〇号三一九
頁、自保ジャーナル一八八九号三四頁
〔運転免許を保有していないのに運転免許の色を「ブルー」と告知〕 376
一六　大阪地判平成二四年一一月三〇日判例時報二一七七号一一三頁

〔被保険自動車（メルセデス・ベンツ）に薬剤がまかれて塗装に損傷主張、保険契約者（原告）またはその者と意を通じた第三者による招致〕 379
一七　東京地判平成二四年一二月六日判例タイムズ一三九一号二六一頁
〔台風による集中豪雨により走行不能になった自動車の同乗者が降車し避難する際に濁流に流され死亡、自賠責保険金の請求　否定〕 381
一八　東京高判平成二四年一二月二〇日判例タイムズ一三八八号二五三頁
〔活魚運搬業者の交通事故による休業外注、債権侵害に当らず、被害者である従業員とその会社（原告・被控訴人）との間の経済的一体性　否定〕 383
一九　東京地判平成二四年一二月二〇日判例タイムズ一三八八号二六一頁
〔自賠法一六条一項の損害賠償額の支払請求権は差し押えることのできない債権、民法四二三条一項の代位行使不可〕 386
二〇　大阪地判平成二五年一月二八日判例時報二一九七号一三二頁
〔メルセデス・ベンツの損傷、原告が関与していると推認〕 388
二一　東京地判平成二五年一月三〇日判例タイムズ一三九四号二八九頁
〔車両の盗難の外形的事実が認められる〕 390
二二　岐阜地判平成二五年二月一五日判例時報二一八一号一五二頁
〔「正常な運転ができないおそれがある状態で運転している時に」自損事故発生〕 392
二三　東京地判平成二五年三月七日判例時報二一九一号五六頁、判例タイムズ一三九四号二五〇頁
〔低血糖による意識障害に陥って交通事故を起した加害者の自賠法三条の運行供用者責任等〕 394
二四　岡山地判平成二五年三月八日判例時報二一九八号一三四頁

〔酒に酔って正常な運転ができないおそれがある状態での交通事故〕　397
二五　東京高判平成二五年三月一四日判例タイムズ一三九二号二〇三頁
〔交通事故による重度後遺障害を負った被害者の一時金による損害賠償の請求に対して定期金による支払が相当〕　399
二六　宇都宮地判平成二五年四月二四日判例時報二一九三号六七頁
〔クレーン車の運転中にてんかん発作により小学生六名に衝突させた〕　402

第一部　保険判例の研究

保険判例等研究会

一　自動車盗難の外形的な事実について「合理的な疑いを超える程度」まで立証がなされていないとして原判決が取り消された事例

〔大阪高裁平成二三年九月二七日判決（平成二二年(ネ)第二八八九号、保険金支払請求控訴事件）判例時報二一七〇号一三〇頁
原　審・神戸地裁平成二二年八月二六日判決（平成二〇年(ワ)第二七三四号、保険金支払請求事件）判例時報二一七〇号一三七頁〕

元損害保険事業総合研究所　佐　藤　公　平

一　問題の所在

本事案は、被保険自動車（メルセデス・ベンツ－イモビライザ付）の盗難により損害を被ったとして車両保険金等を請求したものである。

自動車保険（車両保険）における保険事故である「盗難」の主張立証責任の所在については、平成一九年の二つの最高裁判決によって、判断枠組みが確立している。すなわち、自動車の盗難による保険金請求者は保険事故である盗難の外形的な事実を立証すれば足り、被保険自動車の持ち去りが被保険者の意思に基づかないものであ

ることを主張・立証すべき責任を負わず、その外形的な事実については「合理的な疑いを超える程度」の立証を要求するとの判断枠組みが確立している（市川典継「自動車盗難の外形的な事実について『合理的な疑いを超える程度』まで立証されていないとして請求が棄却された事例」石田満編『保険判例二〇一三』〈保険毎日新聞社〉二〇二頁）。

本事案では、原審、控訴審ともこの最高裁判決の判断枠組みに即して事実認定をしているが、原審は盗難の外形的事実を認定したのに対して、控訴審では盗難の外形的事実が合理的な疑いを超える程度まで証明されたということはできないと判示した。盗難の存否について、一、二審で判断が分かれた事例である。

二　事実の概要

一　X（原告・被控訴人）は、平成一七年一〇月、メルセデス・ベンツ（初度登録平成一四年九月、以下「本件自動車」という）を約六五〇万円で購入し、平成一九年七月二八日、Y保険会社（被告・控訴人）との間で本件自動車を被保険自動車として、次の内容の自動車保険契約を締結した。①保険種類：新・家庭用総合自動車保険（なお、この自動車保険契約には「盗難に関する代車等費用補償特約」「弁護士費用等補償特約」が付帯されていた）、②保険期間：平成一九年七月二八日午前一一時から平成二〇年七月二八日午後四時までの一年間、③被保険者：X、④車両保険金額：七七五万円

二　Xは、平成二〇年五月二九日午前五時三〇分ないし午前六時ころ、Xが賃借している神戸市兵庫区（番地略）所在のAガレージ一八号区画（以下、Aガレージ全体を「本件駐車場」といい、Xが賃借している駐車区画を「一八号区画」という）に本件自動車を駐車して、自宅に帰った。Xは、同年六月三日午後五時三〇分ころ、本件自動車を運転して外出するため、本件駐車場に行ったところ、本件自動車が何者かによって盗まれているの

を発見した。Xは、直ちに、すぐ近くのB警察署C交番所に行き、同交番所において被害届を提出した。また、Xは、Y社に対し、平成二〇年六月六日に、本件自動車の車両保険金七七五万円および代車等費用保険金一五万円（日額五〇〇〇円×三〇日分）の合計七九〇万円の支払を請求したところ、Y社は、同年八月二〇日付けで、本件自動車盗難事故につき、保険事故としての偶然性が認められないとして、保険金の支払を拒否した。

そこで、XはY社に対し、本件車両が盗難にあったとして、車両保険金七七五万円、代車等費用保険金一五万円および弁護士費用等補償特約に基づく弁護士費用保険金五二万五〇〇〇円の合計八四二万五〇〇〇円およびうち七九〇万円に対する支払を請求した日の翌日である平成二〇年六月七日から、うち五二万五〇〇〇円に対する訴状送達の日の翌日である同年一〇月九日から各支払済みまで商事法定利率年六分の割合による遅延損害金の支払いを求めた。

原審判決は、X以外の者がXの賃借していた駐車場から本件自動車を持ち去った事実が認められる上、本件自動車の持ち去りがXの意思に基づくものとは認められないとして、Xの請求を七九〇万円およびこれに対する商事法定利率年六分の割合による遅延損害金の支払を命じる限度で認容し、その余の請求を棄却した。そこで、Y社はこれを不服として控訴した。

三　判旨（一部取消、上告〈上告棄却〉）

「しかしながら、本件においては、被保険者以外の者が本件駐車場から本件自動車を持ち去ったことを目撃した者や防犯カメラの映像等の直接証拠は存在しないから、Xの本件自動車が盗難に遭った旨の上記供述の信用性は慎重に判断する必要があるところ、X及びこれと同旨の警察に対する被害届、Yに対する被害申告の各内容は直ちに採用することはできず、以下の各事情を併せて考慮すると、結局、Xの上記供述は信用することができず、

X以外の者が本件駐車場から本件自動車を持ち去ったという盗難の外形的事実が合理的な疑いを超える程度にまで証明されたということはできない。」

「以上のとおり、本件自動車の盗難が非常に困難であることに加えて、第三者の持ち去りと認めるには疑わしいX側の事情に照らすと、Xの供述は信用できず、ほかに本件自動車がX以外の第三者によって持ち去られたことを認めるに足る証拠はない。むしろ、上記認定の事実関係に照らすと、Xが自ら本件自動車を運転して本件駐車場から運び出し、リモコンキー一本とともに第三者に引き渡した可能性が高いものというべきである。なお、Xは、防犯カメラの抑止力はXに対しより強く働いていたといえるから、Xが駐車場管理会社に赴き、防犯カメラを見せてくれるように申し入れた行為は、X以外の者が本件自動車を持ち去ったことを推認させる事実である旨主張する。しかしながら、その主張は、『Xは、防犯カメラがあることは知っていたが、それがダミーであることを知らなかった』という事実が前提となるところ、Xが平成一九年三月六日に本件駐車場で車上荒らしに遭った際、防犯カメラがダミーであることを知らされていた可能性があることは上記認定のとおりであるから、Xの上記行為もX以外の者が本件自動車を持ち去ったことを積極的に裏付ける事実とはいえない。」

四　本判決の検討

一　自動車保険（車両保険）における保険事故である「盗難」の主張立証責任の所在については、平成一九年の二つの最高裁判決によって、その判断枠組みが確立している。すなわち、①最三小判平成一九年四月一七日民集六一巻三号一〇二六頁は、「被保険自動車の盗難」を保険事故とする自動車保険契約の約款に基づき車両保険金の支払を請求する場合において、保険金請求者は、「被保険者以外の者が被保険者の占有に係る被保険自動車をその所在場所から持ち去ったこと」という盗難の外形的な事実について主張立証責任を負うが、被保険自動車の持ち去りが被保険者の意思に基づかないものであることについて主張立証責任を負わないとした。また、②最一小判平成一九年四月二三日裁判集民事二二四号一七一頁は、同旨の判示をした上で、盗難の外形的事実は、「被保険者の占有に係る被保険自動車が保険金請求者の主張する所在場所におかれていたこと」および「被保険者以外の者がその場所から被保険自動車を持ち去ったこと」という事実から構成されるとし、盗難の外形的事実について単に「外形的・客観的にみて第三者による持ち去りとみて矛盾のない状況」を立証するだけでは、盗難の外形的な事実を合理的な疑いを超える程度にまで立証することにはならないとした。

本事案の原審、控訴審とも、この二つの最高裁判決の判断枠組みに即して検討を行っている。

二　ところで、一般に盗難の事実の立証あるいは故意の立証は、その性質上、目撃証言や犯人の供述がない限り、困難であるから、通常、①事故の客観的状況（窃取の難易、発見時の車両の状態）、②請求者の事故前後の行動等（修理・洗車の有無、被害届提出時期等）、③請求者の属性・動機等（同種事故の経験の有無、交友関係、動機）、④保険契約に関する事情（保険契約締結と事故との時間的近接性、保険契約締結に至る経緯、保険契約の内容）等の間接事実の積み重ねより推認するほかないとされる（大阪民事実務研究会編「保険金請求訴訟の研究」判タ一一六一号一八頁以下）。本事案でも、車両の盗難についての目撃証言等のない事例であり、本件駐車場からの本件自動車を窃取することの難易等の間接事実の積み重ねにより判断を行っている。

三　本事案では、盗難の外形的事実の「被保険者の占有に係る被保険自動車が保険金請求者の主張する所在場所におかれていたこと」については、原審、控訴審ともX本人の供述およびXの友人等の証言により「本件自動車は、平成二〇年五月二九日午前五時過ぎころから同年六月一日ころにかけて、Xの主張する本件駐車場の一八号区画に駐車されていたことが認められる」としている。

次に「被保険者以外の者が保険金請求者の主張する所在場所から被保険自動車を持ち去ったこと」については原審と控訴審の判断が分かれている。

（一）原審では、主として次のとおり認定している。

（イ）防犯カメラについては、「Xは、警察官に被害届を提出した後、本件駐車場を管理している会社に赴き、本件自動車が盗まれたことを伝えた後、本件駐車場に設置されている防犯カメラのビデオを見せてくれるように申し入れたところ、防犯カメラはダミーであると言われたことが認められるが、同事実によれば、Xは防犯カメラの存在を知っていたものの、それがダミーであることは知らなかったと認められ、これに反する証拠はない。…以上の事実は、Xが本件駐車場から本件自動車を持ち去ったことを否定する方向に働く事実であり、被保険者以外の者が本件駐車場から本件自動車を持ち去ったことを推認させる間接事実といえる」とする。

また（ロ）本件自動車を盗取する方法としての①自走、②レッカー車等牽引車両または積載車両による牽引ないし運搬については、「以上認定の事実によれば、一般にイモビライザキーの複製は極めて困難であるとされているが、他方で、自動車盗難等の防止に関する官民合同プロジェクトチームによる防盗性能評価試験によれば、イモビライザの無効化は条件付きではあるものの技術的に可能であるとされ、…真正キーを使わない、いわゆるイモビライザ破りにより自動車を盗取することは不可能とまではいえず、本件においてもその可能性は否定できないというべきである。…また、レッカー車や積載車両による牽引ないし運搬による可能性をみるに、証拠及び弁論の全趣旨によれば、レッカー車や積載車両により本件駐車場から本件自動車を運搬することは、物理的には可能であることが認められる。…以上のほか、本件全証拠を精査しても、Xの供述の信用性を揺るがすような証拠ないし事情は認められないから、Xが供述するとおり、被保険者であるX以外の者が本件駐車場から本件自動車を持ち去ったことが認められるというべきである。」とする。

（二）一方、控訴審では、本件自動車の盗難困難性として、本件駐車場の状況およびその周辺環境を検討し「このような環境のもとで、第三者が本件自動車を盗取するため、時間を要する作業を行ったり、大きな騒音を発する作業を行うことは犯行が発覚するリスクが高く、通常考えがたい」とする。また、本件自動車を盗取する方法としての①自走の方法、②搬送の方法（レッカー牽引、車両積載）についても、いずれの方法についてもその可能性は非常に少ないと認定している。

さらに控訴審では、次の事情を新たに認定している。

(イ)真正キーの本数について、Xは、当初から二本（カードキー一本とリモコンキー一本）である旨供述しているが、本件自動車の販売取扱店では、リモコンキー二本とカードキー一本あったと述べていることから、リモコンキー二本はXが所持している可能性が高いこと。

(ロ)Xは、平成一九年三月六日、本件駐車場に駐車中の本件自動車の車上荒らしに遭い、カーナビを盗取され、車を損傷されたため、二一四万五〇〇〇円の車両保険金の支払を受けたことがあったこと。

(ハ)Xは、本件自動車がなくなっていることを発見したという直後に、自ら本件駐車場の防犯カメラを見せてほしいと本件駐車場の管理者に申し出て、防犯カメラがダミーであることを告げられているが、この防犯カメラは平成一八年一月のセンサーライトの設置の際に設置された可能性が高く、少なくともそれ以後に設置された形跡はないことが認められる。そうすると、Xが平成一九年三月六日に本件駐車場で車上荒らしにあって二一四万五〇〇〇円もの損害を被ったとして保険金の支払いを受けた際に、既に、Xは防犯カメラがダミーであることを知らされていた可能性があり、Xが上記のような行動をとったことをもって、直ちに、本件自動車が第三者によって持ち去られたことの裏付けとすることもできないこと。

(ニ)Xは、本件盗難に遭ったとされる日当時、神戸市に勤務する公務員であり、夫婦併せると年間九〇〇万円から一〇〇〇万円程度の収入があったことが認められるが、一方、休職中であり、…将来的にはこのまま職場復帰ができなければ、退職を余技なくされることが予想され、その場合には、退職金が出ても、信用組合等の債務を控除すると、一五〇万円程度しか残らないし、妻の収入と副業による収入だけとなることを考えると、本件自動車の盗難を偽装する動機がないとはいえない。しかも、Xは、暴力団員とのかかわりが認められるところ、車の盗難事件は暴力団が関与して行われていることも少なくない。

これらの事情から、控訴審では、「結局、Xの供述は信用することができず、X以外の者が本件駐車場から本件自動車を持ち去ったという盗難の外形的事実が合理的な疑いを超える程度にまで証明されたということはできない」とした。

本事案は、盗難の外形的事実の一つである「被保険者以外の者が保険金請求者の主張する所在場所から被保険自動車を持ち去ったこと」の判断が一、二審で分かれた事例であるが、実務上参考になろう。

なお、車両保険における「盗難」についての主張立証責任に関する文献については、本文中に引用したもののほか、①石田満「車両条項の盗難の主張立証責任」損害保険研究六九巻二号二七一頁、②石田満編「保険判例二〇〇九」（保険毎日新聞社）八頁（石田満）、③「同」一八八頁（石田満）、④石田満編「保険判例二〇一二」（保険毎日新聞社）一九六頁（久保田光昭）、⑤「同」二三六頁（遠山聡）、⑥石田満編「保険判例二〇一三」（保険毎日新聞社）一二八頁（佐藤公平）等の評釈がある。

二　交通事故被害者の損害賠償請求訴訟における加害者の自白が保険会社の独立当事者参加により効力が否定され、保険事故発生が認められないとして保険金支払債務の不存在確認等が認容された事例

〔岐阜地裁平成二四年一月一七日判決（平成二一年(ワ)第一二七号、損害賠償請求（A事件）・第四三七号、独立当事者参加申立（B事件）・同二二年(ワ)第六八九号、保険金請求（C事件））判例時報二一五九号一三四頁、自保ジャーナル一八六八号一四三頁〕

専修大学法学部教授　出口正義

一　問題の所在

本件は、X（原告）の車両が、Y_1（被告）運転のY_2（被告）会社所有車両に衝突された（以下「本件事故」という）として、Xが、Y_1に対し民法七〇九条に基づき、Y_2社に対し改正前民法四四条一項に基づき損害賠償請求をしたのに対し、Y_1とY_2社が答弁書において請求原因を自白し、尋問においても本件事故の発生および同人らの責任を認めたところ（A事件）、Y_2社との間で車両保険等を含む自動車保険契約を締結していたZ保険会社（参加人）が独立当事者参加（民訴法四七条）を申し立て、XとY_2社およびY_1に対し、本件事故に関して上

記保険契約に基づく保険金支払義務がないことの確認を求め（B事件）、またXが、同人において車両保険等を含む自動車保険契約を締結しているY3保険会社（被告）に対し、本件事故について車両保険金の支払いを求めた事案（C事件）である。本判決は、A事件におけるY1・Y2社による本件事故発生の自白は、B事件との合一確定の要請により、当事者の一人がした訴訟行為は共同関係にあるとみなされる他の当事者Z保険会社に不利益になるものであるからその効力を生じないとし、本件事故の存否につき検討した結果、本件事故態様とX車両の傷との整合性などの詳細な認定事実を総合すると、本件事故発生の事実は認められなく、したがって、Xの損害賠償請求は理由がなく（A事件。請求棄却）、Z保険会社の保険金支払債務も存在しなく（B事件。請求認容）、XのY3保険会社に対する保険金請求も認められない（C事件。請求棄却）としている。

本件事案の主要な争点は、Xの主張する本件事故が発生したか否かという事実認定の問題であり、認定事実によれば、本件事故はXが保険金を不当に利得しようとして保険事故を偽装したものと見ることができ、本件事故発生を否認した本判決の判断は妥当である。本判決は、とくに新しい判断を示したものではないが、保険会社が独立当事者参加した公表裁判例として珍しいものであり、以下、若干の検討を加える。

二　事実の概要

Xは、本件事故につき、Y2社がZ保険会社との間で締結していた自動車保険契約に基づき保険金の支払請求をしたところ、Z保険会社は、平成二〇年七月三日付け内容証明郵便で、Y1、Y2社に対して保険金の支払拒否の通知をした。Xは、平成一九年一〇月二五日、Y3保険会社との間で、一般自動車総合保険（ＳＡＩ）契約（保険期間平成一九年一一月一〇日午後四時から平成二〇年一一月一〇日午後四時まで、被保険自動車メルセデス・ベンツ、車両保険金額六五五万円）を締結し、平成二〇年四月一七日、Y3保険会社との間で、上記保険につき自動車保険契約の変更手続をした（被保険自動車X車両、車両保険金額一六一〇万円、代車費用担保特約、もらい事故弁護士費用等担保特約）。Xは、Y_3保険会社に対し、平成二〇年六月ころ、本件保険契約に基づいて車両保険金等を請求したが、Y_3保険会社は、同年八月二一日付け内容証明郵便により、支払拒否の通知をした。また、Xは、Y_3保険会社に対し、平成二一年五月末ころ、本件保険契約に基づいて弁護士費用等の請求をしたが、Y_3保険会社は、Xに対し、平成二一年六月四日付け内容証明郵便により、支払拒否の通知をした。Xは、平成二〇年一一月一日、岐阜簡易裁判所に対し、Y_1、Y_2社およびY_3保険会社に対し、損害賠償等の支払いを求める調停を申し立てたが、不調に終わった。

　Xは、Y_1、Y_2社に対し、X車両の修理費（六〇〇万七三八六円）、代車費用四三四万七〇〇〇円および弁護士費用（着手金六三万円）の合計一〇九八万四三八六円およびこれに対する平成二〇年六月九日から支払済みまで民法所定の年五分の割合による遅延損害金の支払を求め、またY_3保険会社に対し、本件保険契約に基づく車両保険金請求権に基づき、六一五万七三八六円およびこれに対する保険金請求日後の平成二〇年七月一日から支払済みまで商事法定利率年六分の割合による遅延損害金の支払を求めるとともに、本件保険契約に基づく弁護士費用等保険金請求権に基づき、六八万三〇〇〇円およびこれに対する平成二一年六月五日から支払済みまで商事法定利率年六分の割合による遅延損害金の支払を求めて訴えた。これに対し、Z保険会社およびY_3保険会社は、本件事故現場である土場に高級車であるX車両を二、三日も放置しておくことおよび本件事故態様も不自然であり、Xは、修理費用として六〇〇万円余りもの高額の修理費を請求しているが、実際に係る修理費は四七万七七一九円に過ぎず、Xが保険事故を偽装する十分な動機があるなどと主張し、本件事故（保険事故）の発生を否認した。

三　判旨（A・C事件棄却、B事件認容）

「一　争点(1)（本件事故の発生の有無）について

(1)　A事件において、Y_1及びY_2社は本件事故の発生について自白しているが、同事件について、Z保険会社がX及びY_1、Y_2社を相手方として独立当事者参加しており（B事件）、合一確定の要請により、当事者の一人がした訴訟行為は共同関係にあるとみなされる他の当事者に不利益になるものは、その効力を生じない（民訴法四七条四項、四〇条一項）から、上記自白の効力は生じないものと解される。」

「(2)　Xが本件事故現場である駐車場（以下「本件土場」という。）にX車両を駐車した経緯について

Xは、…Y_1に食事をしながら相談に乗ってもらうため、本件事故の二、三日前である平成二〇年六月六日か七日の夕方、X車両を駐車したが、飲酒したので本件土場においておいたと供述する。…本件土場は、Y_2社が資材置場及び駐車場として使用する未舗装の場所であり、毎日現場へ行くトラックや作業員の車が出入りし、相互に接近した状態で駐車されていることは、Y_2社の下請けであったXも十分承知していたにもかかわらず、いつ取りに行くかも決めないまま、一六〇〇万円以上の代金で約二か月前に購入したばかりのX車両を本件土場に二、三日も放置しておくことは極めて不自然である。

(3)　本件事故態様について

…Y_1は、X車両が本件土場に二、三日間駐車されたままであることを認識していたのであるから、その駐車位置や向きは承知していたはずであるし、Y_1は運転席の窓を開けて目視しながらバックしていたというのであるから、急いでいたとか、夕方で雨が降っていたという事情があったとしても、上記運転は不自然である。また、X車両の左前には建築資材やカラーコーンが山のように置かれていたから、Y_1車両がX車両の左前方から斜め

にバックしてくるというのも考え難い。

(4)　本件事故態様とX車両の傷との整合性

…X車両の各損傷が同一機会に生じる可能性はないと解されるから、同損傷は、本件事故態様との整合性が認められない。

(5)　修理費用について

…X車両の修理費用は、Z保険会社及びY3保険会社の見積りによれば、四五～四七万円程度であり、両社の修理範囲・箇所は全く同じであるから、上記X車両の修理費用としては、上記金額が相当であると認められる。そうすると、Xが過大な修理費用を請求し、差額を不当に利得しようとしていたことが窺われる。

(6)　代車費用について

Xは、高級外国車であるX車両を営業車として使用していたため、代車として同クラスのベンツSクラスが必要であったと主張し、代車費用として四三四万七〇〇〇円（日額四万五〇〇〇円）を請求する。

しかし、Xの仕事が土木作業関係であり、本件事故当時はY2社の下請けの仕事をしていたということからすれば、営業活動との関連性には疑問があるし、仮に営業活動に使用されていたとしても、二、三日本件土場に置いておいても、仕事には何ら支障はないというのであるから、使用頻度はそれほど多くないものと思われる。

したがって、代車としてベンツSクラスを使用する必要性は乏しい上、実際に三か月間もの間、Xが上記ベンツを代車として使用していたことを認めるに足りる証拠はなく、この点からもXが不当な利得を得ようとしていたことが窺われる。

(7)　X車両の購入価格について

Xは、平成二〇年三月二六日、A社からX車両を一六一七万一四五〇円で購入し（…）、そのうち八一七万七九〇〇円は一括で支払い、残金はB社の自動車ローンを組んだと主張する。

しかし、X車両は、平成一九年八月三〇日にA社が八七〇万円で落札したものであり、その後、平成二〇年一月二一日及び同月二八日にA社がオートオクションに出品したものの、落札されず、A者の在庫車両として残っていたものである。

このようなX車両が、平成二〇年三月当時、一六一七万円もの価値を有していたかは疑問である上、Xは、仕事上自宅に八〇〇万円もの大金を置いているとか、その支払いについてA社から領収書をもらわなかったなどと、常識では考え難い供述をしていること、Xは、本件事故後、上記自動車ローン月一三万円の支払いを滞納するようになり、結局、本件継続中にB社に引き上げられたことからすれば、実際にXがA社に一六一七万一四五〇円でX車両を購入したかについては疑問がある。

そして、Xが、平成二〇年四月一七日、Y_3保険会社との間で、被保険自動車をX車両に変更するとともに、車両保険金を一六一〇万円に増額し、二か月もたたないうちに本件事故が発生したという経緯を合わせ考慮すると、Xが保険金を不当に利得しようとしていたことが窺われる。

(8)　以上の事実を総合すれば、本件事故発生の事実は認められないというべきである。

そうすると、XのY_1及びY_2社に対する損害賠償請求は理由がなく、Z保険会社のX、Y_1及びY_2社に対する本件保険契約に基づく保険金支払債務は存在しないものと認められる。

また、本件事故（保険事故）の発生が認められない以上、XのY_3保険会社に対する車両保険金及び弁護士費用等保険金の支払請求も認められない。」

四　本判決の検討

一　本件では、Xは平成二〇年七月三日にZ保険会社から、Y_2社は同年八月二一日にY_3保険会社から支払いを拒否されると、Xは、平成二〇年一一月一日、岐阜簡易裁判所に対し、Y_1・Y_2社・Y_3保険会社に対し損害賠償等の支払いを求める調停を申し立て、それが不調に終わると、平成二一年にまずはY_1・Y_2社に対し損害賠償請求訴訟（A事件）を提起し、Z保険会社が独立当事者参加を申し立てると（B事件）、翌年の平成二二年にY_3保険会社に対し保険金請求訴訟（C事件）を提起したが、A事件と併合されている。

本件では、Xは、まず平成二一年にY_1・Y_2社を被告とする損害賠償請求訴訟を提起しているだけである。この場合、保険会社は、いわゆる側面支援、通常は保険会社の顧問弁護士の紹介など加害者の訴訟支援を行いつつ訴訟の展開をコントロールすることになるといわれているが、本件のように加害者であるY_1・Y_2社の両者がXの請求原因を自白するという事態は、保険事故の発生を否認するZ保険会社の主張と相容れないことになる。このままXの勝訴判決が確定してしまうと、その判決効は法的にはZ保険会社に及ぶものではないが、Xが裁判所のいわばお墨付きを得たのであるから、保険事故の発生を否認し、保険金支払義務がないと主張するZ保険会社にとって裁判外、裁判上で事実上不利益に作用することになる。Z保険会社は、これを未然に防ぐために独立当事者参加の申し立てを行ったものと思われる（独立当事者参加の意義については、高橋宏志・重点講義民事訴訟法（下）〔第二版〕〈二〇一二、有斐閣〉四八九頁以下参照）。

二　下級審裁判例であるが、被保険者が約款の定める訴訟提起の通知を怠り、口頭弁論に出頭しなかったため請求額全額の支払いを命ずる判決が確定し、被害者がこの確定判決に基づいて保険金を請求した事案において、保険会社が被保険者の通知義務違反により塡補責任を免れうるのは、特段の事情のない限り、通知を受けなかったため取得することのあるべき損害賠償請求権の限度であるとしたうえで、「本件確定判決は、本件の審理の対象である本件交通事故に起因する…後遺障害による損害賠償請求を認容したものであり、この点に関しては、…本訴訟において理由がないものと認められるから、もし、…通知があれば、本件確定判決認容額の損害賠償請求権は取得しなかったというべきである」と判示して、確定判決認容額全額について保険会社の免責を認めたものがある（宇都宮地判平成二三年一〇月七日判時二一三一号一三八頁。この判決については、石田満編「保険判例二〇一三」〈保険毎日新聞社〉五八頁〈小野寺千世〉の評釈がある。また「同」三六七頁参照）。

三　本件事案においても、仮に、XがY_1・Y_2社に対する損害賠償請求訴訟で勝訴の確定判決を受けても、Z保険会社は、確定判決に基づくXの保険金請求に対し、本件事故の不発生を主張立証することにより、確定判決で認容されたXの損害賠償請求権の取得を否認することができるのであるから、この限りでは、必ずしも独立当事者参加をしなければ防ぐことのできない不利益が生じうるというわけでもないように思われる。ただ、上記のように、確定判決は裁判所のいわばお墨付きを得たことになるため、Xのような保険金の不正取得を試みる者は、確定判決をいわば錦の御旗として裁判外で保険会社に支払を迫る口実として利用するおそれがないとはいえない。このような確定判決のもつ事実上の不利益を防ぐためには、事前に独立当事者参加によって保険会社に保険金の支払義務のないことを確認しておくことが有益である。その意味で、Z保険会社の独立当事者参加は同社にとって有意義であり、また、今日、保険金の不正請求に対する保険会社の毅然とした対応が求められている折からも、適切な対応と評価できる。

本判決については、石田満編「保険判例二〇一三」（保険毎日新聞社）三七九頁参照。

三　建物火災が被共済者ないしはその意を受けた第三者による放火により生じたものと推認されるとして詐欺による契約解除が認められた事例

〔福岡高裁平成二四年二月二四日判決（平成二三年(ネ)五六四号、共済金請求控訴事件）判例時報二一四五号一〇八頁、判例タイムズ一三八九号二七三頁
原　審・福岡地裁平成二三年三月三一日判決（平成二〇年(ワ)四〇九九号、共済金請求事件）未搭載〕

東亜大学通信制大学院総合学術研究科客員教授　吉川栄一

一　問題の所在

本件は、共済組合との間で火災共済契約を締結した被共済者ないしはその意を受けた第三者の放火による火災事故であることを理由に、共済者が共済金の支払義務を負わないとして争った事案である。放火が強く窺われる事案であっても、建物が全焼してしまっているような場合には、物的証拠が乏しいために、保険契約者（共済契約者）ないしはその意を受けた者による放火により生じた事故招致であることを保険者（共済者）が証明することとは極めて困難である。そこで、故意を直接証明する手段はないことから、どのような間接事実を積み重ねることによってこれを推認することができるかが問題となるが、近時、裁判例・学説においては、火災保険契約者

（火災共済契約者）による事故招致の確証が得られない場合に、間接事実を積み重ねることで、保険契約者（共済契約者）による故意を推認するという手法が採られている。本判決にあっても、丹念に間接事実を積み上げることによって故意を推認し、原審を取り消して被共済者の請求を棄却している。

なお、本件では、被共済者が本件火災事故について、共済金を請求したことは「共済契約者に詐欺の行為があった場合に当該共済契約を解除することができる」旨を定める本件規約一七条三項の詐欺行為に当たるとして、それを理由に共済者の解除の通知による本件共済契約の解除が認められている。この点において、従来の放火による故意免責の事案とは異なっており、多少、以下において検討してみたい。

二　事実の概要

X（共済契約者・被共済者）は、平成一九年六月ころ、X所有の木造家屋（未登記、以下「本件建物」という）につき、Y（共済者）との間で、以下のような「火災共済契約」を締結した（以下「本件火災共済契約」という）。すなわち、①物件住所：福岡県糟屋郡須惠町、②構造：木造、③用途：住まい専用住宅、④保障額：住宅（九八坪）四〇〇〇万円、家財（一人）四〇〇万円、臨時費用共済金（火災等共済金の二〇％、一回の共済事故につき二〇〇万円の限度）とするものである。

この他に、平成一四年四月一日、XはYとの間で、Xを被共済者として入院保障、通院保障を含む生命共済契約（共済種目：基本コース総合保障四型）を締結している。

なお、Yの生命共済事業規約（以下「本件規約」という）および生命共済事業規則（以下「本件規則」という）には、以下の定めがある。①共済契約につき共済契約者に詐欺の行為があった場合には、当該共済契約を解除することができる（本件規約一七条三項）、②本件規約第一七条四項の「生命共済事業実施規則に定める場合」の一つとして、「共済契約者が過去に共済金または保険金の請求行為に関し詐欺行為を行った場合」が規定されている（本件規則一四条二号）。

ところで、平成一九年一一月八日午後三時一八分ころ、本件建物において火災が発生し、本件建物およびその中の家財が全焼した（以下「本件火災」という）。

そこで、Xは、Yとの間で締結した火災共済契約および生命共済契約に基づいて、つぎの各共済事故が発生したとして、各共済金の支払を請求した。

①平成一九年一一月八日発生の火災事故　四六八〇万円（本件火災事故）
②同月二〇日発生の転落事故　五八万四〇〇〇円（本件転落事故）
③平成二〇年八月一五日発生の交通事故　一二万四〇〇〇円（本件第一交通事故）
④同年九月一七日発生の暴行傷害事故　四一万円（本件暴行事故）
⑤同年一二月二八日発生の交通傷害事故　一一万円（本件第二交通事故）

これに対し、YはXに対し、平成二一年四月二二日付け書面により、本件火災事故および本件転落事故についての共済金支払請求がXの詐欺行為に該当することを理由に、本件生命共済契約を解除する旨通知し、上記書面は同月二四日、Xに配達された。

原審は、Xの請求をすべて認容したので、Yがこれを不服として控訴したのが本件である。

三　判旨（原判決取消、上告受理申立て）

「⑴　出火箇所と原因について

ア　本件火災の出火状況等及び消防署の出火原因の判定を総合すると、本件火災の出火箇所は本件建物の三階南側付近と認めるのが相当であり、この認定を覆すに足りる証拠はない。

　ところで、本件建物の三階南側は三階東側の部屋及び三階西側の部屋とその間に介在する屋外階段には火源となり得るものは全く見当たらないことや、……認定の出火状況からすれば、本件火災は、三階東側の部屋ないし三階西側の部屋の内部（南側付近）から出火したというべきである。（本件火災原因判定書によれば、三階南側屋外に設置されていた灯油ボイラーからの出火は否定されており、訴外Aも本件建物の四階東側部屋の南側窓から下方を見た際に灯油ボイラーの異常は目撃していないことからすれば、灯油ボイラーから出火した可能性はない。）
　イ　そこで、次に、出火原因について検討する。
　(ア)　本件火災原因判定書によれば、たばこが出火原因であることは否定されており、これを覆すに足りる証拠はない。
　(イ)　南部消防署によるX（三階西側の部屋の居住者）及び訴外B（三階東側の部屋の居住者）に対する事情聴取によれば、同人らは、部屋内において、本件火災発生当時、火源となり得る電気器具類を使用していなかったのであるから、上記各部屋に設置されていた電気器具類が出火原因である可能性は極めて低い。また、漏電による出火の可能性も低いというべきである。
　(オ)　以上によれば、本件火災は、白昼、そのままでは火源となり得るものが存在しない本件建物の三階西側の部屋ないし三階東側の部屋の内部から生じたことになるから、何者かが、上記部屋の一方ないし両方の内部に火を放ったことにより生じた可能性が高いというべきである。（Xも、原審における本人尋問において、Xに恨みのある者による放火であると推測する旨供述している。）
　(2)　そこで、次に本件火災がXの故意によるものであるか否かについて検討を加える。
　ア　上記……の認定事実によれば、以下の事情が認められる。

(ア)　Xは本件火災発生の三か月ほど前、本件放火依頼発言を行っている。……本件放火依頼発言に関する原審証人C及びDの各証言は、その内容が具体的で一貫しており、少なくとも、核心部分において相互に一致している上に、C及びDがあえて虚偽の証言をしなければならない理由は見当たらない。……Xは本件放火依頼発言を行ったものと認めるのが相当である。（中略）

そして、本件放火依頼発言が行われた時期が本件火災発生の二、三か月前であり、かつ、本件火災共済契約が締結された直後であることからすれば、同発言は本件火災に対するXの関与を窺わせる極めて重大な発言であるというべきである。

(イ)　Xは、Yとの間で平成四年一一月に締結した本件自宅建物及びH山荘の火災共済契約を平成一七年六月三〇日に掛金滞納により終了させた後、平成一九年六月ころ、上記両建物ではなく、本件建物につき、本件火災共済契約を締結している。本件自宅建物及びH山荘の固定資産税評価額（平成二二年度）合計は三五〇〇万円を超えているのに対し、X自身が行った本件建物の評価額（平成一八年時点）は一〇〇〇万円程度であることや、月々の保険料は一〇〇〇円程しか差がないことを考えると、あえて、新規に本件建物のみを火災保険の対象としたこと自体、不自然な感を否めない。……しかも、本件火災共済契約は、建物の保障額がX自身の評価額を著しく上回るものであった。

(ウ)　さらに、本件火災は、本件火災共済契約締結の約五か月後、その保障開始日の約四か月後という近接した時期に発生している。

(エ)　本件火災発生当時、Xは、二〇〇〇万円を超える支払債務を抱え、明らかになっているものだけでも月々の約定支払額が五五万円を超えていた（略）。Xは、その一部（少なくとも月額九万三四〇〇円）の支払を滞納し、他の一部（月額一五万六〇〇〇円）については支払停止の状態となり、……固定資産税等多額の税金を滞納し、その支払に窮する状況にあった。（中略）

㈪　Xは、これまで、長期間にわたり、多数の保険会社との間で多数回にわたり保険契約を締結し、その結果、平成一一年から平成二二年までの間に支払を受けた保険金額は合計二〇〇〇万円を超えており、保険金がXの重要な収入源となっていたと言っても過言ではない。そして、Xが本件火災発生当時、債務や税金の支払に窮していたにもかかわらず、月額七万円前後の保険料（共済掛金）を支払い続けていたことは、Xの保険金に対する依存の強さを示すものである。

㈫　Xは、本件火災の約一九年前に発生した旧自宅建物の火災事故により、Y他一名から共済金合計四五七〇万円の支払を受けた経験を有している。

㈬　本件火災発生当日のXの行動（アリバイ）を裏付ける客観的資料はない。（中略）かえって、本件火災の発生箇所である本件建物の三階西側の部屋ないし三階東側の部屋に関し、前者についてはX自らが単身で居住しており、後者については、入居者であるBが、本件火災発生当日、早朝から外出して不在であり、Xは、家主として同部屋の予備の鍵を保管していたというのであるから、自ら、ないしは第三者を使用して、これらの部屋の内部に放火することは十分に可能であったことになる。

イ　以上の各事情を総合勘案すると、本件火災は、X自らないしはその意を受けた第三者が、本件建物の三階部分の居室内に放火したことにより発生したものと推認するのが相当である。（中略）

⑶　以上によれば、本件火災は、Xの故意によるものであるから、Yは、Xに対して、本件火災事故について共済金の支払義務を負わない。また、Xが本件火災事故について共済金の支払を請求したことは詐欺行為に該当するから、これを理由に、YがXに対してした本件生命共済契約を解除する旨の通知によって、同契約は解除されたことになる。そうすると、YはXに対し、本件転落事故、本件第一交通事故、本件暴行事故及び本件第二交通事故について、本件生命共済契約に基づく共済金の支払義務を負わない。」

四　本判決の検討

一　これまで、火災保険金請求事件においては、「故意免責」の成否を争う裁判例は少なくない。しかし、放火が強く窺われた状況にあっても、建物が全焼してしまっているような場合には、保険者（共済者）が保険契約者（共済契約者）ないしはその意を受けた者による放火により生じた事故招致であることを証明することは極めて困難である。

そこで、故意を直接証明する手段はないことから、どのような間接事実を積み重ねることによってこれを推認することができるかが問題となるが、これには、次のような事実の積み重ねによる総合判断によるのではないか、とする指摘がある（戸出正夫「火災保険における火災事故招致の推認」損害保険研究六五巻一―二合併号創立七〇周年記念号（Ⅰ）四二三頁、石田満編「保険判例二〇〇九」〈保険毎日新聞社〉一三四頁〈戸出正夫〉）。すなわち、（a）火災が何者かによる放火であること（失火原因の特定のために出火場所、出火態様、放火以外の出火原因の可能性の有無、出火日時等）、（b）保険の目的物に対する不審（設置されている出入り口の状況、施錠の状況、鍵の管理の状況、危険品納置・管理の状況）、（c）火災当日の保険契約者側の者の不審な行動・説明の矛盾（保険契約者側の者の不自然な行動、供述内容の矛盾・変遷等）、（d）業績の不振または経済的な逼迫など放火の動機の有無（多額の借入金の存在、保険事故により保険金請求者が受ける利益の有無、同種事故による保険金取得歴、放火に伴うリスクの有無等）、（e）保険契約の内容および締結の時期（保険契約締結に至る経緯、保険種目を保険料の安い保険に変更〈例えば、総合保険から火災保険に変更〉、契約締結と事故発生の時間的近接性）、（f）超過保険または重複保険（短時間のうちに複数の保険者にまたがって高額の保険や共済を契約していないか等）の事実を挙げている。

周知のように、建物火災が火災保険（火災共済）の契約者の放火により生じたものと推認された裁判例は、これまでに少なくないが、例えば、①福岡高判平成一九年三月二三日判タ一二五五号三二三頁、②仙台高判平成二一年一〇月二三日判時二〇七三号一二一頁、③さいたま地判平成二三年九月二六日判時一一三〇号一二五頁（本件事件の評釈として、石田満編「保険判例二〇一三」〈保険毎日新聞社〉二二三頁〈戸出正夫〉がある）は、いずれも上記に挙げた諸事情を総合考慮した結果として、火災保険契約者（共済契約者）の故意を推認するという手法をとっている。したがって、裁判例においては火災保険契約者（共済契約者）による事故招致の確証が得られない場合に、間接事実を積み重ねるという手法が定着しているといえる。

二　本判決は、「本件火災の出火状況等及び消防署の出火原因の判定を総合すると、本件火災の出火箇所は本件建物の三階南側付近と認めるのが相当であり、この認定を覆すに足りる証拠はない」とした上で、以下のような間接事実から、本件火災がXの故意により生じたものであることを推認している。

（ア）　本件火災の出火箇所および出火原因について

本件火災の出火箇所とされる本件建物の三階南側は三階東側の部屋および三階西側の部屋とその間に介在する屋外階段には火源となり得るものは全く見当たらず、また、本件火災原因判定書によれば、三階南側屋外に設置されていた灯油ボイラーからの出火は否定されており、たばこが出火原因であることも否定されている。くわえて、南部消防署によるX（被共済者）および三階東側の部屋の居住者に対する事情聴取によっても、各部屋に設置されていた電気器具類が出火原因である可能性は極めて低い。漏電による出火の可能性も低いというべきである。「以上によれば、本件火災は、白昼、そのままでは火源となり得るものが存在しない本件建物の三階西側の部屋ないし三階東側の部屋の内部から生じたことになるから、何者かが、上記部屋の一方ないし両方の内部に火を放ったことにより生じた可能性が高いというべきである」として、本件火災が放火であることを認定し、その上で、以下のような間接事実からXの事故招致を推認している。

（イ）　本件火災発生の二、三か月前にXは放火依頼発言を行っていることについて
Xは本件火災発生の三か月ほど前、Xの所有する建物への放火を依頼する発言を行っている。本件放火依頼発言に関する各証言内容は、具体的で一貫しており、少なくとも、核心部分において相互に一致している上に、証人らがあえて虚偽の証言をしなければならない理由は見当たらないから、Xは本件放火依頼発言を行ったものと認めるのが相当である。そして、本件放火依頼発言が行われた時期が本件火災発生の二、三か月前であり、かつ、本件火災共済契約が締結された直後であることからすれば、同発言は本件火災に対するXの関与を窺わせる極めて重大な発言である。
（ウ）　他に所有する建物の共済契約を終了させて、新規に本件建物のみを火災保険の対象としたことの不自然さについて
Xは、Yとの間で平成四年一一月に締結した自宅建物およびH山荘の火災共済契約を平成一七年六月三〇に掛金滞納により終了させた後、平成一九年六月ころ、上記両建物ではなく、本件建物につき、本件火災共済契約を締結している。自宅建物およびH山荘の固定資産税評価額（平成二二年度）合計は三五〇〇万円を超えているのに対し、X自身が行った本件建物の評価額（平成一八年時点）は一〇〇〇万円程度であることや、月々の保険料は一〇〇〇円程しか差がないことを考えると、あえて、新規に本件建物のみを火災保険の対象としたこと自体、不自然な感を否めない。……しかも、本件火災共済契約は、建物の保障額がX自身の評価額を著しく上回るものであった。
（エ）　共済契約締結と火災発生との時間的接近性
本件火災は、本件火災共済契約締結の約五か月後、その保障開始日の約四カ月後という近接した時期に発生している。
（オ）　Xの経済的状況について

本件火災発生当時、Xは、二〇〇〇万円を超える支払債務を抱え、明らかになっているものだけでも月々の約定支払額が五五万円を超えていた。Xは、その一部（少なくとも月額九万三四〇〇円）の支払を滞納し、他の一部（月額一五万六〇〇〇円）については支払停止の状態となり、固定資産税等多額の税金を滞納し、その支払に窮する状況にあった。

（カ）　過去の保険金受領の経験

Xは、これまで、長期間にわたり、多数の保険会社との間で多数回にわたり保険契約を締結し、その結果、平成一一年から平成二二年までの間に支払を受けた保険金額は合計二〇〇〇万円を超えており、保険金がXの重要な収入源となっていたと言っても過言ではない。そして、Xが本件火災発生当時、債務や税金の支払に窮していたにもかかわらず、月額七万円前後の保険料（共済掛金）を支払い続けていたことは、Xの保険金に対する依存の強さを示すものである。くわえて、Xは、本件火災の約一九年前に発生した旧自宅建物の火災事故により、Y他一名から共済金合計四五七〇万円の支払を受けた経験を有している。

（キ）　本件火災発生当日のXの行動（アリバイ）を裏付ける客観的資料の欠如について

本件火災発生当日のXの行動（アリバイ）を裏付ける客観的資料はない。かえって、本件火災の発生箇所である本件建物の三階西側の部屋ないし三階東側の部屋に関し、前者についてはX自らが単身で居住しており、後者については、入居者であるBが、本件火災発生当日、早朝から外出して不在であり、Xは、家主として同部屋の予備の鍵を保管していたというのであるから、自ら、ないしは第三者を使用して、これらの部屋の内部に放火することは十分に可能であったことになる。

判旨は、「以上の各事情を総合勘案すると、本件火災は、X自らないしはその意を受けた第三者が、本件建物の三階部分の居室内に放火したことにより発生したものと推認するのが相当である」と判示している。もとより、判旨は正当である。

三（一）　本件Y共済組合の生命共済事業規約および生命共済事業規則には、共済契約につき共済契約者に詐欺の行為があった場合には、当該共済契約を解除することができる旨の定め（本件規約一七条三項）、ならびに本件規約第一七条四項の「生命共済事業実施規則に定める場合」の一つとして、「共済契約者が過去に共済金または保険金の請求行為に関し詐欺行為を行った場合」が定められている（本件規則一四条二号）。

本件判旨は、「本件火災がXの故意によるものであるから、Yは、Xに対して、本件火災事故について共済金の支払義務を負わない」とした上で、「Xが本件火災事故について共済金の支払を請求したことは詐欺行為に該当するから、これを理由に、YがXに対してした本件生命共済契約を解除する旨の通知によって、同契約は解除されたことになる。そうすると、YはXに対し、本件転落事故、本件第一交通事故、本件暴行事故及び本件第二交通事故について、本件生命共済契約に基づく共済金の支払義務を負わない」として、本件共済契約の解除を認めている。

約款にいう詐欺の成立する要件は、民法九六条におけると同じであり、違法な欺罔行為であること、同行為と相手方の意思表示との間に因果関係があること、ならびに相手方を錯誤に陥れることおよびこの錯誤により意思表示をさせることについての二重の故意があることが必要であると解されている（山下友信・保険法〈二〇〇五、有斐閣〉二二四頁）。本件判旨は、本件火災事故による共済金請求が詐欺行為に該当するとして、共済事業規約に基づく契約解除を認めているが、多少、検討の余地はあろう。

これまで、詐欺無効（被保険者の詐欺により保険契約を締結した場合、約款には保険契約を無効とする定めがある）に関する多くの裁判例にあっては、入院給付金付きの生命保険契約の事例に典型的に現れている。例えば、④東京地判平成二年一〇月二六日判時一三八七号一四一頁は、Yが複数の保険会社との間で、自己を被保険者とする入院給付金特約付きの生命保険契約を締結し、高血圧症、心筋障害・腰椎椎間板ヘルニア等による入院の保険事故が発生したとして、入院給付金九九六万円の支払を受けたところ、Xら生命保険会社（六社）が右保険契約はYが保険事故の発生を仮装して入院給付金を詐取する目的で締結したものであるとして、保険金債務の不存在確認と既払いの入院給付金につき、不当利得返還請求をした事案である。

判旨は、被保険者が短期間に多数の保険契約を締結していること、保険料の額が被保険者の収入に比し多額であり、相当多額の借入金債務をかかえていたこと、被保険者は一回の入院によりその世帯年収を上回る入院給付金を取得する可能性を見込むことができたこと、被保険者の入院の原因となった疾病および災害は、被保険者の意思ないし意図によりその成否が決せられる性質のものであったこと等から、「以上を総合すれば、本件各特約に係る保険事故の発生を仮装して入院給付金の支払を受ける目的で本件各保険契約の締結を原告各自にそれぞれ申し込んだものと推認するのが相当である」と判示して、詐欺行為によるものであることを認めている。

前記④判決と同様に、⑤福岡高判平成一一年一〇月二〇日判時一七一六号七二頁にあっても、詐欺の成立要件に関する具体的な欺罔行為の特定および故意の有無等について判断することなく、入院給付金の不正請求が強く疑われる諸事情を間接証拠として、当初から入院給付金を不正に取得する目的で本件各保険契約を締結した上で、不必要な入院をして入院給付金を詐取しようとしたものであることを理由に、詐欺無効約款に基づく各保険契約の無効を認めている。

(二)　本判決では、火災共済金の不正請求が強く疑われる諸事情を間接証拠として、Xが本件火災事故について共済金の支払を請求したことは詐欺行為に該当すると判示するのみで、前記④⑤判決と同様に、詐欺の成立要件に関する具体的な欺罔行為の特定および故意の有無については、何ら判断が示されていない。これに対して、少数ではあるが、詐欺の成立要件に関する判断を加えている裁判例としては、⑥東京高判平成三年一〇月一七日金商八九四号二七頁がある。判決は、詐欺の要件として、契約締結時の諸事情を総合的にみて、X（保険契約者・被保険者）には、Y（生命保険会社六社）を欺罔して錯誤に陥らせ、その錯誤によって保険契約締結の意思決定をさせようとする故意のあったことを認定し、本件各保険契約が詐欺により締結されたものであると、判示している。

したがって、本件規約一七条三項に定める「共済契約につき共済契約者に詐欺の行為があった場合」とは、被共済者が共済契約の締結に際し、共済組合を欺罔して錯誤に陥らせた上で、共済契約を締結させることをいう、と解することにより、判旨が認定した事故招致に関する上記の間接事実から、共済金の不正請求の目的（放火）があることを秘匿して本件共済契約を締結したことは、XがYを欺罔し、錯誤に陥らせたことにより、本件共済契約を締結させたものであるから、詐欺行為があった場合にあたると解することができよう。

また、共済契約の解除については、「生命共済事業実施規則に定める場合」の一つとして、「共済契約者が過去に共済金または保険金の請求行為に関し詐欺行為を行った場合」が定められている（本件規則一四条二号）。これは、モラル・リスクの増加・反復を避ける趣旨で、さらなる共済金の不正請求を防止するための規定であると考えられる。したがって、判旨が、本件規則一四条二号の定めに従って、本件火災事故による共済金請求が詐欺行為に該当するから、他の本件転落事故、本件第一交通事故、本件暴行事故および本件第二交通事故に基づく共済金請求についても、詐欺を理由に共済金の支払義務を負わないとする結論は正当である。

四　飲酒運転者とともに飲酒した同乗者の民法七一九条二項の責任

〔東京地裁平成二四年三月二七日判決（平成二三年(ワ)第四八二九号、損害賠償請求事件）判例タイムズ一三九〇号二八一頁〕

名城大学法科大学院教授　菊地秀典

一　問題の所在

交通事故に関して損害賠償責任を負う主体としては、加害運転者はもとより、加害自動車の運行供用者のほか、加害運転者の使用者、加害自動車の製造業者等多種のものが考えられる。本件は、飲酒運転により交通事故を起こした加害運転者とともに飲酒をしたうえで加害自動車に同乗していた者に、幇助による共同不法行為責任が認められた事例である（民法七一九条二項）。判旨の結論は妥当であるが、なお検討するべき点も残されているように考えるので、以下で検討する。

二　事実の概要

（一）Y₁、Y₂、Y₃はいずれも、S県F市内の同じ運送会社において、トラック等の運転手として勤務していた者であり、Y_2（本件事故当時四五歳）およびY_3（本件事故当時四三歳）は、Y_1（本件事故当時三二歳）の先輩であった。

（二）Y_1らは、平成二〇年二月一七日午後一時三〇分ころから午後六時二〇分ころまでの間、同県K市内の居酒屋「H亭」で酒を飲むなどした。その後、Y_1およびY_2は、さらに別の店で酒を飲むこととし、Y_1が普通乗用自動車（以下「被告車」という）を運転し、Y_2がY_3の運転する乗用車に同乗し、午後七時過ぎころ、同市内のパブクラブ「P」の駐車場（以下「P駐車場」という）に到着し、Y_3も、Y_1と連絡を取るなどした後、P駐車場に到着した。Y_1ら三人は、P駐車場にとめた被告車に乗ってPの開店を待つことにしたが、運転席に座ったY_1が、同日午後七時一〇分ころ、「まだ時間があるから一回りしてきましょうか」などとPの開店までの時間つぶしのため、Y_2およびY_3を乗せて被告車で付近道路を走行することについて、Y_2らの同意を求めてきた。Y_2およびY_3は、これに賛同した。

（三）Y_1は、助手席にY_2、後部座席にY_3を乗せ、P駐車場から同駐車場先道路に向かい、運転前に飲んだ酒の影響により前方注視および運転操作が困難な状態で被告車を走行させ、同日午後七時二五分ころ、K市S（番地略）先道路（幅員五・八メートルの片側一車線の道路であり、指定最高速度は時速四〇キロメートルで、追越しのための右側部分はみ出し禁止という交通規制がされている）において、被告車を時速約一〇〇～一二〇キロメートルの速度で走行させて対向車線に進出させ、対向車線を走行してきたX_2運転の軽自動車（以下「原告車」という）の前部に被告車前部を衝突させた（本件事故）。原告車は、本件事故の衝撃により、同道路右側ブロック塀に衝突し、運転席を上にして横転して大破し、同乗していたA（当時五六歳）が全身打撲等の傷害を負って同日午後九時二〇分ころに死亡し、同乗していたB（当時五六歳）が脳挫傷等の傷害を負って同日午後九時四五分ころに死亡した。

（四）X_1、X_2、X_3、X_4は、AおよびBの子であり、両名を相続した。

(五) Y_1は、被告車の所有者であり、被告車を自己のために運行の用に供する者として、本件事故により生じた人損については自賠法三条、民法七〇九条に基づき、本件事故により生じた物損については民法七〇九条に基づき、賠償すべき責任を負う。

(六) Y_4保険会社は、本件事故当時、Y_1との間で、被告車を被保険車とする家庭用総合自動車保険契約を締結していた。同保険契約の約款上、Y_4保険会社には、加害者である被保険者に対する判決が確定したときは、被害者およびその相続人に対し、人損・物損を賠償する義務があるとされている。

(七) X_1らは、平成二三年三月二九日、被告車を被保険車とする自動車損害賠償責任保険（以下「自賠責保険」という）から、A分の保険金三〇〇二万一六四〇円およびB分の保険金二五一三万四一四〇円の支払を受けた。

(八) X_1らは、Y_1らに対して、AおよびBの死亡による逸失利益、慰謝料等ならびにX_1らの固有の慰謝料等の賠償を求めて本件訴訟を提起した。

三　判旨（一部認容、確定）

「(2)　以上の事実関係の下では、Y_1と長時間にわたって飲酒を共にし、その後もPでY_1と共に飲酒を求めたY_2及びY_3において、Y_1がH亭での飲酒により相当酩酊し、Pから被告車を発進させるに当たって飲酒の影響で正常な運転が困難であることを認識していたことは明らかである。また、Y_2及びY_3とY_1との関係等を踏まえると、Y_2及びY_3が被告車で一回りするとのY_1の提案について了解したことが、Y_1が正常な運転が困難な状態で被告車を走行させることを容易にしたこともまた明らかといえる（Y_3は、Y_1は既に被告車を発進させようとしていたのであるから、Y_3の言動は、Y_1が被告車を発進させることに何ら影響を及ぼすものではなかったなどと主張する。しかしながら、Y_3自身、Y_1を被告人とする刑事裁判において、「3人の意見が合わないと多分車が動き出すことはなかったのではないか」と証言し、Y1も、Y3を被告人とする刑事裁判において、「被告車を発進させるに当たり、3人の気持ちが同じになった」「Y2とY3の一方又は双方から被告車を発進させることを反対されていれば、発進させなかった」と、Y3の上記証言と符合する証言をしており、Y3の了解が、Y1が被告車を走行させることに影響を与えたことは明白であって、Y3の上記主張は採用の限りではない。)。

さらに、Y2及びY3は、Y1から、被告車内で、被告車で一回りすることについて了解を求められた時点で、Y1が相当酩酊していることを認識していたことや、Y2及びY3とY1との関係等を踏まえると、Y2及びY3には、Y1の運転を制止すべき注意義務があったというべきであるが、Y2及びY3は、Y1が運転を開始する際はもとより、Y1が運転を開始した後も、特に運転を制止することもないまま、Y1の危険運転を容易にしたものといえる(この点、Y2は、Y2が「よせよせ」などと言ったにもかかわらず、Y1はこの発言を無視して被告車の加速を続けて本件事故を惹起したのであるから、Y2の了解又は黙認によってY1の危険運転が容易になったとはいえないなどと主張する。しかし、仮に、Y2がそのようにY1に言ったとしても、Y2にそのように言われたのにY1が答える間もなく本件事故が発生していることや、Y2の発言内容も、速度の出し過ぎを一言注意した趣旨に過ぎないと解されることによれば、Y2の上記発言が、Y1の運転を中止させるべきものではなかったことが明らかであるから、Y2の上記主張は採用の限りではない。)。

以上によれば、Y2及びY3は、Y1の危険運転を幇助したものということができ、民法七一九条二項に基づき、本件事故につき、Y1と共に不法行為責任を負うというべきである。」

四　本判決の検討

一　飲酒運転は、かねてより無免許運転、ひき逃げとともに「交通三悪」といわれており、飲酒運転および飲酒による交通事故に対しては、近時とくに社会的批判がたかまっている。そこで刑法上は、危険運転致死傷罪（刑法二〇八条の二）および自動車運転過失致死傷罪（同法二一一条一項）が新設され、また、道路交通法上も、飲酒運転における運転者本人の罰則の引き上げとともに飲酒運転の周辺に位置する者に対する罰則等の整備がなされ、平成一九年九月から新規定が施行されている（道交法六五条）。道交法六五条一項は「何人も、酒気を帯びて車両等を運転してはならない」、同法六五条三項は「何人も、第一項の規定に違反して車両等を運転することとなるおそれがある者に対し、酒類を提供し、又は飲酒をすすめてはならない」とし、一項についての罰則は、五年以下の懲役または一〇〇万円以下の罰金、三項のうち「酒類の提供」について、三年以下の懲役または五〇万円以下の罰金が科せられている（同法一一七条の二の二第一号、同三号）。新規定の施行後、これら刑事罰の重罰化によって飲酒運転による事故は減少傾向にあるようであるが、現在においても飲酒運転と飲酒による重大な事故は後をたたない。

二　本件においては、運転者とともに飲酒をし加害車両に同乗していた者の幇助による共同不法行為責任が問われている。共同飲酒・同乗者の不法行為責任に関しては、最二小判昭和四三年四月二六日判時五二〇号四七頁は、「およそ自動車の運転者は、飲酒酩酊して運転するときは注意力が鈍化して操縦を誤り、しばしば事故の発生につながる虞れがあるため、法律もこれを禁止し、その違反行為を犯罪として刑罰を定めているものであるところ、飲酒直後には自動車の運転に従事する運転者となるものであることを知悉しながらこの者に酒を提供して飲ませ、この運転者が酩酊した状態で他人の自動車を運転するのをあえて制止せず、自らもこの自動車に同乗して運行の利益を受け、よって右運転者が酩酊のため自動車の操縦を誤り、これを転覆破壊したときには、右酒を提供して飲酒をすすめた者は直接にその運転行為には関与していなくても右運転者の酩酊運転による自動車損壊の権利侵害に対し客観的共同原因を与え、右飲酒をすすめた行為と自動車損壊との間には相当因果関係があるものというべく、共同不法行為者としての責任を免れない」とした原審判決（福岡高判昭和四二年八月一七日判時五二〇号四八頁）を認容して、共同飲酒・同乗者からの上告を棄却した。福岡高裁判決の判示によれば、（a）飲酒直後に運転者となる者であることを知悉していたこと、（b）酒を提供して飲酒をすすめたこと、（c）運転者が酩酊した状態で運転するのを制止しなかったこと、（d）自らも飲酒運転の車に同乗したこと、という四つの要件を充足すれば、自ら運転しなくとも飲酒運転による事故の共同不法行為者として責任を問われることになる。酒を提供して飲酒をすすめるという先行行為に基づいて飲酒運転を制止する注意義務を負うとするものであり、共同飲酒・同乗者の責任を基礎づけるものとして基本的に妥当なものと考える。ただし、（d）の要件については、前掲福岡高裁判決の事案は被告が加害車両に同乗していたものであったことから付されたものであって、共同飲酒者の幇助による不法行為責任の成立のためには必ずしも必要なものではない、と解する。なぜなら、二項の幇助行為は、不法行為自体と直ちに客観的共同関係に立つものではないが（四宮和夫・不法行為（事務管理・不当利得・不法行為）中巻・下巻〈一九八八、青林書院〉七九七頁）、不法行為の直接行為の実行を容易ならしめる行為（例えば、犯罪の見張り、助言・助力、兇器の供与等）と認められれば、従たる立場として連帯責任を負わされるものとして規定されたのであり（前田達明・民法Ⅳ２（不法行為法）〈一九八〇、青林書院〉一九三頁）、飲酒運転による事故について幇助者の責任を認めるためには、飲酒運転行為を容易にするためのなんらかの行為が必要であることは当然であるが、飲酒直後に車を運転する者に対して、正常な運転が困難になるような状態に陥るまで飲酒をすすめた者は、運転者が運転中に交通事故を起こすであろうことを概括的に認識することが可能であったといえ、その認識の程度に応じて、飲酒運転をしないように説得し、タクシー、代行運転による帰宅を促す、あるいは自動車のキーを預かるなどして、飲酒運転を防止するべきであるとしてよく、この義務に反する者が飲酒運転事故についての幇助者としての責任を問われてもやむを得ないものと解するからである（塩崎勤「責任主体をめぐる最近の問題」日弁連交通事故相談センター編・交通賠償の新次元〈二〇〇七、判例タイムズ社〉九五頁）。裁判例において、共同飲酒者が共同不法行為責任を問われたケースは、ともに飲酒をし加害車両に同乗していた者であったケースが多く、それらはおおむね前掲福岡高裁判決の基準に従っているといえるが、同乗していないケース、例えば東京地判平成一八年七月二八日交通民集三九巻四号一〇九九頁は、ともに飲酒をしたのち運転者を残して先に帰った会社の同僚に飲酒運転の幇助の責任を認めており、同乗という事情の有無ではなく、飲酒運転制止義務の存否が決め手となっている。飲酒運転周辺関係者の処罰規定の新設等における法改正の趣旨から考えて、飲酒運転者が酩酊状態ないし飲酒により正常な運転ができない状態にあることを認識し、かつ、そのような状態にある者による自動車の運転が具体的に予見できる状況にある場合には、ともに飲酒をした者等の周辺関係者に飲酒運転を制止すべき注意義務を認めることができ、これを怠った場合には、周辺関係者が運転者と連帯して不法行為責任を負わされてもやむを得ない、と解する。そして、この共同飲酒者の飲酒運転制止義務は、共同飲酒者の運転者に対する飲酒勧誘の積極性、運転者の飲酒量および酩酊度、共同飲酒者と運転者の人的関係、飲酒から運転までの時間等諸般の事情を総合して判断するべきと解する。したがって、同乗の事実がなくとも幇助は成立するとしてよい。ただし、同乗によって、飲酒運転者の運転を制止する機会は継続的に与えられることになるから、同乗によって（c）の要件が充足されやすくなるという関連性は認められる、と解する。

本件においては、Y²、Y³はY¹と長時間にわたってともに飲酒をしており、また、職場の先輩であり、年長者であった。しかも、加害車両に同乗していたのであり、Y²、Y³はY¹の飲酒運転を容易に制止することのできる立場にいたといえる。Y²、Y³には、Y¹の飲酒運転について制止義務が認められる、と解する。

この点、運転制止義務が不当に拡大する可能性があることを憂慮し、例えば、飲酒を強いた、車での帰宅を促した、あるいは周囲の者がタクシーで帰らせようとしたのを妨げた等の積極的関与がなければ運転制止義務は認められない、とする見解がある（堀切忠和「裁判例分析」民事法情報二四〇号一〇三頁）。この見解は、飲酒運転抑制のために、飲酒運転者およびその周辺関係者の責任を強化するべきとする今日の社会的風潮に対し、あえて周辺関係者の責任の範囲の拡大について慎重な検討を求めるものであり、意義を有するものとは考えるが、この見解が例に挙げる積極的な関与まではなくても、共同で飲酒をした者は飲酒者が具体的に飲酒運転を行おうとする現場に立ち会った場合等にそれを阻止することを求められても責任範囲が不当なまでに拡大することにはならないように思われる。

以上から、Y_2、Y_3にY_1の飲酒運転の幇助による共同不法行為を認める本件判旨は妥当なものと解する。

三　次に、本判決は、Y_2、Y_3の幇助としての責任を基礎づける事実として、もっぱらY_1の飲酒運転に向けた提案に対してY_2、Y_3が賛同しY_1の飲酒運転を容易にしたのか否かという事実を問題としている。この点、実行行為を容易にするものとしての幇助の成否を検討するにあたって、意思の連絡があったか否かは一つの判断要素ではあるが、意思の連絡がない場合でも実行が容易となることはあるから、この点は決定的とはいえない。むしろ、Y_1とY_2、Y_3との間に意思の連絡があったならば、通説・判例とされる客観的関連共同説からのみならず、主観的関連共同説からでも七一九条一項前段の狭義の共同不法行為の成立を認めることのできる場面である。七一九条二項の幇助としても、同条一項前段の狭義の共同不法行為としても、いずれにしてもY_1、Y_2、Y_3の連帯責任となるのであって異ならないが、七一九条一項前段と二項の調整という問題があることを示唆しているといえよう。この点について、裁判例をみると、たんに共同不法行為が成立することをいうのみで、この点を明らかとしていないものがある。前述した福岡高判昭和四二年八月一七日もそうであり、当該判示からは、七一九条一項前段の共同不法行為を認めたのか、同条二項のそれを認めたのか、明示的ではない。また、福島地判昭和五一年二月六日判時八二九号八三頁は、共同飲酒者は「民法七一九条一項の共同不法行為者」として、また少なくとも飲酒運転者の「違法行為を容易ならしめる補助的役割を果した同条二項の幇助者としての責任」を負う、としている。この点、裁判例において条文の適用関係が整理されないままの状況にあるように思える。共同飲酒した者については、前掲福岡高判の（a）（b）（c）の要件を充たせば、同乗者・非同乗者を問わず幇助として二項を適用する、ただし交代運転をしていたような場合には一項前段を適用する、あるいは、共同飲酒した同乗者についてはすべて一項前段を、共同飲酒した非同乗者については二項を適用する、といういずれかの立場で整理するべきように考える。

飲酒運転による交通事故について、同乗者に民法七一九条二項の共同不法行為責任を認めた事例として、山形地米沢支判平成一八年一一月二四日判時一九七七号一三六頁、判タ一二四一号一五二頁があり、石田満編「保険判例二〇〇九」（保険毎日新聞社）二七頁（菊地秀典）がある。

五　保険の契約者（原告）が建物の所有者でなく、これを告知していないためその建物の部分の保険契約は無効とされ、かつ、火災が原告等またはその意を通じた第三者の故意により発生したとされた事例

〔水戸地裁平成二四年六月二九日判決（平成二二年(ワ)六七七号、保険金請求事件）判例時報二一八〇号一三三頁〕

専修大学法学部教授　出口正義

一　問題の所在

本件は、X（原告）が、Y保険会社（被告）との間で、Xが経営するそば屋の店舗および什器・備品について火災等を対象とする店舗総合保険契約を締結していたところ、本件建物が平成二一年一一月一二日に何者かの放火により半焼して（以下「本件火災」という）什器・備品もすべて焼損または毀損したとして、保険契約に基づき一〇〇〇万円（建物、什器・備品各五〇〇万円）およびこれに対する本件火災の翌日から支払済みまで年五分の割合による遅延損害金の支払いを求めた事案である。

本件店舗総合保険普通保険約款（以下「本件約款」という）二条一項は、保険契約者の故意もしくは重大な過

失または法令違反によって火災が生じた場合、その火災に基づく損害については保険金が支払われないことを定めており、同一九条一号は、他人のために保険契約を締結する場合において、保険契約者が、その旨を保険契約申込書に明記しなかったときは、保険契約は無効とすることを定めている。

本判決は、本件建物部分はXの所有ではなく、他人のために保険契約を締結したものであるのに、Xはその旨を保険契約申込書に明記しなかったからY保険会社に対する告知義務違反があり、本件約款一九条一号により無効となるとし、また、本件火災の出火原因は何者かが建物内に侵入し灯油をまいて放火したものであり、その侵入経路は本件建物の出入口であって本件火災後も出入口のドアは鍵がかかっておらず、鍵も壊れていなく、鍵はXとD（Xの妹）だけが所持し、盗まれたとか人に貸したとか合鍵が作られたという事情もないことから、本件火災はXとDあるいはその意を受けた者の放火と推認されるとしたうえで、本件火災当日の行動にかかるXの供述の信憑性に対する疑義、Xによる什器・備品の損害の実額とかけ離れた保険金請求額の申告、Xの経済状況、すなわち、そば屋の業績不振、信用組合等に対する債務の返済期限が迫る中、本件火災発生日までの預金残高が数百円にすぎず、自動車保険料の支払の遅滞もたびたびあったことなどから、Xには本件建物を焼失させて保険金詐取を企てる動機があったとして、本件火災はXの故意によって発生したものであり、本件約款二条一項の免責事由が認められるとして、Xの請求を棄却している。

店舗総合保険の火災保険関係にかかる近時の裁判例を通覧するときに、火災がとりわけ保険契約者・被保険者あるいはその者の意を受けた者の放火によるものであり、約款の定めるいわゆる保険事故招致免責が肯定される事例が少なくない（石田満編「保険判例二〇〇九」、同「保険判例二〇一〇」、同「保険判例二〇一一」、同「保険判例二〇一二」、同「保険判例二〇一三」〈保険毎日新聞社〉に所収の新保険判例の動向参照）。本判決もその一事例を加えるものであり、その結論は妥当である。ただ、とくに本件建物部分につきXが他人のために保険契約を締結したものと解し、本件約款一九条一号を適用した本判決の論旨には若干の疑問の余地があるので、以下検討する。

二　事実の概要

Ｘ（原告）は、平成二一年二月ころから、本件建物を店舗としてそば屋を経営していた。Ｙ保険会社（被告）は、保険業を営む株式会社である。Ｘは、平成二一年一〇月一六日、本件建物および什器・備品に関し、以下の内容の店舗総合保険契約を締結した（以下「本件保険契約」という）。保険金額は、本件建物およびその中の什器・備品についてそれぞれ五〇〇万円、Ｙ保険会社が保険金を支払う場合として、火災のほか落雷等の自然災害により生じた損害、盗難による盗取、毀損または汚損の損害など（本件約款一条）、本件約款二条一項は、保険契約者の故意もしくは重大な過失または法令違反によって火災が生じた場合、その火災に基づく損害については保険金が支払われないことを定めており、同一九条一号は、他人のために保険契約を締結する場合において、保険契約者が、その旨を保険契約申込書に明記しなかったときは、保険契約は無効とすることを定めている。

本件建物は、平成二一年一一月一二日午前四時二三分ころ、何者かの放火により発生した火災により半焼した（本件火災）。Ｘの保険金請求に対し、Ｙ保険会社は、Ｘには本件建物の所有権がないのに、本件保険契約締結時にＹ保険会社に告知しなかったから、本件保険契約のうち本件建物にかかる部分は、本件約款一九条一号および商法（平成二〇年六月六日法律第五七条による改正前のもの）六三九条により無効である、また、Ｘは、本件保険契約の締結についてＡの委任を受けていないこともＹ保険会社に対して告知していないことから商法六四八条によっても、同部分は無効であり、さらに本件火災は、Ｘの故意によって発生したものと認められるから、本件約款二条一項により保険金の支払義務を負わない、と主張して支払いを拒否したため、Ｘがその支払いを求めて訴えたのが本件訴訟である。

裁判所の認定した事実の概要は以下のとおりである。

（一）本件建物の所有権について

Xと株式会社A（以下「A社」という）は、平成二〇年一二月二六日、本件建物およびB（Xの父）が所有する本件土地につき、売買代金二一〇万円、別紙一物件目録三記載の土地の一部については売主の責任で平成二一年一月末日までに分筆をし、買主に所有権移転のこと、本件建物は本年中に引き渡すものとし、引渡が遅延した場合には月五万円相当を買主に支払うことなどを内容とする売買契約書を交わした。Bは、同日A社に対し不動産売買代金として二一〇万円を領収した旨の領収書を交付するとともに、BおよびA社は、別紙一物件目録二記載の土地について、平成二〇年一二月二六日付けで、売買を原因としてA社に所有権を移転する登記手続を行った。Xは、Y保険会社に対し、平成二一年一一月一二日付で「本件火災は、自己の物件外に契約したことを自認し保険金の支払（受取）権を放棄します」という記載がある確認書を提出した。上記事実によればXは、平成二〇年一二月二六日、A社に対して本件建物を売却したことが認められる。

（二）出火原因について

本件建物は木造で建物内には可燃物が多数あった。本件火災は、平成二一年一一月一二日午前四時二八分ころ本件建物の前を通りかかったCの通報により覚知され、消防署職員が到着した際には自然鎮火していたために初期消火活動は行われず、同日午前五時九分に半焼の状態で鎮火が確認されたこと、消防署職員の現場見分の実施による本件建物の被害状況、Xが同日午前四時半ころ本件建物に駆け付けた際、出入口のドアは鍵がかかっていなかったことなどから、本件火災は失火ではなく、何者かが本件建物内に侵入し、ファンヒーターの燃料タンクを抜き取り、その中に入っていた灯油を本件建物の出入口周辺に撒いた上、放火したものと認められる。

（三）侵入経路について

本件建物は木造であり建物内には可燃物もあった状態で、灯油が撒かれて放火されたにもかかわらず半焼の状態で自然鎮火したこと、本件窓のへりの部分および内側部分（窓を閉じた場合に接着する部分）にはほとんど煤がついていないことが認められることに照らすと、本件火災当時本件建物は密閉されていて空気（酸素）が供給されなかったため自然鎮火したもので、加えて本件窓を鍵のかかった状態で外からこじ開けた形跡は認められないことからすると、本件窓は空いていなかったものと認められる。

（四）XおよびD（Xの妹）の本件火災前後の行動について

Xは、平成二一年二月ころそば屋を開業した。Xは、同年六月二七日、本件窓をバールでこじ開けて本件建物に泥棒に入られて九万円を窃取されたとして警察に届け出たが、本件窓にバールでこじ開けた痕跡があったと認めるに足りる証拠はない。XとDは、同年一〇月一六日、自分からしてY保険会社の担当者を通じて本件保険契約を締結した。XとDは、同年一一月初めころ、もともと本件建物内には小さいファンヒーターが一台あったが、さらにX宅にあった大きいファンヒーター（本件火災の際）を本件建物に運んだ。睡眠時間や睡眠薬を飲んだとするXの供述は信用できず、Xが本件建物に放火したとの疑いを回避するための供述とみるのが相当である。Dは洗い物や後片付けをし、ガスやファンヒーターの火の元の確認をし、窓の鍵を閉め、翌一二日の午前一時三〇分ころ出入口から出て外から鍵をかけて帰った。X宅の隣に住んでいるEは、同日午前四時三〇分ころ家を出たところ、本件建物から煙が出ているのを確認したため、Xの自宅に赴いて勝手口の玄関をたたき、さらにXの携帯電話に電話をかけて本件建物が燃えていることを伝えた。Xは電話に応じてEとともに自宅から本件建物に向かい出入口のドアに鍵を差し込んだところ鍵はかかっておらず、ドアを引いて開けたところ真っ黒い煙が出てきた。ほどなく消防車が駆けつけて消火活動を開始しようとしたがすでに鎮火していたため放水をせずに消火活動は終了した。Xは、Y保険会社に対して保険金の請求をしたが、損害を被った什器・備品の申告内容（金額等）が変遷しており、自己の所有物でないものまで含めていたり、実額とかけ離れた金額を申告していて、少しでも損害額を増やそうとする態度が伺われる。以上によれば、XとDは、同日午前一時三〇分から同四時三〇分ころまでは、人目につかずに本件建物内に侵入し放火をすることが可能であり、Xの上記認定の行動はXが計画的に放火を行ったと解すると符合するものである。

（五）動機について

Xは平成二一年二月ころ、本件建物においてそば屋Zを開業したが、同年三月から九月にかけての利益（売上から仕入額等を控除した額で人件費や光熱費等は含まない）がおよそ一五万円強から四〇万円弱であるが、これから他の諸経費（人件費等）をさらに控除するとほとんど利益が残らない状況であった。F信用組合（以下「F組合」という）は、平成二〇年五月三〇日、Xに対して証書貸付により三五〇万円を貸し付けており、その際の条件は年一回の弁済により五年間で完済するというものであり、Xは、同年一一月一七日、F組合に対して八二万八八〇〇円を返済し、平成二一年一一月中旬ころにも七〇万円から八〇万円程度を返済する予定となっていた。G社は、本件建物の建築の施行を行った株式会社であるところ、平成二二年二月一〇日時点における、その代金残額は七六万円であり、Xは平成二一年一二月にはこれを支払わなければならないことになっていた。以上によれば、Xに上記認定の借入金を返済する十分な収入があったと認めることはできない。かえって、Xの収入に関する上記認定事実、XのF組合の預金は平成二一年八月一八日から本件火災が発生する日まで残金が六一九円しかなく、またH銀行の預金も平成二一年一〇月二三日にA社に対して五万円を振り込んだ際の残額が一七〇円となっていること、Xは自動車保険の保険料の支払いが遅れることもたびたびあったことにも照らすと、Xの収入は不安定なものであったことが窺われる。したがって、Xには、本件建物を焼失させて本件保険契約に基づいて保険金を詐取しようと企てる動機はあったといわざるを得ない。

三　判旨（請求棄却）

「一　争点(1)（本件保険契約のうち本件建物部分について無効事由があるか否か。）について

(4)　……Xが署名押印した保険申込書のご契約内容確認書には、本件建物の所有権者としてXの氏名が印字されており、その横には申込者の確認の有無を問うチェック欄が印字され、各チェック欄に手書きでチェックがされ、手書きでXの署名がされているところ、各印字部分は保険の担当者が、各手書き部分はXがそれぞれ作成したことが認められる。そうすると、Xは、本件建物の所有者欄に自己の氏名が印字されていることを確認した上で署名したものであり、本件建物の所有権がすでにA社に移転しているのにこれを告知しなかったものと認められ、Xの告知義務違反を否定することはできないというべきである。

(5)　したがって、Xは、本件保険契約の締結時点において、本件建物の所有権がA社に移転していること、すなわちXが本件保険契約のうち建物に係る部分は、他人のために締結したものであることをYに告知しなかったと認められるから、同部分は本件約款一九条一項により無効となる。

二　争点(2)（保険金支払いの免責事由の存否）について

(1)　出火原因

イ　……本件火災は失火ではなく、何者かが本件建物内に侵入し、ファンヒーターの燃料タンクを抜き取り、その中に入っていた灯油を本件建物の出入口周辺に撒いた上、放火したものと認められる。

(2)　侵入経路

オ　……本件窓は、本件火災の時点では開いておらず鎮火後に開けられたものであって進入路ということはできず、放火した者は本件建物の出入口から侵入して放火し、その出入口から出て行ったものと認められる。そし

て、…本件火災後も出入口の鍵は壊れていなかったこと、出入口の鍵はXとDのみが所持していたこと、同鍵については本件火災直後もXとDが所持しており、盗まれたとか人に貸したとか、合鍵が作られたといった事情も認められないことに照らすと、本件火災は、X、Dあるいはその意を受けた者により放火されたものと推認される。

(3)　X及びDの本件火災前後の行動と動機

ウ　検討

以上の事実を総合すると、Xは、そば屋Zを開業したものの、思うように売り上げが上がらず、債務の返済期限に負（追）われることになったことから火災保険を詐取することを思いつき、種々の偽装工作をした上、平成二一年一一月一二日未明に自らあるいは第三者に依頼して本件建物に放火をしたものと認めるのが相当である。

(4)　結論

以上によれば、本件火災は、Xの故意によって発生したものと認められるから、本件約款二条一項の免責事由が認められ、YはXに対して保険金の支払義務を負わないことになる。」

四　本判決の検討

一　本件約款一九条一号の適用について

平成二〇年改正前商法（以下「旧商法」という）は、保険契約は他人のためにすることができるが（六四七条前段）、保険契約者が委任を受けないで他人のために契約した場合は、その旨を保険者に告げないときは、契約は無効となると定めていた（六四八条前段）。その理由については、他人のためにする保険を利用して保険金詐取などの不正行為が行われやすいので、保険者に注意を喚起する趣旨であると説明されている（大森忠夫「保険契約法」東京海上火災保険株式会社編・損害保険実務講座第一巻（損害保険総論）〈一九五四、有斐閣〉一一〇頁、石田満・商法Ⅳ（保険法）〔改訂版〕〈一九九七、青林書院〉五六頁）。本件約款一九条一号の規定も基本的には同趣旨と解される。これまでに、下級審裁判例であるが、他人が所有する建物を目的物として自己のために火災保険契約が締結された事案において、保険契約者は被保険利益を有しないことは当然であるとし、さらに、本件約款と同一の内容の約款規定の趣旨について、保険契約が自己のためにするものなのか他人のためにするものなのかは保険契約上重要な事項であるから、その区別につき事後の紛争を回避するためにはあらかじめこの点を書面上明確にしておくべき必要性があると判示したうえで、この点からも契約が無効であると判示したものがある（大阪地判昭和六三年七月二八日判時一三〇七号一四八頁）。

本判決は、Xが署名押印した保険申込書のご契約内容確認書の所有権者欄におけるXの氏名の印字、申込者の確認の有無を問うチェック欄におけるチェックとXによる手書きの署名の事実をもって、Xは本件建物部分にかかる保険契約を他人のために締結したものであると解し、約款一九条一号を適用している。たしかに、認定事実によれば、Xは本件建物部分については所有権者でないとされているのであるから、形式上は他人、つまり本件ではAのために契約を締結したと解されなくもない。しかし、Xは本件建物につきAとの間で譲渡担保の設定契約の成立を主張して争っている。譲渡担保の場合には一個の物の所有権が譲渡担保権者と譲渡担保設定者に分属し、いずれもが自ら所有者として火災保険契約を締結できると解するのが通説・判例である（石田・前掲書八七頁、最判平成五年二月二六日民集四七巻二号一六五三頁）。それゆえ、本件建物につき譲渡担保が認められることになれば、本件保険契約は自己のためにする保険契約として有効となりうる。また、本件建物内の什器・備品がXの所有物であることも考慮すれば、Xが所有者欄に自己の名が印字されていても違和感を覚えることなく、実質的に建物も含め自己が所有者であるとの認識で、つまり自己のためにする保険契約であるとの認識でチェック・署名したと解することも可能である。また、本件約款一九条一号は「他人のために保険契約を締結する場合」

における告知義務を定めるものであるから、本判決のように、XはAのために保険契約を締結しようとしたのにその旨をY保険会社に告知しなかったから本件約款一九条一号により無効であるというのは、実体にそぐわない。いかにも擬制的である。認定事実から見ても、Xが本件建物につきAのために保険契約を締結する理由も動機も見当たらなく、Xは自己のために保険契約を締結したと解するのが形式上も実質上も合理的である。本判決は本件建物部分につきXの所有者・譲渡担保設定者の地位を否定しているが、そうであれば、端的に、Xは本件建物につき所有者としての被保険利益を有しないから保険契約は無効であるとすればよいだけのようにも思われる。

なお、平成二〇年成立の保険法では、旧商法六四七条前段の規定と同様に、他人のために保険契約を締結することが認められているが（八条）、旧商法六四八条前段の規定が削除され、また告知義務規定（四条）が片面的強行規定（七条）とされたことからも、現在、本件約款一九条一号のような約款規定は廃止されている。

二　本件約款二条一項の適用について

火災事故では、放火は極めて巧妙に行われるため、証明責任を負う保険者が直接立証できる場合は稀であり、ほとんどは間接事実の積み上げにより放火を推認する手法がとられる。一般的には、出火原因の特定のための出火場所・出火の態様等、火災が何者かによる放火であること、出入口の状況・施錠の状況・鍵の管理の状況等、保険の目的物に対する不審、火災当日の保険契約者側の者の不審な行動・供述内容の矛盾・変遷、多額の借入金の存在等、業績不振または経済的逼迫など放火の動機の有無、保険契約締結と事故発生の時間的近接性等、保険契約の締結時期および短時間に複数の保険者にまたがって高額の保険や共済を締結していないか等、超過保険・重複保険の存在などの事実の積み重ねによる総合判断によるといわれている（石田満編「保険判例二〇〇九」〈保険毎日新聞社〉一三四・一三五頁〈戸出正夫〉）。前記「一問題の所在」で挙げた文献において紹介されている裁判例のほとんども、多かれ少なかれこれらの間接事実の存否の認定により、保険契約者・被保険者またはその意を受けた者による放火かどうか、すなわち、事故招致免責が認められるか否かが判断されている。

本判決も、出火原因は失火でなく何者かによる放火であること、侵入経路は本件建物の出入口であり、本件火災後、出入口のドアは鍵がかかっていなく、鍵は壊れてもいなかったこと、XとDのみが鍵を所持し、盗まれたとか、人に貸したとか合鍵が作られたという事情もないことから、本件火災は、X、Dあるいはその意を受けた者により放火されたものと推認している。そして、本件火災当日のXの行動にかかるXの供述の変遷はXが本件建物に放火したとの疑いを回避するための虚偽の供述とみられること、什器・備品の保険金請求にかかる損害額の申告が実額とかけ離れていることなどから、XとDは本件建物内に侵入し放火をすることが可能であったとし、動機についても、そば屋営業の不振、金融機関等からの多額の借入金とその返済の困難性など経済的逼迫状況にあることから、Xには本件建物を焼失させて保険金詐取を企てる動機があったとし、これらの事実を総合すると、X自らあるいは第三者に依頼して放火したものと認められ、本件火災は、Xの故意によるものであると結論している。本判決の結論は妥当である。

六　交通事故と医療過誤が競合した場合、被害者の代理人である弁護士（被告）がすでに医療過誤による解決金を示談により受領しながら、この事実を加害者に説明しないまま、加害者側の保険会社（原告）から訴訟上の和解に基づき損害賠償金の二重支払いを受けたことにつき、原告の損害賠償の請求が認容された事例

東京地裁平成二四年七月九日判決（平成二三年(ワ)第一六二一八号、損害賠償請求事件）判例タイムズ一三八九号二三五頁

東海大学法学部教授　石　田　清　彦

一　問題の所在

本件は、交通事故と医療過誤が競合した場合に、被害者の代理人弁護士が訴訟上の和解に基づき交通事故の加害者から賠償金の支払を受けるにあたり、医療過誤による解決金受領の事実を同加害者に告げなかったことが情報を提供すべき信義則上の義務に違反するとして、同加害者の損害保険会社から被害者の代理人弁護士に対する

不法行為による損害賠償請求がなされ、その一部が認容された事案である。

これまでの裁判例では、交通事故と医療過誤が競合したものとして、最判平成一三年三月一三日民集五五巻二号三二八頁（交通事故によって搬送された病院で頭蓋骨骨折が発見されず、帰宅した後に硬膜外血腫のため六歳児が死亡した事案で、民法七一九条一項前段の共同不法行為の成立を認め、各不法行為者に全部義務を課す旨の判断が示されている）をはじめとして、多くの下級審裁判例が公表されている。

また、情報を提供すべき信義則上の義務に関して争われた事案として、最判平成一六年一一月一八日民集五八巻八号二二二五頁（公団の建替えに伴って賃借人らが分譲住宅を優先購入した場合に、その後の未分譲住宅の一般公募が時期を遅くして、しかも値を下げて行われたことに対して、あっせん後、直ちに一般公募の意思がなかったことを説明しなかったことに対して公団の不法行為責任が争われた事案で、公団の行為は慰謝料請求権の発生を是認し得る違法行為と評価することが相当との判断が示されている）および最判平成二三年四月二二日民集六五巻三号一四〇五頁（信用協同組合が監督官庁から破綻認定を受ける現実的な危険性があったにもかかわらず、出資者に対してそのことを説明しないまま勧誘し、その後、経営が破綻して出資者に対して持分の払戻ができなくなったため債務不履行責任が争われた事案で、この契約の締結に先立ち、信義則上の説明義務に違反した場合には、一方当事者は、相手方が当該契約を締結したことにより被った損害につき、不法行為による賠償責任を負うことがあるとの判断が示されている）がある。

しかし、交通事故と医療過誤が競合した公表事案において、情報を提供すべき信義則上の義務について争われたものはこれまで見当たらず、本件は先例としての価値を有すると思われる。本件において、弁護士の信義則上の義務というものがどのように理解されていたのか、そして、その判断に対してどのような問題が内在しているのか、確認をしていく。

二　事実の概要

一　平成一六年一月、Aは、乗用車を運転して片側一車線道路を走行中、センターラインを越えて自車の進行車線に入ってきたB運転の車両と衝突して受傷した。Aは、搬入されたC医科大学総合医療センター（以下「C医大」という）で右脛腓骨折等と診断され入院したが、Aには入院後より腹痛がみられた。しかし、穿孔性汎発性腹膜炎が理学的にも画像上でも否定的であったことから経過をみていたところ、翌日、Aは、容態が急変し死亡した。死体検案の結果、Aの死亡原因は、腹部打撲により腸管穿孔を来し、汎発性化膿性腹膜炎となったことによる多臓器不全であると確認された。

弁護士であるY（被告）は、平成一六年六月、Aの相続人らの代理人として、C医大に対し、逸失利益六〇四四万四四二三円、慰謝料三〇〇〇万円を含む請求額一億五四九万四七三八円の医療過誤に基づく損害賠償請求（なお、この損害には、交通事故による損害、すなわち、医療関係費、休業損害、入院慰謝料、物的損害等の死亡と因果関係のない損害は含まないものとされている）を行い、平成一六年一二月、Y弁護士は、Aの相続人ら三名並びに相続人ではないAの実母の代理人として、C医大との間で、C医大が一切の解決金として六六〇〇万円を支払い、C医大と相続人らおよび実母は示談の存在および内容を第三者に開示しない等とする示談書を取り交わし、同月、Y弁護士は、C医大から六六〇〇万円の支払を受けた。

その後、Y弁護士は、平成一八年一二月に、同じくAの相続人らの代理人として、Bに対し、合計一億一三三万六六八八円の損害賠償（なお、C医大からの解決金の支払は損害額から控除されていない）と遅延損害金を求める損害賠償請求訴訟を提起し、平成一九年一二月、同訴訟において、BがAの相続人らに対し、損害賠償金として九〇〇〇万円をY弁護士の預金口座に振り込む方法により支払う旨の訴訟上の和解が成立した。保険会社であるX（原告、株式会社損害保険ジャパン）は、平成二〇年一月、Bとの間で締結していた自家用自動車総合保険契約に基づく賠償責任保険金の支払として賠償金九〇〇〇万円をY弁護士の預金口座に振り込んで支払をした。

なお、この訴訟において、X保険会社の顧問弁護士でもあったBの訴訟代理人Dは、当初、弁論準備手続期日において、医療過誤が介在していることを指摘し、C医大に訴訟告知をする予定である旨を主張した。しかし、その後、Dが訴訟告知をしないまま訴訟が進み、さいたま地方裁判所は和解案を提示したが、同和解案では、「損害てん補」の欄に「0」と記載されており、C医大からの解決金の支払を控除していないことが明らかであった。Y弁護士は、Bに対する損害賠償請求訴訟を提起し、訴訟上の和解を成立させ、賠償金の支払を受けるまでの間、Dに対してはもちろん、裁判所に対しても、C医大からの解決金の支払の事実を明らかにしなかった。

二　以上の事実に基づき、X保険会社は、Y弁護士の行為が不法行為に当たるとして、Y弁護士に対し七二六〇万円（支払った賠償金のうち六六〇〇万円と弁護士費用六六〇万円）の損害賠償と遅延損害金の支払を求めて訴えを提起した。

そこでのX保険会社の主張としては、Y弁護士は、C医大から医療過誤に基づく損害賠償金六六〇〇万円を受領していたのであるから、同一の損害について交通事故の加害者Bに対して請求してはならず、少なくとも交通事故訴訟の和解成立時までにC医大からの六六〇〇万円の受領について明らかにすべき義務があったにもかかわらず、このような義務に故意に（又は過失により）違反して、Bとの間で損害賠償金として九〇〇〇万円を受領する内容の和解を成立させたのであって、Y弁護士の行為は、損害の二重請求に該当する不法行為であり、それによってX保険会社は、Aの相続人らに対し損害賠償金九〇〇〇万円を支払うことになったが、X保険会社が支払った賠償金九〇〇〇万円のうち少なくとも六六〇〇万円は、Y弁護士の不法行為と因果関係を有する損害である、というものであった。

これに対して、Y弁護士は、次のように主張した。すなわち、Y弁護士には、C医大から示談金を受領していることを告知する義務はなく、C医大から示談金を受領していることをDに伝えなかったからといって、そのことが違法になるものではなく、不法行為は成立しない。Dは、損害賠償請求訴訟のいわばプロ中のプロである損害保険会社の顧問弁護士であり、当然、Aが死亡したのは医療過誤が原因であるとのBの主張を熟知しており、したがって交通事故の過失が認定された場合でも、民事事件においてはC医大と賠償義務を共同して負担する関係であることを認識しうる立場にあり、現に裁判所を前にして、Y弁護士に対し、訴訟告知をする予定である旨通告しており、さらに、かかる立場ゆえ、Y弁護士に対し、C医大に対する請求および賠償がされているか否かを尋ねることができたし、損害保険会社を通じて、C医大が保険を利用して賠償金の支払をしているか否かを直接確認することも可能であった。このような相手に対して、Y弁護士に、条理上あるいは信義則上、C医大との示談金の受領を告知する義務があったとは到底考えられず、Dが自ら確認することが可能で、しかもそれが容易であったのに行わなかっただけである、と主張した。

三　裁判所は、次のように判示して、Y弁護士の過失を認め、また、X保険会社の支払にはDに大きな落ち度があるとするY弁護士の主張に対しては、X保険会社側の過失に基づく過失相殺を認めず、C医大から支払われた六六〇〇万円からC医大の固有の慰謝料二〇〇万円、Aの実母が受け取るべき固有の慰謝料一〇〇万円、弁護士費用三〇〇万円を控除した六〇〇〇万円を連帯債務として、Bの債務から消滅するとした上で、最終的にX保険会社の損害額を五二八五万八九六七円として、請求を一部認容した。

三　判旨（一部認容、確定）

「交通事故と医療過誤が競合して被害者の死亡の原因となった本件の場合、被害者の死亡による損害については、原則として、民法七一九条一項の共同不法行為ないしこれに準ずる法律関係として、交通事故の加害者の損害賠償債務と医療過誤による損害賠償債務とが連帯債務となり、交通事故の加害者は、被害者の死亡による損害の賠償が医療過誤に基づきされたときは、その部分について債務を免れることになる。

そして多数発生している交通事故の事例において、加害者において医療事故の可能性を疑うことがあり得るとしても、現実に医療過誤が認められ医療機関による損害賠償あるいは交通事故の加害者から医療機関への求償請求がされることは、社会的には稀な事例である。交通事故の加害者やその訴訟代理人の立場において、被害者側から何ら説明がないときでも、医療事故による損害賠償がされていることを予測して賠償の有無を積極的に問合せたり調査したりすることを期待することは、極めて困難であるといわなければならない。まして、本件の場合には、裁判所も、医療過誤による損害賠償の可能性を全く考慮に入れないまま和解案を提示しているのであり、法律専門家である弁護士のYは、そのことを和解案の内容から当然に知ることができた。

このような事実関係及び社会的背景事情からすれば、……共同不法行為の連帯債務関係に関する法律を熟知している弁護士であるYとしては、訴訟上の和解により和解契約を締結するに際し、民法及び民事訴訟法に定める信義則上の義務として、医療過誤による連帯債務の弁済の事実を知らないことが訴訟経過から明らかな契約の相手方であるBないしは裁判所に対し、C医大からの解決金の支払の事実を説明し、その情報を提供すべき義務があるというべきである。したがって、この義務を怠って訴訟上の和解を成立させ、和解に基づく損害賠償金の支払を受けたときは、その行為は不法行為としての違法性を有する。

この場合、和解をしなければ支払うことがなかったといえる部分、すなわち、和解により支払った損害賠償額のうち、交通事故によりBが負うことになった本来の損害賠償債務から解決金の支払により消滅した連帯債務の部分を控除した損害賠償債務の残額を超える部分については、Bに代わって損害賠償をした保険会社であるXの権利を侵害したものとして、その損害を賠償すべき義務がある。

そしてYは、共同不法行為の法律関係を熟知している法律専門家たる弁護士であったのであるから、C医大からの解決金支払の事実をB側に説明し、情報を提供すべき信義則上の義務があることを認識し得たはずであり、それにもかかわらず、あえて説明をしないまま和解したものであって、……違法にXの権利を侵害したことにつき過失があったと認められる。」

四　本判決の検討

一　本件は、交通事故と医療過誤が競合した事案である。本来であれば、被害者側の弁護士としては、交通事故の加害者と医療過誤を起こした医師もしくは医療機関とを相手に、共同不法行為に基づく損害賠償を請求していくことになり、両者共に不法行為責任を認めるか、あるいは裁判によって両者の不法行為責任が認められた場合には、各不法行為者は被害者の被った損害の全額について連帯して責任を負うことになるため（前掲最判平成一三年三月一三日参照）、交通事故の加害者が医療過誤を起こした医師もしくは医療機関の賠償責任の有無について情報を得ていないという状況は考えにくい。しかし、本件では、Y弁護士の主張によれば、交通事故の加害者Bは、刑事訴追され、過失の有無や事故と死亡結果との因果関係を争っていた（すなわち、Bは、医療過誤によってAが死亡したと争っていた）ことから、Y弁護士は、医療過誤を起こしたC医大に対する請求を先行して進めたという経緯があるようである。そして、通常であれば、Y弁護士によるC医大との示談が成立したあと、C医大もしくはその損害保険会社としては、共同不法行為者であるBもしくはX保険会社に対して求償権を行使することも考えられるところではあるが、本件ではおそらくそれは行われていないのではないかと推察される。

また、本件では、Y弁護士によるBとの訴訟上の和解を受けて、X保険会社は、Bとの間で締結していた自家用自動車総合保険契約に基づき、賠償金九〇〇〇万円をY弁護士の預金口座に振り込んだものの、後日、同事案においてY弁護士がC医大から六六〇〇万円の支払を受けていたことに気付き、それらの合計額が想定される共同不法行為上の賠償金額を上回っていたことから、Ｙ弁護士に対して損害賠償を請求したものと考えられる（なお、ＹがＣ医大に対して行った損害賠償請求の内容として裁判所が認定した金額と、ＡとＢとの間の訴訟上の和解に基づいてＹが受け取ったとされる金額とで重複したと考えられるものを挙げておくと、逸失利益について、前者が六〇四四万四四二三円、後者が六〇三二万九六九二円、死亡慰謝料について、前者が三〇〇〇万円、後者が二八〇〇万円、葬儀費用について、前者が五四五万九八八四円、後者が一五〇万円、となる）。

二　このような本件のやや特殊な事実関係を考慮した場合、Ｙ弁護士には交通事故の加害者であるＢに対してどのような義務が発生していたと考えるべきであろうか。まず、本件では、Ｂの損害賠償債務が訴訟上の和解に基づいて確定したことから、Ｙ弁護士は、その和解契約締結に向けて情報提供をする義務があるのではないかといった点について着目すると、これまでの判例においては、契約の一方当事者が、当該契約の締結に先立ち、信義則上の説明義務に違反して、当該契約を締結するか否かに関する判断に影響を及ぼすべき情報を相手方に提供しなかった場合には、一方当事者は、相手方が当該契約を締結したことにより被った損害につき、不法行為による賠償責任を負うことがある、とされていた（前掲最判平成一六年一一月一八日および前掲最判平成二三年四月二二日参照）。

　これに対して、本件判旨は、交通事故と医療過誤が競合して被害者Ａの死亡の原因となった本件の場合には、Ａの死亡による損害については、交通事故の加害者Ｂの損害賠償債務と医療過誤によるＣ医大の損害賠償債務とが連帯債務となることから、交通事故の加害者Ｂは、Ａの死亡による損害の賠償が医療過誤に基づきなされたときは、その部分について債務を免れることになると述べ、その場面での弁護士の信義則上の義務として、「権利の行使及び義務の履行は、信義に従い誠実に行わなければならない」とする民法一条二項と、「当事者は、信義に従い誠実に民事訴訟を追行しなければならない」と定める民事訴訟法二条を根拠に、医療過誤による連帯債務の弁済の事実を知らないことが訴訟経過から明らかなＢないしは裁判所に対し、Ｃ医大からの解決金の支払の事実を説明し、その情報を提供すべき義務があるというべきであり、この義務を怠って訴訟上の和解を成立させ、和解に基づく損害賠償金の支払を受けたときは、その行為は不法行為としての違法性を有する、と述べている。

本件判旨の考え方は、基本的には情報提供義務に関するこれまでの判例の立場を本件の事例に合わせて適用させているものと考えられるが、そこでは、Y弁護士の信義則の情報提供義務を認めるための基準として、B（および裁判所）が医療過誤による連帯債務の弁済の事実を知らなかったことについて正当化できることが必要との判断が示されており、この点が本件判旨の特色ともいえる。そして、その正当化の判断に関して、判旨は、まず一般論として、多数発生している交通事故の事例において、加害者が医療事故の可能性を疑うことがあり得るとしても、現実に医療過誤が認められ医療機関による損害賠償あるいは交通事故の加害者から医療機関への求償請求がされることは、社会的には稀な事例であり、交通事故の加害者やその訴訟代理人の立場において、被害者側から何ら説明がないときでも、医療事故による損害賠償がされていることを予測して賠償の有無を積極的に問合せたり調査したりすることを期待することは、極めて困難であるといわなければならない、と述べている。そして、さらに、本件に関しては、裁判所が医療過誤による損害賠償の可能性を全く考慮に入れないまま和解案を提示していたことを、その判断の補強材料としているようにも理解できる。

ただ、Y弁護士の主張によれば、交通事故の加害者Bは、刑事訴追されている中で、医療過誤によってAが死亡したと争っていたようであり、さらに、Aの相続人らがBに対して提起した損害賠償訴訟においてX保険会社の顧問弁護士でもあったBの訴訟代理人Dは、弁論準備手続期日において、医療過誤が介在していることを指摘し、C医大に訴訟告知をする予定である旨を主張していたようであるが、これに対して、本件判旨は、「Yは、共同不法行為の法律関係を熟知している法律専門家たる弁護士であったのであるから、C医大からの解決金支払の事実をB側に説明し、情報を提供すべき信義則上の義務があることを認識し得たはずであり、それにもかかわらず、あえて説明をしないまま和解したものであって、上記のとおり違法にXの権利を侵害したことにつき過失があったと認められる」と判示した上で、Dの行為に基づく本件B側の過失の判断に関しても、Y弁護士がC医大との間で示談内容を開示しないとする約束をした点について、Bの損害賠償額に大きく左右する重大な事実であるから、Y弁護士がC医大に確認すれば開示の了承が得られたはずと指摘して、Y弁護士からの過失相殺の主張を斥けている。確かに本事案の一連の手続の中でのY弁護士の行動にはある種の意図が感じられ、弁護士法五六条一項における弁護士としての品位の点からみればその非難性は高いものとも判断できるが、判旨は、Y弁護士の行動の評価に重点を置いており、信義則を判断する際の理由付けとしてはやや一面的な見方があったのではないかとも思われる。

三　本件の結論については賛成であるが、その根拠として挙げた、交通事故事例での医療機関による損害賠償が希な事例であるという指摘の不明確性や、医療事故による損害賠償がされていることを予測して賠償の有無を積極的に問合せたり調査したりすることを期待することは極めて困難とする判断の本件における妥当性、裁判所が医療過誤による損害賠償の可能性を全く考慮に入れないまま和解案を提示したことを正当化の判断の補強材料とすることとの相当性など、疑問の残る点も若干見受けられる事案であり、今後同様の裁判例が現れる可能性は少ないと思われることから、日本弁護士連合会等において正当化の判断基準をより明確にするなど、今後の対策が必要なのではないかと考える。なお、本件のY弁護士については、平成二二年七月一日付けで、日本弁護士連合会から懲戒処分の公告がなされている（自由と正義六一巻七号〈二〇一〇〉一三六頁参照）。

七　仏壇の線香から生じた失火類焼事件で、失火者に重過失が認められるとして賠償が認容された事例

〔広島地裁福山支部平成二四年七月一九日判決（平成二三年(ワ)第一五九号、損害賠償請求事件）自保ジャーナル一八八八号一八〇頁〕

元白鷗大学法科大学院教授　戸出正夫

一　問題の所在

一　民法七〇九条は、過失のある加害者に対し、被害者に生じた損害を賠償すべきことを規定している。しかし、損害が失火によって生じた場合については、失火責任法が「民法第七百九条ノ規定ハ失火ノ場合ニハ之ヲ適用セス但シ失火者ニ重大ナル過失アリタルトキハ此ノ限ニ在ラス」と規定しているため、類焼被害者は火元に重過失が無い限り、損害賠償を受けることができない。近代法の認める過失責任主義は、我が国の失火事件に関する限り、重過失責任主義に変更されているのである。

二　このような立法は諸外国では見ることができず、我が国独自のもののようである。わずかに韓国に存在するけれども、韓国においては、かつて、失火被害者の権利を制限するのは憲法違反ではないかとの疑問が提起さ

れ、一九九五年三月二三日、憲法裁判所はこれを合憲としたものの（宋台植・韓国憲法裁判所法〈一九九八、近現代資料刊行会〉三〇二頁）、二〇〇七年八月には「憲法裁判所は失火責任法は憲法に合致しないと宣言し、法律の適用の中止を命じた」（保険毎日新聞〈二五九六二号〉二〇〇八年一一月二一日号九頁）と報じられている。

一般に、外国法においては、火は危険なものとして、無過失責任ないし厳格責任に近い立場から出発しているが、一般の火災の場合は過失責任である（外国法については、戸出正夫「失火責任と保険」田辺康平＝石田満編・新損害保険双書１火災保険（昭和五七、文眞堂）七七～八三頁参照）。

三　我が国においては、古来から、失火者に賠償責任を負わさない法慣習があったといわており、また、火災発生の頻度の高さ、大火危険の存在などの理由により、失火は宥恕されるべきものとされ、明治三一年七月一六日の民法施行により、一旦、過失責任とされた失火責任は、明治三二年三月二八日、失火責任法の施行により、重過失責任とされた経緯がある。

しかし、近年、我が国の火災件数は減少し、諸外国比較においても、世界で火災の少ない国のグループに属し、失火責任法の立法理由の一角は崩れ去っている。

四　重過失とは「ほとんど故意に近い著しい注意欠如の状態を指す」との解釈が定着している。しかし、過失を重過失と軽過失とに分類する基準が、過失の重さそのものであって、具体的に計量することのできない基準であるため、この基準をもって実際に生じた失火事件に当てはめるのはかなりの困難を伴う。

本件は仏壇にあげた線香の消し忘れによる失火者に重過失があったかどうかの判断であり、事例研究として意味がある。また、損害額についても、被害者が焼け出されたために生じる引越代金や仮住まいの家賃等が相当因果関係ある損害といえるのかどうか、火災後、失火者が類焼被害者を無視するような振る舞いをしたことや、いったん申し出た金員（賠償金）の支払を撤回するなど言を左右したことについて、慰謝料の対象になるか等が争われており、実務上参考となろう。

二　事実の概要

Yの夫である訴外A男は、昭和三七年一一月二五日に新築した木造スレート葺二階建建物を所有し、平成一三年からは、妻Yと二人で居住していた。しかし、A男は平成二〇年四月一五日、肺炎のため病院に入院したため、この建物に火災が発生した当時、Yは一人で居住していた。

平成二〇年五月一日午前〇時二〇分ころ、Yが居住する建物（以下「Y建物」という）に火災が発生し、Y建物は全焼した。本件火災により、南隣の建物、東隣の建物など、近隣に類焼被害（X建物を含め三棟が類焼により一部焼損、被災世帯数は不明である）が生じた。Y建物の北側に位置するX所有の建物（以下「X建物」という）は、平成九年一月一四日新築の木造瓦葺二階建建物であったが、二階約六一平方メートルが類焼した。

出火原因について、消防署作成の「出火原因調書」によれば「…消し忘れた線香が何らかの原因で座布団の上に落下し、線香の火が座布団に着火して出火に至ったものと推定する」と判定されている。それに加え、Yは平成二〇年一二月二六日、建造物等失火罪で簡易裁判所に起訴（略式命令請求）された際、「…線香に火を点け、これを仏壇の線香立てに立てたものであるが、当時、線香立ての中の灰は満杯となっていて、同線香立てに立てた線香が床に置かれた座布団に落下して火災となる恐れがあったのであるから、同所を離れる場合には、同線香の火を完全に消してから同所を離れ、火災の発生を未然に防止すべき注意義務があるのにこれを怠り、同線香の火を消さないまま同所を離れて就寝した過失により…Y建物を焼損したものである」との公訴事実のすべてを認めている。

本件火災の結果、Xは訴外E保険会社から火災保険金（臨時費用保険金、残存物取片づけ費用保険金、失火見舞費用保険金等を含むと思われる）一二八六万一二九六円、訴外F保険会社から同一三六八万三三四五円、合計二六五四万四六四一円の支払いを受けた。なお、本判決が認めたXの被った物的損害額は建物損害額七〇五万九〇〇〇円、物品損害額三七五万五〇〇〇円、合計一〇八一万四〇〇〇円とされている。このように、建物自体に生じた物的損害および動産自体に生じた物的損害については、保険金の受領によって損害が回復されているためか、XはYに対して、これら財物の損害についての賠償は求めていない。XがYに請求した損害賠償は、次に述べるような、いわば費用損害と慰謝料についてである。

Xの家族（妻B、長女C、次女D）は本件火災の平成二〇年五月一日から同月六日まで妻Bの妹の家に身を寄せ、その後、妻Bの実家に寄寓したが、同年一〇月三日からGアパート五〇三号室を賃借した。賃料は敷金六万円、礼金一二万円、仲介料六万三〇〇〇円であった。翌平成二一年八月八日、Xは住宅ローンを組んでHマンションを購入した。以後、同マンションに居住している。焼失したX建物には、車三台分の駐車スペースがあったが、Xは引越先に駐車場を借りなければならなかった。これらに要した費用は引越代金として少なくとも二五万一一〇〇円、駐車場代金一〇万円である。

X建物はいわゆる二世帯住宅であった。Xの母は本件火災まではX家族と同居していたが、本件火災後は一〇日間ほどXの叔母の家に身を寄せ、その後、Iアパート三〇七号室を三か月賃借し、平成二〇年八月一日からはGアパート二〇二号室を賃借して一人で住んでいる。Iアパートの賃借料（月額四万八〇〇〇円）とGアパートの賃借料（家賃五万円、礼金一〇万円、入居者相互会費一万五〇〇〇円）はXが負担している。

また、Xによれば、火災の際、Xの娘訴外C、同Dらが、危険な中、Yを助けようとして駆けずり回り、Xもホースを使って消火活動をしたのにもかかわらず、翌日、XらがYに会った際には、YはX方には目もくれなかったという。

本件火災直後は、YはXに対して一〇〇万円の支払を提示していたものの、弁護士の助言によってこれを撤回した。また、Xによれば、YはXの気持ちを逆なでするような発言をするなどの嫌がらせを行ったと主張している。

本件火災により、Xは次の通り主張して六九八万六一〇〇円の損害賠償を訴求した。請求金額の内訳は次の通りである。

ア　本件火災によるX建物に対する加害行為による損害・・・四七八万六一〇〇円

その内訳

(ア)　引越代金・・・・　二五万一一〇〇円

(イ)　駐車場代金・・・　一〇万円

(ウ)　借家代・・・・・・二〇〇万円

(エ)　慰謝料・・・・・・二〇〇万円

(オ)　弁護士費用・・・　四三万五〇〇〇円

イ　本件火災後、YのXに対する加害行為（嫌がらせ）による損害・・・二二〇万円

その内訳

(ア)　慰謝料・・・・・・二〇〇万円

(イ)　弁護士費用・・・　二〇万円

三　判旨（一部認容、一部棄却）

「争点(1)（本件火災につきYに重過失が認められるか否か。）について

ア　…認定事実によれば、Yは、本件火災前日の午後六時ころ、一階和室（仏間）の仏壇のろうそく（長さ一〇センチメートルくらい）と線香立て（直径一二センチメートルくらい、高さ一〇センチメートルくらい）に線香

二本（長さ一五センチメートルくらいで新しいもの）を立て、火を点けたが、仏壇にお参りした後、いつもはろうそくの火と線香の火を消すのに、消すのを忘れて町内の見回りに出かけ、午後六時三〇分ころ、自宅に戻り、直ぐに二階西側の寝室へ上がり、いつの間にか寝てしまったところ、線香立てに立てた線香が床に置かれた座布団上に落下し、座布団に着火して、床等に燃え移り、本件火災が発生したことが推認される。そして、前記認定の事実によれば、Yは、仏壇の前の床に座布団が置かれていることを知っていたのであるから、線香立てに立てた線香が床に落下して火災になるおそれがあることを容易に予見することができたというべきであり、火を点けた線香を二つに折って線香立ての中に横に置くか、線香立ての灰を少なくして線香が倒れないようにするか、座布団を線香立てから遠ざけるか、いつものように線香の火を消してから仏壇を離れる等のわずかな注意を払いさえすれば、本件火災の発生を防げたのであり、Yには、通常人としての注意義務違反の程度が著しいものであったと認めるのが相当である。

よって、Yには、本件火災の発生につき、重過失があったというべきである。」

「争点(2)（損害）について

ア　本件火災によるX建物に対する加害行為による損害

(ア)　引越代金、駐車場代金、借家代金　　一四一万六六〇円

…Xは、本件火災によって引越を余儀なくされ、引越代金、駐車場代金及び借家代を支払ったことが認められるが、Xが主張する損害の中にはYにとって予見することが困難なものも含まれていること等に照らして、本件火災と相当因果関係のある引越代金、駐車場代金及び借家代は、X請求金額二三五万一一〇〇円の六割である一四一万六六〇円とするのが相当である。

(イ)　慰謝料　　五〇万円

…（中略）…

(ウ)　弁護士費用　　一九万円
(エ)　以上合計　　二一〇万六六〇円
イ　本件火災後のXに対する加害行為による損害
(オ)　慰謝料　　〇円
…しかしながら、①本件火災の翌日、YがX方には目もくれなかったとしても、Y自身、本件火災によって甚大な損害を出したことに気が動転していた上、Y方の後片付け等のため、X方を見る余裕がなかったとしても不思議ではない（少なくともYに悪意があったとは窺われない。）、②Yが弁護士から失火については支払う必要が無いと言われたとして、本件火災直後に一〇〇万円を提示していたのを撤回したとしても、弁護士の指示通りに行動したに過ぎないのであって、Xに慰謝料請求権を認めるべきものとはいえない…（後略）。よって、Xの慰謝料請求には理由がない。」

四　本判決の検討

一　重過失認定について

最三小判昭和三二年七月九日民集一一巻七号一二〇五頁は失火責任法にいう重過失について「通常人に要求される程度の相当な注意をしないでも、わずかの注意さえすればたやすく違法有害な結果を予見することができた場合であるのに漫然これを見すごしたような、ほとんど故意に近い著しい注意欠如の状態を指すと解するを相当（と）する」と判示した。現在でも、このような解釈が定着している。

ここに、過失を重過失と軽過失とに分類する必要が存在するが、その分類基準が、過失の量的重さそのものであって、具体的に計量することのできない基準であるため、ほとんど故意に近い著しい注意欠如といっても実際に生じた失火事件に当てはめるのはかなりの困難を伴う場合が多い。

失火事件で重過失の存在を争った事件を平成元年以降、判例時報、判例タイムズ、自保ジャーナルなど、判例登載を専門とする雑誌に登載された判例で見てみると、二六件を容易に見つけることが出来る。そのうち本件を含めて一八判例が重過失を肯定しており、八判例がこれを否定している。このように下級審判例は重過失認容例が多い。そこには時代の進展を経て、火災発生の態様の多様性、消防力の飛躍的充実、価値判断の微妙なケースの増加などがあり、何よりも類焼被害者の権利意識の高まりも見逃すことができない。

重過失を認めた下級審判決を見ると、故意と過失の中間あたりで重過失を判断しているものも多い。例えば、火元の会社の役員か従業員か、いずれか不明のまま、作業場内でのたばこの火が布団の上に落下して出火したケースで、毛布や布団が常時保存されている作業場内の喫煙は、通常人より特に注意して万全の注意を払うべき義務があったと高度な義務を認めて重過失を認定した東京地判平成元年三月二日（判時一三四〇号一一〇頁、判タ七一七号一六五頁）、寝たばこを重過失と認定した東京地判平成二年一〇月二九日（判時一三九〇号九五頁）、鉄骨の切断作業中、溶融塊の落下により火災になったケースで作業員に厳格な資格要件や注意義務を認め、重過失を認定した宇都宮地判平成五年七月三〇日（判時一四八五号一〇九頁）、新規開業のラーメン店々舗のガスレンジ設置に関し、東京都火災予防条例違反と火災の結果の重大性を根拠に、工事請負人に重過失を認めた東京地判平成八年一〇月一八日（判時一六一三号一一〇頁）、溶接バーナーの使用中、冷凍機油の固まりやすい部分に漫然とバーナーの火を当てて加熱したため火災になったケースで重過失を認めた東京地判平成一一年七月三〇日（金商一〇八五号四七頁）など、枚挙にいとまない。最近でも、ガス溶接技術者の注意義務を高度なものと認め、アセチレンガス切断機を使用中、火花が天井裏にたまっていた埃に飛び火して火災となったケースで重過失を認めた東京地判平成一八年一一月一七日（判タ一二四九号一四五頁）、首都高速道路都心環状線で交通規制をした際の発炎筒の火が後続自動車のアンダーカバーに着火して炎上した事件で、警察官の重過失が認められた東京地判平成二二年五月二六日（判タ一三三四号一〇九頁）などがある。

本件事件は、刑事事件で本人が認めているように、線香立てに立てた線香の火を消さずに外出し、帰宅後、すぐ就寝したため、何らかの原因で線香の火が座布団の上に落下して火災となったものと事実認定されており、「…火災になるおそれがあることを容易に予見できたというべきであり、火を点けた線香を二つに折って線香立ての中に横に置くか、線香立ての灰を少なくして線香が倒れないようにするか、座布団を線香立てから遠ざけるか、いつものように火を消してから仏壇を離れる等のわずかな注意を払いさえすれば、本件火災を防げたのであり、Yには、通常人としての注意義務違反の程度が著しいものであったと認めるのが相当である」としてYの重過失を認容した。妥当な判断である。

二　損害額について

（一）　建物、動産に生じた損害（Xの請求はない）

Xに生じた建物および動産の損害額は、一〇八一万四〇〇〇円と認定された。罹災物品の中には、家族のアルバム五〇冊も含まれていたとされている。それに対して、火災保険金は二社から合計二六五四万四六四一円が支払われていると認定されている。したがって、Xの被った物的損害は填補されているため、XはYに損害賠償を請求しなかったものと思われる。もとより、物的損害は十分填補されており、たとえXがYに損害を請求しても、損害はすでに填補されているとして賠償責任は認容されるはずがない。

（二）　引越代金、駐車場代金、借家代

本件火災によってXおよびその家族は引越を余儀なくされたことは明らかである。この費用損害について、Xは二三五万一一〇〇円を請求した。しかし、判旨は「…Xが主張する損害の中にはYにとって予見することが困難なものも含まれていること等に照らして、本件火災と相当因果関係がある引越代金、駐車場代金及び借家代は原告請求金額の六割…」として、一四一万六六〇円を認容した。六割としたことにつき、特別な理由を明示していない。しかし、焼け出されてから、引越代金や合理的な一定期間内の仮住まいに必要な代金は、明らかに原因となった火災と相当因果関係の範囲内にある臨時に生じた生計費である。この点、判旨は何ら理由を示すことなく、六割の損害を認容するというに止まった。

住宅に関する火災保険の標準約款は損害保険金の三〇％、一構内一〇〇万円限度で臨時費用保険金を支払う旨規定している。本件に適用された火災保険普通保険約款も同様と思われ、火災損害額の規模からみて、一〇〇万円の臨時費用保険金が前記火災保険金に含まれていたことは間違いないと思われる。そうだとすると、引越代金、借家代は焼け出された結果生じた臨時費用であり、また、焼け出されたために今まで不要だった駐車場代金が必要になったのであるから、本件駐車場代金も臨時費用と認められる。そうすると一〇〇万円までのこれら費用損害は臨時費用保険金の支払によって填補されたことになる。その点、判旨は何ら触れていない。請求金額から支払われた臨時費用保険金一〇〇万円を差し引くと一三五万一一〇〇円となる。それは判旨が認めた六割の一四一万六六〇〇円に近い金額となるので、認容された金額自体に異論を唱えるわけではないが、少なくとも支払われた臨時保険金について触れるべきだったのではないだろうか。

一般に損害が物的損害に止まる不法行為責任の場合には、物的損害が賠償されることによって被害者の被った精神的損害は慰謝されたとみなされ、慰謝料が認められない場合が多い。しかし、一歩間違えば被害者が命を失うような危険な目に遭うとか、生活の平穏が著しく害されたなど、特別の事情があるときは、精神的損害が認容されてきた。本件では、Xおよびその家族は平穏な生活を一瞬のうちに奪われ、Xは同居していた母とも離れて、アパート住まいを余儀なくされたのであり、家族の思い出の詰まったアルバム五〇冊も失い、不便な生活を強いられたのである。これらの事情から、Xは「財産権侵害に対する金銭賠償では填補できない精神的苦痛を被ったものと認められる」とする判旨は妥当であり、「五〇万円が相当である」とされた点についても、近時の慰謝料認容額との見合い上、妥当である。

弁護士費用については、一九万円が認容された。一般に、弁護士費用は損害認容額の一〇%が標準的な額と認められるので、認容額一九一万六六〇円の約一〇%の一九万円は妥当な金額である。

(三)　火災後のXに対する加害行為による損害

Xは、娘CおよびDが本件火災の際に危険な中、Yを助けようと駆け回り、X自身もホースを使って消火活動をしたにもかかわらず、翌日会った際、YはXらには目もくれなかったし、火災直後に呈示した一〇〇万円の支払いを撤回したこと、さらにXの気持ちを逆なでするような言動（「…十分な保険をかけていなかったXが悪い」）をしたとして、Yのこれらの行為はXに対する不法行為を構成すると主張し、慰謝料二〇〇万円および弁護士費用二〇万円を請求している。

しかしながら、判旨は、Yは火災で甚大な被害を出したことに気も動転しており、焼け跡の取片づけに追われるなどして「Xの方を見る余裕がなかったとしても不思議ではないし（少なくとも、Yに悪意があったとは窺われない）」、Yが一〇〇万円の支払いを撤回したのも「弁護士の指示どおりに行動したに過ぎない」ので、Xに慰謝料を認めるべきであるとはいえないし、Xの気持ちを逆なでするような発言があったことについては、「Y本人尋問において、本件火災後にXの長女と会った記憶がない旨供述していることに照らして、YがXの長女Cに対して上記のような発言をしたとはにわかに信じ難い」とし、不法行為の成立を認めなかったとする判旨は妥当である。

八　破産手続き開始後に生じた死亡保険金請求権の破産財団への帰属の要否

〔東京高裁平成二四年九月一二日決定（平成二四年(ラ)一八一七号、引渡命令に対する抗告事件）判例時報二一七二号四四頁、金融・商事判例一四一二号二〇頁、金融法務事情一九六三号一〇〇頁
原　審・東京地裁平成二四年八月六日決定（平成二四年(フ)二七四九号）金融・商事判例一四一二号二三頁〕

ＮＫＳＪひまわり生命保険株式会社　田　中　秀　明

一　問題の所在

本事案は、個人の破産者Ｙが生命保険契約・共済契約の保険金受取人・共済金受取人として取得した死亡保険金・共済金が、破産管財人Ｘが管理する破産財団に帰属する財産かどうかについて、争われた事案である。そして、本件決定は「破産手続開始決定前に成立した保険契約に基づく抽象的保険金請求権は、「破産手続開始前に生じた原因に基づいて行うことがある将来の請求権」（破産法三四条二項）として、破産手続開始決定により「破産財団に属する債権」（同法一五六条一項）になるというべきであるとして、これを肯定したものである。

本決定の論旨は、破産法の通説的な理解に基づいて、最近の同種判例（以下で紹介する札幌地裁判決）にも共

通する論理を展開していると理解されているところがあるが、特に実務の妥当性という観点から考察した場合、異なる論理も考えられ得るところであり、多様な解決方法もあると考えられるので、以下論述する。

二　事実の概要

破産者Y（抗告人）は、平成二四年三月一四日午後五時、破産手続開始決定を受け、Xが破産管財人に選任された。

本件開始決定前の時点において、次の通り、Yの長男Aを契約名義人および被保険者とする生命保険契約ならびに契約者名義および被共済者とする共済契約が存在していた。

ア　生命保険契約
保険会社　B生命保険相互会社
死亡保険金受取人　Y

イ　共済契約
共済団体　C共済生活協同組合連合会
死亡共済金受取人
　第一順位　契約者の配偶者
　第二順位　死亡当時その収入により生計を維持していた契約者の子、父母、孫、祖父母および兄弟姉妹（第三順位以下も定められていたが本事案には関係しないため省略する。）

Aは、本件開始決定後である平成二四年四月二五日に死亡した。したがって、Yは生命保険契約については受取人指定により、共済契約については規約に定める優先順位により、死亡保険金・共済金受取人として、平成二四年五月二五日、死亡保険金二〇〇〇万円、同月三〇日死亡共済金四〇〇万円の支払（決定文では「払戻し」）を受け、以上合計二四〇〇万円を現金化して保管していた。

破産管財人Ｘは Ｙに対してこの保管金を引き渡すよう申し入れたが、拒否されたため、破産裁判所（原審）に引渡命令の申立て（破産法一五六条一項）をしたところ、原審はこれを認容した。

これに対して、Ｙが本件保険金請求権等はＹの自由財産であり、「破産財団に属する財産」には該当しない旨主張して、即時抗告したのが本事案である。

三　判旨（抗告棄却〈確定〉）

「三　一般に、保険金請求権は、保険契約の成立とともに保険事故の発生等の保険金請求権が具体化する事由を停止条件とする債権（以下、具体化事由の発生前の保険金請求権を「抽象的保険請求権」という。）であって、抽象的保険金請求権のまま処分することが可能であるのみならず、法律で禁止されていない限り差押を行うことも可能であるところ、破産手続き開始決定が、破産者から財産管理処分権を剥奪してこれを破産管財人に帰属させるとともに破産債権者の個別的権利行使を禁止するもので、破産者の財産に対する包括的差押の性質を有することに鑑みると、その効果が抽象的保険金請求権に及ばないと解すべき理由はない。したがって、破産手続開始決定前に成立した保険契約に基づく抽象的保険金請求権は、「破産手続開始前に生じた原因に基づいて行うことがある将来の請求権」（破産法三四条二項）として、破産手続開始決定により「破産財団に属する債権」（同法一五六条一項）になるというべきである。

そして、前記二(2)のとおり本件保険契約はＹを死亡保険金受取人として、本件共済契約（保険契約の一種と解される。）はＹを最優先順位の死亡共済金受取人として、それぞれ本件開始決定前に成立しているから、本件保険金請求権はYの破産財団に帰属するものと認められる。

四　Yは、⑴保険金請求権は保険事故の発生と同時に発生する旨の判例（最高裁昭和五七年九月二八日第三小法廷判決・民集三六巻八号一六五二頁、大阪高裁平成二年一一月二七日判決・判例タイムズ七五二号二一六頁）がある。⑵破産法三四条二項が「破産手続開始前に生じた原因に基づいて行うことがある将来の債権」を破産財団に属するとした趣旨は、将来の請求権が一定の財産的価値を有していることから配当財源とすることが合理的である点にあるところ、生命保険金請求権は財産的価値が極めて小さく破産債権者のための配当財源とすることに合理性がない、⑶本件保険金請求権が破産財団を構成すると解することは、固定主義及び免責主義の趣旨並びに被保険者であるAの意思に反する上、抗告人の更生の妨げになるなどとして、本件保険金請求権は破産財団を構成しない旨主張する（別紙「即時抗告理由書」）。

しかしながら、⑴上記最高裁判決は、保険事故により具体化した保険金請求権の発生時期が、保険事故発生時か損害賠償額の確定時かが問題となった事案であって、抽象的保険金請求権の発生時期について判示したものではなく、上記大阪高裁判決は、破産者が保険会社に対し、傷害により所定の高度障害状態になったことを保険事故とする保険につき、破産手続開始後に後遺障害の症状が固定したと主張して保険金の支払を求めた事案において、破産者の主張する後遺障害が上記保険所定の高度障害に該当しないことを理由に破産者の請求を棄却すべきとし（ただし、不利益変更禁止の原則により、訴えを却下した原判決を取り消すことなく控訴を棄却した。）、その傍論部分において、保険金請求権が自由財産に属する旨の破産者の主張を前提としない限り、破産者が当事者適格を有することは否定できないと判示したものにすぎない。また、⑵生命保険金請求権が、死亡事故が発生するまでは具体化する確率の極めて低い権利であり、受取人変更の余地もある不安定な権利であることなどを考慮しても、破産手続開始時において、将来の発生が予想され一定の財産的価値をもつことは否定できないのであって、これを破産債権者のための配当財源とすることが合理性を欠くものということはできない。さらに、⑶本件保険金請求権が「破産手続開始前に生じた原因に基づいて行うことがある将来の請求権」（破産法三四条二項）であると解される以上、破産手続開始決定により「破産財団に属する財産」（同法一五六条一項）になるのは当然のことであって、これをもって固定主義や免責主義の趣旨に反するということはできないし、被保険者であるAの意思に反するか否かを考慮する余地もない。そして、破産者の経済生活の再生の機会の確保を図ることは破産制度の目的の一つであるが、これは自由財産の拡張の決定（同法三四条四項）において考慮、対応すべき事柄であり、当該財産が破産財団に帰属するか否かの判断に関わるものではない。

したがって、Yの上記主張は、採用することができない。」

四　本決定の検討

一　破産手続開始前に締結されていた保険契約において、破産手続き開始後に保険事故が発生した場合における保険金請求権の帰属をめぐっては、これまで、保険金請求権が停止条件付債権として破産手続開始前から発生しているので、破産管財人の管理する破産財団に帰属するという考え方（肯定説）と、破産手続開始後に実際に保険事故が発生した場合には、その保険金は自由財産として破産者のものとなるとの考え方（否定説）が対立している、とされてきた（伊藤眞ほか・条解破産法〈二〇一〇、弘文堂〉二九〇頁、西謙二＝中山孝雄編・破産・民事再生の実務（上）〔新版〕〈二〇〇八、金融財政事情研究会〉二八一頁〈影浦直人〉）。そして、この論点に関する最近の裁判例として、生命共済契約の疾病入院共済金について、破産財団に属するとして破産管財人から生命共済者への請求を認容したもの（札幌地判平成二四年三月二九日判時一五二号五八頁）が出現した（石田満編「保険判例二〇一三」〈保険毎日新聞社〉一六九頁〈吉川栄一〉、石田満編「保険判例の研究と動向二〇一四」二九五頁、岩崎康平「判批」保険事例研究会レポート二六九号①〈二〇一三年六月〉七頁、久保田光晴「判批」保険研究会レポート二七〇号〈二〇一三年七月〉一頁参照)。破産法の通説的な見解が述べる破産法三四条二項の解説(例えば、伊藤眞・破産法・民事再生法〔第二版〕〈二〇〇九、有斐閣〉一七九頁)に従って理論をたて、保険金請求権は未発生の場合においても、保険事故を停止条件として発生することが前提とされているため、請求権の発生原因が破産手続開始決定前にあり、期待権としての取扱いを受けると考えれば、破産財団に帰属すると解釈することになる(肯定説)。このような未発生の保険金請求権を「抽象的保険金請求権」という用語で括り、抽象的保険金請求権がすでに発生しているので、仮に破産手続開始後に保険事故が生じたとしても停止条件付債権の条件が成就したに過ぎず、当該保険金請求権は破産財団に帰属することは当然であるとの理論が導かれることになる。

二　本事案は、破産手続開始決定後に、破産者の長男を契約者名義人および被保険者として付保されていた生命保険契約、共催契約の死亡保険金・死亡共済金について、破産者Yが死亡保険金受取人・共済金受取人であったために保険者Bや共済者Cから保険金を受け取って保管していたため、破産管財人Xが破産者Yに対する保険金引渡命令の申立てを行い、破産裁判所(原審)がこれを認容したところ、破産者Yがこれを不服として即時抗告をしたものである。本決定は、前掲札幌地裁判決と同様の理論により、Yの抗告を斥け、死亡保険金(共済金)請求権は破産財団に属する財産として、破産管財人に帰属することを明示したものである。これにより高裁段階においても、破産手続開始決定前に締結されていた保険契約において保険事故が破産手続開始後に生じた場合であっても、死亡保険金(共済金)請求権は破産財団に帰属する、との決定が事例として加えられたということになる。

三　しかしながら、本事案において、保険者Bや共済者Cが死亡保険金や共済金を破産管財人に支払わず、破産者Yに支払ったこと、そして、その保険金を破産者がそのまま保管していたことを認容することは、全くできないのであろうか。Yの破産手続開始決定(平成二四年三月一四日)と被保険者Aの死亡日(同五月三〇日)が比較的近接しているため、保険者や共済者はYの破産を知りえなかったからに過ぎないのかも知れないが、一般的な理解としては、保険金受取人本人に支払うことの方が合理的と見ることのできる側面もあると思われる。破産者の抱えていた事情等にもよるので、本決定の具体的判断に異を唱えるものではないが、事案の性質によっては、本事案と同様な死亡保険金の帰属について、これら札幌地裁判決を含めた裁判例とは異なる視点で、全く別の判断をして、保険金の全部または一部を破産者に帰属させる方が妥当な解決が図られる場合もあると考える。

（二）本決定においては、Yが援用した大阪高判平成二年一一月二七日判タ七五二号二一六頁について、「破産者が保険会社に対し、傷害により所定の高度障害状態になったことを保険事故とする保険につき、破産手続開始後に後遺障害の症状が固定したと主張して保険金の支払を求めた事案において、破産者の主張する後遺障害が上記保険所定の高度障害に該当しないことを理由に破産者の請求を棄却すべきとし」、「その傍論部分において、保険金請求権が自由財産に属する旨の破産者の主張を前提とする限り、破産者が当事者適格を有することは否定できないと判示したものに過ぎない」と述べるなど全くといってよいほど評価していないが、過去の破産法の解釈においては、前述した通り、この大阪高裁判決を参照する等して、破産財団への帰属をめぐる肯定説と否定説が対立していた。

殊に、保険法分野においては、この大阪高裁判決をめぐって未発生の保険金請求権の破産財団への帰属の要否が詳細に論じられており（山下友信「判批」別冊ジュリ一二一号「商法（保険・海商）判例百選」〔第二版〕〈一九九三〉一三二頁、倉部真由美「判批」別冊ジュリ二〇二号「保険法判例百選」〈二〇一〇〉二〇六頁等参照）、その代表的なものの一つによると、大阪高裁判決は「原因は保険事故の発生であるとして保険事故の発生が破産手続き開始後である場合にはその保険金請求権は破産財団に属しないとする考え方」によったものと位置付けられている（山下友信・保険法〈二〇〇五、有斐閣〉五四四頁）。本決定が「傍論」とした高度障害保険金については、症状固定時期が破産手続開始後であるならば、保険事故も破産手続開始後であり、保険金請求権も開始後の原因発生であるという論理はあり得るとする考え方もあり（倉部・前掲「判批」二〇七頁）、そのような理解も多いのである（後掲・安福三九頁も大阪高裁判決を参照した箇所では「入通院、後遺障害保険金請求権等は、事故発生後の入通院、後遺障害により発生した生活上の機能喪失、労働力喪失の事由に対し、その損害の填補ないし生活水準の目減りの保障という性質を有するといえるところ、これらは開始決定後に得られたであろう収入の喪失に対する填補であるから、破産財団に該当しないとする考え方も合理的であると思われる」と述べられる）。山下教授は大阪高裁の判旨に全面的に賛成されているものではないが、少なくともこの問題を微妙な問題と捉えて「保険金請求権の類型によっては保険事故発生前の抽象的保険金請求権は保険事故の発生により具体化するまでは具体化する確率は極めて低い権利であり、財産的価値も小さいから破産者の債権書としては責任財産として期待すべきものではないので、抽象的保険金請求権が停止条件付請求権であるとしてもそれらに関する一般原則をそのまま適用すべきでないと説明することが考えられる」と述べられる（これは遠山優治「生命保険金請求権と保険金受取人の破産」文献論集一二三号〈一九九八〉二一九頁以下を参照しての記述である。以下「遠山＝山下見解」という）。また、保険金受取人の権利は固有の権利として取得されていても、保険事故発生前であれば保険契約者による指定の変更・撤回によって消滅する可能性のある抽象的な権利に過ぎず、保険事故が発生した時点でその権利が具体化するとの解釈も行われている（安福・後掲が引用する山下友信＝米山高生編・保険法概説〈二〇一〇、有斐閣〉二九五頁〈山野嘉朗〉）。したがって、少なくとも破産法三四条二項において「破産財団に属する」ものと規定されている「破産者が破産手続開始前に生じた原因に基づいて行うことがある将来の請求権」について、解釈によって「属さない」とせざるを得ない（破産手続開始前に原因が生じたものではないと論理づけることが可能な）例外的な請求権もあり得るとの理論を立てることはできると思われる。

倉部・前掲「判批」二〇七頁は、大阪高裁判決の理論を（ｉ）傷害保険契約等、（ⅱ）所得補償保険、（ⅲ）生命保険契約における高度障害保険金の三種に分類し、（ｉ）については停止条件付債権として既に発生していること、(ii) については傷害・疾病の発生に加えて就業不能状態が発生することが必要であるが、破産宣告(当時) 前から就業不能状態が継続していたので、破産宣告後に履行期が到来したに過ぎないことから、これら (i)(ii) の請求権は破産財団に帰属するが、(iii) についてはまだ所定の高度障害状態に達していないので、破産者の主張は認められなかったが「本件 (大阪高裁) 判決の立場によれば破産手続き開始前に所定の高度障害状態に達していれば保険金請求権は発生しており、履行期未到来の債権として、破産財団に帰属することになろう」と述べられ、破産手続開始後に高度障害状態に達したときには、破産財団に帰属しない、との考え方があり得ることを示唆している。このような保険事故の意義を基準に、破産法三四条二項の適用を機械的に当てはめていく理論については批判もある (山下・前掲書五四四頁〈注三九〉、前掲「判批」一三三頁) が、同様に破産財団に帰属しない、と整理することが考えられるものは、高度障害保険金以外にも考えられる。私見では、札幌地裁のような入院共済金・給付金や手術給付金等医療費の実質的な補償であるものについては、医療に要した費用と密接に関連して、不可欠なものである限り (過大な給付金の受領を企んでいたような場合を除き) これを破産者自身の出費を補てんするものと位置付けることができ、他方、破産債権者の方も配当財産に加えるべきとの期待を有しているとはいえず (もしくはその期待度は限りなく低く)、むしろ破産財団に帰属しないものと判断したい。遠山・前掲では「保険事故発生前の死亡保険金請求権」(二二四頁)、「同満期保険金請求権」(二二六頁)、「同高度障害保険金請求権」(二二七頁)、「同入院給付金請求権」(二二八頁) についてきめ細かく検討を加え、「破産財団には含まれないと解するのが適当である」とされている。また、その論拠の一つとして「具体化していない保険金請求権が破産財団に含まれるとすると、破産手続が保険事故の発生まで継続し、いつまでも終結しないことになるし、破産者である保険金受取人の再生を妨げ、保険金受取人やその家族の生活に支障が生じるなど、固定主義を採用した趣旨に反することにもなりかねない」等と述べられる (二二一頁)。破産手続の進捗の遅い・早いによって破産財団の財産に大きな差が生じかねないということは、破産手続開始決定を基準時として、破産財団の範囲を固定するという固定主義の原則からも、通常の理解を得られるものではない。

破産法の通説的な見解においても、破産法三四条二項適用の判断に関して、このようなきめ細かな妥当性判断による分類・整理を排除しているものとも思えない。国税徴収法や民事執行法に基づく差押において、保険事故が発生して既に具体化している生命保険金請求権については、判例（最判昭和四五年二月二七日判時五八八号九一頁、ただし、国税滞納処分の例）を踏まえて、通常の債権として差押の対象となり得ると理解されているが、抽象的な（未発生の）保険金請求権については、差し押さえることができないとの論理が全くないわけではなく（山下・前掲書五四三頁〈注三六〉は「傷害保険や疾病保険における入院給付金請求権や後遺障害発生に基づく保険金請求権について原則的に差押禁止とすることが望ましい」とされる〈ただし、立法論と読める〉。なお、松井秀征「批判」別冊ジュリ二〇二号「保険判例百選」〈二〇一〇〉一九一頁参照）、差押転付命令における被転付適格がないことは、むしろ明らかである（生熊長幸・民事執行法・保全法〔第二版〕〈二〇一二、成文堂〉二四一頁）。民事執行実務においては、保険契約の解約返戻金請求権が差押・取立権行使の対象として一部注目されている（最判平成一一年九月九日民集五三巻七号一一七三頁）が、入院給付金のような医療にかかる給付金関係を差し押さえる事例はまず見られない。解約返戻金請求権の取立権行使を認めた最高裁判決の「解約権行使が権利濫用となる場合は格別」との例外（差押が認められないものもあること）を認めている（国税徴収法の差押実務においても、被保険者が現実に入院給付金の給付を受けており、当該金員が療養生活費に充てられている場合には、生命保険の解約権行使につき、著しい不均衡を生じさせることにならないか慎重に判断する、としている〈国税庁の解釈〉）。破産手続開始決定は、破産者の財産に対する包括的差押の性質を有すると考えられるから、民事執行等において差押可能な財産に入るかどうか、差し押さえるべきでないものもある等の論議があり得ることは、破産手続における破産財団に帰属するか否かについての解釈にも示唆的である。ただし、本事案の場合、破産手続開始決定と近接して保険事故が発生していること、死亡保険金・共済金の合計額が二四〇〇万円に上ることが、その保険金請求権が破産財団に帰属しないとはいい難い側面を有していることは否定できないので、このような場合には何らかの調整は必要であるともいえる。

（二）次に、保険契約当事者の関係について、札幌地裁判決の場合と本決定の場合について比較してみよう。札幌地裁判決の場合は、破産者＝共済契約者＝被共済者＝共済金受取人である。一方、本決定の場合は、破産者＝死亡保険金（共済金）受取人であるが、訴外A（長男）が契約者＝被保険者（被共済者）であるという他人のためにする生命保険契約の形態であった。本決定では、Aを「契約名義人」と称しているが、このように破産者とは別人が保険契約を締結していて、保険金受取人が破産者となる保険契約等については、おそらく破産管財人も破産手続開始前から、破産者Yの財産であったとして、補足することが困難であることが考えられる。そもそも、死亡保険金受取人の指定について、保険契約者は論理的にはいつでも指定変更（撤回）をすることができる。また、特に本件共済契約の方は、死亡共済金受取人が破産者に指定されていたものではなく、共済規約の定める優先順位に従ってYが死亡共済金受取人となったものである。札幌地裁判決の事案と比較した場合、破産者とは別のところで保険（共済）契約手続きが進められ、契約が進行していたと評価することが可能であろう。

このような保険契約や共済契約まで、すべて「破産者が破産手続き開始前に生じた原因に基づいて行うことがある将来の請求権」に含めることが、破産法三四条二項の趣旨であろうか。破産債権者においても、破産手続き開始後に、初めて破産者が保険契約（共済契約）の保険金受取人であることが判明した場合においては、想定外の配当財産とみることもできる。前述・遠山＝山下見解が述べるように、保険事故の発生により具体化するまでは具体化する確率の極めて低い権利であり、財産的価値も小さいから破産者の債権者としては責任財産として期待すべきものではないのである。また、実際の破算手続においては、破産申立て代理人弁護士における破産申立人の財産調査や破産手続き開始後の破産管財人による破産者の財産調査が行われ、生命保険契約等の存在を把握するために、保険会社等への契約照会手続等も行われることが想定されるが、これらの調査手続きによっても、本事案のような保険契約、特に、本件共済契約を発見することは相当困難であろう。これらを考慮すれば、本事案の場合、破産財団に属さないという論理は十分にあり得る（この点については、前述・山下＝米山編二九五頁〈山野嘉朗〉の論理からも理解できる）。この意味で判旨が「被保険者であるAの意思に反するか否かを考慮する余地もない」としている点については賛成できない。

もっとも、前述したとおり、本件保険契約と本件共済契約とでは、保険金受取人の位置（保険契約者と保険金受取人である破産者の距離感）について段階の差があるので、厳格な解釈をとった場合、保険契約の方は破産者を保険金受取人と指定しているため、破産財団に含まれると判断される要素を相当程度有しているとしても、少なくとも共済契約の方は、たまたま規約の優先順位に従って破産者Yに死亡共済金受取人がめぐって来たものであるから、破産財団に含まれないとすることもできるのではないか。

（三）　破産手続きにおいては、破産財団に帰属しない破産者の財産のことを「自由財産」と呼び、①破算手続開始後に破産者が取得した財産（新得財産）、②差押禁止財産、③破産管財人が破産財団から放棄した財産が含まれるとされている。そして、新得財産については、破産法三四条二項の解釈をやや緩めて破産手続開始前の原因に基づいて手続開始後に生じた債権であっても、「実務上はそれが一定額を超えない限り、破産財団を構成しないものとして扱う運用がある」「生命保険契約の解約返戻金や居住用家屋の敷金にも同様の問題があるが、やはり一定の範囲で財団から除外する運用がある」という（山本和彦＝中西正＝葛西正俊＝沖野真巳＝水元宏典・倒産法概説〔第二版〕〈二〇一〇、弘文堂〉五四三頁〈山本和彦〉。ただし、生命保険死亡保険金請求権についてまで言及するものではない）。このような運用で認められる自由財産には自ずから限度があると思われる（例えば、金額に関しては自由財産の一つである差押禁止財産に関し破産法三四条三項一号では民事執行法における差押禁止財産額の一・五倍（現行では九九万円）まで認めていることが一つの目安になる）が、たとえ死亡保険金・共済金の全額を自由財産と認定することが困難であったとしても、少なくとも一部は（九九万円を超えても）自由財産に該当すると判断できる余地があると思われる（全国倒産処理弁護士ネットワーク編・破産実務Q＆A二〇〇問〈二〇一二、金融財政事情研究会〉五五頁〈中野星知〉によれば、破産者が高齢で病気の治療を受けており生活が困窮していること、今後の収入増加も見込めないこと、保険の再加入が困難であること等を考慮要素として九九万円を超える自由財産の拡張が認められる可能性があると述べる）。

東京地裁における実務においても、自由財産の範囲を拡張する例は広範に及んでおり、評価額九九万円を超える例も平成一九年末ころまでの段階でも十数例程度あり、保険解約返戻金三〇〇万円の例、保険給付金一四〇万円（給付金合計一八四万円から解約返戻金相当額四四万円を控除）の例等があるとされており（西謙二＝中山孝雄編・前掲書（中）六六頁〈松井洋〉）、柔軟に考えることができる余地は広がってきていると思われる。なお、東日本大震災に際して、破産者個人の受領する地震保険金の帰属についての議論があり、仙台地方裁判所や仙台弁護士会が種々検討の上、少なくとも個人の生活用動産（家財）の地震保険金は、その全部または一部が破産財団に帰属しない自由財産に該当する、と判断できる要素があるとの議論をしていることが参考になる。ただし、家財のうち一部について生活用動産として差押禁止財産に属し破産財団に帰属しない（破産法三四条三項二号、民事執行法一三一条一号）ので、これに準ずるものとして、一部自由財産として認めるか、または自由財産拡張の裁判も併用する等して運用することが可能とされている点では、無制限に自由財産を認めたものではないし、震災という特殊事情を勘案した総合的な判断要素も入っていると思われるが、現行破産法制上においても柔軟で実践的な解決を探ることができることの一つの証左であるということはできる（安福達也「倒産事件における震災の影響と運用（八）―地震保険契約に基づく保険金等の取扱い―」金法一九三二号三七頁以下、同「仙台地方裁判所における破産事件の運用状況〈平成二三年の破産事件の概況をみる特集の一部〉」金法一九四一号四四頁参照。なお、同「倒産事件における震災の影響と運用（九）―破産者が被災者である場合の自由財産拡張に関する取扱事例の紹介―」には実際に地震保険金を生活再建資金として自由財産と認定した事例が数例掲げられている。なお、これら金融法務事情連載論稿をまとめなおしたものとして、同・東日本大震災に伴う仙台地裁の事務処理・運用〈二〇一三、金融財政事情研究会〉参照。他に仙台弁護士会民事弁護委員会倒産法制部会「破産手続における家財地震保険の取扱い」銀行法務二一第七三八号三八頁以下参照）。

本決定も自由財産拡張を否定したものではないので、事案の性質に応じて、以上のように考えることは可能と思われる。

（四）判例は末尾の方で「破産者の経済生活の再生の機会の確保を図ることは破産制度の目的の一つであるが、これは自由財産の拡張の決定（同法三四条四項）において考慮、対応すべき事柄であり、当該財産が破産財団に帰属するか否かの判断に関わるものではない」と判示しているが、本件の事実関係をみた場合、Yの破産手続開始決定（平成二四年三月一四日）から保険者の死亡保険金支払日（同五月二五日）・共済者の死亡共済金支払日（同五月三〇日）までの間には、二か月半の期間が経過している。破産法三四条五項によれば、自由財産の拡張は「破産手続開始決定が確定した日以後一月を経過する日までの間」に裁判所が破産者の申立てまたは職権で決定するとされているので、本事案の場合、Yには拡張裁判を申し立てることができない時期に死亡保険金等を受領したと思われる（このことは、札幌地裁判決の事案においても同様であり、破産手続開始決定が平成二二年一二月一七日、破産者の入院が平成二三年一月一九日から二月一九日までであるから、破産者が入院共済金を受領できる時期には自由財産拡張の決定を受けることができないと思われる）。この意味で、判旨のこの部分は当該事案には機能しえない論理であると思われる。この一月は不変期間ではないので、裁判所の裁量により伸張できる、とのことである（西謙二＝中山孝雄編・前掲書（中）六三頁〈松井洋〉から、基本的にはこのような場合でも、自由財産拡張の裁判によって判断されることが公平の理念に適っていると思われる（前述（三）参照）。実際に自由財産拡張裁判による利益を享受できなくなった破産者に対しては、破産手続開始後に出現した財産の破産財団への帰属の要否の判断において、破産手続きの中で、例えば、死亡保険金の一部を破産財団には含まれないと認定する等の、より現実的な妥協性に従った裁判所の綜合的な判断ができる要素もあるのではないか。ただし、本事案はこのような十分な判断も加えた上での決定であったのかもしれない。

破産法では、裁判所が積極的に関与して、客観的に妥当な判断をすることが法制上求められており、破産管財人は破産財団の管理に関して、必要な事項を裁判所に報告して手続きを進めることとされている（破産法一五七条）ほか、広範な事項が裁判所の「許可」を得て進められることになっている（七八条）と思われる。本事案の場合、事実関係・背景事情等の詳細を承知していないので断定的な判断はできないが、事案の性質・事情によっては管財人が引渡命令を受けようとする前に、破産管財人の報告・裁判所の許可等の手順を踏む中で妥当な解決を図ることができる要素もあると思われる。

破産手続は、破産者の破産債権者との関係を破産債権者への配当率をできうる限り確保することによって破産者の債務を円滑に整理するとともに、一方で、特に個人の破産においては破産者の生活保護・再生を図る実務的な手続であろう。実務的な手続きにおいては、例えば、破産者が身寄りのない高齢者であるような場合には、破産者の受け取る死亡保険金が遺族としての今後の生活保障に必須となることも考えられる（本事案と直接的に関係しないが、保険法が破産管財人の保険契約解除に「介入権」というかたちで一定の制限を加えたこと〈保険法六〇条、八九条〉は、このような実践的な解決の一つの表れということができる）。保険金請求権等の破産財団への帰属の要否については、法制上、年金保険請求権等継続的給付にかかる債権（民事執行法一五二条一項一号該当、原則として給付額の四分の三が差押禁止）を除き、差押禁止財産となっていないこと等も考慮しなければならないものの、このような具体的事案に応じたきめ細かな検討をして判断すべき実践的な側面をより考慮した論理が不可欠であると考える。その意味でも、本件決定も札幌地裁判決も共に個別具体的な事案における一つの解決方法を示したものであり、保険金請求権が常に破産法三四条二項における「破産手続開始前に生じた原因に基づいて行うことがある将来の債権」に該当するものであると確定させることなく、破産者の実情に即した実践的な判断をする余地を残しておく必要性もあるのではないか、と考える。

本決定については、石田満編「保険判例の研究と動向二〇一四」二九五頁参照。

九　生命保険約款の無催告失効条項が消費者契約法一〇条後段に該当しないとされた事例

〔東京地裁平成二四年九月一二日判決（平成二三年(ワ)第一九九二三号、保険金請求事件）判例タイムズ一三八七号三三六頁〕

琉球大学法科大学院教授　久保田　光　昭

一　問題の所在

生命保険約款においては、保険料の支払いが月払いとされている場合、払込期月の翌月の初日から末日までを猶予期間とし、この猶予期間内に保険料が払い込まれないときは、保険契約は猶予期間満了日の翌日から効力を失う旨の失効条項が従来広く用いられてきた。このような無催告失効条項は、民法上の契約解除の一般原則（民法五四〇条一項・五四一条）との対比からすれば消費者である保険契約者にとって不利益な面も否定することができないことから、消費者契約法（平成一二年法律第六一号）一〇条に該当し無効となるか否かが問題となる。

この点、最二小判平成二四年三月一六日民集六六巻五号二二一六頁、判時二一四九号一三五頁（以下、「最高裁平成二四年判決」という）は、無催告失効条項は第二回目以後の保険料が払い込まれない場合に履行の催告なしに保険契約が失効する旨を定めるものであるから、任意規定の適用による場合に比し、消費者である保険契約者の権利を制限するものであるが（消費者契約法一〇条前段に該当する）、保険契約者が保険料の不払いをした場合にもその権利保護を図るために一定の配慮がされているから、これに加え保険者において保険契約締結当時、保険料支払債務の不履行があった場合に、契約失効前に保険契約者に対して保険料払込みの督促を行う態勢を整え、そのような実務上の運用が確実にされていたのであれば、無催告失効条項は信義則に反して消費者である保険契約者の利益を一方的に害するものに当たらない（消費者契約法一〇条後段には該当しない）と判示した（反対意見がある。差戻控訴審判決である東京高判平成二四年一〇月二五日判タ一三八七号二六六頁は、保険者の未払保険料督促事務は契約の失効を防ぐシステムとして確実に運用されているとの判断を示している）。本最高裁判決の結論に賛成する見解が多数である（渡邉雅之・金法一九四三号八一頁、山下友信・金法一九五〇号二六頁、石田満編「保険判例二〇一三」〈保険毎日新聞社〉九五頁〈久保田光昭〉、小野寺千世・保険事例研究会レポート二六三号一頁、小林道生・判例評論六四八号二三頁〈判時二一六九号一五三頁〉、村田敏一・私法判例リマークス四六号一〇六頁。反対意見に賛成するものとして、甘利公人・上智法学論集五六巻一号九五頁）。

本件も、無催告失効条項が消費者契約法一〇条に該当し無効となるか否かが争われた事案であるが、最高裁平成二四年判決が保険料の不払いをした保険契約者の権利保護を図るための配慮として保険料自動貸付条項が定められていることを無催告失効条項の有効性を認める根拠の一つとしているところ、本判決は、保険料自動貸付条項が定められていないとの一事をもって、直ちに保険契約者の保護として不十分であるとはいえず、無催告失効条項は消費者契約法一〇条後段には該当しない、と判示した点に特色がある。

二　事実の概要

訴外Aは、平成一八年六月一日、Y生命保険株式会社（被告）との間で、死亡・高度障害保険金額を一五〇〇万円、保険期間を一〇年、被保険者をA、保険金受取人を訴外B（平成二一年一一月一八日にAの子であるX〈原告〉に変更された）、保険料を月額一万八三四五円（平成二〇年八月分から一万八八八五円に変更された）とする五年ごと利差配当付定期保険料払込方法を月払い・口座振替扱い（同月分から送金扱いに変更された）とする五年ごと利差配当付定期保険契約（以下「本件保険契約」という）を締結した。

本件保険契約に適用される五年ごと利差配当付定期保険普通保険約款（以下「本件約款」という）には、月払いの保険料の払込期と保険契約の失効について次のような定めがある。すなわち、①第二回目以後の保険料は、月単位の契約応当日の属する月の初日から末日まで（払込期月）の間に払い込む。②第二回目以後の保険料の払込期月の翌月の初日から末日までを猶予期間とし、猶予期間内に保険料の払込みがないときは、保険契約は猶予期間満了の日の翌日から効力を失う（以下「本件失効条項」という）。③保険契約者は、保険契約が効力を失った日から起算して三年以内であれば、保険者の承諾を得て、保険契約を復活させることができる（以下「本件復活条項」という）。なお、保険料の払込みがない場合に当該時点における解約返還（返戻）金等を保険料に充当する保険料自動貸付条項は存在しない。

本件は、Aが肝臓癌の診断を受け平成二二年九月七日に死亡したため、Xが本件保険契約に基づき、Yに対して死亡保険金一五〇〇万円およびその遅延損害金の支払いを求めた事案である。Yは、同年三月分の保険料が猶予期間の末日である同年四月三〇日までに支払われなかったから、本件保険契約は本件失効条項により同年五月一日をもって失効したと主張するのに対して（同年一〇月六日、Aが支払った同年三月分から五月分までの保険料をXの銀行口座に振り込んで返還した）、Xは、本件約款には保険料自動貸付条項が存在せず、保険契約が失効する可能性が高く、また、保険料支払債務の不履行があった場合に契約失効前に保険契約者に対してされる保険料払込みの督促も、振込用紙を用いた送金扱いに変更されてからは一切されていないなどの点を指摘して、本件失効条項は消費者契約法一〇条に該当し無効であると反論する（平成二三年六月八日、平成二二年三月分から九月分までの保険料を供託した）。

三　判旨（請求棄却、控訴）

一「(1)　本件約款は、第2回目以後の保険料は払込期月の間に払い込むべき旨が定められているから、第2回目以後の保険料の払込期限は各払込期月の末日である。本件約款に定められた猶予期間は、保険料支払債務の不履行を理由とする保険契約の失効を当該払込期月の〔翌月の〕末日まで猶予する趣旨のものである。そうすると、本件失効条項は、保険料が払込期月までに払い込まれず、かつ、その後一か月の猶予期間の間にも保険料支払債務の不履行が解消されない場合に、保険契約が失効する旨を定めたものと解される。

このように、本件失効条項は、保険料の払込みがされない場合に、その回数にかかわらず、履行の催告（民法五四一条）なしに保険契約が失効する旨を定めるものであるから、この点において、任意規定の適用による場合に比し、消費者である保険契約者の権利を制限するものである。」

二「(2)イ　…本件保険契約においては、保険料は払込期月内に払い込むべきものとされ、それが遅滞しても直ちに保険契約が失効するものではなく、この債務不履行の状態が一定期間内に解消されない場合に初めて失効する旨が明確に定められている上、上記一定期間は、民法五四一条により求められる催告期間よりも長い一か月とされていることは前示のとおりである。

ウ　さらに、Yは、本件保険契約締結時に、保険料の支払状況を払込期月の翌月の一〇日頃に把握することができるシステムを構築し、保険契約者が保険料を予定どおり支払わない場合には、原則として振替結果確認通知（未入通知）を送付する（ただし、保険料の支払が恒常的に月遅れになっており、毎月入金が継続されている保険契約者の場合には、自らの保険料支払が遅れていることを承知していることから、例外的に未入通知を送付しない。）態勢を整えており、これに加え、Yには平成一八年四月一日時点で全国一〇二か所（平成二四年三月末日時点で八四か所）の支社及び一六四一か所（平成二四年三月末日時点で一二六三か所）の営業オフィス（ただし、平成一八年当時の呼称は支部）が存在し、平成一七年三月末日時点で約四万五〇〇〇人（平成二四年三月末日時点で四万四〇〇〇人）の営業職員が在籍しており、営業職員が保険契約者に対し、電話、訪問等の方法で注意喚起を行う態勢を整えていたこと、実際に、Aに対しても未入通知の送付や営業職員である（訴外）Cらによる注意喚起が行われていたことは……認定のとおりである。そうすると、Yにおいては上記態勢に沿った運用が確実に行われていたということができ、保険契約者は上記の態勢の確実な運用により保険料支払義務の不履行があったことに気付くことができるものと考えられる。多数の保険契約者を対象とするという保険契約の特質をも踏まえると、本件約款において、保険契約者が保険料の不払をした場合にも、権利保護を図るために一定の配慮をした猶予期間の定めが置かれていることに加え、Yにおいて上記の運用を確実にした上で本件約款を適用していることが認められるから、本件失効条項は信義則に反して消費者の利益を一方的に害するものに当たらないと解される。」

三「(3)イ　…民法五四一条の定める履行の催告は、債務者に、債務不履行があったことを気付かせ、契約が解除される前に履行の機会を与える機能を有するものであるから、このような機能を有する督促の要否の判断における本質的な要素は、保険契約者に保険料支払債務の不履行があったことを気付かせる必要があるかどうかである。自動貸付条項は長期間にわたり保険料が払い込まれてきた保険契約が一回の保険料の不払により簡単に失効しないようにする機能を有するものではあるが、自動貸付条項が定められているかどうかと、債務者に債務不履行があったことを気付かせる必要の有無とは別個の問題である。本件保険契約に自動貸付条項が定められていないのは、同保険が保険料が安い代わりに責任準備金の蓄積が少なく解約返還金が少ない定期保険であり、自動貸付条項を定めたとしても、解約返還金がほとんどないため、その条項が適用される余地がほとんどないためであることがうかがわれるのであって、自動貸付条項が定められていないことにつき合理的な理由がある。そうすると、自動貸付条項が定められていないとの一事をもって、直ちに保険契約者の保護として不十分であるとはいえない。」

四　本判決の検討

一　判旨一は、本件失効条項が消費者契約法一〇条前段に該当するか否かについて判示している。

(一)　判旨はまず、本件約款には第二回目以後の保険料は払込期月の間に払い込むべき旨が定められているから、第二回目以後の保険料の払込（弁済）期限、すなわち保険契約者が遅滞の責任を負うことになる「期限の到来した時」（民法四一二条一項）は各払込期月の末日であり、猶予期間は保険料支払債務の不履行を理由とする保険契約の失効を当該払込期月の翌月の末日まで猶予する趣旨のものであると判示する。従来からの一般的な理解であり（石田満・商法Ⅳ（保険法）〔改訂版〉〈一九九七、青林書院〉三〇九頁、山下友信・保険法〈二〇〇五、有斐閣〉三四〇頁、東京高判昭和四五年二月一九日下民集二一巻一・二号三三四頁）、最高裁平成二四年判決も同じである。この点、第二回目以後の保険料の弁済期限は猶予期間の末日であり、無催告失効条項は弁済期限の経過により直ちに保険契約が失効する旨を定めるものであると解する立場もあるが（最高裁平成二四年判決の原判決である東京高判平成二一年九月三〇日判タ一三一七号七二頁）、特異な見解であるといわざるを得ない。

（二）判旨は次に、第二回目以後の保険料の弁済期限および猶予期間についての前記理解を前提に、本件失効条項は保険料が払込期月までに払い込まれず、かつ猶予期間の間にも保険料支払債務の不履行が解消されない場合に、その回数にかかわらず、履行の催告なしに保険契約が失効する旨を定めるものであるから、任意規定の適用による場合に比し、消費者である保険契約者の権利を制限するものであると判示し、消費者契約法一〇条前段の要件該当性を肯定する。最高裁平成二四年判決と同じである。

民法によれば、当事者の一方がその債務を履行しない場合において、相手方が相当の期間を定めてその履行の催告をし、その期間内に履行がないときは、相手方は意思表示によって契約の解除をすることができる（民法五四〇条一項、五四一条）。これに対して、本件失効条項は、第二回目以後の保険料の払込みがないまま猶予期間満了日を経過すれば、本件保険契約は当然にその効力を失う旨を定めるものであり、保険者が履行の催告をすることを要しないとしている点、また保険者が契約解除の意思表示をすることを要しないとしている点において、消費者である保険契約者の権利が制限されているといえそうである。もっとも、民法五四一条の適用について、一般に催告不要の特約は有効であると解されており（大判明治三三年四月一八日民録六輯四巻八七頁、大判昭和七年九月一日法学二巻四六六頁）、継続的契約においても、催告をしなくても不合理でない事情がある場合には同様である（最一小判昭和四三年一一月二一日民集二二巻一二号二七四一頁、判時五四二号四八頁〈家屋の賃貸借契約に関する事案〉）。履行の催告は、契約解除にあたっての絶対的要請ではない。

二　判旨二および三は、本件失効条項が信義則（民法一条二項）に反して消費者である保険契約者の利益を一方的に害するものに当たるか、すなわち、消費者契約法一〇条後段の要件該当性について判示している。

（一）判旨二は、本件約款において、保険契約者が保険料の不払いをした場合にも、その権利保護を図るために一定の配慮をした猶予期間（民法五四一条により求められる催告期間よりも長い一か月とされている）の定めが置かれていることに加え、Ｙは本件保険契約締結時に、保険料の支払状況を払込期月の翌月一〇日ころに把握することができるシステムを構築し、保険料を予定どおり支払わない保険契約者には、原則として振替結果確認通知（未入通知）を送付するとともに、営業職員が電話・訪問等の方法で注意喚起を行う態勢を整え、そのような運用を確実にしたうえで本件約款を適用していることを認め、本件失効条項の消費者契約法一〇条後段の要件該当性を否定する。

実務上、第二回目以後の保険料が払込期月の末日までに払い込まれない場合には、保険者により保険契約者に対して保険料払込みの督促通知および失効予告が普通郵便の方法でされるのが一般的である。保険者が約款外の実務においてこのような措置をとっていることは、本件失効条項の効力を判断するにあたって、考慮すべき事情には当たらないとの立場もあるが（前掲東京高判平成二一年九月三〇日）、少なくとも、すべての保険契約者に共通した画一的事情であれば、消費者契約法一〇条後段の要件該当性の判断にあたって斟酌してよい事情であると考えられる。消費者契約法立法当初から、当該消費者契約の締結時を基準とし、問題となっている条項以外の条項を含めて、一切の事情を考慮すべきであることが示されてきたところである（内閣府国民生活局消費者企画課編・逐条解説消費者契約法〔新版〕〈二〇〇七、商事法務〉二〇二～二〇三頁、落合誠一・消費者契約法〈二〇〇一、有斐閣〉一五〇～一五二頁。最二小判平成二三年七月一五日民集六五巻五号二二六九頁、判時二一三五号三八頁〈居室の賃貸借契約における更新料条項に関する事案〉参照）。

保険料払込みの督促を行う態勢の整備やその実務上の運用の確実性を保険者にどの程度まで求めるべきかは難しい問題であるが、Yにおいて、本件保険契約の締結時から現在に至るまで採用されている保険契約者に関する情報管理、保険料の請求・収納・督促等に関する処理、保険契約の失効・復活・解約等の契約状況の変動に関する処理などの事務手続が他の保険者と同程度にシステム化された態勢の確実な運用のもとで、保険料支払債務の不履行があった保険契約者に対して保険料払込みの督促が行われていたのであれば、通常、保険契約者は保険料支払債務の不履行があったことに気付くことができると考えられる（東京高判平成二四年七月一一日金商一三九九号八頁、前掲東京高判平成二四年一〇月二五日参照）。もっとも、本件保険契約においては、保険料の支払いが恒常的に月遅れになっており、かつ毎月入金が継続されている保険契約者には、例外的に未入通知を送付しない取り扱いになっている（Aに対しても、保険料の支払方法が送金扱いに変更されてからは、未入通知が送付されていない）。このような保険契約者のなかには、月遅れで支払われた保険料が払込期月内での保険料の支払いであると誤解している者もなくはないのではないかとの懸念を抱かないではないが、営業職員による保険料払込みの督促を行う態勢を併せて整え、そのような実務上の運用を確実にしていたのであれば、保険契約の失効を防ぐシステムとして、不十分であるとまではいえないであろう。

（二）ところで、最高裁平成二四年判決は、保険料の不払いをした保険契約者の権利保護を図るための配慮として、保険料自動貸付条項により長期間にわたり保険料が払い込まれてきた保険契約が一回の保険料の不払いにより簡単に失効しないようにされていることを無催告失効条項の有効性を認める根拠の一つとしている。これに対して、本件約款には保険料自動貸付条項は存在しない。この点、判旨三は、保険料が安い代わりに責任準備金の蓄積が少なく解約返還金が少ない定期保険である本件保険契約においては、保険料自動貸付条項が定められていないことに合理的な理由があるから、そのことの一事をもって、直ちに保険契約者の保護として不十分であるとはいえないと判示する。

本件失効条項が消費者契約法一〇条後段に該当するか否かは、保険料自動貸付条項の存否と直結するものではない。本件保険契約のような低解約返戻金型商品の場合には、保険料自動貸付条項を定めたとしてもその適用の余地はほとんどないし（無解約返戻金型商品の場合にはまったく意味がない）、伝統的商品にあっても、保険料自動貸付条項により保険料の不払いをした保険契約者が救済されるのは、払い込むべき保険料と利息の合計額が解約返戻金の額（当該保険料の払込みがあったものとして計算し、保険契約者に対する貸付けがある場合には、その元利金を差し引いた残額）を超えないときに限られる。もっとも重要な考慮要素は、保険者が保険契約者に対して保険料払込みの督促を確実に行っているかどうかである（山下・前掲金法四二頁）。本件約款に保険料の不払いをした保険契約者の権利保護を図るために、一定の配慮をした猶予期間の定めが置かれていることに加え（本件復活条項も保険契約者の権利保護に資する）、Yにおいて、本件保険契約締結時に、保険料支払債務の不履行があった場合に契約失効前に保険契約者に対して保険料払込みの督促を行う態勢を整え、そのような実務上の運用が確実にされていたと認められる以上、本件失効条項は信義則に反して消費者たる保険契約者の利益を一方的に害するものには当たらないと解される。

一〇　告知義務違反で解除された生命保険契約の保険金請求を受任した弁護士への損害賠償請求と、同弁護士の加入する弁護士賠償責任保険の保険金代位請求の可否

〔大阪地裁平成二四年九月一三日判決（平成二二年(ワ)第一三七三〇号、損害賠償等請求事件）判例時報二一七四号一二〇頁〕

明治安田生命保険相互会社　上原　純

一　問題の所在

本件は、生命保険会社に対する生命保険金請求に関する法的処理を受任した弁護士がこれを放置し、同保険金請求を時効により消滅させたとして、保険金受取人が、同弁護士に対して、債務不履行による損害賠償を請求すると同時に、同弁護士を被保険者とする弁護士賠償責任保険契約を引き受けている損害保険会社に対して、債権者代位権に基づき、同弁護士に対する請求認容判決が確定することを条件として、同額の保険金の支払を求めた事案である。

裁判所は、同弁護士に対する損害賠償請求を棄却し、同損害保険会社に対する保険金請求を却下した。その理

由とするところは、すなわち、本件各請求は、生命保険契約にかかる保険金請求権の存在を前提としてなされたものであるが、当該生命保険契約は、保険契約者・被保険者の告知義務違反により有効に解除されていることから、弁護士の法律事務の懈怠による損害発生自体が認められないためである。

生命保険契約の保険契約者、被保険者の告知義務違反の成否を巡る紛争・裁判例は、数多く見られるが、通常、生命保険会社が、告知義務違反による契約解除の有効性を主張して生命保険金の支払を拒否する、というケースがほとんどである。一方、本件は、契約を解除した生命保険会社が訴訟当事者となるのではなく、生命保険金請求を受任した弁護士と、同弁護士が加入する弁護士賠償責任保険契約を引き受けている損害保険会社が、告知義務違反による契約解除の有効性を主張して争っているという点において、珍しい事案であると言える。

本件における主たる争点は、「①生命保険契約の告知義務違反を理由とする解除の成否」であるが、これに加えて、訴訟では、損害保険会社に対する請求の関係で、「②債権者代位権行使の要件たる債務者（当該弁護士）の無資力」、「③訴えの利益」、「④弁護士賠償責任保険契約上の免責（被保険者（当該弁護士）の故意）」についても争われている。これらの論点を中心に、以下、検討を試みる。

二　事実の概要

一　生命保険契約

平成一四年三月一日、訴外A子は、訴外B生命保険株式会社（以下「B生命」という）との間で、被保険者をA子とする生命保険契約（養老保険＝保険金額五〇〇〇万円、以下「本件保険契約」という）を締結した。

本件保険契約締結前の平成一三年一月二〇日、A子は、健康診断を受診した。その結果は、概略以下のとおりである。

●身長　　　　　一六〇・三センチメートル
●体重　　　　　　七八・四キログラム
●肥満度　　　　＋三三・六パーセント（基準値は、マイナス一〇パーセントからプラス一〇パーセント）
●血圧　　　　　最大一五一水銀柱ミリメートル　最小九一水銀柱ミリメートル
　　　　　　　　　（基準値は最大一〇〇—一三九、最小が八九以下）
　　　　　　判定　境界域高血圧
●総コレステロール　一デシリットルあたり二八二ミリグラム（基準値は一五〇—二二〇）
●空腹時血糖　　　一デシリットルあたり一三四ミリグラム（基準値は七〇—一〇九）

また、同健康診断成績表の総合コメント欄の枠内には、以下の記載がなされた。

肥満の治療が必要です。専門医を受診して下さい。
心電図の変化は一時的なものと思われますが念のため半年後または自覚症状がある時など再検査して下さい。
血糖が高く糖尿病と思われます。早めに糖尿病外来を受診し、検査や治療（生活習慣の改善など）を受けて
（続けて）下さい。
今回胸部X線検査で認められた所見は息の吸い方、年齢や体型によって生じた心配のない所見です。年一回
の検診を続けて下さい。
総コレステロールがかなり高値です。生活習慣の改善にとりくむとともに、内科で定期検査や必要に応じた
治療を受けて下さい。
胃に異常が疑われます。内視鏡検査を受け、確認して下さい。

A子は、平成一四年二月一八日、本件保険契約を締結するにあたり、B生命の診査医に対し「過去五年以内に、心筋梗塞、高血圧症及び糖尿病等で医師の診察、検査、治療及び薬の処方を受けたことはない」、「過去二年以内に健康診断ないし人間ドックを受けたことがあり、X線、血圧、血液、尿、心電図、内科診察等で要経過観察、要再検査、要精密検査及び要治療を指摘されたことはない」と回答した。また、同日行われたB生命の診査医による検診では異常は見られず、血圧は最大が一三六水銀柱ミリメートル、最小が八〇水銀柱ミリメートルであった。

平成一四年一〇月二四日、A子は死亡した。死因は急性心筋梗塞の疑いとされている。Xら（原告・A子の長男および次男で、本件保険契約の死亡保険金の受取人）は、同年一一月一五日、B生命に対して本件保険契約の保険金請求の手続きをしたところ、B生命は、平成一五年一月一五日、告知義務違反を理由に本件保険契約を解除し、保険金の支払を拒み、また、同月三一日にも再度保険金の支払を拒んだ。

二　XらとY[1]（弁護士）の委任契約の締結

Xらは、同年一二月三日、当時、既にA子の相続債務の処理を委任していた弁護士Y[1]（被告）に対して、本件保険契約の保険金請求に関する今後の対応につき相談し、同月一六日、Y[1]弁護士との間で上記保険金請求につき委任契約を締結し、着手金として計五二万五〇〇〇円を支払った（以下「本件委任契約」という）。

三　本件委任契約締結後

Xらは、別件である、A子の相続債務の案件の打合せの際に、時々、Y[1]弁護士に対し、本件保険契約の保険金請求についての進行状況を確認し、これに対し、Y[1]弁護士は進めていると答えた。

Y[1]弁護士は、B生命の平成一五年一月二七日付けの回答書に対し、平成一六年四月六日および平成一八年九月一日、反論等を記載した内容証明郵便を送付した。

平成一九年三月、Xらは、Y[1]弁護士を代理人とし、B生命を相手方として、本件保険契約の生命保険金の支払を求める調停を京都簡易裁判所に申し立てた。しかし、B生命が本件保険契約の請求権は既に時効により消滅しているなどと主張し、調停は不調に終わった。

Xらは、同年五月一八日、Y_1弁護士との間の全ての委任契約を解除し、同年七月二〇日、B生命に対し、本件保険契約の保険金の支払を求める訴えを京都地方裁判所に提起した。同裁判所は、平成二〇年二月二七日、同請求権は時効により消滅しているとして、Xらの請求を棄却する判決をした。

そこで、Xらは、同年三月一二日、大阪高等裁判所に控訴を提起したものの、同裁判所は、同年六月二〇日、上記保険金請求権は、B生命からの本件保険契約の死亡保険金支払拒絶の意思が明確にされた平成一五年一月一五日から起算しても、平成一八年一月一五日には、消滅時効が満了しているとして、控訴を棄却する判決をした。

その後、Xらは京都弁護士会にY_1弁護士に対する懲戒請求の申立を行い、平成二一年五月二八日、Y_1弁護士の代理人から、保険金請求権が時効により行使できなくなった事実につき、お詫びと慰謝料の支払の意思がある旨の通知がなされ、また、同月三一日、Y_1弁護士から、謝罪と前記の着手金を返還する旨が記載された詫び状がXらおよびXら代理人に送付された。そして、Xらは、着手金の返還とは別に、Y_1弁護士からそれぞれ一〇〇万円、合計二〇〇万円の慰謝料の支払があれば解決する意向である旨をY_1弁護士の代理人に回答した。

四　本件訴訟の提起

Xらは、弁護士であるY_1が、Xらから保険金請求に関する法的処理を受任したにもかかわらず、法的手続を進めず、同請求権を時効によって消滅させたとして、Y_1弁護士に対し、債務不履行に基づき、保険金相当額等の損害賠償を請求するとともに、Y_1弁護士が在籍していた法律事務所との間でY_1弁護士を被保険者とする弁護士賠償責任保険契約を締結しているY_2損害保険会社に対し、債権者代位権に基づき、Y_1弁護士に対する請求認容判決が確定することを条件として、同額の保険金を請求した（本件訴訟）。

五　争点

争点および当事者の主張は、以下のとおりである（争点②、③、④は$Ｙ_2$保険会社に対する請求関係）。

①本件保険契約の告知義務違反を理由とする解除の成否

【Ｘらの主張】

健康診断成績表の内容は、概括的で極めて雑で大雑把な検査結果に基づいたコメントが付されている信頼性に乏しいものであり、告知事項に該当しない。

また、Ａ子の死亡原因との因果関係の有無を判断できるものではなく、それは存在しない。

Ａ子が受けた健康診断の成績表は、後日Ａ子に送付されるのみであり、検査結果について直接医師から説明、指導がなされるものではない上、Ａ子自身、健康診断の結果に基づき何らかの治療や投薬を受けていた事実もなく、自らが病気であるとの自覚は持っていなかったものであるから、本件保険契約に際しての告知書の記載および検診時の診査医に対して健康診断の結果について説明を要するとの理解を欠いていた。したがって、Ａ子は、本件保険契約の告知義務違反について、悪意または重大な過失はなかった。

一見しても肥満であることが分かるＡ子の体型や、Ａ子の年齢からすると、生活習慣病が疑われるものであり、Ｂ生命の診査医は、とおり一辺倒の問診程度ではなく、血液検査等を施し、また、Ａ子が自覚していなかったり、失念していたりした事項については問診をして記憶喚起するなどして判断すべきであった。それにもかかわらず、診査医は、そのような検査をせずに、漫然、特段問題はないとの見解を下して、本件保険契約締結に至った。したがって、診査医が診査に際して尽くすべき必要十分な問診、必要な検査の履行を怠った落ち度は看過できないものであり、保険者に過失があるから、改正前の商法六七八条一項ただし書に基づき、仮にＡ子に告知義務違反が存したとしても、本件保険契約を解除することは認められない。

【$Ｙ_1$弁護士の主張】

Ａ子の死因は、急性心筋梗塞の疑いとされているところ、Ａ子は、本件保険契約締結以前に、医師から、肥満、糖尿病、総コレステロールの異常値について定期検査や必要に応じた治療を受けるよう指示されており、これらの事実はいずれも告知義務の対象となる「重大ナル過失」（改正前の商法六七八条一項本文）といえ、これらの事実の告知がなされていれば、本件保険契約の締結には至っていなかったといえる。したがって、Ａ子には、告知義務違反があるといえ、また、告知義務違反とＡ子の死因とは因果関係があるから、Ｘらの保険金請求権はそもそも存在しなかった。それゆえ、Ｙ^{1}弁護士が、委任事務の履行を懈怠したことにより同請求権を時効消滅させなくても、本件保険契約の保険金請求は認められなかったのであるから、Ｙ^{1}弁護士は、損害賠償責任を負わない。

診査医は、脈拍検査、血圧検査、尿検査、問診、視診、触診、打診および聴診の各検査を行い、肥満との関連でいえば、脈拍、血圧も正常範囲であったこと、尿検査の結果、糖もタンパクも出ていなかったこと、および心臓の聴診による心雑音・心音異常がなかったことを記録している。したがって、診査医としては、特に保険契約者から過去の健康診断において要治療項目があるとの告知を受けなければ、上記の本件保険契約に先立つ通常の各検査項目において、異常が発見できない限り、さらに進んでの検査を実施する義務はない。よって、診査医が診査に際して尽くすべき必要十分な問診、必要な検査の履行を怠ったとはいえず、それゆえ、保険者であるＢ生命に過失があったとはいえない。

【Ｙ^{2}保険会社の主張（本案前の抗弁）】

前記【Ｙ^{1}弁護士の主張】のとおり、Ａ子には告知義務違反がある。また、重要事実の不告知と保険事故であるＡ子の急性心筋梗塞との間に因果関係がないとはいえない。そして、Ａ子は、告知義務違反について悪意または重過失があったといえる。また、保険者であるＢ生命に過失があったとはいえない。

以上より、ＸらのＹ^{1}弁護士に対する請求が認められない以上、被保全債権が存在しないから、Ｘらの訴えは不適法である。

②債務者の無資力

【Y²保険会社の主張（本案前の抗弁）】

Y¹弁護士は無資力ではない。したがって、XらのY²保険会社に対する訴えは、債権者代位権の要件を満たさないから不適法である。

【Xらの主張】

XらのY¹弁護士に対する損害金は高額であるから、Y¹弁護士について債権者代位権の無資力要件は充足しているものと思慮される。

③訴えの利益

【Y²保険会社の主張（本案前の抗弁）】

弁護士賠償責任保険は、被保険者が損害の賠償責任を負担することが明らかになった時点で、保険会社が填補すべき損害が確定する。本件では、Y¹弁護士がXらに対し、損害賠償責任を負うかどうかはいまだ確定していない。また、Xらは、Y²保険会社に対し、将来発生すべき請求権として請求するも、そのような請求をする必要性はない。したがって、XらのY²保険会社に対する訴えは、訴えの利益がなく、不適法である。

【Xらの主張】

Xらは、Y¹弁護士が無資力であり、保険金でしか支払ができないため、債権者代位権に基づき、弁護士賠償責任保険での請求をしているものである。XらのY²保険会社に対する訴えは、Y¹弁護士に対する判決が確定した時を前提としているから、Y²保険会社の主張は理由がない。

④弁護士賠償責任保険契約上の免責

【Y²保険会社の主張】

仮に、本案前の抗弁が認められないとしても、Y¹弁護士は、A子の告知義務違反により、本件保険契約の保険金請求権が発生しない蓋然性が高い状況であるにもかかわらず、十分な検討をしないままXらから受任したばかりか、時効中断の処置すら講じないまま消滅時効期間を徒過した。したがって、Xらが主張するY_1弁護士の債務不履行は、Y_1弁護士の故意によるものであり、弁護士賠償責任保険の弁護士特約条項三条一号後段の免責事項に該当するから、Y_1弁護士のY_2保険会社に対する保険金請求権は認められない。代位すべき請求権が存在しない以上、Xらの債権者代位権に基づく請求も認められない。

【Xらの主張】

Y_1弁護士の債務不履行が、弁護士賠償責任保険の弁護士特約条項三条一号後段の免責事項に該当することは否認ないし争う。

三　判旨（一部棄却、一部却下）

「二　Y_1に対する請求について

…中略…

(1)　肥満、血糖・総コレステロールの異常値が告知すべき重要な事実に該当するか否かについて

ア　…略…

イ　本件で、前記のとおり、B生命が生命保険契約を締結するか決定するための告知書には、被保険者の身長及び体重に加え、被保険者が、過去五年以内に、糖尿病等で医師の診察、検査、治療及び薬の処方を受けたかどうかが質問事項として記載されている。また、総コレステロール値は、血液検査の結果により得られるところ、過去二年以内に受けた健康診断ないし人間ドックにおいて、血液及び内科検診で要経過観察、要再検査、要精密検査及び要治療を指摘されたことがあるかどうかも質問事項として記載されている。なお、高い血糖値や総コレ

ステロール値が、糖尿病や動脈硬化等を惹起させ、あるいはそれらの存在を推認させるものであり、健康リスクを評価する上で重要な事実であることは公知の事実である。したがって、B生命が生命保険契約を締結するか決定するに際し、肥満であるかどうか、糖尿病及び血液検査について検査等を受けたか、あるいは、精密検査や治療を受けるよう指摘されたかどうかは告知事項になっていたものであり、肥満、血糖及びコレステロールの異常値についても、告知するべき重要な事実にあたるといえる。」

「(2)　A子が、B生命に対し、重要な事実を告知しなかったことに故意重過失があるか否かについて

上記認定事実のとおり、平成一三年一月二〇日にA子が受けた健康診断において、総コレステロールについては、一デシリットルあたり二八二ミリグラム、糖尿病については、空腹時血糖が、一デシリットルあたり一三四ミリグラムといずれも基準値を大きく外れる結果が出されている。また、同健康診断成績表の総合コメント欄では、血糖及びコレステロール値のいずれについても治療を受けるよう指示されている。そして、A子が、同健康診断の結果について、医師から直接説明や指導を受けたかどうかは明らかでないものの、同健康診断成績表をA子は受け取っているのであり、同健康診断の結果について把握していたと推認でき、少なくとも容易に把握できたといえる。それにもかかわらず、A子が、同健康診断の約一年後に、B生命に対し、上記(1)の重要な事実を告知しておらず、告知義務に違反したことについて、故意か、重大な過失があったといえる。

(3)　B生命は、A子が、血糖及び総コレステロールの異常値など、告知事項に該当する事実があることを知り、又は、知らなかったことについて過失があるか否かについて

ア　…略…

イ　過失について保険の診査医は、一般開業医であれば診断を下すためにする全ての検査をすることを要求されるものではなく、その診査は、告知がなくても告知すべき重要な事実を通常発見できるような検査をすれば足りると解されるものであり、本件で、血糖及び総コレステロールの異常値は、血液検査等の検査をしなければ判

断することはできず、診査医による診査では、A子の血糖及び総コレステロールの異常値を知ることは容易であったとはいえない。そして、前記のとおり、A子は、B生命に対し、過去五年以内に糖尿病、高血圧症の診断を受けたことはなく、過去二年以内の健康診断において、血液の項目で再検査や治療等を受けるよう指摘されたことはないと回答していることからは、A子が肥満体型であったとの一事をもって、診査医が精密な検査をする義務があったとはいえない。

ウ　したがって、B生命は、上記A子の症状のうち、血糖及びコレステロールの異常値について知り、又は、知らなかったことについて過失があるとはいえない。

(4)　A子の告知義務違反にかかる事項と死亡原因との間に因果関係の不存在について

ア　…略…

イ　上記のとおり、本件において解除の原因となった告知義務違反は、血糖及び総コレステロールの異常値であるから、告知義務違反を理由とする本件保険契約の解除が同条項（筆者注・改正前の商法六四五条二項）ただし書により制限されるというためには、これらのいずれもが死亡との間に因果関係がない場合であることを要するというべきである。

そして、血糖及び総コレステロールの異常値は、A子の死因であると疑われている急性心筋梗塞を発生させる要因であることに照らせば、A子の告知義務違反の事実とA子の死亡との間に因果関係がないと認めることはできず、他に告知義務違反とA子の死亡との間の因果関係の不存在を認めるに足りる証拠もない。

(5)　以上より、B生命による本件保険契約の解除は有効であり、Xらは、消滅時効の成否にかかわらず、もともと本件保険契約に基づく保険金請求権を有していなかったのであるから、Y_1による法律事務の懈怠と、Xらの損害（保険金相当額）発生の事実が認められない。したがって、Xらが、Y_1に対し、損害賠償を請求することはできない。

三　Y^2に対する訴えについて
前記のとおり、XらのY^1に対する委任事務の履行の懈怠による損害賠償請求権の存在は認めることができないから、債権者代位権の要件としての被保全債権は存在しないことになる。
したがって、XらのY^2に対する訴えは、債権者代位権を行使する要件を欠き、Xらに当事者適格を認めることができないから、XらのY^2に対する訴えは、不適法である。」

四　本判決の検討

一　本件保険契約の告知義務違反を理由とする解除の成否
本件の主たる争点は、「本件保険契約の告知義務違反を理由とする解除の成否」である。この争点は、本来であれば、本件訴訟に先立ち提起された、XらによるB生命に対する保険金請求訴訟において決着が図られるべき問題であったといえる。しかし、B生命に対する保険金請求が、告知義務違反解除の成否を判断するまでもなく、消滅時効を理由に斥けられ、いわば門前払いのような格好で終わったことから、改めて、本件訴訟においてこの問題が争われることとなった。

こうした経緯で、保険者（B生命）でない者（Y^1弁護士、Y^2保険会社）が訴訟当事者として告知義務違反解除の成否を争うに至った点、本件訴訟は珍しい形をとっている。一方、当事者の主張の中身・争点を見ると、「(1)肥満、血糖・総コレステロールの異常値が告知すべき重要な事実に該当するか否か」、「(2)A子が、B生命に対し、重要な事実を告知しなかったことに故意重過失があるか否か」、「(3)B生命は、A子が、血糖及び総コレステロールの異常値など、告知事項に該当する事実があることを知り、又は、知らなかったことについて過失があるか否か」および「(4)A子の告知義務違反にかかる事項と死亡原因との間に因果関係の不存在について」と、比較的オーソドックスな内容となっているように思われる。

これら争点のうち、まず、「告知すべき重要な事実」（上記(1)の意義についてであるが、これは、被保険者の生命に関する危険測定のため重要な事実をいうものと解されている。具体的には、保険者がその事実を知っていたならば、契約を締結しなかったか、少なくとも同一条件では契約を締結しなかったといえるような事実をいう。この点、判例・学説ともにほぼ争いはない。そして、本件において、A子が受けた健康診断での血糖・総コレステロールの異常値や要治療の指摘が、こうした意味での「告知すべき重要な事実」に該当することは、おそらく、異論のないところかと思われる。

本件で検討が必要と思われるのは、こうした健康診断結果の異常指摘を告知しなかったことが、告知義務違反にかかる「A子の故意・重過失」に該当するか、という論点（上記(2)であろう。通常、入・通院や手術等、被保険者が能動的に病院等で治療を受けている場合であれば、その事実を告知しないことが被保険者の故意・重過失を構成することは、ほぼ疑い得ないと思われる。一方、健康診断はどうであろうか。その受診自体は能動的な行為といえなくもないが、その結果通知に関しては、被保険者は受動的な立場にあることが多い。すなわち、健康診断結果は、被保険者のもとに書面等で送付されることが一般的であり、本人に健康不安等の特段の自覚がない場合、結果通知を見ずに放置しておくこともあり得る。仮に、被保険者が健康診断結果を見ていないとすれば、それを告知しないことが果たして故意・重過失といい得るのか。こうした点が問題になるように思われる。

しかし、本判決では、「健康診断成績表をA子は受け取っているのであり、同健康診断の結果について把握していたと推認でき、少なくとも容易に把握できたといえる」とされており、健康診断結果をA子が知っていたことが推認されている。一方、Xらの主張も「A子が受けた健康診断の成績表は、後日A子に送付されるのみであり、検査結果について直接医師から説明、指導がなされるものではない上、A子自身、健康診断の結果に基づき何らかの治療や投薬を受けていた事実もなく、自らが病気であるとの自覚は持っていなかったものであるから、本件保険契約に際しての告知書の記載及び検診時の診査医に対して健康診断の結果について説明を要するとの理解を欠いていた」というものであり、A子の健康診断結果が「告知すべき重要な事実」に該当することについての認識欠如（重要性の認識欠如）を主張するものの、健康診断結果そのものの不知を明確に主張しているわけではないようである。そして、本判決は「（健康診断結果を把握していたと推認される）にもかかわらず、A子が、同健康診断の約一年後に、B生命に対し、上記の重要な事実を告知しておらず、告知義務に違反したことについて、故意か、重大な過失があったといえる」と判断する。すなわち、Xらの主張する上記「重要性の認識欠如」にかかる故意・重過失には言及せず、「健康診断結果を知っていたにもかかわらず告知しなかった」という点をもってA子の故意・重過失を認定している。

思うに、「過去二年以内に健康診断ないし人間ドックを受けたことがあり、X線、血圧、血液、尿、心電図、内科診療等で要経過観察、要再検査、要精密検査及び要治療を指摘されたことはあるか」との告知書の質問項目に接した告知義務者に対し、自身の健康診断結果における異常数値や要治療の指摘が「告知すべき重要な事実」に該当する、との認識をもつべきことを要求するのは、さほど酷なことではないはずであろう。この「重要性の認識欠如」に関する裁判所の評価は明らかではないものの、A子の故意・重過失を認定した判決の結論自体は妥当なものと考える。

なお、仮に、A子が何らかの事情で健康診断結果を全く知らなかった、という事実認定がなされたような場合は、A子の故意・重過失について、本判決とは異なる結論が導かれたであろうか。また、健康診断結果を受け取ったのに知らなかった（見なかった）場合と、そもそも受け取っていなかった場合で、評価に違いは出るだろうか。本判決は、少なくとも、受け取ったのであれば、容易に知り得たはずであるから、重過失は成立する、という立場のようにも見える。一方、告知義務者の知らない事実については告知義務は及ばず、重要な事実を「知らなかったこと」についての重過失を問題にすべきではない、という見解もある（山下友信・保険法〈二〇〇五、有斐閣〉

三〇四頁）。いずれにせよ、検討を要する問題であるように思われる（この点について考察する本判決の評釈として、池田雄哉「健康診断結果についての不告知は故意または重大な過失か」保険事例研究会レポート二七四号〈二〇一三〉一一頁）。

次に、「B生命の過失」（上記⑶）について検討する。Xらは、「一見しても肥満であることが分かるA子の体型や、A子の年齢からすると、生活習慣病が疑われるものであり、B生命の診査医は、とおり一辺倒の問診程度ではなく、血液検査等を施し、また、A子が自覚していなかったり、失念していたりした事項については問診をして記憶喚起するなどして判断すべきであった。それにもかかわらず、診査医は、そのような検査をせずに、漫然、特段問題はないとの見解を下して、本件保険契約締結に至った。したがって、診査医が診査に際して尽くすべき必要十分な問診、必要な検査の履行を怠った落ち度は看過できないものであり、保険者に過失がある」と主張する。しかし、近時の裁判例では、診査医は、医師が患者の診断に使用するすべての診査を要するものではなく、保険取引上相当と認められる注意を尽くせば足りるとする考え方が定着している（山下・前掲書三一三頁）。本判決が、「保険の診査医は、一般開業医であれば診断を下すためにする全ての検査をすることを要求されるものではなく、その診査は、告知がなくても告知すべき重要な事実を通常発見できるような検査をすれば足りると解されるものであり、本件で、血糖及び総コレステロールの異常値は、血液検査等の検査をしなければ判断することはできず、診査医による診査では、A子の血糖及び総コレステロールの異常値を知ることは容易であったとはいえない」として、「A子が肥満体型であったとの一事をもって、診査医が精密な検査をする義務があったとはいえない」とした点は、近時の裁判例の考え方に沿うものとして、特に問題はないものと考える。

最後に、「告知義務違反事項と死亡原因との因果関係」（上記⑷）について検討する。ここでの争点は、改正前の商法六四五条二項ただし書の、いわゆる「因果関係不存在特則」に関するものである。この因果関係の有無の判断基準については、事故と不告知の事実との間に全然因果関係がないことを必要とし、幾分でも因果関係を窺知しうべき余地が存するのであれば因果関係不存在とすべきでないとする考え方が裁判例で定着しており、「因果関係がないとはいえない」といったような判示の仕方がなされることが多い（山下・前掲書三一七・三一八頁）。本判決も、「血糖及び総コレステロールの異常値は、A子の死因であると疑われている急性心筋梗塞を発生させる要因であることに照らせば、A子の告知義務違反の事実とA子の死亡との間に因果関係がないと認めることはできない」旨、判示しており、これまでの裁判例の考え方に沿うものと思われる。また、改正前の商法六四五条二項ただし書における因果関係不存在の立証責任は、保険給付を請求する側が負うものであるところ、Xらの主張は「A子の死亡原因との因果関係の有無を判断できるものではなく、それは存在しない」といった程度の内容にとどまっている。こうした点に照らしても、Xらの因果関係不存在の主張が容れられる余地はなかったものと思われる。

以上の検討を踏まえ、本判決は妥当なものと考える次第である。

二　債務者の無資力

以上のとおり、本判決では、第一の争点である「告知義務違反による解除の成否」において、XらのY₁弁護士に対する請求が棄却されるとともに、Y₂保険会社に対する訴えが却下されたため、Y₂保険会社に対する請求の関係で争われたその他の争点についての判断はなされずに終わった。したがって、本判決に対する評釈としては、第一の争点に関するものだけで基本的には足りるのであるが、本稿では、本判決で判断されなかった三つの争点についても、若干の補足的な言及を加えておきたい。

まず、債権者代位権行使の要件たる「債務者の無資力」についてである。原則として、民法四二三条の債権者代位権を行使するためには、債務者の資力が債務を弁済するのに不十分であること、すなわち「債務者の無資力」が要件とされる。他方、債権者代位権のいわゆる「転用事例（登記請求権や不動産不法占拠者に対する妨害排除請求権等の代位行使）」においては、債権者の債権保全の必要性が、債務者の資力の有無と無関係であることから、かかる「債務者の無資力」要件は不要とされている。

さて、ここで問題となるのは、賠償責任保険の保険金の代位請求における無資力要件の要否である。判例は、自動車事故の被害者が損害賠償請求権を保全するため、加害者が保険会社に対して有する任意保険の保険金請求権を代位行使する場合において、債務者（＝被保険者）の無資力が要件となるとしている（最判昭和四九年一一月二九日民集二八巻八号一六七〇頁）。交通事故による損害賠償請求権も金銭債権にほかならない、というのがその理由である。

そして、本件でも、弁護士賠償責任保険金の代位請求において「債務者の無資力」が要件となることを前提とした上で、Xらが「Y_1弁護士に対する損害金は高額であるから、Y_1弁護士について債権者代位権の無資力要件は充足している」と主張し争っている。判決文からはY_1弁護士の資産状況等の詳細が明らかでないことから、本件において、債務者の無資力要件が充足されるか否かの判断は差し控えるが、いずれにしても、損害金が高額であるという一事をもって、直ちに無資力要件が充たされるというわけではなく、債務者の資力が損害金を支払うのに十分であるかどうかによって判断されることになろう。

なお、賠償責任保険の保険金の代位請求は、債権者代位権を借用して被害者が保険会社に直接保険金を請求するものであるから、特定債権（債権者代位権の転用事例）におけるのと同様、「債務者の無資力」要件は不要であるとする学説もある（下森定「被害者の保険会社への代位請求」ジュリ四三一号一六六頁、石田満「交通事故被害者の任意責任保険請求権の代位訴訟を認めた事例」ジュリ六三三号一五六頁）。

三　訴えの利益

次に、「訴えの利益」に関する争点について言及する。Y_2保険会社は、「弁護士賠償責任保険は、被保険者が損害の賠償責任を負担することが明らかになった時点で、保険会社が填補すべき損害が確定する。本件では、Y_1弁護士がXらに対し、損害賠償責任を負うかどうかはいまだ確定していない。また、Xらは、Y_2保険会社に対し、将来発生すべき請求権として請求するも、そのような請求をする必要性はない」として、Xらに訴えの利益がない旨主張する。

しかし、判例は、自動車保険に関しての事例で、被保険者の保険金請求権は、加害者と被害者との間の損害賠償額が確定したことを停止条件として、保険事故発生と同時に発生すると解すべきであるから、被害者が同一訴訟手続で、加害者に対する損害賠償請求と保険会社に対する保険金請求を併せて訴求し併合審判される場合には、裁判所は、同保険金請求を、民事訴訟法一三五条（将来の給付の訴え）により認容することができる、としている（最判昭和五七年九月二八日民集三六巻八号一六五二頁）。

そして、このような併合型の代位請求訴訟を容認する判例の考え方は、自動車保険についてのみならず、責任保険一般において認められるとする見解があり（山下・前掲書四二九頁）、本件においても、また、当てはまると解してよいように思われる。

四　弁護士賠償責任保険契約上の免責

最後に、「弁護士賠償責任保険契約上の免責」に関する争点について言及する。賠償責任保険普通保険約款に付される弁護士特約条項三条一号は「被保険者の犯罪行為（過失犯を除く）または他人に損害を与えるべきことを予見しながらなした行為（不作為を含む）に起因する賠償責任」を免責と規定する。そして、本件において、Y_2保険会社は「仮に、本案前の抗弁が認められないとしても、Y_1弁護士は（中略）時効中断の処置すら講じないまま消滅時効期間を徒過した。したがって、Xらが主張するY_1弁護士の債務不履行は、Y_1弁護士の故意によるものであり、弁護士賠償責任保険の弁護士特約条項三条一号後段の免責事項に該当する」と主張している。

本判決では、本件訴訟提起前、Y_1弁護士からXらに対し、謝罪および着手金を返還する旨が記載された詫び状が送付された事実が認定されていることから、消滅時効期間の徒過について、少なくとも、Y_1弁護士の側に過失があったという点には争いはないと思われる。しかし、Y_1弁護士が時効中断の処置を講じず、受任案件を放置するに至った事情・理由は判決文からは明らかではなく、Y_1弁護士が、単なる過失を超えて、Xらに「損害を与えるべきことを予見し」ていたとまで言い得るかどうかの判断は、留保すべきであろう。

なお、この弁護士特約条項三条一号後段の趣旨については、学説上、賠償責任保険普通保険約款四条一号の被保険者の「故意」にかかる免責条項とは別に、被保険者の「(結果発生の可能性についての) 認識ある過失」にかかる免責を定めたものであるとする見解 (平沼高明・専門家責任保険の理論と実務〈二〇〇二、信山社〉二三～二四頁、山下典孝「弁護士賠償責任保険における免責条項」法学新報一一四巻一一・一二号〈二〇〇八〉七一八～七一九頁) がある一方、普通保険約款の故意免責条項を明確にしたものに過ぎないとする見解 (甘利公人「弁護士賠償責任保険における免責条項の解釈」損害保険研究六一巻一号二一九頁、竹濵修「弁護士賠償責任保険の免責条項の解釈」商事法務一六二〇号三二～三三頁) がある。

また、弁護士特約条項三条一号の免責条項の適否が争われた近時の裁判例として、①大阪高判平成一九年八月三一日金商一三三四号四六頁 (弁護士が顧問先に対し具体的な指示指導を行わなかったことから顧問先が賃貸借契約を解除された弁護過誤事案において免責条項の適用を肯定)、②高松高判平成二〇年一月三一日金商一三三四号五四頁 (弁護士がAの保釈金の一部を立て替えたBとの間で保釈金の返却がなされた場合には立替金の払戻しをする合意をしたにもかかわらず保釈金全額をAに返却した事案において免責条項の適用を肯定)、③大阪地判平成二一年一〇月二二日判タ一三四六号二一八頁 (社会福祉法人が交付を受けた補助金を弁護士が代表理事の母親に送金し私的流用させた事案において免責条項の適用を肯定)、④大阪地堺支判平成二五年三月一四日金商一四一七号二二頁 (成年後見人らが成年被後見人の預貯金を着服横領し、後見監督人である弁護士が損害賠償責任を負った事案において免責条項の適用を否定) 等がある。

一一　自動車との正面衝突により被害自動車の同乗者が後遺障害を被ったことにつき、自ら自動車保険契約を締結していた者の保険会社に対する人身傷害条項・無保険車傷害危険担保特約に基づく保険金の請求と被害自動車の運転者の母が自動車保険契約を締結していた別の保険会社に対する無保険車傷害特約に基づく保険金の請求との競合

広島高裁岡山支部平成二四年九月二八日判決（平成二四年(ネ)第六四号、損害賠償請求控訴事件）自保ジャーナル一八八五号一頁
原　審・岡山地裁平成二四年一月三一日判決（平成二二年(ワ)第四四二号、損害賠償請求事件）自保ジャーナル一八八五号一一頁

上智大学名誉教授　石　田　満

一　問題の所在

本事案は、X[1]（原告）が訴外A子運転の普通乗用自動車に同乗中、Y[1]（被告）運転の普通乗用車（無保険車）

と正面衝突する事故に遭って傷害を負い、後遺障害を被り、X_1において、（一）Y_1に対し自賠法三条に基づき損害賠償を求めるとともに、（二）自ら自動車保険契約を締結していたY_2保険会社（被告）に対しては、人身傷害補償条項および無保険車傷害危険担保特約に基づく保険金の請求を、（三）訴外A子の母訴外B子が自動車保険契約を締結していたY_3保険会社に対しては、無保険車事故傷害特約に基づく保険金の請求をし、（四）X_1の実父であるX_2がY_1に対し自賠法三条に基づき損害賠償を求めたものである。

このなかで、X_1のY_2保険会社に対する無保険車傷害危険担保特約ならびに人身傷害補償条項に基づく保険金の請求、およびX_1のY_3保険会社に対する無保険車事故傷害特約に基づく保険金の請求について検討する。具体的には第一に、Y_2保険会社の無保険車傷害危険担保特約とY_3保険会社の無保険車事故傷害特約との支払い責任の優先順位についてどのように考えるか、また第二に、Y_2保険会社の無保険車傷害危険担保特約の適用が否定された場合、Y_2保険会社の人身傷害補償条項に基づく保険金を請求することができるかが争われているのであり、この点を中心に議論を展開する。

なお、本高裁判決についてその結論を指摘すると、第一について、Y_3保険会社が優先払いの責任を負うものとし、第二について、Y_2保険会社の人身傷害補償条項に基づく保険金の請求を斥けて、これを肯定した原判決を取り消しているのである。

二　事実の概要

一　本件は、X_1が訴外A子運転の普通乗用自動車に同乗中、Y_1運転の普通乗用自動車と正面衝突する事故に遭って傷害を負い、後遺障害が残存したとして、（一）Y_1に対し、自賠法三条に基づく損害賠償を求めるとともに、（二）自ら自動車保険契約を締結していたY_2保険会社に対しては人身傷害補償条項または無保険車傷害危険担保特約に基づく保険金の請求を、㈢A子の母であるB子が自動車保険契約を締結していたY_3保険会社に対しては、無保険車事故傷害特約に基づく保険金の請求をした事実（以上、㈠ないし㈢の各請求につき、被告らが連帯して一億五五六二万六七一八円および事故日である平成一七年五月一日以降年五分の遅延損害金を支払うよう求めている）、および㈣X_1の実父であるX_2が、Y_1に対し、自賠法三条に基づく損害賠償（近親者慰謝料二五〇万円と弁護士費用二五万円の計二七五万円および事故日以降五分の遅延損害金の支払）を求めた事案である。

二　原判決はX_1において加害者であるY_1に対し、九〇二八万九二七四円およびその遅延損害金を認容したが、Y_2保険会社に対しては、無保険車傷害危険担保特約に基づき保険金を請求することはできないとして、この特約に基づく保険金の請求を斥けている。ただ、Y_2保険会社に対し、人身傷害補償条項に基づき三〇〇〇万円およびその遅延損害金の請求を認容しているのである。

この点が本高裁判決を検討するに当たり重要な論点である。原判決は、次のとおり判示しているのである。

「2　争点(2)について

(1)　まず、X_1が被告Y_2保険会社に対し、本件無保険車傷害危険担保特約に基づき、保険金の支払を求めることができるかどうかについて検討する。

本件無保険車傷害危険担保特約について、本件約款第二条では、Y_2保険会社は、一回の無保険車事故による損害額が同条の定める本件合計額を超過する場合に限り、その超過額に対してのみ保険金を支払うと規定されている。そして、証拠（略）によると、同条二項(3)の「他の無保険車傷害保険等」とは「被保険自動車以外の自動車であって被保険者が搭乗中のものについて適用される保険契約又は共済契約で、第二条（この特約による支払責任）第一項と支払責任の発生要件を同じくするものをいいます。」と定義されており（本件約款四条(5)）、Y_3保険会社の本件無保険車事故傷害特約は、被保険自動車以外の自動車である第一車両であってY_2保険会社の被保険者であるX1が搭乗中のものについて適用される保険契約であるから、上記「他の無保険車傷害保険等」に該当する。

そして、X1の損害額のうち、既払金を除く残額全額について、X1は本件無保険車事故傷害特約に基づき、Y3保険会社から保険金の支払を受けることができるから、X1の損害額が本件合計額を超過するとはいえず、したがって、X1は本件無保険車傷害危険担保特約に基づき、Y2保険会社に対して保険金の支払を求めることはできない。

(2)　次に、X1がY2保険会社に対し、本件人身傷害補償条項に基づき、保険金の支払を求めることができるかどうかについて検討する。

Y2保険会社は、本件約款一条の解釈として、人身傷害補償条項により支払われるべき保険金の額（限度額三〇〇〇万円）が、無保険車傷害危険担保特約により支払われるべき保険金の額を下回る場合、同特約の適用のみが問題となり、人身傷害補償保険金は支払われないと主張する。

本件約款一条は人身傷害補償条項による保険金が支払われない場合、または同条項により支払われるべき保険金の額が、本件無保険車傷害危険担保特約により支払われるべき保険金の額を下回る場合に限り、保険金請求権者の請求に基づいて本件無保険車傷害危険担保特約が適用される旨を規定し、そのように同特約により支払がされる場合には、普通保険約款人身傷害補償条項による保険金を支払わず、すでにその保険金を支払っていたときはその額を、本件無保険車傷害危険担保特約により支払われる保険金から差し引くと規定しているに過ぎない。

そして、本件では、本件無保険車傷害危険担保特約により保険金の支払がされる場合ではないから、X1は本件人身傷害補償条項に基づき、保険金の支払を求めることができ、Y2保険会社の主張は採用できない。」

三　原判決に対して、X1およびY2保険会社ならびにY3保険会社から控訴がある。

控訴審におけるY2保険会社の補充主張は、次のとおりである。

「人身傷害補償条項と無保険車傷害特約（無保険車傷害危険担保特約ないし無保険車事故傷害特約）は、いずれも実損填補型の傷害保険であり、両者を併用して損害実額を上回る支払を行うことは保険契約の内容となっておらず、そのことは両者の保険者が異なる場合にも同様である。すなわち、人身傷害補償条項と無保険車傷害特約は、そのいずれか被保険者に有利な一方が適用される仕組みになっており、本件では、まず被保険者に有利な後者が選択され、その後これに該当する二つの特約（Y_2保険会社の本件無保険車傷害危険担保特約とY_3保険会社の本件無保険車事故傷害特約・以下、併せて「本件各特約」という）のうち、X_1が搭乗中の車両に付されたY_3保険会社の本件無保険車事故傷害特約が優先して適用され、X_1の損害は全額填補されるのであるから、その結果Y_2保険会社の本件無保険車傷害危険担保特約が適用されないからといって、その人身傷害補償条項が復活して適用されることはない。」

これに対して、Y_3保険会社の補充主張は、次のとおりである。

「X_1のY_3保険会社に対する本件無保険車事故傷害特約に基づく保険金請求と、Y_2保険会社に対する本件人身傷害補償条項に基づく保険金請求とは、約款上優先順位が定められておらず、重複保険と同様に考えて、損害額かつ各保険金額を限度とした按分処理をすべきである。」

三　判旨（X_1らの控訴提起事件　控訴棄却）、（Y_2保険会社の控訴提起事件　（一）Y_2保険会社の敗訴部分　取消、（二）X_1のY_2保険会社に対する請求　棄却）、（Y_3保険会社の控訴提起事件　変更）

「2　Y_2保険会社の保険金支払義務（争点(2)）について

(1)　一般に人身傷害補償条項は、被害者（被保険者）が被った傷害による損害を填補する目的で設けられた保険であり、過失相殺・好意同乗による減額部分や、加害者の資力不足による危険（無保険車による事故の場合など）等をもカバーする点に特徴があるが、人身事故補償条項による保険金額では被害者の損害が填補されない場合に備え、別に無保険車傷害特約が設けられており、人身傷害補償条項と無保険車傷害特約のうち、被害者に有利ないずれか一方が適用されることによって、上記目的が達成されるよう制度設計されている。そして、本件各特約の約款の規定によれば、本件各特約に基づく保険もこれと全く同趣旨のものとして設けられていることが認められる。

(2)　本件各特約の約款、殊に各第二条の規定及び同規定にいう「他の無保険車傷害保険等」の定義（各第四条(5)によれば、本件各特約のいずれも、無保険車事故については、被保険自動車以外の自動車であって被保険者が搭乗中のものについて適用される無保険車傷害特約がある場合には、まずは同特約から優先して保険金が支払われ、これに自賠責保険等（自動車損害賠償保障法に基づく責任保険又は責任共済）からの支払額を併せてもなお被害者の損害を填補することができない場合に、初めてその不足額についてのみ保険金支払義務が生じるものと定められている。そして、Y_2保険会社の本件無保険車傷害危険担保特約からすれば、Y_3保険会社の本件無保険車事故傷害特約が上記「他の無保険車傷害保険等」に該当する（逆に本件無保険車事故傷害特約からすれば、本件無保険車傷害危険担保特約はこれに該当しない）のは明らかであるから、まずはY_3保険会社の本件無保険車事故傷害特約に基づく保険金が優先して支払われることとなる……。

そして、本件無保険車事故傷害特約の保険金額は一名につき二億円であり、X_1は、自賠責保険等からの支払額と本件無保険車事故傷害特約に基づく保険金の支払によって、その損害額全部が填補される（不足額が生じない）から、Y_2保険会社に対し、本件無保険者傷害危険担保特約に基づく保険金の支払を求めることはできない。

(3)　このように、優先する無保険車傷害特約が適用されて、被保険者の損害全額が填補された結果、劣後する無保険車傷害特約が適用されず、同特約に基づく保険金支払い義務が生じなかった場合であっても、上記(1)記載の人身傷害補償条項及び無保険車傷害特約の目的・制度設計の趣旨を踏まえて本件各特約の約款の規定を合理的に解釈すれば、重ねて人身傷害補償条項が適用されることはないと解するのが相当である。Y_3保険会社は、本件無保険車事故傷害特約に基づく保険金を支払うことにより、X_1のY_1に対する損害賠償請求権を代位取得し、X_1はその限度で上記請求権を失うのであるから、重ねて人身傷害補償条項に基づく保険金を請求することはできない。Y_2保険会社の人身傷害補償条項に基づく保険金支払義務が生じることを前提に、Y_3保険会社の上記保険金支払い義務との間で按分処理すべきであるとするY_3保険会社の主張は採用することはできない。

(4)　したがって、X_1の、Y_2保険会社に対する人身傷害補償条項に基づく保険金請求は理由がない。」

四　本判決の検討

一　本事案は、X_1（同乗被害者）において、Y_1（加害車両〈無保険車〉の運転者）に対して自賠法三条に基づく損害賠償を求めるとともに、自ら自動車保険契約を締結していたY_2保険会社に対して無保険車傷害危険担保特約および人身傷害補償条項に基づく保険金を請求し、かつ、X_1が同乗していた被害自動車の運転者の母が自動車保険契約を締結していた被告Y_3保険会社に対して無保険車事故傷害特約に基づく保険金を請求した事案である。

X_1のY_1に対する損害賠償の請求は認められ、この点については言及することはしない。本事案では、X_1のY_2保険会社に対する無保険車傷害危険担保特約ならびに人身傷害補償条項に基づく保険金の請求、およびX_1のY_3保険会社に対する無保険車事故傷害特約に基づく保険金の請求の可否が論点とされる（なお、Y_2保険会社では「無保険車傷害危険担保特約」とあり、Y_3保険会社では「無保険車事故傷害特約」とあるが、その内容に大きな相違はないであろう）。そこで、この点に重点をおいて考えることとする。

原判決は、X_1のY_2保険会社に対する請求について、無保険車傷害危険担保特約に基づき保険金の請求をすることはできない、としてこの請求を斥けている。一方の人身傷害補償条項に基づく保険金の請求については、これを認容している。

この原判決に対して、X_1、Y_2保険会社およびY_3保険会社から控訴がある。

本控訴審判決は、X_1のY_2保険会社に対する請求については、X_1のY_2保険会社の無保険車傷害危険担保特約に基づく保険金の請求を斥けている。このX_1の無保険車傷害保険金の請求については、Y_3保険会社に対してだけ認め、Y_2保険会社には否定している。この点も原判決と同じである。

ところで、原判決では、X_1のY_2保険会社の人身傷害補償条項に基づく保険金の請求（三〇〇〇万円）を認容しているのである。これに対して、本控訴審判決は、X_1のY_2保険会社に対する人身傷害条項に基づく保険金の請求は理由がない、として、このX_1のY_2保険会社への請求を斥けているのである。

第一に、Y_2保険会社の「無保険車傷害危険担保特約」に基づく保険金支払義務とY_3保険会社の「無保険事故傷害特約」に基づく保険金支払義務との優先順位について、原判決およびその控訴審判決のいずれもY_3保険会社が優先払いする責任を負うと判示している。

第二に、Y_2保険会社の「人身傷害補償条項」に基づく保険金支払義務について、原判決は、これを認めたが、控訴審判決ではこれを否定しているのである。

そこで、上記の争点について検討することにする。

二　Y_2保険会社の「無保険車傷害危険担保特約」に基づく保険金支払義務とY_3保険会社の「無保険車事故傷害特約」に基づく保険金支払義務との優先順位について、上述したように、原判決およびその控訴審判決のいずれもY_3保険会社が優先払いをする責任を負うものとしている。この結論は妥当であり、賛成する。

無保険車傷害危険担保特約二条（この特約による支払責任）二項は、損害額が無保険自動車に付保されている自賠責保険等によって支払われる金額（一号）、対人賠償保険等について支払われる保険金額または共済金額

(二号) および他の無保険車傷害保険等によって支払われる保険金額または共済金額 (三号) とこの無保険車傷害危険担保特約による支払額との調整規定を定めている。

無保険車傷害危険担保特約による支払額は、「他の無保険車傷害保険等」による支払額よりも遅れることを明らかにしている (自家用自動車総合保険約款〈SAP〉第三章無保険車傷害条項一条〈当会社の支払責任〉と同じである。この点については、鴻常夫編・註釈自動車保険約款 (上)〈一九九五、有斐閣〉二七六頁〈石田満〉を参照)。

この「他の無保険車傷害保険等」については、上記特約四条 (用語の定義) 六号で、「被保険自動車以外の自動車であって被保険者が搭乗中のものについて適用される保険契約または共済契約で、第二条 (この特約による支払責任) 第一項と支払責任の発生要件と同じくするものをいいます」と規定している。本事案に合わせて指摘すると「被保険自動車以外の自動車」とはX$_1$が搭乗していた自動車ということになる。また、「被保険者が搭乗中のものについて適用される保険契約で、第二条 (この特約による支払責任) 第一項と支払責任の発生要件と同じくする」とは、搭乗者X$_1$の運転者の母が締結していたY$_3$保険会社の「無保険車事故傷害特約」ということになろう (この特約の「用語の定義」については、前掲約款第三章無保険車傷害条項三条〈用語の定義〉と同じである。鴻常夫編・前掲書二八四頁〈江頭憲治郎〉参照)。また、上記特約一二条 (支払保険金の計算) で具体的な調整規定を定めている (前掲約款第三章無保険車傷害条項一一条〈支払保険金の計算〉と同じである。鴻常夫編・前掲書三一六頁〈伊藤文夫〉参照)。

本高裁判決は、次のとおり判示し、X$_1$のY$_2$保険会社に対する無保険車傷害危険担保特約による保険金の請求を斥けている。

「本件各特約の約款、殊に各第二条の規定及び同規定にいう「他の無保険車傷害保険等」の定義 (各第四条(5)によれば、本件各特約のいずれも、無保険車事故については、被保険自動車以外の自動車であって被保険者が搭乗中のものについて適用される無保険車傷害特約がある場合には、まずは同特約から優先して保険金が支払われ、これに自賠責保険等（自動車損害賠償保障法に基づく責任保険又は責任共済）からの支払額を併せてもなお被害者の損害を填補することができない場合に、初めてその不足額についてのみ保険金支払義務が生じるものと定められている。そしてY_2保険会社の本件無保険車傷害危険担保特約からすれば、Y_3保険会社の本件無保険車事故傷害特約が上記「他の無保険車傷害保険等」に該当する（逆に本件無保険車事故傷害特約からすれば、本件無保険車傷害危険担保特約はこれに該当しない）のは明らかであるから、まずはY_3保険会社の無保険車事故傷害特約に基づく保険金が優先して支払われることとなる……。

そして、本件無保険車事故傷害特約の保険金額は一名につき二億円であり、X_1は、自賠責保険等からの支払額と本件無保険車事故傷害特約に基づく保険金の支払によって、その損害額全部が填補される（不足額が生じない）から、Y_2保険会社に対し、本件無保険者傷害危険担保特約に基づく保険金の支払を求めることはできない。」

原判決においてもX_1は、Y_2保険会社に対して無保険車傷害危険担保特約に基づき保険金の支払を請求することはできない、としていた。その理由として、Y_3保険会社の本件無保険車事故傷害特約が、被保険自動車以外の自動車である第一車両であって、Y_2保険会社の被保険者であるX_1において搭乗中の者について適用される保険契約であり、この車両が上記特約にいう「他の無保険車傷害保険等」に該当する、とする。原判決のこの点の判示は妥当である。

三　次に、X_1は、Y_2保険会社に対し人身傷害補償条項に基づき保険金を請求している。この点はどのように解すべきか重要な論点である。

原判決は、この保険金の請求を認容して、次のとおり判示している。

「本件約款〔無保険車傷害危険担保特約〕一条は、人身傷害補償条項による保険金が支払われない場合、または同条項により支払われるべき保険金の額が、本件無保険車傷害危険担保特約により支払われるべき保険金の額を下回る場合にかぎり、保険金請求権者の請求に基づいて本件無保険車傷害担保特約が適用される旨を規定し、そのように同特約により支払がされる場合には、普通保険約款人身傷害危険担保条項による保険金を支払わず、すでにその保険金を支払っていたときはその額を、本件無保険車傷害危険担保特約により支払われる保険金から差し引くと規定しているに過ぎない。そして、本件では、本件無保険車傷害危険担保特約により保険金の支払がされる場合ではないから、X_1は本件人身傷害補償条項に基づき、保険金の支払を求めることができ、Y_2保険会社の主張は採用できない。」

Y_3保険会社は、控訴理由として、X_1のY_3保険会社に対する無保険車事故傷害特約に基づく保険金請求と、Y_2保険会社に対する人身傷害補償条項に基づく保険金請求とは、約款上優先順位が定められておらず、重複保険と同様に考えて、損害額かつ各保険金額を限度として按分処理をすべきである、と主張していた。

本高裁判決は、X_1のY_2保険会社に対する人身傷害補償条項に基づく保険金請求を否定している。この点が原判決と異なるところである。

本高裁判決は、次のとおり判示している。

「このように、優先する無保険車傷害特約が適用されて、被保険者の損害全額が填補された結果、劣後する無保険車傷害特約が適用されず、同特約に基づく保険金支払義務が生じなかった場合であっても、……人身傷害補償条項及び無保険車傷害特約の目的・制度設計の趣旨を踏まえて本件各特約の約款の規定を合理的に解釈すれば、重ねて人身傷害補償条項が適用されることはないと解するのが相当である。Y_3保険会社は、本件無保険車事故傷害特約に基づく保険金を支払うことにより、X_1のY_1に対する損害賠償請求権を代位取得し、X_1はその限度で上記請求権を失うのであるから、重ねて人身傷害補償条項に基づく保険金を請求することはできない。Y_2保険会社の人身傷害補償条項に基づく保険金支払義務が生じることを前提に、Y_3保険会社の上記保険金支払義務との間で按分処理すべきであるとするY_3保険会社の主張は採用することはできない。

したがって、X_1の、Y_2保険会社に対する人身傷害補償条項に基づく保険金請求は理由がない。」

本高裁判決は、このようにX_1のY_2保険会社に対する人身傷害補償条項に基づく保険金の請求を斥けている。結論として妥当な判断である。

人身傷害補償条項を考えると、本条項一条（当会社の支払責任）は、被害者（被保険者）が被った傷害による損害を填補する旨を明らかにしており、しかも、この条項には、代位に関する規定を設けている。その意味からも人身傷害保険金は、実損填補型の傷害保険契約である、と解されるのである。本高裁判決の事実によれば、X_1において優先するY_3保険会社の無保険車傷害特約が適用されて「被保険者（X_1）の損害全額」が填補された結果、劣後するY_2保険会社の無保険車傷害特約が適用されない、と判示しているのである。したがって、X_1においてY_2保険会社に対する人身傷害保険金を請求することができないと判断されるのである。本高裁判決がX_1のY_2保険会社に対する人身傷害保険金の請求を斥けたことは正当な判断である。

これに対して、原判決は人身傷害補償条項に基づく保険金を認容しているが、X_1において「損害全額」が填補されていないと解したのかとも思われる。本高裁判決は、Y_3保険会社が無保険車事故傷害特約に基づく保険金を支払うことにより、X_1のY_1（加害者）に対する損害賠償請求権を代位取得し、X_1はその限度で損害賠償請求権を失うことになり、重ねて人身傷害補償条項に基づく保険金を請求できない、とする。ただ、この点はX_1が「損害全額」が填補されていたことを前提としているものと思われるが、明解ではない。なお、Y_3保険会社において、Y_2保険会社の人身傷害補償条項に基づく保険金とY_3保険会社の無保険車事故傷害特約に基づく保険金との按分処理を主張しているが、Y_2保険会社の人身傷害補償条項の適用が否定されている以上、もちろん按分処理に親しむ事案ではない。

一二　被相続人が意思能力のない状態で締結した年金型保険契約の支払済保険料の返還請求権が相続財産に当たるとして重加算税が課された場合において、相続税申告受任税理士の債務不履行責任が否定された事例

〔東京地裁平成二四年一〇月一六日判決（平成二三年(ワ)第二七八七四号、損害賠償請求事件）判例時報二一七六号四八頁〕

寺澤真一

一　問題の所在

本件は、被相続人が意思能力のない状態で締結した年金型保険契約の支払済保険料の返還請求権が相続財産に当たるとして重加算税が課された場合において、相続税の申告を受任した税理士の債務不履行責任の有無が争われた事件である。

税理士は、委任者に対して、委任の本旨に従い善良な管理者の注意をもって委任事務を処理する義務を負うが（民法六四四条）、その義務の範囲については、過去の裁判例でも分かれるところである。本件は相続財産のうち

保険契約の有効性の調査確認義務が争われた初めての裁判例として、先例的意義を有するものである。

二　事実の概要

一　X（原告）は母であるAの死亡に伴い、税理士法人であるY法人（被告）に対して相続税の申告手続きを委任し、Y法人は所轄税務署に相続税の申告書を提出した。同税務署からXに対し、亡A名義で平成二〇年一二月に締結された保険契約はその当時亡Aが意思表示のできない状態で締結されたものであるため無効であり、支払済の保険料三億円の返還請求権が亡Aの相続財産になるなどとして、重加算税、過少申告加算税および延滞税を課された。それに対して、XがY法人の債務不履行責任により重加算税等の損害を被ったなどと主張して、損害賠償請求をした。

二　亡Aは平成二〇年一二月一五日に、亡Aを保険契約者兼保険料負担者、亡Aの子および孫に当たるXら三名を被保険者兼年金受取人とする年金型保険契約（以下「本件保険契約」という）に申し込み、翌日、本件保険契約に基づき、各一億円、合計三億円の保険料が契約締結先保険会社（以下「本件保険会社」という）に支払われた。

三　本件保険契約の申込日である平成二〇年一二月一五日当時、亡Aは、意識レベルを表すJCSの測定結果が「Ⅲ-刺激をしても覚醒しない状態」であり、本件保険契約を締結することができる状態にはなかった。本件保険契約にかかる申込書の作成に当たっては、Xの弟に当たる訴外Bが亡Aの署名を代筆した。

四　亡Aは、平成二〇年一二月一九日に死亡し、Bは平成二一年一月七日、Xら相続人を代表して、Y法人に対し、亡Aの相続税の申告手続きを委任した（以下「本件委任契約」という）。Xは、同年七月二四日、Y法人に所属する訴外C税理士をBから紹介され、Y法人に対し、本件委任契約に同意した。

五　Y法人は、平成二一年一〇月一九日、本件委任契約に基づき、亡Aの相続税にかかる相続税申告書（以下「本件申告書」という）を作成して所轄税務署に提出した。

六　所轄税務署は、平成二三年六月八日付で、Xに対し、亡Aは平成二〇年一二月一五日当時意思表示できる状態にあったとはいえず、本件保険会社に支払われた三億円の保険料の返還請求権が相続財産に含まれるなどとして、相続税の更正および加算税の賦課決定を通知した。Xは、平成二一年一〇月一五日にY法人に対して申告料二〇〇万円を、平成二三年六月一〇日に国庫に対して相続税、重加算税、過少申告税を、さらに六月二一日に延滞税を支払った。

三　判旨（請求棄却、控訴）

「二　争点(1)（Yの債務不履行責任の有無）について

(1)　税理士は、税務に関する専門家として、納税義務者の信頼にこたえ、租税に関する法令に規定された納税義務の適正な実現を図ることを使命としているから（税理士法一条参照）、税務申告の委任を受けた税理士は、委任契約に基づく善管注意義務として、委任の趣旨に従い、税務申告が適正に行われるよう、専門家として高度の注意をもって委任事務を処理する義務を負うものと解される。

したがって、税務申告の委任を受けた税理士は、申告書を作成するに際して、基本的に委任者から提供された資料や委任者からの指示説明に依拠することはもとより当然のことであるが、委任者から提供された資料が不十分であるとか、委任者の指示説明が不適切であるために、これに依拠して申告書を作成すると適正な税務申告がされないおそれがあることを認識しまたは認識し得べき場合には、委任者に対して追加の資料提供や調査を指示し、不十分な点や不適切な点を是正した上で税務申告を行う義務を負うものというべきである。

(2)　そこで、本件について検討する。

ア　Yは、Xらから亡Aの相続税の申告手続きを委任された税理士法人として、所属するC税理士において、Xらを代表していたBから事情を聴取したところ、Bは、C税理士に対し、本件保険契約に係る支払調書を示し、本件保険会社においてXらの保険金の受給権を確定させたことを明らかにしたほか、亡Aが本件保険契約を締結した理由や、本件保険契約が締結できて喜んでいたことなどを説明したのである。そうすると、本件保険会社がXらの受給権を確定させて本件保険契約の効力を認めている上、Bの語る内容は特に不自然なものではなく信用しうるものであるから、C税理士において、Bの提供した資料と説明が不十分、不適切なところはないと判断したからといって、税理士として上記(1)の義務に違反したと認めることはできない。

イ　この点、Xは、本件保険契約の締結日のわずか三日後に亡Aが死亡したことや、合計三億円もの巨額の保険料が支払われていることから、課税当局が本件保険契約の有効性を否認する可能性があることは、専門家でなくとも容易に認識可能であり、専門家であるYとしては当然に認識すべき事柄であった旨主張する。しかし、《証拠略》によると、亡Aの本件申告書上の相続財産の価額は一〇億円を超えることが認められるから、相続人らのために年金を遺す趣旨で三億円の契約を締結することがそれほど不自然であるとはいえないし、契約者が死亡直前まで意識が明瞭であることは十分あり得ることである。そして、上記の通り本件保険会社においても本件保険契約の有効性を認めてXらの保険金受給権を確定させている上、Bの説明は信用し得るものであったのであるから、Xが指摘する上記事情だけでは、C税理士において、課税当局が本件保険契約の有効性を否定する可能性を認識すべきであったなどということはできない。

ウ　そして、実際にもC税理士において調査すれば本件保険契約の有効性に問題のあることを認識しうる状況にあったということもできない。（…中略…）さらに、本件保険会社が本件保険契約の有効性を認めてXらの受給権を確定させている以上、代理店であるDから真実が語られるということも考え難い。《前記略》のとおり、課税当局において本件保険契約の有効性を否認することができたのは、亡Aのカルテを取り寄せて分析を行った結果であるが、税理士にはこのような調査手段がない以上、C税理士において課税当局と同様に本件保険契約の有効性に問題のあることを認識し得るような資料を入手し得たとはいえない。

エ　以上の通り、Yにおいて、委任者であるXらから提供された資料が不十分であるとか、Xらの指示説明が不適切であるために、これに依拠して申告書を作成すると適正な税務申告がされないおそれがあることを認識し得べきであったと認めるに足る証拠はない。よって、Yにおいて前記(1)の税理士としての義務に違反したと認めることはできない。」

四　本判決の検討

税理士法一条において「税理士は、税務に関する専門家として、独立した公正な立場において、申告納税制度の理念に沿って、納税義務者の信頼に応え、租税に関する法令に規定された納税義務の実現を図ることを使命とする」と規定している。そして、税理士法二条一項各号に定める「税務代理、税務書類の作成及び税務相談に関する義務」を果たすに当たり、「委任の本旨に従い、善良な管理者の注意をもって委任事務を処理する義務」を負うものと解される（民法六四四条）。

本判決は、被相続人が意思能力のない状態で締結した年金型保険契約の支払済保険料の返還請求権が相続財産に当たるとして重加算税等が課された場合において、受任税理士が税理士としての義務に違反したと認めることはできないと判示した。

税理士の負うべき義務の範囲をめぐっては、過去に複数の裁判例があった。税理士の債務不履行責任を否認した裁判例として、岐阜地大垣支判昭和六一年一一月二八日判時一二四三号一一二頁がある。同判決は、税理士の職責について、依頼者の会計帳簿に基づいて所轄税務署に対して税務申告を代行するについて受任関係に立つことをもって足り、それを超えることは許容されないとし、その負う準委任契約上の義務は依頼された個別的な申告手続代行についてのみ、善管注意義務の限度で存するにすぎないと判示し、委任契約上の債務不履行を理由とする損害賠償請求を棄却した。

一方、税理士の責任を認めた裁判例としては、千葉地判平成九年一二月二四日判タ九八〇号一九五頁がある。同判決の事例は、税理士の作成した申告書の土地の評価が過小であったため、納税者が過少申告加算税等の納付を余儀なくされたものである。同判決は、税理士が受任事務を処理するに当たっては、自己の裁量によって依頼の趣旨に沿うように事務を処理することはいうまでもないが、依頼者の指示が適切でないことが分かった場合には、依頼者に不適切な点を指摘するなどして、依頼者の信頼に応えるようにしなければならず、これに違反するときは債務不履行責任を免れないとの判断を示した。

本判決はこの二つの先行裁判例のいずれとも矛盾することなく、判旨(1)で税理士が法律上負うべき義務の範囲を明確にし、判旨(2)で義務に違反したと認めることはできないことを事実に即して明確に判示した。本件の特異性として、年金型保険契約を締結した保険契約者が締結の三日後に死亡したという事実から、課税当局が生前のカルテを取り寄せて分析し、保険契約の有効性を否認したという点が挙げられるが、判旨(2)で詳細に述べられているとおり、C税理士はこの事実を知る由もなかったのである。むしろ、亡Aの意識レベルが著しく低下し、本件保険契約を締結できる状態になかったにもかかわらず、亡Aの子でXの弟であるBに署名を代筆させたという異常な契約締結経緯から、Xらが亡Aの意思に関係なく、故意に契約を締結させたと疑うべき事案であり、税理士としての義務に違反したと認めることはできないのは当然である。この点が、前記千葉地裁判決の場合とは事情が大きく異なる。

以上から、本判決の結論・理由付けとも賛成である。

一三　簡易生命保険について、保険契約申込書の保険契約者の氏名欄に氏名を記載された者とは異なる者を保険契約者と認定した事例

東京高裁平成二四年一一月一四日判決（平成二四年(ネ)第四四九三号、預金払戻等請求控訴事件）判例時報二一七一号四八頁、判例タイムズ一三八六号二七七頁、金融・商事判例一四〇八号三一頁
原　審・東京地裁平成二四年五月三一日判決（平成二一年(ワ)第一二一八七号、預金払戻等請求事件）判例時報二一七一号五四頁、金融・商事判例一四〇八号三七頁

東海大学法学部教授　小野寺　千　世

一　問題の所在

本件は、簡易生命保険契約について、保険契約申込書や保険証券（保険証書）の保険契約者、被保険者、保険金受取人には、いずれもXの親族の氏名が記載されているが、保険契約申込書の保険契約者の住所欄に記載された住所を生活の本拠とし、その場所において本件保険契約に関する一切の手続きを進め、保険料を出捐したXが、国（当時の郵政省）の権利義務を承継したYに対して、当該保険契約の保険契約者・被保険者・保険金受取人の地位にあることの確認と、生存保険金およびこれに対する遅延損害金の支払いを求めた事案である。また、Xは、

郵便貯金契約についても貯金者はXの親族名義となっているが、本件貯金契約の貯金者はXであるとして、預金の払い戻しを求めた。本稿では、簡易生命保険契約に関する問題について考察する。

本判決は、本件保険に関しては、保険契約申込書の保険契約者の住所欄に記載された住所を生活の本拠とし、その場所において、簡易生命保険契約の勧誘ないし締結、保険料の集金等の用務のために来訪してきたYの担当職員と応対し、保険契約者がすべき意思表示をし、保険契約者がすべき払込みについて責任を持つ人物がXであることを前提として、一切の手続が何らの支障もなく進められてきたのであって、そのような人物で、しかも保険料の出捐者でもあるXをもって保険契約者と認定するのが相当であると判示している。

本件では、保険契約者の地位の認定について、保険契約申込書等の保険契約者氏名欄の記載に従うべきであるか否かが問題となる。原審判決は、保険契約申込書や保険証券上表示された者をもって、保険契約者、被保険者および保険金受取人とみることが相当であると判示した。これに対して本判決は、保険契約者の認定と、被保険者、保険金受取人の認定を区別し、前者については、保険契約申込書に保険契約者として特定の実在の人物が一義的に表示されているとはいい難い特殊な事案であることに鑑み、結論として保険契約申込書の氏名欄に氏名を記載された者とは異なる者を保険契約者と認定した事例判決として注目され、以下検討する。

二　事実の概要

X（原告・控訴人）は、昭和一六年生まれであり、昭和三九年一二月一六日に婚姻し、両名の間に長男、長女であるZ1（補助参加人）、二女が出生した。Xと夫は、鮮魚店を営んでいたが、夫は、昭和五一年二月三日に死亡した。

Z1（昭和四二年生）は、平成二年九月五日にZ2（補助参加人、昭和三〇年生）と婚姻し、両名の間に、長男であるZ_3（補助参加人、平成三年生）、二男であるZ_4（補助参加人、平成四年生）、長女であるZ_5（補助参加人、平成六年生）、二女（平成一一年生）が出生した。

Y（被告・被控訴人）は、国（郵政省）の郵便貯金制度および簡易保険制度をその前身とするもので、平成一九年九月三〇日以前に預け入れされた定額郵便貯金および平成一九年九月三〇日以前に取り扱われた簡易生命保険については、Yがその権利義務を承継している。

Yの立川郵便局からは、長年にわたり、多くの郵便局員がX方を来訪し、郵便局の取扱商品等にかかる営業等を行い、保険料を受領するなどしていた。また、Xは、少なくとも昭和五九年頃から、Yとの間でX自身だけでなく、親族を契約者名義人あるいは被保険者名義人とする保険の締結手続を行い、保険金受取人名義人宛あるいは保険金受取人代理人として表示されたX宛に発行される支払明細書や内訳書と共に保険金を受領していた。

平成六年一〇月一九日、立川郵便局扱いで、保険契約者がZ_1、被保険者がZ_5、保険金受取人がZ_1の各名義となっている保険契約（以下「本件保険契約①」という）が締結された。Xは、Z_1名義で、Yに対し、本件保険契約①の保険料全額である七二万三八四円の支払いをし、Z_1宛の保険料預り証が発行された（なお、同預り証におけるZ_1の住所として、Xの住所地が記載されている）。そして、同日、Xは、本件保険契約①の申込手続を行い、同契約が締結された。その際の保険契約申込書の保険契約者の氏名欄には、Z_1の氏名が記載されたが、その住所欄には、その時点ではZ_1と住所を異にしていたXの住所が記載された上、X方である旨を示す「X方」との付記がされた。また、保険料の払込方法欄には、払込方法に関する記載はされず、保険料全額の払込みが完了している旨が記載された。なお、本件保険①は、平成一七年法律第一〇二号による廃止前の簡易生命保険法一一条の養老保険に、一定の特約を付したものである。

平成七年一一月九日、保険契約者、被保険者および保険金受取人がいずれもZ_1名義となっている保険契約（以下「本件保険契約②」といい、本件保険契約①と併せて「本件各保険契約」という）が締結された。Xは、

Z^{1}名義で、Yに対し、本件保険契約②の一年分の保険料として、二九万一〇六〇円の支払いをし、Z^{1}宛の保険料預り証が発行された（なお、同預り証におけるZ^{1}の住所として、Xの住所地が記載されている）。そして、同日、Xは、本件保険契約②の申込手続を行い、同契約が締結された。その際の保険契約申込書の保険契約者の氏名欄には、Z^{1}の氏名が記載されたが、その住所欄には、その時点でZ^{1}と住所を異にしていたXの住所が記載された上、X方である旨を示す「X方」との付記がされた。また、保険料の払込方法欄には、集金人による払込みを選択する旨が記載された上、集金の場所を上記のとおり保険契約者の住所として記載された場所とする旨が記載された。なお、本件保険②も、養老保険に、一定の特約を付したものである。

その後、Xは、本件保険②の第二回分以降の保険料を、その住所に来訪してきた集金人に現金を交付する方法により、平成八年一一月二〇日までに二九万三五八〇円（一年分前納）、平成九年一一月三〇日までに五八万三八八四円（二年分前納）、平成一一年一一月九日、五八万五九〇〇円（二年分前納）、平成一三年六月二五日、二五五万四九二円（九年分前納）を支払った。

本件各保険契約にかかる保険契約申込書上の「〇〇」の印影は、現在、Xが所持している印章による印影に似ている一方、現在、Z^{1}が所持する印章による印影にも似ており、どちらの印章により顕出されたものであるか不明である。

Yは、本件保険契約②につき、平成一二年一一月九日を支払期とする生存保険金三五万円を平成一二年一一月一四日に、また、平成一五年一一月九日を支払期とする生存保険金三五万円を平成一五年一一月一二日に、それぞれXに支払った。

平成一四年二月、Xと、Z^1、Z^{2}およびその子らは同居した。なお、同居以前において、Xと、Z^1、Z^{2}夫婦の関係は特に悪くはなく、Z^{1}が子を連れてX宅を訪れることもしばしばあった。そして、同居中に、Z^{1}は、Xが、その子や孫の名義を用いて預金の預入手続や保険契約手続を行っていることを認識していたが、Xに預金や保険の証券・証書類の引渡を求めることはなかったし、Xもこれらの引渡等を申し出ることはなく自ら保管していた。なお、Xは、Z_2を契約者、Z_3を被保険者とする学資保険一口については、Z_1らに贈与する意図で、証券を渡していた。

同居後、Xと、Z_1、Z_2夫婦の間の関係は次第に悪化し、平成一七年三月、Z_1、Z_2およびその子らはX方から転居してXと別居した。また、同別居に至る前の平成一六年九月ころ、Z_2は、Z_2ら宛の郵便物を、Z_2の経営する会社に転送する手続きをした。

平成二〇年八月一二日、Z_2は、Z_1の代理人として、小平郵便局を訪れ、本件保険②についての平成一二年一一月九日および平成一五年一一月九日を支払期とする生存保険金各三五万円の支払いを請求し、Yはこれを支払った。そして、平成二〇年八月一三日ころ、株式会社かんぽ生命保険は、保険契約②に基づくXに対する生存保険金の支払いにつき、支払いできないものを支払っていたとして、その返還を求めた。

Xは、代理人を通じて、平成二〇年一二月一五日、Yの業務受託者であるかんぽ生命保険に対し、本件各生命保険契約に基づく生存保険金（平成一八年一一月九日を支払期限とするもの）の支払を求めた。これに対し、かんぽ生命保険はXの求めを拒否した。

そこで、Xが、主位的に、本件各保険契約の保険契約者、被保険者、保険金受取人の地位にあることの確認と、本件保険契約②に基づく平成一八年一一月九日を支払期日とする生存保険金三五万円およびこれに対する遅延損害金の支払いを求め、予備的に、Xは、保険契約者、被保険者、保険金受取人として契約を締結したものであるから、錯誤により本件各保険契約は無効である等と主張し、訴えを提起した。なお、平成一二年四月三日に、Z_3、Z_4およびZ_5の各名義で、国（郵政省）に対し預入がなされた定額郵便貯金につき、Yは、Z_2に対して払戻を行っているところ、Xは、本件各貯金の預金者はXであり、上記払戻は本件各貯金の預金者でない者へ誤ってされたものであるとして、預金契約に基づく返還請求として、本件各貯金の元金およびこれに対する利息の支払いも求めた。

原審判決は、保険契約における保険契約者、被保険者、保険金受取人がそれぞれ誰であるかは、保険契約の出捐者が誰であるか等の事情にかかわりなく、いずれも保険契約申込書や保険証券上表示された者をもって保険契約者・被保険者・保険金受取人とみることが相当であると判示し、保険契約申込書の氏名欄に記載されているXの子や孫であると認定し、Xの請求を棄却した。そこで、Xが控訴した。

三 判旨（一部原判決取消し・請求認容、一部控訴棄却）

「イ 保険契約者の地位の確認請求について
(ア) 本件各保険に係る保険契約申込書の記載をみると、保険契約者の氏名欄にはZ1の氏名が記載されている。しかしながら、その住所欄には、その時点でZ1と住所を異にするXの住所が記載され、それがX方である旨が付記されている。自らの氏名、住所（生活の本拠）がいずれも上記各記載のとおりであるという人物は、厳密には実在しない。このように、本件は、いわゆる形式説に立つとしても、保険契約申込書に保険契約者として特定の実在の人物が一義的に表示されているとはいい難い事案である。
(イ) 保険契約者の義務（保険料の払込み）をみると、本件保険①については、契約時に全額が払い込まれているものの、本件保険②については、保険契約者の自宅に来訪してくる集金人に交付する方法により払い込むものとされており、契約成立後相当の期間を経た時期にも、なお、保険料の払込みという簡易生命保険契約の基本的部分に関わる債務を保険契約者が負担していることが予定されている。ところが、本件各保険契約の締結前後の経緯に照らすと、Xとしても、Yの担当職員としても、Z1がそのような義務を法的に負担することを予定していたとは解し難い。

実際にも、本件保険②の保険料は、契約時を含めて前後5回に分けて、Xがその自宅に来訪してきた集金人に現金を交付する方法によって払い込んでいる。

(ウ)　保険料の出捐者をみると、本件各保険の保険料の払込みの際にZ[1]らその他の者が何からの出捐をしたことは主張も立証もされておらず、Xが保険料の出捐者であると認められる。

(エ)　以上のとおり、本件各保険に関しては、保険契約申込書の保険契約者の住所欄に記載された住所を生活の本拠とし、その場所において、簡易生命保険契約の勧誘ないし締結、保険料の集金等の用務のために来訪してきたYの担当職員と応対し、保険契約者がすべき意思表示をし、保険契約者がすべき払込みについて責任を持つ人物がXであることを前提として、一切の手続が何らの支障もなく進められてきたのであって、そのような人物で、しかも保険料の出捐者でもあるXをもって保険契約者と認定するのが相当である。」

四　本判決の検討

一　本件は、保険契約申込書の保険契約者の氏名、住所（生活の本拠）がいずれも記載のとおりであるという人物が実在しない事案において、保険契約者の認定が問題とされている。本判決は、いわゆる形式説に立つとしても、保険契約申込書に保険契約者として特定の実在の人物が一義的に表示されているとはいい難い事案であるとしたうえで、本件各保険に関しては、保険契約申込書の保険契約者の住所欄に記載された住所を生活の本拠とし、その場所において、簡易生命保険契約の勧誘ないし締結、保険料の集金等の用務のために来訪してきたYの担当職員と応対し、保険契約者がすべき意思表示をし、保険契約者がすべき払込みについて責任を持つ人物がXであることを前提として、一切の手続が何らの支障もなく進められてきたのであって、そのような人物で、しかも保険料の出捐者でもあるXをもって保険契約者と認定すると判示している。

二　銀行定期預金の預金者の認定については、預入行為者（名義人）と出捐者が異なる場合において、判例は実際の出捐者をもって預金者であるとする立場をとっている（最判昭和五二年八月九日民集三一巻四号七四二頁、最判昭和五三年二月二八日裁判集民事一二三号一四九頁、最判昭和五七年三月三〇日金法九九二号三八頁等）。

これに対して、保険契約における保険契約者の認定については、形式説（保険契約申込書等の記載に従うとの見解）と実質説（保険料の実質的な出捐関係に従う見解）とに分かれている。形式説に立つものとしては、Yが主張中で引用する①福岡高判平成九年一一月二七日生命保険判例集九巻五二三頁（保険契約者の妻により保険契約者本人の勾留中に行われた保険契約の解約の効力が争われた事例）、①判決を是認している上告審判決である②最判平成一一年九月一七日生命保険判例集一一巻五一九頁のほか、③甲府地判昭和六三年三月一八日文研生命保険判例集五巻二四五頁（保険契約者の入院中に、当該契約保険料を支払っていた契約者の姉である生命保険会社の外交員が、同外交員を新死亡保険金受取人とする名義変更の手続きを行い、他方、契約者の妻が自己を新死亡保険金受取人とする名義変更を行っていた場合の受取人の変更の効力が争われた事例）、④さいたま地川越支判平成二一年一〇月二九日保険事例研究会レポート二五一号一八頁参照（保険契約者を子、被保険者を孫として、進学保険契約の保険料を負担した者が、保険会社に対して、本件保険契約の解除による解約返戻金等を求めた事例）、損害保険契約の事例としては、⑤大阪地判平成六年四月二六日交通民集二七巻二号五二八頁（未成年の子が保険契約者および被保険者は保険証券上に保険契約者として記載されている自動車保険契約について、契約締結手続および保険料の支払をなした実母が保険契約者であるとして、保険者が右未成年の子にした車両保険金の支払によって保険者の保険金支払債務は消滅しないとして争われた事例）などがある。その根拠としては、実質説によると、保険者や保険契約者に多くの弊害が生じ、生命保険制度の健全なる運営そのものに悪影響を与えること（①判決）、保険契約においては、保険者は契約者の特性によって契約を締結するか否かを判断する上、契約者の年齢によって保険料も異なること（④判例）、あるいは保険料の現実の出捐者や、これに対する保険会社の個々の担当者の知不知のいかんに関わらず、一律に保険契約申込書や保険証券上の名義人をもってそれぞれ保険契約者等とみるのが相当であり、通常の当事者の意思解釈にも合致すること（⑤判決）があげられている。

実質説に立つものとしては、⑥大阪高判平成七年七月二一日金商一〇〇八号二五頁（簡易生命保険契約において、保険証書に保険契約者として記載された者と、現実に契約手続きをし、その保険証書および届出印章を保管し、保険料についても自己の出捐で支払いを継続してきた者との間で保険契約者の認定が問題となった事例）、⑦最判平成一〇年二月二六日生命保険判例集一〇巻九三頁（保険契約上、夫が保険契約者兼保険金受取人とされていたが、保険料の出捐をなしていた妻が夫に対して保険契約上の保険契約者および保険金受取人の地位確認を求めた事例）などがある。⑥、⑦判決は、保険証券上の名義人の代理人等として保険契約の手続きをしたと認め得るような事情がない限り、実質的な保険契約者は保険料を出捐し、保険証券等を管理していた者であると認める旨判示している。

従来の裁判例をみると、保険証券上の名義人と保険料の出捐者との間では、出捐者を実質的な保険契約者と認めるとの判断がなされるのに対して、保険会社との関係が問題となる場合には、保険契約申込書および保険証券上の名義人をもって保険契約者と認定すると結論づける傾向にあるが、本件のように保険契約申込書の保険契約者の氏名、住所がいずれも記載のとおりであるという人物が実在しない事案は見当たらない。

保険契約の締結または保険募集に関し、行為の相手方となる保険契約者等は保険証券上の記載内容によってのみ形式的に判断されるのではなく、直接の相手方となった者をも含めるのが妥当な場合があり（石田満・保険業法二〇一三〈文眞堂〉六四一頁）、基本的には保険契約申込書および保険証券上の名義に従い保険契約者が誰であるかを判断するべきであるが、具体的な問題ごとに妥当な解決を図るべきであると思われる（山下友信・保険法〈二〇〇五、有斐閣〉七八・七九頁）。

三　原審判決は、形式説に立ち、保険契約の出捐者が誰であるか等の事情にかかわりなく、いずれも保険契約申込書や保険証券上表示された者をもって保険契約者・被保険者・保険金受取人とみることが相当であると判示している。その理由としては、保険契約における契約者・被保険者がそれぞれ誰であるかは、保険契約の効力発生要件や免責事由の該当性あるいは引受けの可否や保険料の算出等に直接影響する重要な事項であること、保険金受取人が誰であるかについても、それが保険契約者により指定されることにより決定される性質のものである上、限度額の制限があるわけでもないことをあげている。

本件では、本件各保険にかかる保険契約申込書の保険契約者の氏名欄にはZ_1の氏名が記載されているが、その住所欄には、その時点でZ_1と住所を異にするXの住所が記載され、それがX方である旨が付記されている。自らの氏名、住所（生活の本拠）がいずれも各記載のとおりであるという人物は、厳密には実在しない。本判旨は、この点をとらえて、いわゆる形式説に立つとしても、保険契約申込書に保険契約者として特定の実在の人物が一義的に表示されているとはいい難い事案であるとする。そのうえで、本件各保険に関しては、保険契約申込書の保険契約者の住所欄に記載された住所を生活の本拠とし、その場所において、簡易生命保険契約の勧誘ないし締結、保険料の集金等の用務のために来訪してきたYの担当職員と応対し、保険契約者がすべき意思表示をし、保険契約者がすべき払込みについて責任を持つ人物がXであることを前提として、一切の手続が何らの支障もなく進められてきたことと、Xが保険料の出捐者であることから、保険契約申込書の保険契約者の氏名欄に氏名を記載された者とは異なる者であるXを保険契約者と認定するのが相当であるとしている。

本判旨は、本件は、いわゆる形式説に立つとしても、保険契約申込書に保険契約者として特定の実在の人物が一義的に表示されているとはいい難い事案であるとするが、形式説とは保険契約申込書の保険契約者の氏名欄に記載されている名義に従う見解であるとするならば、保険契約書の住所欄の記載にも着目する本判旨の前提はあたらないとも考えられる。他方、実質説に立つ場合には、保険料の出捐に加えて、保険契約締結の意思表示や保険証券の管理を行った者が誰であるか等の要素によって判断されると考えられ、本件の認定事実によれば、本判決と同様の結論となろう。

本判旨が、Y保険会社との関係において、保険契約者の認定にあたり実質的に考える根拠は必ずしも明らかではないが、本件保険②の契約申込書の保険料払込方法欄に、集金人による払込みを選択する旨が記載された上、集金の場所を保険契約者の住所として記載された場所とする旨が記載され、住所欄には、契約締結の時点でZ_1と住所を異にしていたXの住所が記載され、その後も、Xがその自宅に来訪してきた集金人に、保険契約者の義務である保険料の出捐をなしていることから、保険契約申込書に記載されている住所を重要な判断要素としているとも思われる。また、本判旨は、保険料の出捐者であるXとY保険会社との関係だけでなく、Xと保険契約申込書等に保険契約者として記載されている補助参加人Z_1らとの関係をも考慮に入れて、本判決の結論に至っているのではないかと考えられなくもない。

本判決は、その射程を、保険契約申込書に保険契約者として特定の実在の人物が一義的に表示されているとは言い難い事案に限定していると読める。本件において保険契約申込書の住所欄に記載されている住所がZ_1の住所であった場合に、本判決の結論となるかは疑問の余地がある。

一四　自動車保険契約の告知義務違反と保険契約の解除の可否

〔仙台高裁平成二四年一一月二二日判決（平成二四年(ネ)第四一号、損害賠償請求事件）判例時報二一七九号一四一頁、判例タイムズ一三九〇号三一九頁、自保ジャーナル一八八九号三四頁
原　審・仙台地裁平成二三年一二月二二日判決（平成二三年(ワ)第五八八号、損害賠償請求事件）判例時報二一七九号一四四頁、判例タイムズ一三九〇号三二三頁〕

日本大学法学部准教授　梅　村　悠

一　問題の所在

本件は、交差点で停止していたAが、無免許・酒気帯び運転をしていたBの自動車に追突されて、死亡した事故につき、Xら（Aの父母）が、Aと自動車総合保険契約を締結していたY保険会社に対し、B運転の自動車が無保険車に該当するとして、無保険車傷害条項に基づき、損害額相当の保険金等の請求をした事案である（なお、BはZ保険会社との間で自動車保険契約を締結していたが、Z保険会社はBの告知義務違反等を理由として、同契約を解除し、Xらに補助参加している）。

主たる争点は、保険契約更新時、無免許であるにもかかわらず、BがZ保険会社に運転免許証の色をブルーで

ある旨を告知したことから、①告知事項につき事実と異なる告知をした告知義務違反があるとして解除事由に該当するか、②解除事由に該当するとしても、Z保険会社に保険法二八条二項一号と同旨の約款所定の過失があるため、解除が許されないかである。

原審は、①について解除事由に該当するとしつつ、②につき、Z保険会社は、更新時に運転免許証の色を単に電話で確認したのみで、過失があるから、解除権を行使することはできないとした。これに対して、本判決は、①を同様に解しつつも、②につき、告知義務制度の趣旨に照らして、保険者は、特段の事情がない限り、告知内容の真偽を確認する調査をしないからといって保険法二八条二項一号の過失があるとはいえないから、Z保険会社に過失はなく、解除が許されるとした。

本件は、非常に珍しいケースであるが、上記①②のほか、告知事項と事故との間の因果関係の有無や、告知義務違反に対する錯誤・詐欺規定の適用の可否など、実務上の参考になる論点に関して判断を示した点に意義があり、以下において、これらの点について検討したい。

二　事実の概要

A（大学薬学部六年課程の第三学年在籍中）は、平成二二年九月二九日、損害保険会社であるYとの間で、無保険車傷害特約を含む自動車総合保険契約（被保険者を「記名被保険者又は記名被保険者の同居の親族」、保険金請求権者を「無保険自動車…による事故によって損害を被った被保険者…又はその父母等」、保険金限度額を「無制限」、保険金支払事由を「被保険者が無保険自動車の所有、使用又は管理に起因して生命を害されたこと等により、被保険者又はその父母等が損害を被り、かつ、その損害について法律上賠償責任を負う者があること」などとするもの）を締結した。

Bは、平成二二年一一月一〇日午前七時五七分ころ、無免許（平成二一年六月に酒気帯び運転で七三〇日間の免許取消処分を受けたため）で酒気を帯びて普通乗用自動車（以下「B車」という）を運転して国道を進行中、前方不注視により、右折しようと停止していたA運転の原動機付自転車の後部に衝突した。衝突を受け、転倒し、傷害を負ったAは、二五日間の入院の後、同年一二月四日、死亡した。

Bは、損害保険会社であるZとの間で、B車につき、自らを記名被保険者とする自動車保険契約を締結し、平成二二年四月一七日、その更新契約を締結したが、Z保険会社は、本件事故後、Bが、更新の際、運転免許失効中でありながら、記名被保険者の運転免許証の色をブルーである旨告知したことにつき、故意または重過失により事実と異なる告知をしたとして、約款に基づき同年一二月一一日付けで保険契約を解除する旨の意思表示をし、保険金の支払を拒絶した。

そこで、Aの父母であるXらは、無保険車が惹起した交通事故によりAが死亡したとして、Y保険会社に対し、保険契約に基づき、損害額相当の保険金等を求める訴えを提起した。

原審は、「一　…BとZとの保険契約において運転免許証の色が告知事項とされているのは、主として、保険料を決めるためであると認められるが、契約概要（重要事項説明書）において、運転免許を受けた者のみが記名被保険者となり得るとされ、告知事項である『契約締結時の記名被保険者の運転免許証の色』もそのことを当然の前提とするものであるから、Y主張のような保険法四条の趣旨を考慮に入れても、運転免許を受けていないのに運転免許証を有していることを前提としてその色を告知することは、この告知事項につき故意に虚偽の事実を告知したものとして、告知義務違反による解除事由になると解される。

二　しかしながら、保険法二八条二項一号は、保険者は、保険契約締結時において保険契約者等が故意等により虚偽の事実を告知したことを知っていた場合又は過失により知らなかった場合、保険契約を解除できない旨規定する（約款同旨）ところ、…Zは、Bに運転免許証の写しを送付させたり、免許の種類、番号、有効期限等の記載事項を申告させたりせず、単に、電話で運転免許証の色を確認したにとどまる事実が認められる。そして、単に運転免許証の色の点のみであれば、この程度の確認で過失はないといえなくもないが、その前提たる運転免許証保有の点については、上記一のとおり、運転免許証の保有が記名被保険者となり得る重要な要件であることに鑑みると、Ｚが単なる口頭の確認のみでこれありと信じたとすれば、保険者として通常尽くすべき注意義務を怠ったものとして過失があったといわざるを得ず（仮に、Ｚが、最初の保険契約締結の際に運転免許証保有を口頭よりも厳格な方法で確認していたとしても、その後、運転免許取消処分がされることもあり得るから、保険契約更新時における運転免許証保有の確認を口頭のみで済ますのは簡便に過ぎる。）、すると、Ｚは告知義務違反による解除権を行使することはできない」と判示して、Ｘらの請求を棄却した。

三　判旨〈変更〈上告・上告受理申立て〉〉

「(1)　告知義務違反について

ア　…略…

イ　上記事実によれば、運転免許を保有せず、そもそも運転免許証の色を告知できないＢが、Ｂ保険契約の締結に当たり、運転免許証の色を『ブルー』と告知したことは、告知事項につき故意に虚偽の事実を告知したものであり、Ｂ保険契約の解除事由である告知義務違反（保険法二八条一項）に当たると認められる。

ウ　これに対し、Ｙは、告知事項は厳格に解釈すべきであるとして、上記告知事項は『運転免許証の有無又は有効性』の回答を求めるものではないから、告知義務違反には当たらないと主張する。

しかしながら、告知義務の制度は、危険に関する重要事項をよく知る立場にある保険契約者等をして保険者に対する情報提供義務を課し、保険者に危険を測定して保険を引き受けるか否か及び保険料をどう決定するかを判断させるためのものであるところ、運転免許証の色が『ブルーである』のか『色を告知できない』（すなわち、有効な運転免許を保有していない。）のかは、保険者が自動車保険を引き受けるか否かを判断する上で極めて重要な事項であることは明らかというべきである。上記のような問いは告知者において運転免許を有することを前提とした上で、その免許証の色を尋ねる形式を採っているため、運転免許の有無を直接の告知事項とはしていないものの、運転免許を有しない者はこの問いに対しては答えることができない旨告知するほかなく、それにもかかわらず、Bがこの問いに対して『はい』と答えたことは、告知事項につき虚偽の回答をしたものとして、告知義務違反があったことにほかならないというべきである。

(2)　過失について

ア　：　略　：

イ　しかしながら、告知義務の制度は、危険に関する重要事項の情報が保険契約者等の側に偏在するため保険者が自ら当該情報を調査することが困難であることに鑑み、当該情報をよく知るはずの保険契約者等に回答義務を負わせてその告知をもって保険者の調査に置き換えたものであると解されるから、保険者が保険契約者等から告知された内容について、その信ぴょう性に疑問を抱かせるような特段の事情があれば格別、そうでない場合に、更にその真偽を確認ないし検証するための調査を要求することは、保険者に一律に重要事項の調査義務を負わせるに等しい結果となり、上記のような告知義務制度の趣旨や構造にそぐわないものというべきである。

これを本件についてみると、Zは、Bに対し運転免許証の色の告知を求めて、Bからその告知を受けており、その際、告知内容の信ぴょう性に疑問を抱かせるような特段の事情を認めるに足りる証拠がない以上、それ以上にBの告知内容の真偽の確認ないし検証のための調査をすべき義務はないというべきであって、取引上必要な注意を欠いていたと認めることはできない。

ウ　したがって、…告知義務違反を理由にしたB保険契約の解除は有効である。

(3)　因果関係不存在特則について

ア　…B保険契約では、保険法三一条二項一号を受けて、告知義務違反による解除が損害発生後にされた場合でも保険金は支払わない旨が定められる一方で、告知義務違反に係る事実に基づかずに発生した損害については保険金を支払うとして、いわゆる因果関係不存在特則が定められていることが認められる。

イ　そして、Yは、運転免許証の色という事実に基づいて保険事故が発生することはないとして、Bの告知義務違反と本件事故との間には因果関係がなく、Zは、前記解除による免責は認められないと主張する。

ウ　しかしながら、本件事故は、Bが酒気を帯びて運転していたとはいえ、無免許運転という危険な態様の下で惹起されたものと認められるから、本件で告知の対象となる運転免許証の色が『ブルーである』のか『色を告知できない』（すなわち、有効な運転免許を保有していない。）のかという告知事項と本件事故発生との間には因果関係がないと認めることはできない。

したがって、Yの上記主張は採用することができない。

(4)　以上によれば、ZはB保険契約の解除により免責される。

のみならず、上記の認定事実によれば、BがZに対し、Bが運転免許を有していないのにこれを有しているかのように装い、これを前提として事情を知らないZとの間でB保険契約を締結するに至ったものと認められる。したがって、Bの詐欺を理由とするZのB保険契約の取消しの意思表示は理由がある。B保険契約について詐欺の適用はない旨のYの主張は採用できない。」

四　本判決の検討

一　無免許であるにもかかわらず、BがZ保険会社に運転免許証の色をブルーである旨を告知したことが、告知義務違反にあたるかについて、Y保険会社は、保険法四条の趣旨から、告知義務の対象は厳格に解すべきところ、本件契約の告知事項は「運転免許証の色」であり、「運転免許証の有無又は有効性」ではないから、同義務違反は成立しないと主張する。

確かに、商法では、告知義務の対象となる事実を保険契約者等が判断した上で告知をしなければならなかった（自発的申告義務）のに対して、保険法では、告知義務の対象は保険者が指定しなければならず、契約者はそれに回答すればよい（質問応答義務）とされており（萩本修・一問一答（保険法）〈二〇〇九、商事法務〉四二頁）、形式的にみれば、本保険契約において「運転免許証の有無または有効性」自体は直接の告知の対象にはなっていない。

しかし、本判決が判示するように、運転免許証の色を告知事項としているのは、保険引受けの可否や保険料の算定のための判断材料を保険契約者に提供させるためであり、「保険者が自動車保険を引き受けるか否かを判断する上で極めて重要な事項であることは明らか」である（なお、従来の自動車保険において、運転免許証の色は必ずしも告知義務の対象とされてこなかったが（鴻常夫編・註釈自動車保険約款（下）〈一九九五、有斐閣〉一八頁参照）、今日におけるリスク細分化型の自動車保険では、保険料算定のために重要であることは、保険者のみならず、保険契約者にとっても自明であろう）。そして、運転免許の有無は直接の告知事項とはなっていないが、「運転免許を有しない者はこの問いに対しては答えることができない旨告知するほかなく、それにもかかわらず、Bがこの問いに対して『はい』と答えたことは、告知事項につき虚偽の回答をしたものとして、告知義務違反があったことにほかならないというべき」とする判旨に異論はない。

さらに言えば、保険法が告知義務の性質を転換する見直しを行ったのは「保険契約者や被保険者が、何が重要な事項かを判断できなかったために保険者から告知義務違反による解除をされるといった事態を避け」るため（萩本・前掲書四五頁）であり、一般的な顧客であれば、免許証の色を問われた場合、その質問は運転免許の所持を当然の前提とするものであって、自分が無免許であるときは、その事実を伝えるべきであることは容易に判断できることから、上記の解釈は保険法四条の趣旨にも何ら反するところはないと解される。

二　Bの行為が告知義務違反にあたるとしても、つぎに、Z保険会社がBに免許証のコピーを送付させたり、免許の種類、番号、有効期限等を申告させたりせず、電話で免許証の色を確認したにとどまることが、保険法二八条二項一号と同旨の約款所定の過失にあたり、解除が許されないかが問題となる。

この点につき、原審は「運転免許証の保有が記名被保険者となり得る重要な要件であることに鑑みると、Zが単なる口頭の確認のみでこれありと信じたとすれば、保険者として通常尽くすべき注意義務を怠ったものとして過失があったといわざるを得」ないとしたのに対して、本判決は、一般論として、告知内容について信憑性に疑問を抱かせるような特段の事情がない限り、保険者はその真偽を確認するための調査義務を負わない旨を述べたうえで、「告知内容の信ぴょう性に疑問を抱かせるような特段の事情を認めるに足りる証拠がない以上、…Bの告知内容の真偽の確認ないし検証のための調査をすべき義務はない」とし、判断が分かれている。

この点、事案は異にするが、損保会社の代理店が、免許証の有無・有効性に関して調査義務・確認義務を有するかどうかが争われたという点において類似するケースとして、横浜地判平成二一年七月三一日自保ジャーナル一八一五号四七頁がある。この事案では、道路交通法の改正により、わが国において有効ではなくなったことを知らずに、国際免許で運転をしていた原告が、交通事故に起因する傷害保険金の請求をしたところ、被告である保険会社が無免許運転に当たるとして保険免責の主張をしたのに対して、原告は、電話で免許証の色を「グレー」と返答しており、被告が免許の色を確認していれば、同免許が無効であることが判明したにもかかわらず、これを確認しなかったため、免責の主張は信義則に反すると反論した。横浜地裁は、「客観的に無免許運転に該当することが明らかな本件のような場合、保険制度運用の全体的な観点から見て、保険金が支払われるべき事案であるとは認められず、…支払を拒みうることは制度上当然のことであって、信義則に反するものということはできない」とした。しかし、「一般に、保険契約の射倖性からすれば、免許証の有無、その有効性に関する告知義務は、保険契約者にあり、保険者側にこの点に関する調査義務、確認義務がないことは被告主張のとおりである」としつつも、「丁山〔保険代理店〕が更新時に免許の色を確認していれば、国際免許であること、この免許証が無効であることが判明したはずであるということがいえるのであって、この確認義務違反がなければ、本件紛争に発展することはあり得なかったものと認められる」として、原告に対する精神的慰謝料として金三〇万円の支払を命じた。

上記横浜地裁判決においても判示されているように、一般論として、保険者に、免許証の有無、有効性に関する調査義務を認めることはできず、その根拠は、告知義務制度の趣旨、すなわち、保険契約の射倖契約に由来する保険契約の善意契約性に基づき、契約者側に情報開示義務を課すことが衡平・公正の観点から正当化されること（大森忠夫・保険法〈一九八五、有斐閣〉一一九頁、石田満・商法Ⅳ（保険法）〔改訂版〕〈一九九七、青林書院〉七三頁）に求めることができよう。

本件においても、上記横浜地判のような特段の事情（代理店と原告とは「長年の知り合い」であり、原告が「国際免許によって自動車運転をしていることを知っていた可能性がある」とし、さらに、「後日の紛争防止その他の観点から、免許証の確認をすべき」という内規の存在も認定していた）が認められない以上、Z保険会社に確認義務・調査義務があったと解することは難しいと思われる（もっとも、以上のように解すると、本件において、仮にAが無保険車傷害特約に入っていなかった場合に導かれる結論は、被保険者救済の観点から問題がある。今日では、免許を取得していなくても記名被保険者になることができる自動車保険が発売されるに至っているという事実をも考慮すると、今後は、保険者側にも、免許の有効性を何らかの方法できちんと確認する体制を確立していくなど、実務の改善が望まれよう）。

三　Z保険会社に過失がないとしても、告知事項と事故との間に因果関係がなければ、（保険法三一条二項一号を受けた）約款所定の因果関係不存在特則によって、Z保険会社は免責されないこととなる。

因果関係不存在特則について、判例は、事故と不告知の事実との間に全然因果関係のないことを必要とし、幾分でもその間の因果関係を窮知しうべき余地があれば因果関係を不存在とすべきではないという立場をとっており（大判昭和四年一二月一一日新聞三〇九〇号一四頁〈生命保険の事案〉）、この考え方は戦後の裁判例でも定着しているとされる（「因果関係がないとはいえない」というような判示が多いとされる。山下友信・保険法〈二〇〇五、有斐閣〉三一七頁）。

本判決も「告知事項と本件事故発生との間には因果関係がないと認めることはできない」としており、裁判例の立場を踏襲するものと位置付けられる。判例と同様に、因果関係不存在特則を厳格に解すべきとする立場（石田・前掲書八〇頁）からは当然支持を得られるであろうが、本件事案では、無免許であることと事故の発生との間に強い因果関係が認められるから、判例の立場に批判的な（同特則をより緩く解すべきとする）見解からも、その結論は是認されよう。

四　Z保険会社は、控訴審において、保険契約の錯誤無効・詐欺による取消しの主張を追加した。告知義務違反と錯誤・詐欺との関係については、①民法の規定は排除されるとする立場、②競合的な関係にあるとする立場、③錯誤の適用は排除されるが、詐欺の適用はあるとする立場に分かれている（石田・前掲書八二頁）。判例は、古くは②をとっていたが（大連判大正六年一二月一四日民録二三輯二一一二頁）、③の立場に移行しており（最判平成五年七月二〇日損保企画五三六号八頁）、学説でも③の立場が有力とされる（山下・前掲書三一九頁）。

本判決も、判例および有力説に立って、詐欺の適用があるとするZ保険会社の主張を容れている。詐欺の場合には、相手方を欺罔する目的があるため、民法の詐欺の規定を排除して、保険契約者を保護する必要はないから（石田・前掲書八三頁）、詐欺の適用を否定しない点において判旨は妥当である。もっとも、本件では、告知義務違反を理由として、Z保険会社が解除権を行使できるのであるから、詐欺の規定の適用の有無について説示するまでもなく、Ｂ車が無保険車であるという結論を導くことは可能であったと考えられる。

一五　交通事故被害者である従業員の休業により雇用者（企業）に生じた費用の損害賠償請求が認容されなかった事例

〔東京高裁平成二四年一二月二〇日判決（平成二四年(ネ)第三八九二号、損害賠償請求控訴事件）判例タイムズ一三八八号二五三頁
原　審・横浜地裁相模原支部平成二四年四月二四日判決（平成二四年(ワ)第八〇〇号）判例タイムズ一三八八号二五六頁〕

ＮＫＳＪひまわり生命保険株式会社
田　中　秀　明

一　問題の所在

本事案は、交通事故被害者を雇用する企業が、被害者の従事する予定であった大型活魚運搬用水槽車の運転業務を遂行できなくなったことによる代替業務に要した外注費用について、加害者の雇用者（企業）に対し、不法行為に基づく損害として賠償請求した事案である。

不法行為論の中で「第三者による債権侵害」に関する論議があり、本判決はこのような事例のリーディングケースとされる最判昭和四三年一一月一五日民集二二巻一二号二六一四頁（以下「最高裁昭和四三年判決」という）

の延長線上から得られる解釈に基づいて、間接的な被害者である交通事故の被害者を雇用していた企業に発生した費用（交通事故による被害者がその企業の業務に従事することができないことによりその企業に発生した損害、すなわち、その企業がうけた「債権侵害」）について、相当因果関係にある損害としては認めなかった。

本事案におけるこの判断は一般的には妥当と考えられるが、原審判断と反対の結論となっており、また事案の個別的な事実関係を見ると、議論の余地もあると思われるので、以下、検討する。

二　事実の概要

X社は活魚運搬業者（平成二〇年一二月二五日設立の株式会社で、本件事故のあった平成二一年八月当時従業員数は九人）で、月に八回から一〇回程度大型自動車（大型活魚運搬車、八トン車）で三重県の業者（Z水産）から活魚を仕入れて相模原市の営業所まで運送し、X社の仕事場で魚をさばいて刺身や切り身にする直前まで調理作業を行い、これをX社の従業員が運転する普通自動車（冷蔵冷凍車、一トン車）で、毎日二〇件から三〇件の取扱店舗や顧客に配送していた。

Aは、X社としてはその前任者B（平成二一年八月二〇日退職）の後任として大型自動車を運転することを予定して採用した従業員であるが、本件事故が発生した八月二二日時点では試用期間中（実勤務日数七日目）で、普通自動車を使用しての配送業務に従事しており、まだ大型自動車による運搬業務に従事していなかった。X社内には、もう一名大型自動車運転免許を保有している従業員Cがいたが、同人は魚の捌きなどの調理業務を指揮、指導しており、運転業務に従事できる余裕はなかったものと推測される。

平成二一年八月二二日午後二時三〇分ころ、東京都町田市の路上でY会社所有の同社Dの運転する普通乗用車がAの運転するX会社所有小型自家用冷蔵冷凍車に追突した。Aは、本件事故により左肘部ねんざ、頚椎捻挫の傷害を負い、平成二一年八月二三日から同年一〇月末日までの間休業し（八月二五日から一一月三〇日まで通院治療している事実が確認されている）、同年一二月末日付でX社を退社した。

X社は、Aが休業したため、取引先である三重県尾鷲市のZ水産からの活魚運送ができなくなり、やむを得ず、平成二一年九月一日から同年一〇月二八日までの間、X社の仕入れ業務に従事できる代替要員を確保することができず、その代替としてZ水産所有の水槽トラックによる活魚運送を受けた（この期間に一七回）。なお、その後X社は、同年一一月一日以降、仕入れ先をW水産に変更し、運送費用の軽減を図っている。

X社は、Z水産に支払った代替運送費用（一回あたり一八万円）から自社運送する場合の本来の運送コスト（燃料費、高速道路料金、人件費の合計八万七七二〇円）を控除した金額（九万二二八〇円）の一七回分（一五六万八七六〇円）を過分に要した費用（以下「本件費用」）として、本件損害を賠償するよう請求する訴訟を提起した。本件費用は、本件事故により当然に発生するX社（企業）の費用（外注費等）であって、本件事故との因果関係ないし経済的同一性の範疇にあるから、これを加害者側（Y社）が負担する関係にあると主張するものである。

なお、原審の認定によれば、X社の当時の代表取締役がY社の代表者に対して「大型活魚水槽車の運転者がいなくなるので、代わりの業者に外注して活魚を運搬すると、それに外注の運賃がかかるが、どうするか」と質問したところ、Y社代表者は「Y社の加害車両につき加入している自動車保険会社に言って支払わせるから（外注で）やってください」と回答し、了解した事実、さらに「一回につき一八万円前後の外注・運送費がかかる」旨を告げたところ、「間違いなくその料金・費用を支払うから請求書をあげてください」といった事実があった。

原審は概略次のように判示してX社の請求を認容し、Y社に対し弁護士費用一五万円を加えた一七一万八七六〇円の支払いを命じた。

「(2)ア　本件訴訟は、X社の企業損害についての事案ではあるけれども、Y社が引用する最高裁判所昭和四三年一一月一五日判決（甲一三、乙六）の会社の得べかりし営業利益の逸失の事案ではなく、『代替措置を取ることができないことによる消極損害・間接損害であって、代替措置をとった際の実費（積極損害・直接損害）の事例ではない。』、本件事故により負傷したX社の従業員の代替不能又は著しい困難を理由とする同従業員担当の業務を他社に外注した（代替措置をとった）ことによる外注費用（実費）の事案であるから、上記最高裁判所の判決によるのは相当ではない（したがって、経済的一体性は本件では問題にならない）」。

「⑷イ　…損害拡大防止義務の履行は、加害者及び被害者の双方に求められるべきものであって、本件事故（追突）のように、被害者側（X社）に全く過失が無く、加害者側（Y社）に一方的な法的責任がある場合には、まずもって第一に加害者側（Y社）が損害の拡大の防止に努めなければならず、したがって、X社の損害拡大防止義務はこれに劣後するというべきである。

ウ　…（中略）…自動車の販売、修理及び賃貸業等を業とするY社としては、…（中略）…臨時の代替運転手を手配・確保する等によってX社の損害の拡大を防止することができたのである。

しかるに、…（中略）…保険会社をあてにして、X社に対し、X社の仕入れに必要な運送代行費用を負担する旨を約し、これによりX社をして、その費用を支払ってくれるものと信用させたのであるから、このことは、実質的に、Y社の損害拡大防止義務を自ら放棄し、それと共に、X社の損害拡大防止義務を免除ないし不問にしたものといえる」。

「⑸ア　以上によれば、Y社代表者との上記やりとりの結果を踏まえその了解のもとにX社がZ水産に活魚の運送代行を外注し、X社の仕入れ業務を継続したことについては、X社にとってやむを得ない措置といわざるを得ず、その必要性及び相当性のいずれもが肯定されるというべきである」。

そこで、Y社は原判決の取消を求めて控訴した。

三　判旨（取消、自判・上告受理申立）

「⑴　…（中略）…本件においてX社が主張する損害は、不法行為の被害者であるAが直接に被った損害ではなく、それに含まれないいわゆる間接損害であり、かつ、その実質は、X社が従業員から雇用契約上の義務の履行を受けられなかったという債権侵害による損害であるといえる。そして、第三者の不法行為により侵害される権利が債権である場合には、債権としての性質上、一般的に、直接被害者と債権関係を有する間接被害者の範囲や生じる損害の種類、態様が広範となることが想定されるから、第三者による債権侵害による損害について加害者の不法行為責任が認められるのは、不法行為上の損害の衡平な分担という観点に照らし、第三者である加害者の行為につき、故意があるか又はこれに準じる場合であることを要件とすると解される。本件において、Y社の従業員のDによる本件事故の発生は、そのような場合であるとは、本件全証拠によるも認めるに足りない（むしろ、本件事故は、Dの一般的な過失によって発生した事故と認められる。）。」

「⑵　もっとも、以上のように解するとしても、雇用あるいは委任等の契約関係にある個人に対する不法行為により間接損害を被った企業が、例えばいわゆる個人会社であり、その実質が個人と変わりがなく、その個人には企業の機関としての代替性がない場合等において、経済的にその個人と企業が一体をなす関係にあると認められるときには、企業に対する加害者の不法行為責任が肯定されると解される。しかし、前記認定事実によれば、本件事故の被害者であるAは、X社に入社して間もない試用期間中の従業員であって、X社と経済的一体関係にある者とはいえないことが明らかである。

…（中略）…X社は、大型自動車免許を保有するAの業務は、X社の他の従業員等では代替できないと主張するが、仮に、そのような事実が認められるとしても、以上の結論を左右しない。」

「(3)　…（中略）…X社は、本件事故後、当初はZ水産に依頼して、運送費用を支払うこととしたが、その後は、運送費用込みで活魚の買入をして、運送費用をそれまでに比して大幅に節約できていること、以上の事実が認められる。そうすると、X社としては、従業員等の業務のやり繰りを工夫することにより、大型自動車免許を保有する者をその運転業務に転用させるか、退職したCに一時的な復職を求めるか、あるいは臨時に大型自動車免許を保有する者を募集すること、活魚の買入方法を変更すること、これらの方策を組み合わせることその他の方法を採ることにより、高額な運送費の支出を抑えることができた可能性があったことが認められるというべきであって、X社が、平成二一年九月から一〇月にかけての合計一七回にわたり、高額の運送費用を支払うこととしてZ水産に活魚の運送を依頼したことの経営的判断の当否はともかくとして、その運送代金の支出に係る損害を、本件事故との間で相当因果関係があると認めることはできないと解される。」

四　本判決の検討

一　本事案は、いわゆる「第三者による債権侵害」、すなわち本事案においては交通事故に遭った従業員が期待されていた職務を遂行することができなくなったことにより、従業員を雇用していた企業が期待していたその従業員の労働を受ける権利の侵害に関して、これを認めなかった判決である。「第三者による債権侵害」については、リーディングケースとして最高裁昭和四三年判決が「甲社は法人とは名ばかりの、俗にいう個人会社であり、その実権は丙個人に集中していて、同人には甲社の機関としての代替性がなく、経済的に同人と甲とは一体をなす関係にあるものと認められるのであって、かかる…（中略）…事実関係のもとにおいては、原審が乙（加害者）の丙に対する加害行為と同人の受傷による甲社の利益の逸失との間に相当因果関係の存することを認め、形式上間接の被害者たる甲社の本訴請求を認容しうべきものとした判断は、正当である」（傍線は筆者）とし、個人企業である甲社（社員は丙の妻だけで、丙が唯一の取締役〈代表取締役〉兼唯一の薬剤師である有限会社）の営業能力低下による逸失利益の一部を認容した。この判決を契機に下級審判決で企業損害の賠償をめぐった判決が出現しているが、概して限定的で、この判決で述べられている三要件「判旨下線部の①個人会社、②非代替性、③経済的一体関係の三要件）が厳格に適用され、企業の固有損害（営業損害等）を認めるものは、少なくなっている状況があるとされている（吉田邦彦・「判批」別冊ジュリ一九六号〈民法判例百選Ⅱ〔第六版〕〉一七八頁）。本判決も、この流れに沿うものとみることができ、その論理を原判決と比較すると次の通りである。

二　原審は、前述「二　事実の概要」で引用した判旨の通り、最高裁昭和四三年判決のような会社のうべかりし営業利益の逸失の事案ではなく、本件事故により負傷したX社の従業員の代替不能または著しい困難を理由とする同従業員担当の業務を他社に外注した（代替措置をとった）ことによる外注費用（実費）の事案であるから、最高裁判決の理論による必要はないとしたうえで、損害拡大防止義務は加害者企業にも認められるとし、むしろ、「本件事故（追突）のように、被害者側（X）に全く過失がなく、加害者側（Y）に一方的な法的責任がある場合には、まずもって第一に加害者側（Y）が損害の拡大の防止に努めなければならず、したがって、Xの損害拡大防止義務はこれに劣後する」とまで述べて、「しかるに、…（中略）…保険会社をあてにして、Xに対し、Xの仕入れに必要な運送代行費用を負担する旨を約し、これによりXをして、その費用を支払ってくれるものと信用させたのであるから、このことは、実質的に、Yの損害拡大防止義務を自ら放棄し、それと共に、Xの損害拡大防止義務を免除ないし不問にしたものといえる」とし、「Y代表者との上記やり取りの結果を踏まえその了解の下にXがZ水産に活魚の運送代行を外注し、Xの仕入れ業務を継続したことについては、Xにとってやむを得ない措置といわざるを得ず、その必要性及び相当性のいずれもが肯定されるというべきである」と理論をつなげて、X社の支出した代替運搬費用実費（実際にZ水産に支払った総額から本来の〈事故前要していた〉運送コスト相当額を控除した金額）を損害として認容した。最高裁判決と別事案と断じた点については後述するとおり疑念があるが、X社とY社の代表者間で（保険会社をあてにして）その費用をY社が負担する口頭の合意があったことを重視してこのような判断をしたものと思われる。

これに対して、本件判決は、まず「三　判旨(1)」のとおり、雇用関係上の義務の履行を受けられなかったという、第三者による債権侵害による損害について加害者の不法行為責任が認められるのは、第三者である加害者の行為につき、故意があるかまたはこれに準じる場合であることを要件とすると述べ、本件事故の発生は、そのような場合であるとはいえず、むしろ、Dの一般的な過失によって発生した事故と認められるとして、X社の請求は理由がないとした。しかしながら、このような場合においても、一定の場合には間接的に被害を受けた企業の損害も加害者の不法行為責任が肯定されることがあるとして、「雇用あるいは委任等の契約関係にある個人に対する不法行為により間接損害を被った企業が、例えばいわゆる個人企業であり、その実質が個人と変わりがなく、その個人には企業の機関としての代替性が無い場合等において、経済的にその個人と企業が一体をなす関係にあると認められるときには、企業に対する加害者の不法行為責任が肯定されると解される」と述べて、本事案を検討している。判決文では直接的に言及しないが、最高裁昭和四三年判決から得られるエッセンス（①個人会社、②非代替性、③経済的一体関係の三要件）を掲げ、本件事故の被害者であるAは、X社に入社して間もない試用期間中の従業員であって、X社と経済的一体関係にある者とはいえないことが明らかである、として、要件③を肯定せず、そのほか判旨(3)で要件②を否定して、X社の請求を認めず、原判決を取り消している。

不法行為と相当因果関係にある企業損害の範囲を画定する場合、それは間接的な被害であるから、加害者側にも想定可能な衡平な分担が必要であり、本件のような特別の事情がある場合においても、衡平の観点から直接の被害とは一線を画した判断をせざるを得ず、最高裁判決から得られるとされる前述三要件が一般的にメルクマールとなると考えられるので、本件判決の論旨は妥当であると考える。

三　ただ、不法行為における間接的な被害に関してこれら三要件が絶対的な基準でもないように考えられる。

X社は個人会社（要件①）ではないものの、設立後間もない会社であり、従業員もわずか九人の企業である。個人会社が絶対的な要件であるとまでいえるものではなく、中規模の企業においても損害が認められることはあり得るし、その場合には経済的一体関係（要件③）も認められることもあろう。非代替性（要件②）についても中小企業においては経営上経営者ではなくても代替不能の人材や代替不能の状況が発生することも否定できないであろうから、加害者側の予見可能性にも配慮することが公平であるとは考えるが、画一的に一線を画することも困難と考えられ、当該事案に応じた妥当性を判断すべき余地があることは否定できないと思われる。吉田・前掲判例百選およびそれに掲げられている文献でも、このような要素も検討されていると思われ、企業側のモラルハザードを避ける意味での損害防止（抑止）義務や、常時代替要員を備えることの現実とのギャップなどが論じられている。

また、本事案においては、前述「二　事実の概要」の原審判旨のとおり、X社とY社の代表者相互間で、大型活魚水槽車の運転者がいなくなるので、代わりの業者に外注して活魚を運搬することを了解した事実、さらにその費用をY社が支払うと述べた事実が認定されている。Y社の代表者の発言は保険会社に言って保険で支払ってもらうことを前提にしているようにみえるが、口頭であるとはいえ、Y社は一定の臨時的な代替費用を支払う意思表示をしているとみることができる。不法行為に基づく損害賠償請求の損害の範囲には認定できなくとも、両企業間に支払いの約定があったと認められる余地はあったのではないか。原審の判断は、X社からこのような約定についての理論的な主張がなかったので、不法行為論の中で加害者側の損害防止義務の優越という論理（若干無理な論旨）でX社の主張を認めたようにも思われる。

このような点も踏まえて、本事案をみた場合、原審の判断もうなづけないではなく、本件判決は、X社に対して酷な内容になった側面があることは否めないように思われる。

一六　睡眠導入剤等を使用した際に生じた自損事故と車両保険金請求

〔岐阜地裁平成二五年二月一五日判決（平成二二年(ワ)第五一三号）判例時報二一八一号一五二頁〕

熊本大学法学部教授　遠　山　聡

一　問題の所在

本件は、被保険者である医師が睡眠導入剤であるマイスリー等を使用した可能性のある状況で発生させた自損事故につき車両保険金の請求を行ったという事案において、個人自動車総合保険契約の車両条項にいう免責事由である「麻薬、大麻、あへん、覚せい剤、シンナー等の影響により正常な運転のできないおそれがある状態で被保険自動車を運転している場合に生じた事故」に当たるとして、保険者の免責が認められた事例である。

一般に、個人自動車総合保険契約に含まれる車両保険や傷害保険の各種約款においては、保険法一七条に規定する法定免責事由である保険契約者または被保険者の故意または重大な過失のほか、無資格運転や酒気帯び運転、そして上記の薬物の影響により正常な運転ができないおそれがある状態での運転についての免責条項が置かれている。従来の下級審裁判例には、酒気帯び運転および酒酔い運転による事故を中心に、保険者の免責の可否が争われた事案が見られるところ、本判決は、被保険者が約款に列挙されたものではない薬剤を使用した結果、その影響により正常な運転ができないおそれがある状態での運転を行ったという事実認定に基づき、上記のとおり、保険者の免責を認めたものであり、実務上も注目される。本判決の結論の妥当性はともかく、その理由付けには若干の疑問があるように思われるため、以下、検討する。

二　事実の概要

一　本件保険契約について

X（原告）は、平成二一年七月二四日、Y損害保険会社（被告）との間で、保険期間を同日午後〇時から平成二二年七月二四日午後四時までの一年間、自己の所有する自家用普通自動車（以下「本件車両」という）を被保険車両とし、車両保険金額を七八五万円とする家庭用自動車総合保険契約（以下「本件保険契約」という）を締結した。

本件保険契約に適用される家庭用自動車総合保険普通保険約款（以下「本件保険約款」という）には、「当社は、衝突、接触、墜落、転覆、物の飛来、物の落下、火災、爆発、台風、こう水、高潮その他偶然な事故によって被保険自動車に生じた損害および被保険自動車の盗難によって生じた損害に対して、この車両条項および一般条項に従い、被保険者に車両保険金を支払います」（第三章第一条第一項）旨の保険金支払事由と、「当社は、次の各号のいずれかに該当する者が（中略）麻薬、大麻、あへん、覚せい剤、シンナー等の影響により正常な運転ができないおそれがある状態で被保険自動車を運転している場合（中略）に生じた損害に対しては、車両保険金を支払いません」（同章第三条三項本文）とし、「保険契約者、被保険者または保険金を受け取るべき者」（同一号）とする免責事由が規定されていた（以下「薬物免責条項」という）。また、保険契約者または被保険者は、事故が発生したことを知った場合は、「事故発生の日時、場所および事故の概要を直ちに当社に通知すること」

とし、「保険契約者または被保険者が、正当な理由がなくて左記の規定に違反した場合は、当社は、保険金を支払いません」（第四章第一四条）とする規定が置かれていた（以下「通知義務条項」という）。

二　本件事故について

産婦人科医師である訴外Aは、診療所である甲の院長であり、甲診療所と診療所である乙を運営する医療法人丙の理事長でもある。Xは、丙法人との契約により、乙診療所の院長として勤務し、甲診療所で帝王切開手術が行われる時などには、同所に応援に行くことがあった。平成二一年九月二八日未明、甲診療所において、同年一〇月一日を分娩予定日として入院していた妊婦に陣痛が始まり、緊急に帝王切開手術が行われることとなったため、Aは、Xの応援が必要と考えて、当直の看護師である訴外Bに指示して、同日の午前一時四〇分ころ、Xに電話させた。連絡を受けたXは、ただちに出掛ける準備をして、一時五〇分ころ、本件車両を運転して、自宅のある乙診療所の駐車場を出発した。その途上である二時二〇分ころないし二時三〇分ころ（正確には特定することができない）、Xは、本件車両を運転中に路外逸脱による自損事故を起こし、本件車両はほぼ全損状態となった（以下「本件事故」という）。

甲診療所では、帝王切開手術の開始をXの到着が予想された二時二〇分ころと予定していたが、そのころにはXは到着しなかったため、Aの指示によりBがXの携帯電話に電話したが、Xは電話に出なかった。そうこうするうちに、自然分娩が進行し、そのまま分娩する見通しとなったため、AはBに対して、Xに来なくてもよい旨連絡をするように伝えた。Aは、三時一〇分ころまで分娩後の産婦の経過を見るため分娩室にいたが、その後、甲の施設内にある自宅に戻って就床してまもなく、走行中の本件車両が立てるガチャガチャという音が聞こえてきたため、起きて窓の外を見たところ、Xが本件車両を駐車しようとしているところであった。Xは、駐車場でAと本件車両の損傷状況などについて会話した後、レッカー車が本件車両を運んで行った後である四時半ころ、迎えに来ていたXの事実上の妻である訴外Cの運転する自動車で乙診療所に戻ったが、戻る途中で本件事故現場の場所を確認しようとしたものの、その場所を特定することはできなかった（その後の代理店担当者や調査会社による調査の後にも、本件事故の場所は特定されなかった）。

Xは、以前から睡眠導入剤などを使用していたが、本件事故当時、不眠症のため、毎晩、就床前に、睡眠導入剤であるマイスリーを服用していた。また、これら以外にも、平成二一年八月ころからは、Aの病棟で、鎮痛剤であるソセゴンのアンプルと注射器とを無断で持ち出すなどして入手し、これを自宅で、仕事の後など、主として寝る前に自分で注射することがあった。これらの薬剤は、いずれも、使用すると眠気を催したり、意識水準が低下してもうろう状態となったりすることから、自動車を運転する前に使用すると、正常な運転ができない状態となるおそれがある。

三　本件訴訟について

Xが、本件車両が本件事故により全損したとして、本件保険契約に基づき、車両保険金八〇五万円を請求したが、Y保険会社は、第一に、Xは、本件事故当時、ソセゴンまたはマイスリー等のすべてまたはそのいずれかを使用して、その影響により正常な運転ができないおそれがある状態で本件車両を運転していたとして、本件保険約款の薬物免責条項に基づき、本件事故にかかる車両保険金の支払義務を免責されることを理由として、第二に、Xは、本件事故が薬物使用中の事故であるのに、薬物使用による免責を免れるため、運転前に薬物を使用していない旨虚偽の事実を通知したから、本件保険約款の通知義務条項に基づき、本件事故にかかる車両保険金の支払義務を免責されることを理由として、その支払いを拒んだことから、Xは本件訴訟を提起した。

三　判旨（請求棄却、控訴）

(1)　本件事故前後のXの意識障害

Xは、本件事故発生前の運転中のことについて、出発から一〇分くらい経過して後のことは、その経路も含めて記憶しておらず、本件事故のおおよその発生場所についても、その発生状況についても記憶しておらず、本件事故現場から甲までの経路などについても具体的に述べることがなく、さらに後日のたびたびの調査にもかかわらず、本件事故を特定することができなかった旨を述べた上で、次のように判示した。

「以上の事実に加え、X本人も、上記のとおり車内にいて何もしていなかったらしい時間帯について、本件事故により気を失っていたと思われる旨述べていること……からすると、その時間帯については、Xは、意識障害の状態にあったことが推認されるが、前示のとおり、本件事故発生前の運転中のことについても途中から記憶がなく、本件事故状況についても記憶がなく、本件事故発生後その現場から甲までの間を運転中のことについても記憶が乏しく、また、本件事故現場で一度も車外に出ることなく路上に復帰して、現在地を確認することもなく、社会通念上は走行不能というべき状態の本件車両での走行を開始・継続したことなどからすると、Xは、本件事故発生前の運転中から既に意識障害が生じていたこと、三時二分ころにCから電話を受けて意識を取戻した後も、正常な意識水準になかったことが推認されるというべきである。」

「(2)　意識障害と本件事故との関連性

…（前略）…本件事故発生のころXに生じていた意識障害は、本件事故に起因するものと認めることはできず、また、Xに本件事故発生前の記憶がないことは、本件事故に起因する逆行性健忘によるものではなく、本件事故発生前から、本件事故とは関係のない意識障害がXに生じていたためであると認められる。なお、さらに言えば、その意識障害は、本件事故の原因となったことも推認されるというべきである。

(3)　意識障害の原因

上記のとおり、本件事故発生前後のXには、本件事故とは無関係の意識障害が生じていたと認められるところ、上記認定のような意識障害の経過に鑑みれば、その意識障害の原因は、普通の眠気によるものではないことは明らかであり、飲酒、何らかの疾病又は何らかの薬剤の影響によるもの以外に想定することはできない。…（中略）…Xの本件事故前後の意識障害の原因が、飲酒でもなく、疾病でもないことからすると、その原因は、上記薬剤のいずれかを使用したことにあると考えるほかない。なお、前示のとおり、Xが、意識障害の状態において二時二〇分ころないし二時三〇分ころに本件事故を惹起し、二時三八分ころ回復しながら、再び意識障害の状態に陥り、三時二分ころ再び意識を回復したという本件事故前後の意識障害の経過は、薬剤による意識障害の経過として理解可能であり、特に不自然な点があるとは認められない……」。

「三　まとめ

以上の次第で、本件事故は、Xがマイスリー又はソセゴンを使用した影響により正常な運転ができないおそれがある状態で本件車両を運転している時に生じたものと認められる。そして、前示のとおり、本件保険約款第三章第三条③は、保険契約者等が、麻薬、大麻、あへん、覚せい剤、シンナー等の影響により正常な運転ができないおそれがある状態で被保険自動車を運転している場合に生じた損害については、車両保険金の支払が免責される旨定めており、ここに言う『麻薬、大麻、あへん、覚せい剤、シンナー等』とは、使用の影響により正常な運転ができないおそれがある状態を生じさせる薬剤を例示したものと解されるところ、前示のとおり、マイスリーもソセゴンも、使用の影響により正常な運転ができないおそれがある状態を生じさせる薬剤である上、医師であるXは、そのことを十分認識していたというべきであるからYは、本件約款の同条項に基づき、本件事故による本件車両の損害について、車両保険金の支払を免れることとなる。」

四　本判決の検討

一　本件保険約款には、前述のとおり、「麻薬、大麻、あへん、覚せい剤、シンナー等」の使用の影響により正常な運転ができない状態で被保険自動車を運転している場合に生じた損害については、車両保険金を支払わない旨の免責条項が置かれている。昭和五六年の自動車保険約款改定の際に、酒酔い免責に付加されたものであり、現在の約款にも引き継がれている。本件における争点は、当該免責条項の適用にあたって、第一に、「麻薬、大麻、あへん、覚せい剤、シンナー等」の使用があったか否か、第二に、損害発生時すなわち事故当時、被保険者がその使用の影響により正常な運転ができない状態にあったか否かである。

二　本件では、被保険者がマイスリー（睡眠導入剤）またはソセゴン（非麻薬性の鎮痛剤）を使用していたとの明確な認定はなく、間接事実の積み重ねによって使用を推認する手法が用いられている。まず、その認定方法が妥当であるかが問題となりうる。

本判決は、本件事故発生前後の被保険者には、本件事故とは無関係の意識障害が発生していたこと、意識障害の経過に照らして、その原因は、普通の眠気によるものではないという意識障害の異常性を基礎として、飲酒、何らかの疾病または何らかの薬剤という三つの原因を想定する。被保険者が全く飲酒をしないこと等から飲酒の可能性は全く否定できるとし、疾病原因についても他の機会に意識障害が発生した等、疾病を原因とする証拠がないとして否定する。そのうえで、薬剤の影響については、飲酒や疾病の原因が否定されることに加えて、被保険者において毎晩就寝前にマイスリー等の薬剤を使用していたこと、また事故前後の意識障害の経過は薬剤による意識障害の経過として理解可能であり、とくに不自然ではないことを理由として、被保険者の意識障害の原因が上記薬剤のいずれかを使用したことにあると認定したのである。このように、他に考えられる原因を否定することによって、当該原因の蓋然性を高める手法は、火災保険における放火等の立証においても用いられているところである（例えば、仙台高判平成二一年一〇月二三日判時二〇七三号一二一頁、さいたま地熊谷支判平成二三年九月二六日判時二一三〇号一二五頁等）。本件において、被保険者が薬剤を使用し、その影響により何らかの意識障害が発生していたとの事実認定については、確かに直接的な立証はないものの、その蓋然性は本件事故前後の被保険者の行動の異常性からも補完され、正当であるといえるように思われる。

三　本件保険約款の薬物免責条項には、マイスリーやソセゴン等の薬剤は含まれていない。そのため、マイスリーまたはソセゴンという薬剤の使用をもって、「麻薬、大麻、あへん、覚せい剤、シンナー等」の使用と評価できるかが問題となる。本判決は、当該文言を、「使用の影響により正常な運転ができないおそれがある状態を生じさせる薬剤を例示したもの」と解し、薬物免責条項の適用を認めている。

本件保険約款の薬物免責条項が列挙する「麻薬、大麻、あへん、覚せい剤、シンナー等の影響により正常な運転ができないおそれがある状態」については、従来、道路交通法（以下「道交法」という）との関係において説明されてきたところである。すなわち、上記文言は道交法一一七条の二第三号にいう「麻薬、大麻、あへん、覚せい剤又は毒物及び劇物取締法 第三条の三の規定に基づく政令で定める物の影響により正常な運転ができないおそれがある状態」と同義であり、これらの薬物の定義については、麻薬取締法、大麻取締法、あへん法、覚せい剤取締法、毒物および劇物取締法の定義によるとする理解である（『自動車保険の解説』編集委員会・自動車保険の解説二〇一二〈保険毎日新聞社〉九五頁、川井健ほか編・新版注解交通損害賠償法三〈一九九六、青林書院〉一五〇頁等）。道交法一一七条の二第三号は、同法六六条の違反すなわち「過労、病気、薬物の影響その他の理由により、正常な運転ができないおそれがある状態」での車両等の運転のうち、上記の薬物中毒による影響があった場合に限定して刑罰の対象としたものであり、本件保険約款における薬物免責条項は過労や病気を除外しているのであるから、道交法六六条が禁止する運転状態を免責の対象としたものとは直ちにいうことはできない。さらに、薬物免責条項のうち、「シンナー等」とは、「毒物及び劇物取締法第三条の三の規定に基づく政令で定める物」に相当し、「トルエン並び酢酸エチル、トルエン又はメタノールを含有するシンナー（括弧内略）、接着剤及び塗料」（毒物及び劇物取締法三二条の二）を指すものと解すべきであり、「等」という文言はあるものの、摂取や吸引、またはこれらの目的での所持が禁止されている薬物を列挙したものとして明確である。

ところで、同じく道交法の規定との関係が問題となるのが、いわゆる酒気帯び免責条項である。従来の自動車保険約款では「酒に酔って正常な運転ができないおそれがある状態」での運転を免責とし、これは道交法一一七条の二第一号にいう「酒に酔った状態（アルコールの影響により正常な運転ができないおそれがある状態）」と同義であると理解されてきた（井川ほか編・前掲書一五〇頁）。平成一六年の自動車保険約款改定後は、「道路交通法第六五条第一項に定める酒気帯び運転またはこれに相当する状態」での運転を免責とする旨改められている（以下「酒気帯び免責条項」という。なお、普通傷害保険約款等、改訂前の内容により免責を規定するものもある）。そのため、当該約款の文理解釈としては、罰則規定の適用があるか否かにかかわらず、道交法六五条一項に定める酒気帯び状態、すなわち通常の状態で身体に保有する以上にアルコールを保有する場合には、無条件に保険者が免責されることになる（同旨の事例として、東京地判平成二三年三月一六日金商一三七七号四九頁、岡山地判平成二四年五月三一日判例集未登載〈ＬＥＸ／ＤＢ　２５４８１２６２〉があり、かかる解釈を支持する見解として、山野嘉朗「判批」金商一三八六号二六頁等がある。他方、大阪地判平成二一年五月一八日判時二〇八五号一五二頁は「酒気を帯びた状態での運転のうち、アルコールの影響により正常な運転ができないおそれがある状態での運転を免責事由とする趣旨であると制限的に解釈することが、当事者の意思解釈に合致する」と判示しており、このような制限的解釈を支持する見解もある。竹濵修「判批」損保研究七三巻三号二五〇頁等）。

このような酒気帯び免責条項の文言とその解釈基準を前提とする限り、薬物免責条項については、むしろ道交法一一七条の二第三号による処罰の対象となる薬物の使用により正常な運転ができないおそれがある状態での運転に限って、免責の対象としたものと解すべきである。確かに、約款所定の免責条項は、あくまで保険者と保険契約者との合意内容を規定したものであり、道交法が定める刑罰法規とは異なる基準で解釈されるべきことはいうまでもないが、約款文言を離れて安易な拡張適用を認めることには慎重であるべきである。したがって、本件保険約款における薬物免責条項にいう「麻薬…等」は、道交法一一七条の二第三号により処罰の対象となる薬物を限定列挙したものであり、本件において使用されたとするマイスリーやソセゴン等の薬剤は「麻薬…等」に該当する、とするには検討の余地があろう。

四　以上から、本判決が、本件事故は、被保険者がマイスリーまたはソセゴンを使用した影響により正常な運転ができないおそれがある状態で本件車両を運転している時に生じたものとの認定をもとに、本件免責条項の適用を認めたことについては疑問があるといわざるを得ない。なお、本件事故の態様ならびに本件事故前後の被保険者の行動の異常性から、本件事故当時、被保険者が「正常な運転ができないおそれがある状態」にあったことは客観的に明確な認定がなされており、被保険者が医師であり、上記薬物がその使用の影響により正常な運転ができないおそれがある状態を生じさせる薬剤であることを十分理解していたであろうことからすれば、被保険者の重大な過失により生じた事故であることを理由として保険者の免責を導く余地もあったように思われる（本件では、その主張自体がなされておらず、判決文上も重過失免責の有無は判然としない。仮に重過失免責を排除した約款であったとすれば、保険者の免責を導くことは困難である）。

なお、大阪地判平成二一年五月一八日判時二〇八五号一五二頁、判タ一三二一号一八八頁（酒気帯び運転）、静岡地沼津支判平成二一年一一月三〇日判時二〇七三号一五一頁、自保ジャーナル一八一六号二九頁（シンナー吸引）は、いずれも免責条項の適用を肯定している。この判決については、石田満編「保険判例二〇一一」（保険毎日新聞社）二四八頁（田爪浩信）の評釈がある。

一七　交通事故による将来の介護費用について定期金賠償を相当とした第一審判決を是認した事例

東京高裁平成二五年三月一四日判決（平成二四(ネ)七一三九号、損害賠償等請求控訴事件）判例タイムズ一三九二号二〇三頁
原　審・東京地裁平成二四年一〇月一一日判決（平成二三(ワ)三三九九六号、損害賠償等請求事件）判例タイムズ一三八六号二六五頁

日本大学法学部准教授　梅　村　悠

一　問題の所在

本件は、交通事故により重度の後遺障害を負った被害車両の運転者およびその妻子（原告・控訴人）が、加害車両の運転者およびその使用者（被告・被控訴人）に対して、自動車損害賠償保障法三条、民法七〇九条、同七一五条に基づいて、損害賠償を求めた事案である（なお、第二事件〈保険会社からの代位請求等事件〉については割愛する）。

本件の主たる争点は、①X[1]についての自宅介護の可能性および相当性（を前提とする損害が認められるか）、

②将来の介護費用について、Xらの申立てがない（定期金による支払を拒否し、一時金による支払を求めている）にもかかわらず、裁判所が定期金による賠償を命じることの可否である。原審判決は、①につき否定（施設介護を相当）とし、②についても定期金賠償方式によるのを相当としたため、原告らが控訴したところ、本判決も、結論において、原審判決の判断を是認した。

平成九年一月の改正民訴法施行後、当初は、定期金賠償を命じた判決は少なく、その主要な理由は処分権主義と履行確保の二点にあるとされてきた。しかし、学説においては原告の申立てがなくても定期金賠償を命じることができるとする見解が近年有力になっており、近時の裁判例においても同旨の立場が増えている。本判決も、このような立場を採用するものであるが、後述のように、その妥当性については、検討の余地がある。

二　事実の概要

平成二〇年五月一九日午前七時二〇分ころ、川崎市中原区の交差点において、X[1]が運転する自家用普通自動二輪車とY[1]が運転する事業用普通乗用自動車が出合い頭に衝突した（第一審判決において、過失割合はX[1]が二五％、Y[1]が七五％と認定されている）。

X[1]は、本件事故により、頸髄損傷、頭蓋頸椎脱臼、脳挫傷の傷害を負い、本件事故当日の平成二〇年五月一九日から同年九月一〇日までB病院に、同日から平成二二年一一月一七日までC病院に、同日から独立行政法人Dセンターに入院している（平成二一年一一月四日に症状固定した旨の自動車損害賠償責任保険後遺障害診断書の作成を受けている）。

X[1]は、平成二二年二月二四日までに、自賠責保険における後遺障害等級認定手続において、上記後遺障害診断書に、四肢の自動運動が不能とされ、高度の四肢麻痺が認められ、気管切開の上、人工呼吸器を利用し、胃ろうによる経管栄養で、ベッド上寝たきりの状態であり、ＡＤＬ（日常生活動作）全介助の状態にあるとされていることから、「神経系統の機能又は精神に著しい障害を残し、常に介護を要するもの」として、自賠法施行令別表第一１級１号に該当する後遺障害があると判断された。X_1は、現在においてもなお遷延性意識障害（無動性無言）が認められ、コミュニケーションを取ることができず、意思表示もできない状態にある（家庭裁判所は、X_1について後見を開始し、配偶者であるX_2を成年後見人に選任する旨の審判をし、同審判は、平成二一年一〇月二八日に確定した）。

そこで、X_1は、Y_1に対し、自賠法三条、民法七〇九条に基づき、Y_2に対し、自賠法三条、民法七一五条に基づき、損害賠償金等の支払を求めた（X_2およびX_3〈長男〉の請求〈固有の慰謝料等の支払〉については、割愛する）のに対して、Ｙらは、①X_1の自宅介護の可能性および相当性、②将来の介護費用について定期金賠償方式によることの可否および相当性等について争った。

原審は、①につき「X_1は、…遷延性意識障害者であって、…自宅介護には、感染症の罹患をできるだけ防止できるような適切な環境のもとで、二四時間にわたり常時介護が可能な体制が構築され、緊急時にも対応できる医療機関等も確保されているなどの諸条件を充足することが必要であるところ、…現時点においては、上記諸条件をほとんど充足していないものと言わざるを得ず、また、近い将来においても、そのような条件が整うとも思われない。」として、施設介護によるのが相当とした。

また、②については、「X_1は、症状固定時には二五歳であり、既に事故から約四年以上、人工呼吸器を付けて生存しているものの、…状態は決して安定しているとはいえず、感染症罹患のリスクも相当高いのであるから、その余命を含めて将来の状況を的確に予測することは困難であると言わざるを得ない。このような場合に、一般人の平均余命を前提として、将来の介護費用を算定して加害者側にその全部を一括して賠償を命じることは、損害の公平な分配という損害賠償の理念に照らし、適当とは思われない。

他方、X^2らの自宅介護の意向は強いことから、将来、感染症罹患の十分な防止策がとられ、サポート態勢も確保されて介護環境等も整い、一定期間自宅介護がされる可能性も全くないとは言い切れず、施設介護を前提として控え目に一時金賠償方式により中間利息を控除して将来の介護費用の支払を命じた場合には、実費補填の性格を有する介護費用に不足が生じても、その不足分を裁判上請求する途を閉ざすことにもなってしまい適当とも思われない。

本件においては、現時点でX^1の余命や介護環境等の将来の状況を的確に予測することは困難であり、将来に著しい変動が生じた場合には変更判決の制度（民事訴訟法一一七条）によって対応を図るのが適当であるから、実質的に賠償金を支払うのは原告保険会社であって履行が確保できることをも考慮に入れると、将来の介護費用は、定期金賠償方式によるのが相当であるというべきである。

なお、X^1、X^3およびX^2は、一時金賠償方式による将来の介護費用を請求するが、自賠法三条、民法七一五条、同法七〇九条による人身損害にかかる損害賠償請求権に基づき、その損害項目の一つとして将来の介護費用を請求しているのであって、一時金払と定期金払は、単なる支払方法の違いに過ぎないから、裁判所が定期金賠償方式により将来の介護費用の支払を命じる判決をすることは、当事者の申し立てていない事項について判決したことにはならないものと考える」と判示し、定期金賠償を命じた。

そこで、Xらは、自宅介護のための必要条件は充足されており、また、損害賠償請求権者が一時金による賠償を求めているのに、判決において定期金賠償を命じることは違法であるし、さらに、定期金賠償の場合、履行の確保が確実であるとはいえず、X^2、X^3は本件法的紛争を速やかに終了させ、X^1の介護に専念したいという強い意向を示しており、定期金賠償をまったく望んでいないことから、本件において定期金賠償方式を採用することは誤りである等と主張して、控訴した。

三　判旨（変更〈確定〉）

「2　当審における当事者の主張に対する判断

(1)　Xらは、…X_1について、自宅で介護することは可能であり、介護の方法としても相当である旨主張する。

しかし、前記認定（原判決引用部分）のとおり、X_1は、自発呼吸がなく、人工呼吸器装着下で経管栄養・全身管理された遷延性意識障害者であり、X_1を自宅で介護するには、感染症の罹患をできるだけ防止できるような適切な環境の下で、二四時間にわたり常時介護が可能な体制が構築され、緊急時にも対応できる医療機関等も確保されているなどの諸条件を充足することが必要である。（中略）

Xらが、自宅介護の条件を充足しているとして主張する平成二四年一二月五日の訪問看護、往診医の選定計画等の協議内容…がYら主張のようなものであったことは…認められるものの、…緊急入院先の病院、一日一〇時間ないし一二時間程度の常時介護に当たることができるヘルパーの確保及び訪問看護に当たることができる医療機関の確保等は未定であることからすれば、現時点においても、X_1の自宅介護のために必須の専門的な介護体制が確保できているとはいえない。

また、Xらは、X_2が既に介護ケアの方法の基本を習得しており、自宅介護が可能なレベルに達している旨主張するが、Dセンターの担当看護師がX_2に対して行った教育訓練の内容は、…身の回りの世話に関するものであり、人工呼吸器やアンビューバック（〈筆者注〉ゴム製のバッグを手で圧縮して、バッグの中の空気を患者の口と鼻から肺に送り込む、人工呼吸器の一つ〈和田攻ほか編・看護大事典〔第二版〕〈二〇一〇、医学書院〉二一〇頁〉）の取扱いは含まれていない…。また、X_2は、…未だ気管吸引の方法も習得していないといえる。したがって、X_2においては、未だ介護に必要な重要な技術を習得しているとは認め難い。

さらに、Xらは、Dセンターのセンター長や在宅医療専門医師が、X1について、自宅介護は可能であるという判断をしている旨主張するが、Dセンターのセンター長は、患者が長生きできることを最大の目的にしているわけではなく、介護者の多くが患者を家族とともに生活させてやりたいと考えていることに基づいて、X1について、自宅介護が不可能ではないとする見解を述べたと解されるし、在宅医療専門医師（Eクリニックの医師）も、その結果が死につながることも含むという前提で、X1について、在宅で診られない症例はない旨を述べていると解され、必ずしも以上の認定や判断に抵触しない。

以上に照らせば、Xらのその余の主張を検討し、その心情を考慮したとしても、X1について、自宅介護が可能であり相当であるとするXらの主張は採用できない。

(2)　Xらは、X1の将来の介護費用について定期金賠償方式によることは誤りである旨主張する。

しかし、X1の後遺障害の内容や程度等に照らすと、現時点でX1の余命について的確に予想することが困難であること…に加え、交通事故の被害者が事故のために介護を要する状態になった後に死亡した場合には、死亡後の期間に係る介護費用を交通事故による損害として請求することはできないことに鑑みると、本件において、平均余命を前提として一時金に還元して介護費用を賠償させた場合には、賠償額に看過できない過多あるいは過小を生じ、かえって当事者間の公平を著しく欠く結果を招く危険があることが想定されるから、このような危険を回避するため、余命期間にわたり継続して必要となる介護費用を、現実損害の性格に即して現実の生存期間にわたって定期的に支弁して賠償する定期金賠償方式を採用することは、合理的であるといえる。そして、X1に対して賠償金の支払をするのは事実上は被控訴人保険会社であって、その企業規模等に照らし、将来にわたって履行が確保できているといえることからすると、X2やX3が、金銭の授受を含む法的紛争を速やかに終了させて、X1の介護に専念したいという強い意向を有し、定期金賠償方式による賠償を全く望んでいないという事情を考慮しても、本件において、定期金賠償方式を採用することが不相当であるとはいえず、むしろ、定期金賠償方式を採用するのが相当というべきである。なお、一時金賠償方式による将来の介護費用の支払を求める請求に対し、判決において、定期金賠償方式による支払を命じることとは、損害金の支払方法の違いがあることにとどまっていて、当事者の求めた請求の範囲内と解されるから、処分権主義に反しない。」

四　本判決の検討

一　重度の後遺障害を負った被害者の将来の介護費用について、被害者（原告）が一時金賠償を求めている場合に、裁判所が定期金賠償を命じることができるかという問題について、最二小判昭和六二年二月六日裁判集民事一五〇号七九頁（以下「最高裁昭和六二年判決」という）は「損害賠償請求権者が訴訟上一時金による賠償の支払を求める旨の申立をしている場合に、定期金による支払を命ずる判決をすることはできないものと解するのが相当である」と判示したため、判例上は、原告からの申立てがない限り定期金賠償を命じることはできないことが確定し、学説も同様に解するのが多数説とされていた（大島眞一「重度後遺障害事案における将来の介護費用―一時金賠償から定期金賠償へ―」判タ一一六九号七九頁）。

最高裁昭和六二年判決は理由を示していないが、調査官解説において「担保供与及び変更判決の制度のない我が国では、定期金方式の採用には慎重でなければならず、少なくとも原告からの定期金方式によるべき旨の申立のない場合には、定期金方式を採用することはできないとの考え方によるものと思われる」（瀬戸正義「判批」ジュリ八九〇号五七頁）との見解が示されていたところ、平成九年一月施行の民訴法において、確定判決の変更を求める訴え（一一七条）が規定された。そこで、定期金賠償を命じる判決が増えるとの見方もなされていたが、定期金賠償を命じた判決は極めて少なく（二〇〇五年三月時点で、〈原告の申立てなしに〉定期金賠償を命じた判決は、①東京高判平成一五年七月二九日判時一八三八号六九頁がある程度とされる）、その主な理由は処分権主義と履行確保の二点にあるとされていた（大島・前掲八〇頁）。

しかし、学説においては、原告の申立てがなくとも定期金賠償を命じることができるとする見解が有力になっており（藤村和夫「重度障害者と植物状態・定期基金賠償」不法行為研究会編・交通事故賠償の新たな動向（一九九六、ぎょうせい）二八七頁、窪田充見「定期金賠償の課題と役割—将来の継続的な介護費用等の賠償のあり方」ジュリ一四〇三号六〇頁、石田満編「保険判例二〇一三」〈保険毎日新聞社〉二三九頁〈菊地秀典〉など）、後述のように、近時の裁判例では定期金賠償を命じるものも増えていることから、裁判例は「どちらが優勢ともいえない状態」（小河原寧「定期金賠償判決に伴う諸問題」民事交通事故訴訟損害賠償額算定基準（赤い本）二〇一三年下巻七二頁）とされている。

改正民訴法施行後、原告が将来の介護費用について一時金賠償方式による支払を求めた場合に、裁判所が定期金賠償判決を行うことにつき、これを肯定した事例としては、上記①判決のほか、②福岡地判平成一七年三月二五日自動車保険ジャーナル一五九三号一九頁、③福岡高判平成一八年四月一一日自動車保険ジャーナル一六四九号二頁、④福岡地判平成二三年一月二七日判タ一三四八号一九一頁、条件付で肯定した事例として、⑤東京地判平成八年一二月一〇日判タ九二五号二八一頁があり、否定した事例としては、⑥水戸地判平成一一年一一月二五日交通民集三二巻六号一八五一頁、⑦大阪地判平成一三年九月一〇日判時一八〇〇号六八頁、⑧横浜地判平成一五年一〇月一六日自動車保険ジャーナル一五六三号五頁、⑨東京高判平成一六年七月一四日自動車保険ジャーナル一五六三号二頁、⑩東京地判平成一六年一二月二一日自動車保険ジャーナル一五八七号三頁、⑪東京地判平成一七年二月二四日交通民集三八巻一号二七五頁、⑫さいたま地判平成一七年二月二八日自動車保険ジャーナル一五八六号一四頁、⑬福岡地判平成一八年九月二八日判時一九六四号一二七頁、⑭大阪地判平成一九年一二月一〇日判タ一二七四号二〇〇頁、⑮福岡高判平成二三年一二月一二日判時二一五一号三一頁がある（裁判例の整理・分析につき、小河原・前掲七二頁以下参照）。

肯定例では、定期金賠償方式を命じる理由として、（一）原告の身体状態が不確定である（から高額の一時払は不合理であり、公平を欠く）（①②④）、（二）賠償義務者が保険会社であるから不履行の危険が少ない（①④）、（三）民訴法一一七条によって不合理な事態を回避できる（①②④。⑤は類推適用を推奨）、（四）定期金賠償方式も予備的・黙示的に求めていると考えられる（⑤）ことが挙げられる。

他方、否定例では、一時金賠償方式を命じる理由として、（五）損害賠償請求権者が一時金賠償を求めている場合、裁判所が定期金賠償を命じることはできない（最高裁昭和六二年判決を引用）（⑥⑦⑬）、（六）処分権主義に照らして合理的な根拠があるとはいえない（⑪）、（七）民訴法一一七条は原告によって定期金賠償請求がなされた場合の規定である（⑦）、（八）諸事情に照らし、一時金賠償方式が公平を欠くとはいえない（⑧⑭⑮）、（九）定期金賠償方式では紛争の一回的解決が図れず、被害者の精神的負担が継続する（⑮）、（一〇）平均余命まで生きる蓋然性が低いとする証拠の提示がない（⑩）、（一一）原告が一時金賠償方式を望んでいる（⑧⑩⑫⑭⑮）、（一二）損害保険会社が破綻する可能性もあり、履行の不確実性がある（⑮）ことが挙げられている。

二　原審は、施設介護によるのが相当との事実認定をしたうえで、（a）X_1の状態が不安定であり、平均余命を前提に一時金賠償を命じることは不適当であること（上記理由⑴）、（b）介護状況に変化が生じた場合、民訴法一一七条によって対応できること（理由⑶）、（c）賠償義務者が保険会社であって履行が確保できること（理由⑵）を挙げたうえで、（d）「一時金払と定期金払は、単なる支払方法の違いに過ぎない」から処分権主義に反しないことを理由として、定期金賠償を命じた。従来の肯定例で示されてきた理由（上記（a）（b）（c））にくわえて、従来の肯定例では必ずしも示されてこなかった上記（d）について明示したところに特徴のある判決といえる。

本判決も、原判決と同様に施設介護を相当とする事実認定をしたうえで、上記理由（a）に関して、（e）「交通事故の被害者が事故のために介護を要する状態になった後に死亡した場合には、死亡後の期間に係る介護費用を交通事故による損害として請求することはできないこと」を、一時金賠償方式が当事者の公平に欠けることの理由付けとして付加し、原判決（上記理由（c））と同様に、賠償義務者が保険会社であるから履行を確保できることからすると「X_2やX_3が、金銭の授受を含む法的紛争を速やかに終了させて、X_1の介護に専念したいという強い意向を有し、定期金賠償方式による賠償を全く望んでいないという事情を考慮しても、…定期金賠償方式を採用するのが相当」とし、さらに上記理由（d）を踏襲し、これが処分権主義に反しないことも説示している。

原審と本判決とを比較すると、本判決は、一時金賠償方式が当事者間の公平を欠くという結論を導くための理由として、（上記理由（a）にくわえて）上記理由（e）を新たに示しているところに特徴があり、同旨の最高裁判決（最一小判平成一一年一二月二〇日民集五三巻九号二〇三八頁〈以下「最高裁平成一一年判決」という〉を踏まえたもの（本判決の判例タイムズの解説参照）と位置づけられる。従来の肯定例では必ずしも説示されてこなかった理由（d）（e）が明示されている（上記理由（d）については、大島・前掲八一頁、理由（e）については、河邉義典「判解」最高裁判所判例解説民事編 平成一一年度下一〇五三頁を踏まえたものと思われる）点において、定期金賠償方式の導入に積極的な立場からは支持を得られよう。

三　しかし、本判決が示した上記理由づけには以下のとおり、検討の余地があるように思われる。

第一に、一時金賠償方式が当事者間の公平を欠く理由について、本判決は、X_1の状態の不安定性（上記理由（a））と最高裁平成一一年判決（（e））を挙げ、さらに保険会社の履行の確実性（（c））を挙げる。確かに、たとえば、一時金の支払を命じた判決確定の一か月後に被害者が死亡した場合、損害の公平な分担という観点から不合理との批判もなされるかもしれない。しかし、国や自治体と異なり、民間の損保会社の場合、将来の資力の状況は不明であるし、倒産した場合に損害保険契約者保護機構が存在するとしても、破綻後三か月以内に発生した保険事故についての保険金請求権以外の債権については、責任準備金の八〇％しか保証されず、事実上定期金賠償を継続することは不可能との指摘がなされている（佐野誠「定期金賠償の動向と課題」交通賠償論の新次元・財団法人日弁連交通事故相談センター設立四〇周年記念論文集〈二〇〇七、判例タイムズ社〉一六二頁、石田満編「保険判例二〇一二」〈保険毎日新聞社〉一九五頁〈小野寺千世〉）。したがって、上記の例に倣えば、（極端な例かもしれないが）判決確定の一か月後に損害保険会社が破綻するリスクも同時に存在する（⑮判決も損保会社が破綻する可能性を理由の一つに挙げて、一時金賠償を認めている）のであって、保険会社による支払不能のリスクを交通事故の被害者に負わせることが損害の公平な分担という理念に適うかどうか疑問である。

第二に、処分権主義との関係について、「〔昭和六二年最判〕の考え方からすると、一時金請求と定期金請求とは全部と一部の関係には立たない」（伊藤眞ほか「座談会　民事訴訟手続きにおける裁判実務の動向と検討　第三回」判タ一三七五号二〇頁〈加藤発言〉）という立場が実務的にはなお強く、研究者からの支持も得られているる（伊藤眞ほか「座談会　民事訴訟手続きにおける裁判実務の動向と検討　第四回」判タ一三八六号八二頁〈春日発言、伊藤発言〉）ことを踏まえると、本判決のように、（一時金払と定期金払について）「損害金の支払方法の違いがあることにとどまってい」ると解すことができるかどうかについては、検討を要すると思われる。上記⑤判決は、原告が、一時金のみならず、定期金賠償も予備的・黙示的に求めていると考えられると判示しており、そのような擬制ができるのであればともかく（伊藤眞ほか・前掲判タ一三八六号八二頁〈春日発言〉）、本件のように、原告があくまで一時金賠償にこだわっている場合に、裁判所が、原告の精神的苦痛を犠牲にしてまで（⑮判決は、紛争の一回的解決が図れず、被害者の精神的負担が継続することを理由の一つとして、被告による定期金賠償の主張を斥けている）、本判決のような判断を下すことが許されるかという疑問が呈される（伊藤眞ほか・前掲判タ一三八六号八二頁〈伊藤発言〉参照）可能性があろう。

確かに、定期金賠償には、被害者の将来的な介護状況の変化（介護費用や物価の上昇）に対応できるという大きな利点がある。本件判旨もこの点を強調するが、上述のように賠償義務者が破綻すれば、そのような利点は画餅に帰すこととなる。当然のことながら、被害者が上記の利点に魅力を感じ、不払いのリスク（実際に保険会社が破綻することはなくとも、一生涯にわたって当該会社の財務状況を気にかけなくてはならないという精神的な負担も含む）を甘受して、定期金賠償を希望するのであれば、それを認めることに問題はない（窪田・前掲五九頁参照）が、本件のような（被害者遺族が自宅介護の実現に向けて真摯に努力しており、法的紛争を速やかに終了させて、介護に専念したいという強い意向を有し、定期金賠償方式による賠償を全く望んでいない）ケースにおいて、定期金賠償を命じることは、それを望まない被害者の立場からすれば、裁判所がそのような判決を下すことには慎重であるべきではないかと思われるのである。

一八　傷害保険における食吐物誤嚥死亡事故の外来性

〔
最高裁平成二五年四月一六日第三小法廷判決（平成二三年(受)第一〇四三号、傷害保険金等請求事件）裁判集民事二四三号三一五頁、裁判所時報一五七八号一頁、判例時報二二一八号一二〇頁、判例タイムズ一四〇〇号一〇六頁、金融・商事判例一四一六号一四頁
原　審・大阪高裁平成二三年二月二三日判決（平成二二年(ネ)第三〇九七号、傷害保険金等請求控訴事件）判例時報二一二一号一三四頁、金融・商事判例一四一六号二〇頁
第一審・神戸地裁平成二二年九月一四日判決（平成二一年(ワ)第三二二六号、傷害保険金等請求事件）判例時報二〇五六号一四三頁、判例タイムズ一三三八号二二〇頁、金融・商事判例一四一六号二一頁
〕

元白鷗大学法科大学院教授　戸出正夫

一　問題の所在

近時、誤嚥を原因とする死亡事故のケースが見られる。そのうち本件のように吐物の誤嚥による窒息について見ると、札幌地判平成一二年一二月二七日生命保険判例集一二巻六六一頁は、「窒息の原因が吐物の吸引であるという事実のみをもって、同人の死亡の直接の原因となった事故に外来性があるということはできないものとい

うべきである」として、吐物誤嚥の外来性を否定し、また、名古屋地判平成一四年二月一四日金商一一六一号五三頁は、「亡Aの直接の死因が、吐物により気道が閉塞された結果の窒息であるとしても、呼吸困難、苦悶期の症状・所見が著明ではなく、顔面のうっ血なども見られないことからすると、吐物による気道閉塞の原因として、急性の心疾患等により意識障害が生じた可能性を否定できず、いずれにしても、亡Aの死亡は、外来性を認めるには足りない」として請求を棄却した（これら二判決については、山野嘉朗「吐物誤嚥事故と傷害保険における外来性要件の法的評価」損保研究七四巻一号六七頁以下に詳しい）。

本件第一審である神戸地判平成二二年九月一四日（認容、控訴）判時二〇五六号一四三頁、判タ一三三八号二二〇頁も食吐物誤嚥事故であり、普通傷害保険契約の保険金請求事件である。かねて糖尿病とうつ病の治療を行っていた被保険者Aが、糖尿病の薬の他に五種類の向精神薬を処方されていたにも関わらず、飲酒禁止の注意を受けておらず、アルコール摂取の危険性を知らなかったとして飲酒し、アルコールとそれによって増加した向精神薬の副作用（悪心、嘔吐）によって嘔吐し、その吐物を誤嚥して気道閉塞し、窒息死したため、被保険者Aの相続人Xらが保険金を訴求した事件である。判決は、最二小判平成一九年七月六日民集六一巻五号一九五五頁、裁判所時報一四三九号六頁、判時一九八四号一〇八頁、判タ一二五一号一四八頁を引用し、請求抗弁説の理論を説示したのち、アルコールも向精神薬も身体外部からの摂取であるから、外来性が認められるとして、保険金請求を認容した。抗弁説を明確に採用したのであるから、外来性と疾病性は両立しうるので、疾病性の検討も必要な事案であったと思われる。

本件控訴審の大阪高判平成二三年二月二三日（取消）判時二一二一号一三四頁は、保険金支払事由である外来の事故とは『被保険者の身体の外部からの作用による事故』をいうと解されるが、これは、外部からの作用が直接の原因になって生じた事故をいうのであって、薬物、アルコール、ウイルス、細菌等が外部から体内に摂取され、あるいは侵入し、これによって生じた身体の異変や不調によって生じた事故は含まないものと解するのが相当である」と説示し、本件亡Aの窒息は「嘔吐により、食道ないし胃の中の食物残渣が吐物となって口腔内に逆流し、折から、亡Aの気道反射が著しく低下していたため、これが気道内に流入して生じたものであって、気道反射の著しい低下は、数時間前から一、二時間前の間に体内に摂取したアルコールや服用していた向精神薬の影響による中枢神経の抑制、知覚、運動機能の低下等が原因であるから、上記窒息は、外部からの作用が直接の原因となって生じたものとはいえない」として、第一審判決を取り消し、請求を棄却した。

本件は上告受理申立が行われ、最高裁第三小法廷は平成二五年四月一六日判決をもって原審判決を破棄し、本件を大阪高裁に差し戻した。

傷害保険普通保険約款一条は、「急激かつ偶然な外来の事故」を担保事故と規定している。一方、三条は保険金を支払わない場合を規定しており、傷害が疾病によって生じた場合は本免責条項が適用され、保険金は支払われない。このように疾病免責条項を持つ約款の「外来性」の解釈については、傷害保険約款と同じような文言や構造を持つ傷害共済約款についてであるが、前出最二小判平成一九年七月六日（本件もまた、餅をのどに詰まらせ、死亡こそ免れたが、常時介護を要する状態になった誤嚥事件である）は「本件規約は、この規定（筆者注：担保事故を規定した条項）とは別に、補償の免責規定として、被共済者の疾病によって生じた傷害については補償費を支払わない旨の規定を置いている。このような本件規約の文言や構造に照らせば、請求者は、外部からの作用による事故と被共済者の傷害との間に相当因果関係があることを主張、立証すれば足り、被共済者の傷害が被共済者の疾病を原因として生じたものではないことまで主張、立証すべき責任を負うものではない」と判示した（戸出正夫「傷害が疾病を原因として生じたものでないことの立証責任」損保研究六九巻四号一五九頁参照）。議論のあるところであるが、この最高裁判決に従うと、外来性は保険金請求者の主張、立証すべきものであると同時に、疾病性は抗弁事実として保険者の主張、立証すべきもの（請求抗弁説）となる。ここでは、外来性と疾病性とを両立し得る概念として取り扱われると解される。したがって、外来性が認められた場合でも、なお、抗弁事実たる免責事由の証明がなされれば、その保険契約は免責されることになる。

二　事実の概要

一　保険契約の締結

訴外亡Aは、Y保険会社との間で、次のような普通傷害保険契約を締結した。

保険契約者：A
被保険者：A
保険期間：二〇〇八年（平成二〇年）一二月一日から二〇〇九年（平成二一年）一二月一日まで一年間
担保内容：死亡、後遺障害
保険金額：二〇〇〇万円

二　Aの病歴

訴外亡Aは抑うつ症および高尿酸血症によって、平成二〇年四月三日から同年五月二八日まで、訴外B病院に入院していた。その後は、最終通院日である同年一二月一九日まで、ほぼ週一回の割合で通院し、前記疾病治療のため約六種の薬の投薬を受けていた。薬は「ザイロリック」（痛風・高尿酸血症治療薬）の他に五種類の薬「セパゾン」「ピーゼットシーPZC」「アキネトン」「マイスリー」「トリプタノール」であるが、これらはいずれもうつ病の治療薬であり、その副作用として悪心、嘔吐が生じること、それはアルコールによって増強されることがあるとされている。しかし、亡Aは、通院中のB病院から向精神薬を処方された際に、適切な指示を受けていなかったので、服薬中、飲酒が禁止されているのを知らなかったと第一審で認定されている。この点、原審判決では触れていない。

三　Aの死亡

亡Aは、平成二〇年一二月二四日、帰宅途中で飲食（飲酒を含む）の上、午後一〇時ころ帰宅し、さらに寝酒の梅酎ハイ（以下「酎ハイ」という）を飲んで、一階リビングでうたた寝をしていたところ、翌二五日午前一時三〇分～二時ころ、長女X2により寝室へ行くよう起こされた。その起きざまに、飲み残しの酎ハイを手に取り、これに口をつけて一口飲むか飲もうとした途端、「うっ」と言って倒れて意識不明に陥り、救急車で病院に搬送されたが、同病院到着時の午前三時には、すでに心肺停止状態であり、午前三時一八分に死亡が確認された。なお、死亡時刻は同日午前二時ころとされている。

亡Aの死体検案書には、死亡の原因として、直接の死因は「窒息」、窒息の原因は「食吐物誤嚥」と記載され、発病または受傷から死亡までの期間は「短時間」、解剖の主要所見として「気管・気管支内に多量の食物残渣を容れ肺割面でも細気管支から黄白色泥状物を圧出する。急性死の所見あり」と記載され、死因の種類は「『不慮の外因死に分類される窒息』である旨の記載」があり、傷害の発生状況は「飲酒とともに食べ物を摂取中突然意識消失し、死亡」と記載されている。

以上の経緯から、亡Aの相続人である妻X1および長女X2、長男X3は、Y保険会社に対し、それぞれの法定相続分に応じた傷害保険金の支払いを訴求した。すでに述べたように、第一審は請求認容、原審は第一審を取消し、請求を棄却している。

三　判旨（破棄差戻）

「2　(2)亡Aは、平成二〇年一二月二四日、飲酒を伴う食事をしたのち、鬱病の治療のために処方されていた複数の薬物を服用した。その後、亡Aは、うたた寝をしていたが、翌二五日午前二時頃、目を覚ました後に嘔吐し、気道反射が著しく低下していたため、吐物を誤嚥し、自力でこれを排出することもできず、気道閉塞により窒息し、病院に救急搬送されたが、同日午前三時一八分に死亡が確認された。亡Aの死因は、吐物誤嚥による窒息であった。

亡Aが服用していた薬物は、いずれもその副作用として悪心及び嘔吐があり、その中には、アルコールと相互に作用して、中枢神経抑制作用を示し、知覚、運動機能等の低下を増強するものもあった。

亡Aの窒息の原因となった気道反射の著しい低下は、上記誤嚥の数時間前から一、二時間前までに体内に摂取したアルコールや服用していた上記薬物の影響による中枢神経の抑制及び知覚、運動機能等の低下によるものである。

3　原審は、本件保険契約における保険金の支払事由である外来の事故は、外部からの作用が直接の原因となって生じた事故をいい、薬物、アルコール、ウイルス、細菌等が外部から体内に摂取され、又は侵入し、これによって生じた身体の異変や不調によって生じた事故を含まないとした上、亡Aの窒息の原因となった気道反射の著しい低下は、体内に摂取したアルコールや服用していた上記薬物の影響による中枢神経の抑制及び知覚、運動機能等の低下によるものであるから、亡Aの窒息は外部からの作用が直接の原因となって生じたものとはいえないと判断して、上告人らの請求を棄却した。

4　しかしながら、原審の上記判断は是認することができない。その理由は、次のとおりである。

本件約款は、保険金の支払事由を、被保険者が急激かつ偶然な外来の事故によってその身体に傷害を被ったことと定めている。ここにいう外来の事故とは、その文言上、被保険者の身体の外部からの作用による事故をいうものであると解される（最高裁平成一九年㈷第九五号同年七月六日第二小法廷判決・民集六一巻五号一九五五頁参照）。

本約款において、保険金の支払事由である事故は、これにより被保険者の身体に傷害を被ったこととされているのであるから、本件においては、亡Aの窒息をもたらした吐物の誤嚥がこれに当たるというべきである。そして、誤嚥は、嚥下した物が食道にではなく気管に入ることをいうのであり、身体の外部からの作用を当然に伴っているのであって、その作用によるものというべきであるから、本件約款にいう外来の事故に該当すると解することが相当である。この理は、誤嚥による気道閉塞を生じさせた物がもともと被保険者の胃の内容物であった吐物であるとしても、同様である。」

田原睦夫裁判官の補足意見

「誤嚥は、通常経口摂取した物によって惹起されるところ、本件では、誤嚥の対象物が吐瀉物であったところから、原判決はその外来事故性に疑問を抱いたものと思われる。

しかし、誤嚥とは、一般的な医学用語辞典によれば、本来口腔から咽頭を通って食道に嚥下されるべき液体又は個体が、嚥下時に気管に入ることをいうものであって、誤嚥自体が外来の事故であり、誤嚥の対象物が口腔に達するに至った経緯の如何、即ち経口摂取か、吐瀉物（吐物、吐血をふくむ。）か、口腔内の原因（口腔内出血、破折歯片等）によるかは問わないものである。」

四　本判決の検討

一　外来性の解釈の確定

学界は傷害保険における外来性につき多くの研究を発表してきた。このうち食吐物誤嚥に関する外来性の議論だけを概観しても、多くの論者が短期間のうちに見解を発表している（第一審判決後の研究・評釈としては、土岐孝宏「傷害保険における保険事故の外来性の存否」法セミ六七八号一二七頁、石田満編「保険判例二〇一二」〈保険毎日新聞社〉八一頁〈戸出正夫〉。原審判決後の研究・評釈としては、竹濵修「うたた寝前のアルコール摂取・向精神薬服用の後の嘔吐等による窒息死が傷害保険契約における『外来の事故』に当たらないとされた事例」私法リマークス四五号九〇頁、井上亨「食吐物誤嚥による窒息と傷害保険における外来性の要件」金商一三八六号一〇六頁、大山佳織「食吐物の誤嚥による窒息死事案における外来性の検討」保険毎日新聞二〇一二年三月七日付四～六頁、山野嘉朗「吐物誤嚥事故と傷害保険における外来性の法的評価」損保研究七四巻一号六三頁、白井正和「嘔吐・誤嚥による窒息死と傷害保険契約における外来性の要件」損保研究七四巻一号二六三頁、潘阿憲「傷害保険における外来性要件の判断基準―吐物誤嚥事故の場合―」損保研究七四巻三号一頁、植草桂子「傷害保険の外来性要件について」保険学雑誌六二一号一七三頁など。最高裁判決後の研究としては横田尚昌「傷害保険事故の外来性と急激性との関係」損保研究七五巻二号三七頁、山下友信「傷害保険と事故の外来性の意義」金商一四一九号一頁などがある)。

食吐物誤嚥による窒息死については、外来性を認めない学説が有力である。確かに、いったん消化管の中に取り込まれ、消化液による分解が始まった物質を、折から摂取していたアルコールと向精神薬の副作用による体調の不調から嘔吐し、それを誤嚥して気道閉塞を起し、咳嗽力の低下（気道反射の鈍化）とあいまって、窒息死をきたしたのであるから、筆者は、これを傷害保険でいう外来の事故に含めるのは不自然のそしりを免れないと考える。

本件最高裁判決は、本件誤嚥は約款に規定する外来の事故に該当し、気道閉塞をもたらした物がもともと被保険者の胃の内容物であった吐物でも同様であるという。さらに、田原睦夫裁判官の補足意見は誤嚥自体が外来の事故であり、誤嚥の対象物が経口摂取物か、吐瀉物か、口腔内の原因による物かを問わないとしている。このように、誤嚥の外来性を全面的に認めた本件最高裁判決のもとにあっては、誤嚥は、気道閉塞物が何であれ、常に傷害保険普通保険約款一条にいう外来の事故となる。しかも、差戻しを受けた裁判所は、最高裁判所が破棄の理由とした事実上および法律上の判断に拘束される（民訴法三二五条三項）。したがって、傷害保険契約における誤嚥の外来性は確定したことになる（しかし、修正できないわけではない。周知のように、裁判所法一〇条三号は憲法その他の法令の解釈適用について、意見が前に最高裁判所のした判断に反するときは、小法廷では裁判をすることができないと規定している。このことは大法廷による裁判なら判例修正が可能であることを意味している）。

二　向精神薬の服用と調剤薬局の情報提供

本件事件では、亡Aは訴外B病院から「ザイロリック」（痛風・高尿酸血症治療薬）の他に向精神薬である「セパゾン」「ピーゼットシーPZC」「アキネトン」「マイスリー」「トリプタノール」の処方を受け、これらの薬品を服用していた。

向精神薬は種類も多く、一般に副作用が強いとされ、医師の処方がないと購入することができない。副作用の強い薬の処方に際しては、医師は注意すべき事項を患者に開示するのが普通である。向精神薬はアルコールによって副作用が増強されるから、服用に当たっては、アルコールと併用しないことがあげられる。

薬事法九条の二は「薬剤を販売する場合における情報提供」を規定している。すなわち、薬局開設者はその薬局において薬剤の販売または授与に従事する薬剤師をして、厚生労働省令で定める事項を記した書面を用いて、その適正な使用のために必要な情報を提供させなければならない。したがって、薬を調剤する薬局は「薬の説明書」を添付するが、この説明書には、通常、薬の服用方法、薬の作用、注意事項、副作用等を明記している。当然のことながら、忌避すべき事項も注意事項として記載されている。そして、一般には重ねて口頭による説明を行っている。

原審で認定された事実によれば（本件の前提となる事実について、原審は、第一審の「事実及び理由」を引用しており、亡Aが向精神薬の服用に当たって、アルコールの摂取が禁止されていることを知らなかったことについては補正していない）、亡Aが訴外B病院の医師から向精神薬服用中のアルコール摂取について注意（飲酒を禁止する旨の指示）を受けていなかったため、そのことを知らないまま死亡前夜も飲酒をしたとされている。また、アルコール摂取についての注意（飲酒を禁止する旨の指示）を受けていたことを認めるに足りる証拠はないとされている。信じがたい担当医師の不作為であるが、薬剤については薬剤師が専門であることから、服薬に当たっての注意は薬局が行ってくれると考えて、あえて患者に注意を与えなかったのかもしれない。しかし、調剤した薬局は注意事項を亡Aに伝えなかったのであろうか。書面による説明が必要なことは薬事法九条の二に法定されているのであり、向精神薬の禁忌事項として、少なくとも飲酒の禁止は書面に記載されているはずである。薬局が亡Aに「薬の説明書」の交付を行い、さらに口頭による注意をしなかったとは到底信じがたいことであるが、この点について、判旨は何ら触れていない。もし、薬局が向精神薬の服用に当たって、飲酒禁止である旨を伝えていたとすれば、Aは知らなかったとの主張は出来ず、知っているにも関わらず、それを無視して飲酒を重ね、その結果、増幅された副作用により嘔吐、それに続く吐物誤嚥、気道反射（咳嗽反射）の鈍化、気道閉塞、窒息、死亡等をもたらした流れを考慮すれば、事故の偶然性にも影響を及ぼすべき重要な事項である。裁判官は釈明権（民訴法一四九条）を行使し、調剤者が必要な注意を行ったか否かについて、明らかにすべきではなかったか。

三　疾病と死亡との因果関係

判旨は「誤嚥は、嚥下した物が食道にではなく気管に入ることをいうのであり、身体の外部からの作用を当然に伴っているのであって、その作用によるものというべきであるから、本件約款にいう外来の事故に該当すると解することが相当である。この理は、誤嚥による気道閉塞を生じさせた物がもともと被保険者の胃の内容物であった吐物であるとしても、同様である。」という。

本件において、亡Aはアルコールの摂取により増強されたうつ病治療薬の副作用による嘔吐に端を発し、副作用による意識低下ないし意識朦朧により気道反射が低下、自力でこれを吐き出せず、嘔吐物により窒息死したと認定されている。これらは、判旨が指摘するように、疾病そのものに基づく作用ではない。しかしながら、向精神薬は亡Aがうつ病に罹患しなければ、服用するはずもない薬剤であり、①うつ病の罹患、②服薬、③アルコールの摂取で増強されたとはいえ、薬の副作用で嘔吐、④誤嚥、⑤気道閉塞、⑥窒息、⑦死亡の因果をたどったのであるから、疾病と死亡との間には少なくとも事実的因果関係（自然的因果関係）は存在する。

この事実的因果関係が、相当因果関係（法的因果関係）と評価できるとすれば、最高裁判決に従い本件事件の外来性を認めても、なお、疾病免責を主張できることになる。すなわち、免責事由である疾病と本件死亡との間に相当因果関係が認められれば、Y社は亡Aの疾病によって死亡事故が生じたことを証明したことになり、免責される。しかし、「この死亡に至る原因が疾病であるとするには、やや説得力を欠いている。」（石田・前掲「保険判例二〇一二」三二一頁〈石田満〉）との意見やうつ病と本件死亡に至る因果関係は事実的因果関係はあるにせよ、相当性については否定する見解がほとんどである（竹濵・前掲九三頁は「窒息がうつ病を原因とするとまではいいにくいようにおもわれる。」とされ、山野・前掲九五頁は「薬物とアルコールの摂取は軽微な外的作用ないし吐物誤嚥のトリガーでしかなく、その主因は被保険者の身体的原因（体調不良）にあると見る方が社会通念に即しているといえようか。」とされる。白井・前掲二七九頁は「Aのうつ病と窒息死との間には相当因果関係は認められないと考えるべきであり…」と明確に相当性を否定される。横田・前掲六五頁注四八は「Aのうつ病に罹患ということは、すなわち、Aがなぜ向精神薬を服用することになったかの理由であるというべく、この罹患は事故の間接原因となるように思われる。」と相当因果関係を否定される）。

我が国の損害保険においては、英文貨物海上保険契約を除き、保険事故と保険損害との因果関係は相当因果関係によると理解されている。相当因果関係説は、近因説や主因説、最有力条件説（加瀬幸喜教授は傷害保険に適用する因果関係は最有力条件説であると主張されている。傷害保険の法理〈二〇〇〇、損害保険事業総合研究所〉八六頁〈加瀬幸喜〉参照）等の単一条件説と異なり、択一条件説である。複数原因の中から結果と相当性を持つ原因を見出すところに特徴がある。傷害保険においても前出最高裁平成一九年七月六日判決は、相当因果関係によるべきであると判示している。

次に保険事故と保険損害のつながりの相当性が問題となる。相当性の中身についても議論の分かれるところであるが、一般に「発生した事故により通常生ずべき損害が生じた場合に因果関係を認める」とされ、また、「当該事件のみならず、一般的な場合でもそのような結果が生じると判断できる場合に相当性がある」とされる。

本件においては、うつ病に罹患しなければ副作用の強い向精神薬を飲むはずもなく、その後の副作用（嘔吐、吐物誤嚥、気道反射の低下、窒息など）も生じなかった。うつ病と向精神薬の服用は通常生ずべき連鎖であると考えられなくもない。さらに飲酒の影響により副作用が強く現われ、嘔吐、吐物誤嚥、気道閉塞、窒息といった事故の連鎖があり死亡に至ったのであるから、相当性の認められる因果関係であるとしてもよいのではないか。

百歩譲って、うつ病を原因とするのではなく、向精神薬を服用しアルコールによる中枢神経抑制作用の下、精神機能、知覚、運動機能等の低下現象のもとでの食吐物誤嚥による死亡の原因は、まさに「病気に比肩しうる状態にあったと評価される余地がなくはない」（石田・前掲「保険判例二〇一二」三二二頁〈石田満〉）のである。

最後に、普通傷害保険にあっては、疾病保険との境界において、本件のように有無責の論争に時間を費やさざるを得ない現状がある。約款解釈上の問題といってしまえばそれまでであるが、それにかける実務上の労力は大きい。保険設計上、保険引受けが技術上可能であるなら（例えば、保険料の調整によって収支相等の原則が保たれ得る範囲の危険担保の拡張）、疾病保険との境界は重なってもよいのではないか。約款立法技術上の問題であると同時に、保険設計上の問題として、より分り易い傷害保険に脱皮されんことを願うばかりである（山野・前掲損保研究七四巻一号九七頁参照）。

一九　集中豪雨、道路冠水のために自動車から降車し、避難中の被害者らが濁流に流されて死亡した事故について、「運行によって」発生した事故でない、とされた事例

〔東京高裁平成二五年五月二二日判決（平成二五年(ネ)第一八二号、保険金請求控訴事件）ＬＥＸ／ＤＢ文献番号２５５０１７１０
原　審・東京地裁平成二四年一二月六日判決（平成二三年(ワ)第二五七六〇号、保険金請求事件）判例タイムズ一三九一号二六一頁〕

損害保険料率算出機構　丸山一朗

一　問題の所在

本件は、Ａの運転する自家用普通乗用自動車（以下「本件車両」という）が折からの台風による集中豪雨、道路冠水に遭遇したため、Ａ、同乗していた妻Ｂ、長男Ｃおよび次男Ｄが本件車両から降車し、避難をしている際、Ａ、ＢおよびＣが濁流に流されて死亡したという事故において、Ｂの母であり、かつＣの祖母として遺産分割協議によりＣの自賠責保険金請求権を取得したＸが、Ａの契約する自賠責保険会社Ｙに対して、自賠法一六条一項

に基づく損害賠償額の支払を求めた訴訟である。原審および控訴審は、ともに本件車両の「運行によって」発生した事故であることを否定している。

結論は妥当であると考えるが、自然災害が関与して被害者が死亡した場合に自動車の運行起因性をそもそものように判断すべきか、いわゆる不可抗力免責との関係をどう整理するべきか等、なお議論が尽くされていない問題が残されていると考える。

本件は、最高裁へ上告中であり、実務上も注目される判決である。

二　事実の概要

一　(一)　Aは本件車両（車名：トヨタウィッシュ）の使用者であり、Y保険会社との間で、本件車両を被保険自動車とする自賠責保険契約を締結していた。

(二)　Aは、平成二一年八月七日、本件車両を運転し、B、CおよびDが本件車両に同乗し、福岡県行橋市内に墓参りに行き、同月九日、同市から中国自動車道を利用して兵庫県養父市にある自宅に向かっていた。

(三)　平成二一年八月九日午後三時ころ、南海地域を進んでいた熱帯低気圧は台風九号となり、四国沖を北に進み、台風周辺の湿った空気と太平洋高気圧の縁辺からの湿った空気が重なって西日本に入って大気の状態が不安定となった。台風九号の影響で、兵庫県佐用郡佐用町付近では局地的かつ短時間に集中した豪雨となり、同日一日の雨量は三二六・五ミリメートル（一日の雨量としては、統計を取り始めた昭和五一年以来最高値）に達し、千種川河川整備方針が対象とする昭和五一年水害の降雨に匹敵する「おおむね一〇〇年に一度の降雨」をも遥かに凌ぐものであった。このため、中国自動車道は、区間ごとに定められた雨量による通行止め基準値に基づき、上下線で通行止めとなった。また、佐用町では、死者一〇名、行方不明二名、負傷者一名、住宅被害として全壊一三九棟、大規模半壊二六九棟、半壊四八九棟、床上浸水一五七棟、床下浸水七四二棟などの大きな被害が生じた。

（四）本件車両は、岡山県作東インターチェンジから中国自動車道を出て、国道一七九号線（出雲街道）に入ったが、同インターチェンジを出るに際し、一般道路の状況等に関する情報を提供されることはなかった。国道一七九号線は、岡山県から県境を越えて兵庫県に入り、佐用郡佐用町上月の上月三叉路において、佐用町円光寺方面から来る国道三七三号線と合流して北進し（以下「本件国道」という）、佐用町佐用方面、本件現場へと向かっている。

（五）本件国道は、通行規制はされておらず、本件車両は本件国道を南から北に向けて佐用郡佐用町付近を進行していたが、本件現場は、手前にある坂を下った場所にあり、本件現場を含む一帯は冠水していた。同町内に住むE運転のジープ（以下「E車」という）は、冠水している本件国道に進入したが、本件現場付近において停止し、その後に続いて本件車両も冠水道路に進入した後停止した。その後、A、B、C、Dは、本件車両から出て、冠水した本件国道を歩いて移動しているうちに佐用川の氾濫による濁流に流された。

Aの遺体は八月一〇日、B、Cの遺体は同月一二日発見され、死体検案書において死亡時刻はいずれも同月一〇日午前中（推定）とされた。本件車両は、佐用川内で発見された。なお、Dは、同月一〇日未明までに、近所の住民に救出された。

二　本件は、Bの実母でありBの権利義務を承継し、Cの祖母であり遺産分割協議によりCの自賠責保険の保険金請求権を取得したXが、Y保険会社に対し、Aを運行供用者として、自賠法一六条一項に基づきCが取得した損害賠償請求権の相続分として保険金額三〇〇〇万円の限度で、Bの死亡を原因とする固有の慰謝料として保険金額五五〇万円の限度で、それぞれ損害賠償額等の支払を求めるものである。

Xは、①大規模かつ水位の高い冠水場所へ進入して脱出不能になることは、まさに自動車による走行であるから起こるものであり、運行による事故というべきである、②Aによる本件車両の運行とBおよびCの死亡との間には、時間的、場所的接近性が存する、③本件において運行起因性を認めることは、運転者が集中豪雨等の自然災害による事故の発生が予見できるのに、あえて運行を継続して事故が生じた場合にも「運行によって」生じた事故として取り扱う従来からの自賠責保険の実務（いわゆる飛騨川バス転落事故）や、高速道路で自損事故を起こし、車両が走行不能となったため、車両を降りて車線を横切って路側帯に避難したところ、後続車両に轢過されて死亡した事案において、搭乗者傷害保険金の支払を認めた最三小判平成一九年五月二九日判タ一二五五号一八三頁（以下「平成一九年最高裁判決」という）の趣旨にも沿うものである、等の主張を行った。

原審である東京地判平成二四年一二月六日判タ一三九一号二六一頁は、本件車両を目撃した証人Fの証言等から、本件車両が本件現場に到着したのは同日午後九時前ころと推認した上で、そのころに佐用川の浸水が始まっていたのかは明らかではなく、A、B、C、Dが本件車両から出て、本件国道を歩いて南方向に移動していたところ、折から佐用川が右岸堤防高を超えて氾濫したことによる濁流が押し寄せ、A、B、C、Dがそれに流され、BおよびCが溺死したものと認められ、BおよびCの死亡は「一〇〇年に一度の降雨を凌ぐ予測を超える局地的な集中豪雨による佐用川の氾濫という自然災害によるものであって、自動車本来が有する固有の危険性が具体化したものではない」から、本件車両の運行によるものとはいえないと結論づけた。

さらにB、Cは、予想を超える局地的な集中豪雨による佐用川の氾濫という自然災害によって死亡したものであって、その死亡と本件車両の運行との間には相当因果関係はないと判示した。

また、飛騨川バス転落事故は、自然災害による危険が予見できなかった本件とは状況を異にするものであり、前記平成一九年最高裁判決は、自損事故という運行起因事故の存在を前提として、搭乗者が車両外で事故に遭った場合においても、避難行動が自然であり時間的にも場所的にも近接性があるときには、その運行起因事故と死亡との間に相当因果関係があるとしたものであって、そもそも本件車両が停止に至った状況も明らかではなく、運行起因事故の存在が立証できておらず、自然災害によって死亡の結果が生じた本件とは事案を異にするものである、と判示した。
Ｘが控訴した。

三　判旨（控訴棄却、上告）

控訴審である東京高判平成二五年五月二二日（平成二五年(ネ)第一八二二号、保険金請求控訴事件）ＬＥＸ／ＤＢ文献番号２５５０１７１０は、「本件は、自賠法三条の定める運行起因性の要件を満たさず、また、ＢおよびＣの死亡は不可抗力によるものというべきであって、ＡはＢおよびＣの死亡により生じた損害につき賠償すべき責任を負うものとは認められない」として、以下のとおり判示し、Ｘの控訴を棄却した。

「(1)　本件車両が本件自損事故を惹起したか否か。

（略）Ａ一家が本件車両を出て徒歩で避難を開始したのは、Ｆが一旦は北側方面に避難しようとして約七〇メートル先まで行った後、Ｆ車の近くまで戻って来た直前頃であると認められ、Ａ一家は、冠水部分に進入して停止した時点から避難を開始する時点まで、少なくともＦが北側方向を往復するのに要した時間程度を車内で逡巡していたものと認められる。そうだとすると、避難を開始した時点で本件車両が走行不能であった事実は間違いないが、冠水部分に進入してＥ車の後方で停止した時点で、直ちに走行不能に陥ったと断定することはできない。

したがって、本件車両は、冠水道路に進入したことによりエンジンを停止したという本件自損事故を惹起したことを認めることはできない。

(2)　運行起因性ないし因果関係について

なお、念のために付言すると、仮に、本件自損事故があり、Ａにその事故につき予見可能性があったとしても、

Bおよび Cの死亡は、水位が上昇しつつあり、冠水部分中の水流に逆らって避難する際、予期せぬ強い水流に遭って流されたことがその原因であると認められるから、それ自体、午後九時過ぎ頃に始まった佐用川の右岸氾濫によるものと解されるのであって、本件自損事故とBおよびCの死亡との間に因果関係があるものとは認められない。

Xは、最高裁判所平成一九年五月二九日判決の説示するところに従って検討しても、本件自損事故とBおよびCの死亡との間に相当因果関係が肯定される旨主張するが、前記の認定によれば、A一家は、本件車両が停止した後、F車が後方に停止し、Fが降車して北側方向に七〇メートルほど歩行した後、F車の近くまで戻ってくる直前の頃に、本件車両から降りて避難を開始したのであり、本件車両の停止からA一家が避難を開始するまでには一定程度の時間が経過しており、その間に冠水部分の水位が上昇し、水流も強くなってきていた。また、A一家が流された場所も本件車両の停止場所とは若干離れた場所であり、周囲に比べて特に水流が強かった場所である。したがって、BおよびCの死亡と本件自損事故とは時間的にも、場所的にも近接しているとはいいがたく、両名の死亡事故は本件自損事故とは直結しない佐用川の氾濫という自然災害によるものというべきである。Xの上記主張を採用することはできない。」

四　本判決の検討

一　原審および控訴審で明らかにされている本件の争点は、①妻Bおよび長男Cの死亡が、自賠法三条本文の「運行によって」生じたといえるか否か（運行起因性）、②本件車両の運行とBおよびCの死亡との間に相当因果関係が認められるか（相当因果関係）、③BおよびCの死亡が不可抗力（自然災害）によるものかどうか（免責事由）の三点である。

二　これら争点の関係について、まず整理をしてみたい。周知のとおり、「運行起因性」の判断は「運行」概念の問題と「(運行）によって」の問題とに分かれており、それぞれについて諸説の対立が見られるところであるが（これらを解説するものとして、塩崎勤「自動車の運行」金澤理＝塩崎勤編・裁判実務大系26損害保険訴訟〈一九九六、青林書院〉二七四～二七八頁、坂本倫城「自賠法三条の『運行によって』をめぐる諸問題」判タ七二四号六四～六七頁、丸山一朗「自賠法三条の『運行』、『運行によって』の意義」飯村敏明編・現代裁判法体系第⑥巻（交通事故）〈一九九八、新日本法規〉九二～九七頁等）がある。「運行起因性」の判断には当該運行と被害者の生命・身体の侵害との間に相当因果関係が認められるかどうかの判断が当然含まれることから、本件において争点①と争点②をここで殊更分けて考える実益は乏しいように思われる。

本件を「運行起因性」の問題として捉えた場合、後述するように、本件車両が本件事故現場に停車していることをどう捉えるかが問題になるとともに、佐用川の洪水による氾濫があったことをBおよびCの死亡の原因としてどう評価するかが問題になるものといえよう。

また、いわゆる「不可抗力」は、地震、落雷、突風、がけ崩れの場合などをいい、このような場合には、自賠法三条但書免責のほかに、一般理論から免責が認められると解されている（加藤一郎編・注釈民法（19）〈一九六五、有斐閣〉一〇三頁〈加藤一郎〉、篠田省二「自賠法における免責」有泉亨監修・現代損害賠償法講座③〈一九七二、日本評論社〉一五一頁）。したがって、本件では、争点③の「不可抗力」（免責）に該当するかどうかを判断すればそれで足りると考えることもできそうである。その一方で、「予測しえない山崩れ、落雷等の不可抗力によって事故が起こった場合には、特段の事情がない限り、運行と事故の間の相当因果関係が存しない」といったように（坂本・前掲六八頁）、運行起因性の有無で判断しようとする考え方もある。自賠法上、自然災害が関与する事故について、これを運行起因性の問題として捉えるか、それとも過失（不可抗力免責）の問題として捉えるかは、必ずしも理論的に明快な整理がなされているわけではなく、両者が混在して議論が行われているのが実情である。少なくともここでは、「不可抗力」免責が認められる場合は、運行と事故との間の相当因果関係はない（運行起因性はない）、ということが言える程度であろう。

三　本件においては、まず夫Aが本件現場に本件車両を停止させた原因が問題となる。先行車であるE車が既に停車していたため、Aもこれに続いて停車せざるを得なかったのか、冠水道路に進入して走行不能となったために停車したのかという点である。Xは、後者であることを前提として、Aが走行不能となる自損事故を惹起させたと主張している。周知のとおり、前記平成一九年最高裁判決は、高速道路において自損事故を起こした車両の運転者が事故後直ぐに車両を降り、路肩に避難をしたが、その直後に後方から進行してきた大型貨物自動車に轢過されて死亡したケースについて、運行起因事故と死亡との間に相当因果関係があることを認めて、搭乗者傷害保険金の支払を認めたものである。自損事故（運行起因事故）の発生 ⇓ 切迫した危険により直ちに搭乗者が避難を開始 ⇓ 時間的・場所的に近接した車外での別事故によって死亡 ⇓ 運行起因事故と搭乗者の死亡との間の相当因果関係の肯定、というロジックがここで示されていることから、Xは、本件もこれに当てはめて考えようとしたものと思われる。

この点について、原審は、本件車両の「停止の理由は明らかではない」と判示するのに対し、控訴審では、「自損事故を惹起したことを認めることはできない」と判示している。前記平成一九年最高裁判決は、自損事故（運行起因事故）の存在自体には争いがなく、むしろこれを当然のものとして認めた上で、なお時間的・場所的に近接した別事故との相当因果関係が認められるかどうかが問題となっているケースである。原審と控訴審ではアプローチの違いが認められるものの、少なくとも本件車両の停止の原因が特定されておらず、また自損事故（運行起因事故）の立証がなされていない以上、本件は、原審が判示するとおり、平成一九年最高裁判決とは事案を異にするケースであると考える。

次に、本件現場に本件車両が停車した後、Aらが降車をして避難を開始し、そして佐用川の増水・氾濫による濁流に流されたという一連のプロセスにおける、時間的・場所的関係が問題となる。いわゆる相当因果関係の核心に当たる問題である。Ｙ保険会社は、Ａらが停車していた本件車両から降車し、国道を移動（避難）する途中で佐用川の氾濫による濁流に流されているという点を強調しているが、この点は本件を検討する上で重要なポイントになると考える。本件車両が停止した時点において、佐用川は増水していたものの、既に右岸堤防高を越えて浸水が始まっていたのかどうかは明らかではなく（右岸堤防高を越えたのは午後九時ころとされている）、本件車両の停止時における道路の水位も定かではないが、停止後徐々に水位が高くなってきたことにＡらは身の危険を感じ、本件車両を降車して本件国道を歩いて避難せざるを得なかったというのが、ごく自然な経過であると思われる。

さらに、事故当時における佐用川の増水・氾濫の状況についてである。本件の事実認定によれば、本件車両が中国自動車道作東インターチェンジを出るに際し、一般道路の状況等に関する情報は提供されていなかったこと、目撃者Ｆの証言などにより、Ａらが本件現場に到着したのは平成二一年八月九日午後九時前ころのことと推認できるが、本件国道については事故当時特に通行規制はされておらず、佐用町佐用地区にも未だ避難勧告は発令されていなかったこと、台風九号の影響で佐用町付近に雨雲が停滞したため、佐用地区においては午後九時台に一時間雨量が八九ミリメートル、一日雨量が三二六・五ミリメートル（ともに、統計を取り始めた昭和五二年以来の最高値）にも達する大雨となり、「二〇〇年に一度の降雨」を遥かに凌ぐものであったことがそれぞれ認められている。まさに人知を超える、予測不能な大雨であったというべきものであり、本件車両を降車して本件道路を避難中であったことを併せて勘案すると、妻Ｂおよび長男Ｃは、予測を超える局地的な集中豪雨による佐用川の氾濫という自然災害によって死亡したものというべきであろう。運行起因性の問題として本件を捉えた場合、「自動車本来が有する固有の危険が具体化したものではないから、本件車両の運行によるものとはいえない」というべき事例であり、この点を明確に判示する原審およびこれを踏襲した控訴審は、いずれも妥当であると考える（「（運行）によって」の判断を通して、自動車の持つ本来的な危険が具体化・顕在化することによって発生したかどうかの判断を行うべきであると主張するものとして、丸山・前掲一〇七頁）。

四　本件を過失（不可抗力免責）の問題として捉えた場合には、どのような結論になるであろうか。不可抗力免責が争われた過去の裁判例としては、広島地判平成五年二月二四日交通民集二六巻一号二五二頁が挙げられる。このケースは、折からの集中豪雨によって町長から住民に対し避難命令が出されたため、消防団長であるIが住民GおよびHを普通乗用自動車に同乗させて避難場所へ走行中、国道が崩壊してその自動車が河川に転落、三名が溺死したという事故において、避難を嫌がるGやHに執拗に避難を勧めて同乗をさせたこと、集中豪雨のさなかを自動車で進行させたことに過失があるという主張が原告側から行われたのに対し、「嫌がるGやHに執拗に避難をすすめて自動車に乗せたという点は、自動車運行上の過失というべきではないと考えられ」、「Iには本件事故の発生について過失はなく、本件事故は道路の崩壊という自然現象によって発生したものである」ことから、自賠法三条但書により、Iには損害賠償責任は認められないと判示している。その趣旨からすれば、いわゆる不可抗力免責を認めたものと考えられる。

本件については、「一〇〇年に一度の降雨」を遥かに凌ぐ、人知を超える、予測不能な大雨であったという点からすれば、通常人がその危険を予見することはおよそ困難であり、書かれざる免責条項である「不可抗力」に該当するケースであると考える。この点、原審では不可抗力免責の判断を行っていないのに対し、控訴審では、「BおよびCの死亡は不可抗力によるものというべき」であると判示しているのが注目されよう。もっとも、この判旨は、本件自損事故とBおよびCの死亡との間に相当因果関係が肯定されるかどうかという判断の中で触れられているものであり、必ずしもその趣旨は明確とはいえないが、その自然災害（局地的な集中豪雨による佐用川の増水・氾濫）が尋常なものではなかったことに着目をし、不可抗力免責を認めたのであれば、その結論は妥当なものであろう。

なお、念のため付言をすると、Aが本件事故現場に到達した経緯（本件国道については事故当時特に通行規制はされておらず、佐用町佐用地区にも未だ避難勧告は発令されていなかったこと）からすると、少なくともAが佐用川の氾濫を予見して危険の回避をすることは困難であったものと解される。過失の予見可能性の対象をどこに設定するべきかについては議論のあるところであるが、予測不能な自然災害が死亡の原因となっている本件の場合、いわゆる運行上の過失（自賠法三条の過失）も認められないと考えてよいように思われる。自賠法三条は、過失責任主義を前提として、過失等の立証責任を加害者に負わせたものであり、民法七〇九条の注意義務以上の高度な義務を運行供用者に課したものではなく（篠田・前掲一五七頁、島林樹「自賠法三条但書の免責」塩崎勤編・交通損害賠償の諸問題〈一九九九、判例タイムズ社〉一七九頁等）、自然災害が原因となる場合でも同様であると解される。過失の予見可能性の対象範囲を部分的、断片的に考えることはもちろん可能であるが、運行上の過失を検討する場面においても、死亡の本質的原因が何であったのかという視点を欠落させてはならないと考える（後記五参照）。

また、Xは、飛騨川バス転落事故における自賠責保険の取扱いを先例として引用しているが、このケースは、昭和四三年一〇月一一日に閣議の了承を得て、自賠責保険の死亡保険金三〇〇万円を遺族に支払うことが決定されたものであり（加藤一郎＝宮原守男＝野村好弘座談会「災害による自動車事故と補償―飛騨川バス転落事故を機縁として―」ジュリ四一〇号一六頁）、その後、国道の設置管理の瑕疵に起因するものとして国を相手にして行われた損害賠償請求訴訟では、「旅行主催者および運転手らにおいて、本件事故当時の判断・行動につき、より慎重な配慮が望ましかったとはいえようが、過失があったとまでは断定するのは酷というべきである」として、原審（名古屋地判昭和四八年三月三〇日判時七〇〇号三頁）が肯定した旅行主催者・運転手の過失を控訴審（名古屋高判昭和四九年一一月二〇日判時七六一号一八頁）が否定しているという、極めて特異な事例であるということを看過してはならないと考える。

五　以上のとおり、本件の原審および控訴審の結論は、支持されるべきものと考える。自然災害による事故（死亡）を運行起因性の問題として捉えるか、過失（不可効力免責）の問題として捉えるかは、なお議論が必要なところであるが、実務の判断においても、予見可能性（過失）の有無の判断が運行起因性の判断の中で行われるといったことがしばしば見られるところであり、両者の境界は必ずしも明瞭なものとは言えない。問題となるのは、自然災害（自然現象）の発生がある程度予見し得たにもかかわらず、運転者がなお危険の高い運行を継続したと認められるようなケースであるといえよう。この場合には、運行と事故発生との間の相当因果関係を認めるべきであるという考え方もあり（坂本・前掲六八頁）、個別ケースごとに慎重な判断が求められるところであるが、発生した自然災害が人知を超える、およそ予想もつかないようなレベルのものであった場合には、部分的・断片的な予見可能性が事故当時認められたとしても、なおこれを凌駕して事故全体を自然災害によって発生したものと評価すべきケースが存在するものと考えたい。予見可能性の対象が何であるかという問題はあるが、控訴審判決が「仮に、本件自損事故があり、Aにその事故につき予見可能性があったとしても、BおよびCの死亡は、水位が上昇しつつあり、冠水部分中の水流に逆らって避難する際、予期せぬ強い水流によって流されたことがその原因であると認められるから、それ自体、午後九時過頃に始まった佐用川の右岸氾濫によるものと解されるのであって、本件自損事故とBおよびCの死亡との間に相当因果関係があるとは認められない」と判示している点をここでは指摘しておきたい。

東日本大震災等、未曾有の自然災害が起こり得る中、自賠法三条責任の基本的構造を踏まえ、保険事故の対象である自動車事故として評価すべきものと自然災害による事故として評価すべきものとについて、今後とも一定の合理的な線引きを行うことが必要であると考える。

二〇　個人年金保険の勧誘をした銀行および生命保険会社の適合性原則違反・説明義務違反等による損害賠償責任がないとされた事例

〔仙台地裁平成二五年一〇月二日判決（平成二三年(ワ)第一五一八号、不当利得返還請求等事件）金融・商事判例一四三〇号三四頁〕

ＮＫＳＪひまわり生命保険株式会社　田　中　秀　明

一　問題の所在

金融機関は投資性商品等を販売するとき、金融取引について、顧客の知識、経験、財産の状況および金融取引契約を締結する目的に照らして不適当と認められる勧誘を行って投資者の保護に欠けることとならないことという適合性の原則（金融商品取引法四〇条一号参照）に則って販売することが求められる。また、この条項は、保険業法三〇〇条の二でも「特定保険契約」（保険業法施行規則二三四条の二において変額保険、変額年金保険、外貨建保険等が指定されている）の締結またはその代理もしくは媒介について準用されている（石田満・保険業法二〇一三〈文眞堂〉六七五頁以下参照）。

かつて、昭和時代末期に相続税対策等として銀行融資と一体型で販売された生命保険会社の一時払変額保険が、バブルの崩壊に伴い、元本割れ等を生じ、融資金の返済ができなくなる等の損害が生じて、銀行の不法行為責任等が追及された時代があったが、これらが一巡し、金融商品販売法等により元本欠損のおそれの説明義務や断定的判断の提供の禁止等の法整備がされてきており、上記金融商品取引法制は平成一九年九月三〇日から施行された。その結果として、融資一体型変額保険のような事例は皆無に近いが、保険商品に関する損害賠償請求訴訟等は若干起こされている。この点、東京地判平成二三年八月一〇日金法一九五〇号一一五頁および福岡地判平成二三年一一月八日金法一九五一号一三七頁は、銀行による変額個人年金保険の販売に関し適合性原則違反等を否定していることが参考となる（本判決については石田満編「保険判例二〇一三」〈保険毎日新聞社〉一七八頁〈田中秀明〉の評釈がある。また、石田満編「保険判例の研究と動向二〇一四」二六四・二七〇頁の紹介がある）。

本事案も適合性原則違反および説明義務違反が争われたが、本判決はこれを否定している。

以下、直近の法制動向も含めて概説・検討することにする。

二　事実の概要

Xは昭和一二年生まれで無職の女性（平成一九年七月当時六九歳）であり、平成一五年一〇月に夫を亡くし、娘と二人暮らしであり、Y_1銀行に複数の預金口座を有していた。本事案は、XがY_1銀行の行員である（生命保険募集人でもある）Y_2の勧誘により、預金とは異なる商品であることを理解しないまま、投資信託および個人年金保険の取引をして損害を被ったとして、（一）投資信託の購入に関して、①Y_1銀行に対し、錯誤無効を主張して、不当利得返還請求権に基づき、②Y_1銀行およびY_2に対し、勧誘行為の違法を主張して、債務不履行・不法行為に基づき、③Y_1銀行に対し、預金契約上の義務（預金取引において入手した情報の目的外利用の禁止）違反があると主張して、債務不履行に基づき、Xが投資信託購入費用として支払った一〇〇〇万円の連帯支払いを求め、（二）Y_3生保会社を引受保険会社とする保険契約（「モンターニュ」と称する通貨選択型個人年金保険の契約）に関して、①Y_3生保会社に対し、錯誤無効・クーリングオフ解除を主張して、不当利得返還請求権に基づき、②Y_1銀行、Y_2およびY_3生保会社に対し、Y_1銀行およびY_2の勧誘行為の違法を主張して、不法行為に基づき、③Y_1銀行に対し、預金契約上の義務（預金取引において入手した情報の目的外利用の禁止）違反があると主張して、債務不履行に基づき、Xが保険料として支払った額から受領した保険金額を控除した一六一万八四九九円の連帯支払い、（三）被告らに対し、上記の各不法行為および債務不履行により、Xの慰謝料一五〇万円および弁護士費用二〇〇万円の損害が生じたと主張して、合計三五〇万円の連帯支払い、（四）これらに対する催告通知の翌日である平成二三年三月二日以降民法所定年五分の割合による遅延損害金の連帯支払いを求めた事案である。

なお、本稿では、前述（二）保険契約に関する事実関係および判示内容を中心に記述する。

Xは、Y_1銀行および生命保険募集人でもあるY_2の勧誘により、平成一九年九月二一日、Y_3生保会社を引受保険会社とする通貨選択型個人年金保険である「モンターニュ」（契約通貨は日本円、米ドル、豪ドルの中から米ドルを選択）の申込みをし、Y_3生保会社に対し、一時払保険料として八五〇万円を支払った。Xは、年金の受取方法として円貨による年金原資の一括受取を選択し、平成二四年九月二一日、Y_3生保会社から六八八万一五〇一円を受領した。したがって、Xは、本事案において前述（二）のとおり、支払った保険料八五〇万円とこの金額との差額を本件保険契約にかかる損害としている。

三　判旨（請求棄却、控訴）

「5　本件保険契約の錯誤無効の有無、クーリングオフ解除の可否（争点4）について

(1)　錯誤無効について

モンターニュが個人年金保険であり、その名称からすれば、保険であって預金でないことは明らかであること、Xが、その内容を確認したとして署名を行っている「保険商品のご提案に当たって」や「意向確認書」、原告に交付したと認められる「特に重要なお知らせ」等には、預金と異なることや、元本の保証がないこと等が記載されており……（中略）……によれば、Xがモンターニュを預金あるいは預金と同様の元本確保型と誤認していたとは認められず、他にXの錯誤を認めるに足りる証拠はない。

(2)　クーリングオフ解除について

……（中略）……クーリングオフ解除の事実は認められない。

6　本件保険契約締結にあたりY1及びY2が行った勧誘行為の違法性の有無（争点3）について

(1)　預金誤認防止義務違反、断定的判断の提供、説明義務違反、誠実・公正義務違反、善管注意義務違反について

前記4で認定したとおり、モンターニュの勧誘において、Y2は、ファイナンシャルアドバイザーであるAを同行して、二日（二回）にわたり説明を行っている。そして、上記説明において、Xに対し、各種書面が交付され、これらの書面には、預金との違い、元本欠損のリスク、為替リスク等について、重ねて説明が記載され、Xに対してその具体的な内容について説明がなされた事実が認められる。また、Y1銀行は、個人年金保険取扱事務基準や、生命保険販売におけるコンプライアンスマニュアル、同追補版、個人年金保険取扱事務基準について定め、上記事務基準に沿った書面作成がなされているところ、Y2やAがそろって上記の規定等に反した勧誘を行ったことをうかがわせる事情は認められない。また、Xが殊更に判断能力に劣っていたり、判断を妨げる事情があったとも認められない。

また、Xは、Y2が、銀行の利息が付く、五年間おいておけば必ず出したお金以上になってくる等の発言をし

た旨主張するが、……（中略）……Y２が、Y１銀行の取扱事務基準やコンプライアンス指導に反して殊更に利益を得られることを確実であると誤信させるような断定的発言をしたと認めるには足りない。

以上によれば、Y２及びAの勧誘に、預金誤認防止義務違反、断定的判断の提供、説明義務違反は認められず、誠実・公正義務違反や善管注意義務違反も認められない。

⑵　適合性原則違反

前述３⑵で説示の事情〈筆者注〉Xは、国債および投資信託の投資経験があり、Y１銀行の預金だけで約八八〇万円を有し、本件投資信託申込み当時六九歳であり、殊更に判断能力が劣っていたり、書類の判読が困難であったり、説明の理解が困難であることをうかがわせる事情はないこと等）に加え、本件保険契約の原資となった資金は、Xがいずれも国債として保有していたものであり、余裕資金であったことが窺われること、Xは、投資信託ではなく、国債や定期預金よりも利息の高いもの、という運用の意向を持っていたと認められること、モンターニュは、Y１銀行の投資商品の分類において、「元本の安全性に加え、収益性（値上がり）とのバランスを重視したい」に位置づけられていること（乙三三）からすれば、本件保険契約締結に係る勧誘が適合性原則に反し違法であるとはいえない。

７　Y１銀行が預金取引で入手した情報を利用した行為の違法性の有無（争点５）について

……（中略）……本件の各取引にあたりY１銀行が預金取引等で入手した情報を利用したことは、上記プライバシーポリシーに反するものではない上、そもそもY１銀行は、預金取引上の義務として、同取引に基づき入手した情報につき、預金取引目的外利用を行ってはならない契約上の義務を負っているものと認めるに足りる証拠はない。さらに、モンターニュの購入に係る勧誘においては、Xは、「お客さまへ保険商品のご提案を行うにあたり、当行とお客さまの取引に関する情報（預金・為替・融資等の情報）について、お客さまのコンサルティング上、必要な範囲において利用させていただく場合があります。」と記載された「保険商品のご提案にあたって」

（丙一の一・二）について予め口頭で合意をしているから、本件保険契約の勧誘等においてXの預金取引上の情報を利用することに義務違反は生じない。

したがって、Y_1銀行が、預金取引で入手した情報を利用した行為に契約上の義務違反は認められない。」

四　本判決の検討

一　本判決は、通貨選択型個人年金保険の締結を勧誘した当該保険契約の募集人である銀行の担当者ならびに同銀行および当該保険の引受保険会社について、同担当者（募集人）の勧誘に預金誤認防止義務違反、断定的判断の提供、説明義務違反が認められず、誠実・公正義務違反、善管注意義務違反も認められないだけでなく、適合性原則に違反したとも認められない判示の事実関係の下においては、同保険契約を締結した顧客に対する損害賠償責任はない、としたもので、生命保険契約における重要事項説明、適合性原則違反等を否認した判例に一事例を加えるものである。

近時の同種事案としては、前述した二事案、すなわち①東京地判平成二三年八月一〇日金法一九五〇号一一五頁、②福岡地判平成二三年一一月八日金法一九五一号一三七頁があるほか、③大阪地判平成二一年九月三〇日消費者法ニュース八二号二二一頁、④東京地判平成二四年三月二九日LEX／DB　25493288、⑤東京地判平成二四年一一月二一日LEX／DB　25497945があり（③～⑤事件については、深澤泰弘・①事件判批「保険事例研究会レポート」二七三号一頁、特に四頁以下参照）、いずれも適合性原則違反は認めておらず、裁判例においては基本的には、近時、銀行等金融機関代理店が販売の勧誘を行う生命保険商品について、最低限の必要な重要事項説明と意向確認に基づく募集ができていないとされる事例は減少している傾向にあるといえよう（ただし、③事件については、「不当な乗換募集等保険募集人の不当勧誘をうかがわせるといった特殊な事情がある中で、既契約の解約をさせてまで新しい契約を勧める以上、保険の変更に伴う利害得失を十分説明すべきであったとか、為替リスクを十分理解しているとはいえない保険契約者に対して、一般的な説明に止まらず、より詳細で分かりやすい説明をする必要があったという判示がなされている」と評価されている〈深澤・前掲六頁〉）。

本事案においても、判旨6(1)のとおり、「預金誤認防止義務違反、断定的判断の提供、説明義務違反は認められず、誠実・公正義務違反や善管注意義務違反も認められない」としたほか、判旨6(2)のとおり、「本件保険契約締結に係る勧誘が適合性原則に反し違法であるとはいえない」と判示している。

二　過去においては、特に融資一体型の変額保険を中心に一部保険募集人（外務員）の説明義務違反および断定的判断の提供が認められた事例（最二小判平成八年一〇月二八日金法一四六九号四九頁）や融資契約の錯誤無効と銀行および保険会社の不法行為責任が認められた事例（東京高判平成一六年二月二五日金商一一九七号四五頁、上告不受理となっている）等も存在する（変額保険訴訟について分析・整理したものとしては、山﨑健一＝道尻豊＝宮田隆男「最近の裁判例にみる変額保険訴訟の到達点(1)〜(3)」ＮＢＬ七七九号、七八一号、七八四号、金融機関の投資取引をめぐる裁判例として分析・整理した升田純「現代型取引をめぐる裁判例〈三〇六〉〜〈三一一〉」判時二一五〇号・二一五二号・二一五三号・二一五五号・二一五六号・二一五八号等参照。また、深澤・前掲三頁参照）。

このような経緯等も踏まえて、適合性の原則については、最一小判平成一七年七月一四日民集五九巻六号一三二三頁が「証券会社の担当者によるオプションの売り取引の勧誘が適合性の原則から著しく逸脱していることを理由とする不法行為の成否に関し、顧客の適合性を判断するに当たっては、単にオプションの売り取引という取引類型における一般的抽象的なリスクのみを考慮するのではなく、当該オプションの基礎商品が何か、当該オプションは上場商品とされているかどうかなどの具体的な商品特性を踏まえて、これとの相関関係において、顧客の投資経験、証券取引の知識、投資意向、財産状態等の諸要素を総合的に考慮する必要があるというべきである」

等と判示して判断基準を示している（田中・前掲一八九頁、なお、深澤・前掲六頁には適合性原則の適用基準が要領よくまとめられている）。

法制面においては、金融機関が投資性商品等を販売するとき、「金融商品取引行為について、顧客の知識、経験、財産の状況及び金融商品取引契約を締結する目的に照らして不適当と認められる勧誘を行って投資者の保護に欠けることとなっており、又は欠けることとなるおそれがあること」とならないように、その業務を行わなければならない（金融商品取引法四〇条一号）とされており、また、この条項は、保険業法三〇〇条の二でも「特定保険契約」（保険業法施行規則二三四条の二において変額保険、変額年金保険、外貨建保険等が指定されている）の締結またはその代理もしくは媒介について準用されている。

しかしながら、前述一のとおり、近時の融資一体型ではない特定保険契約の募集においては、一般的な生命保険や年金保険に比較するとリスクは高いものの、そのリスクは中途解約すると元本割れを起こす可能性があるというもので比較的限定されており、必ずしも理解され難いものではなく（深澤・前掲八頁。ただし、ほかに為替差損等が出現してややわかりにくい保険商品も一部存在する）、近時整備された重要事項説明・意向確認手続きにおいて、契約概要・注意喚起情報等が契約者に手交され、意向確認書面が作成される等の手順が踏まれるので（保険会社向けの総合的な監督指針に詳細が示されている。田中・前掲一八九頁）、書面上の証跡も残されるため、募集人側の適合性原則違反が認定されることはまず考えられない。

本事案においても前述「三　判旨」には抽出しなかったが、まず事実認定において各種書面を駆使しながら契約手続きが進められたことが認定された上で、「Y２は、Xに対し、モンターニュのパンフレット（丙二）、「特に重要なお知らせ」（丙八）、「商品の仕組みと特徴（契約概要）」（丙七）、「個人年金保険設計書」（丙六）、「保険商品のご提案にあたって」の控え（丙一の二）、「意向確認書」（丙一〇）を封筒（丙一一）にまとめ、渡した（丙一六）」事実が認定されている。そして、このことを踏まえて、判旨６⑵のとおり、適合性原則に関する法制の定める要件も踏まえて「前述3(2)で説示の事情〈注〉Xは、国債および投資信託の投資経験があり、Y_1銀行の預金だけで約八八〇万円を有し、本件投資信託申込み当時六九歳であり、殊更に判断能力が劣っていたり、書類の判読が困難であったり、説明の理解が困難であることをうかがわせる事情はないこと等）に加え、本件保険契約の原資となった資金は、Xがいずれも国債として保有していたものであり、余裕資金であったことが窺われること、Xは、投資信託ではなく、国債や定期預金よりも利息の高いもの、という運用の意向を持っていたと認められること」（傍線は筆者）等と認定して、適合性原則違反が認められないという判断に至っており、論理上、問題のない判断である。

ただし、山下友信教授が前掲・深澤のコメント（一〇頁）で述べるように「法律上の義務違反はないのに、なぜ本件のようなトラブルが生ずるかを考えてみることは必要」である。前掲①事件のように退職金の大半を特定保険契約を含む投資性商品につぎ込んだ場合、本事案のように比較的高齢の顧客に保険商品の販売を行う場合、前掲③事件のように既存の簡易保険を解約して特定保険契約を契約する乗換募集の場合等においては、たとえ法的な責任レベルまで達するものではないとはいえ、保険契約者との間を円滑な関係に維持していくためには、トラブルを防止するためにも、保険会社側により丁寧な説明と顧客の意向を確認・把握したうえでの契約締結手続きを進めることが求められているといわねばなるまい（生命保険協会におけるＡＤＲ機関である裁定審査会においては、契約者・保険会社間の和解による実際的な解決が図られている事例が一定数あることについて、田中・前掲一九一頁参照）。

三　平成二六年三月一四日閣議決定され、第一八六回国会に提出された「保険業法等の一部を改正する法律案」（以下「保険業法改正案」という）においては、保険募集に際しての「意向把握義務」および「情報提供義務」に関する規定が新設されるとともに、これらの義務が「加入勧奨」行為においても課されることになっている（保険業法改正案は、金融審議会の「保険商品・サービスの提供等の在り方に関するワーキンググループ」が平成二五年六月七日に公表した報告書「新しい保険商品・サービスのあり方について」を踏まえて改正されるもので、五月二三日参議院本会議において可決成立した）。

まず、「意向把握義務」については、改正案では二九四条の二（顧客の意向の把握等）が新設され「保険会社等若しくは外国保険会社等、これらの役員（保険募集人である者を除く。）、保険募集人……（中略）……は、保険契約の締結、保険募集……（中略）……その他の当該保険契約に加入させるための行為に関し、顧客の意向を把握し、これに沿った保険契約の締結等（保険契約の締結又は保険契約への加入をいう。以下この条において同じ。）の提案、当該保険契約の内容の説明及び保険契約の締結等に際しての顧客の意向と当該保険契約の内容が合致していることを顧客が確認する機会の提供を行わなければならない」とされている（「保険契約者等の保護に欠けるおそれがないものとして内閣府令で定める場合は、この限りでない」とのただし書きが付されている）。この改正案によれば、保険募集人等は、Ⅰ顧客の意向の把握、Ⅱ顧客の意向に沿った保険契約の提案およびその保険契約の内容の説明、Ⅲ保険契約の締結等に際しての顧客の意向とその保険契約の内容が合致していることを顧客が確認する機会の提供、の三点の充足を求められることになる（足立格「保険募集規制に係る最近の保険業法および保険監督指針の改正動向」ＮＢＬ一〇二五号四八頁参照）。

また、「情報提供義務」については、現行保険業法二九四条（顧客に対する説明）が改正案では二九四条（情報の提供）と見出しが変更され、一項（新設）において保険会社、保険募集人等は「保険契約の締結、保険募集……（中略）……その他の当該保険契約に加入させるための行為……（中略）……に関し、保険契約者等の保護に資するため、内閣府令で定めるところにより、保険契約の内容その他保険契約者等に参考となるべき情報の提供を行わなければならない」とされている（ただし、特定保険契約については、当該規定の対象としては除かれており、既に三〇〇条の二で金融商品取引法が準用された適合性原則の中で対処されることとなる。なお、本条においても二九四条の二と同じく「保険契約者等の保護に欠けるおそれがないものとして内閣府令で定める場合は、この限りでない」とのただし書きが付されている）。情報提供義務の対象となる情報の内容や提供方法については、内閣府令（保険業法施行規則）で定めるとされているため、現時点では明らかでないものの、現状運用されている「契約概要」「注意喚起情報」等による情報提供がより活発化され、特にリスクの高い保険についてはより顧客の知識等に応じた適切な情報提供が求められることになると思われる（足立・前掲五〇頁参照）。

これらの内容を含む保険業法改正案（足立・前掲のほか小林雅史「保険募集ルールの整備—他業態に平仄を合わせた保険業法の改正—」保険年金フォーカス〈ニッセイ基礎研究所〉２０１４-０４-２２参照）は、上記のとおり、五月二三日参議院本会議で可決成立した。これら重要な二つの規定は公布の日から起算して二年を超えない範囲内において政令（保険業法施行令）で定める日から施行されることになるので、それを先取りするかたちで「保険会社向けの総合的な監督指針」に意向把握、情報提供にかかる新ルールが来年度（平成二七年度）にも導入されることも考えられる。おそらくその中では、意向把握に関し保険業法改正案の定める前述ⅠからⅢのステップを的確に踏むために、意向確認書面の実効あるあり方等が定められることも想定される。

このように保険業法改正が施行され、関連ルールが整備実施された場合には、監督法規上の規定であるとはいえ、意向把握義務、情報提供義務が法的な責任レベルまで上がることになるので、これら「把握」「提供」が十分といえない場合の法律上の損害賠償責任が認められる範囲が現状よりも拡大することになると思われる。また、このような保険業法の改正施行が日程に上っている背景を考慮すれば、現時点においても、本事案のような投資性のある保険商品の販売に際して、保険募集人および保険会社にはより顧客のニーズ、資産状況、加入動機、年齢等に応じた対応が求められているとともに、その他の保険商品においても、それぞれの商品の特性に応じた顧客意向の把握に基づいた説明と合意が求められているといえよう。

第二部　新保険判例の動向

保険判例等研究会

一　新保険判例の動向（責任・新種・海上（運送）保険関係）

はじめに

新保険判例の動向（責任・新種・海上（運送）保険関係）において、次の九件の判決例を取り上げた。

第一事件　東京地判平成二三年七月一五日は、海上運送事故により損害を填補した保険会社の保険代位に基づく損害賠償請求の国際海上物品運送法一三条の責任制限の適用の有無が争われた事例である。

第二事件　仙台高判平成二三年九月二二日は、パナマ船籍の貨物船とロシア船籍のトロール漁船との衝突事故につき、日本の国際裁判管轄が否定された事例である。

第三事件　東京地判平成二三年九月三〇日は、船舶の衝突につき、避航船の船員の過失を七割、保持船のそれを三割とされた事例である。

第四事件　山口地下関支決平成二四年一月一〇日は、船舶に対する抵当権および根抵当権の効力が再編整備等推進支援事件の不要漁船処理対策にかかる請求権に及ばず、差押債権につき物上代位権を行使できない、とされた事例である。

第五事件　東京地判平成二四年三月三〇日は、税理士（被告）において、消費税課税事業者選択届出書の提出につき助言等をする義務があったとはいえない、とされた事例である。

第六事件　神戸地尼崎支判平成二四年五月一〇日は、製造物責任法五条一項後段の損害賠償請求権の除斥期間一〇年を経過している、とされた事例である。

第七事件　大阪地判平成二四年九月一三日は、被保険者の告知義務違反による生命保険契約の解除が有効であり、受任した弁護士に対する損害賠償請求が棄却され、また、その弁護士賠償責任保険の代位請求が却下された事例である。

第八事件　東京地判平成二四年一〇月一六日は、原告の母の死亡に伴い相続税の申告手続を受任した被告税理士法人において原告が重加算税等が課せられたことにつき、被告税理士法人の債務不履行責任が否定された事例である。

第九事件　東京地判平成二五年八月二六日は、弁護士費用等担保特約に基づく保険金請求が斥けられた事例である。

一　東京地判平成二三年七月一五日判例タイムズ一三八四号二七〇頁

> 貨物海上保険契約にかかる保険事故（本件第一事故および第二事故）により損害を填補した保険会社の保険代位に基づく損害賠償請求が国際海上物品運送法一三条の責任制限を受けないとして全部認容され（一事件）、またその責任制限を受けるとしてその制限内で一部認容された（二事件）事例（損害賠償請求事件）（一部認容）（控訴）

X_1保険会社、X_2保険会社（原告）対Y運送人（被告）

「(3)　原告らの請求と国際海上物品運送法13条について

ア　本件第1事故について、国際海上物品運送法13条による責任制限額が前記(1)ウ(ア)のとおりであるところ、この金額は、前記4(2)に認定の、本件第1事故に関し原告らが保険代位により取得した被告に対する損害賠償請求権の金額を下回る。したがって、本件第1事故については、同条によって、原告らが被告に対して請求できる損害賠償の金額が制限されることはない。

イ　本件第2事故については、同法13条の定める責任制限額が前記(1)ウ(イ)のとおり、本件貨物Aにつき1億4648万2365円、本件貨物Bにつき4億7392万1504円、本件貨物Cにつき1億1056万2375円であるところ、前記5(2)のとおり、原告らが被告に対して有する損害賠償請求権元本の金額は、前記5(4)であり、本件口頭弁論終結時において、TTSレートで1米国ドル83・15円であったこと（甲ロ67）を踏まえて計算すると、本件貨物A、B及びCのいずれについても、原告らが保険代位した損害賠償請求権元本は、同条の定める責任制限額を超えるから、原告らの請求は同条による制限を受ける。

したがって、原告らが本件第2事故に関して被告に請求できる金額は、次のとおりとなる。

(ア)　原告シー・エヌ・エイが被告に対して請求できる損害賠償請求権は、インコ・リミテッドから保険代位によって取得した損害賠償請求権のうち元本5844万8387円（小数点以下切り捨て）（＝(本件貨物Bの責任制限額＋本件貨物Cの責任制限額)×0・1）及びこれに対するインコ・リミテッドに対する保険金支払日の翌日である平成13年3月17日から支払済みまでの商事法定利率年6分の遅延損害金、住友金属鉱山から保険代位によって取得した損害賠償請求権のうち元本1464万8236円（小数点以下切り捨て）（＝(本件貨物Aの責任限度額)×0・1）及びこれに対する住友金属鉱山に対する保険金支払日の翌日である平成13年3月28日から支払済みまでの商事法定利率年6分の割合による遅延損害金となる。

(イ)　原告モンティセロが被告に対して請求できる損害賠償請求権は、インコ・リミテッドから保険代位によって取得した損害賠償請求権のうち元本5億2603万5491円（小数点以下切り捨て）（本件貨物Bの責任限度額＋本件貨物Cの責任限度額）×０・９）及びこれに対するインコ・リミテッドに対する保険金支払日の翌日である平成13年3月17日から支払済みまでの商事法定利率年6分の割合による遅延損害金、住友金属鉱山から保険代位によって取得した損害賠償請求権のうち元本1億3183万4128円（小数点以下切り捨て）（本件貨物Aの責任限度額）×０・９）及びこれに対する住友金属鉱山に対する保険金支払日の翌日である平成13年3月28日から支払済みまでの商事法定利率年6分の割合による遅延損害金となる。

ウ　なお、運送品の滅失又は損傷に関する運送人の荷送人、荷受人又は船荷証券所持人に対する不法行為に基づく損害賠償の責任については、堪航能力保持義務違反による損害賠償責任と同様の限度額に制限される（国際海上物品運送法20条の2、13条）から、本件第2事故については、不法行為に基づく損害賠償請求権の成否及びその請求権の金額を判断するまでもなく、原告らが被告に対して請求することのできる金額は、前記のとおりとなる。」

❖ コメント

本件は、保険会社である原告らが、主位的に、ピーティ・インターナショナル・ニッケル・インドネシア社を荷送人、被告を運送人とするニッケルマットの海上運送で使用された二隻の船舶において、貨物の不適切な積付けによって、一隻は傾いて航行不能となり、もう一隻は沈没したため、その荷受人が損害を受け、原告らがその損害を保険契約に基づき荷受人に支払ったことにより、荷受人の被告に対する国際海上物品運送法三条、五条または不法行為に基づく損害賠償請求権を保険代位によって取得したとして、被告に対し、損害賠償請求権に基づき支払を求め、予備的に、荷受人から損害賠償請求権の譲渡を受けたとして損害賠償請求権に基づき支払を求めた事案である。

本判決は、貨物海上保険契約にかかる保険事故により、荷受人に保険会社が保険金を支払ったことによる保険代位に基づく運送人に対する損害賠償の金額が制限されるか否かである。結論として、国際海上物品運送法一三条の責任制限は、第一事故（船舶の沈没）については損害賠償の金額が制限されることはない、と判示し、第二事故（貨物の全損、一部回収）についてはこの制限を受ける、と判示している。

すなわち、第一事故については、上記一三条の責任制限額の金額が原告保険会社の保険代位により取得した被告運送人に対する損害賠償請求権の金額を下回る、とし、第二事件については、上記一三条の責任制限額の金額が保険会社の保険代位により取得した被告に対する損害賠償請求権の金額を超える、として、損害賠償額を認定している。そこで、第一事故については損害賠償の金額が制限されることはなく、第二事故については制限される、と判示している。

国際海上物品運送法一三条一項柱書は、「運送品に関する運送人の責任は、一包又は一単位につき、次に掲げる金額のうちいずれが多い金額を限度とする」と規定し、一号は、「一計算単位の六百六十六・六七倍の金額」、二号は、「滅失、損傷又は延着に係る運送品の総重量について一キログラムにつき一計算単位の二倍を乗じて得た金額」と規定している。

二　仙台高判平成二三年九月二二日判例タイムズ一三六七号二四〇頁（原審・仙台地判平成二一年三月一九日判例時報二〇五二号七二頁、判例タイムズ一三〇五号二六七頁）

パナマ船籍の貨物船（原告船）とロシア船籍のトロール漁船（被告船）との公海上での衝突事故につき、

原告船を裸傭船した原告・控訴人（パナマ法人）の被告船を所有する被告・被控訴人（ロシア法人）に対する損害賠償の訴えにつき、日本の国際裁判管轄が否定された事例（損害賠償請求控訴事件）（控訴棄却）（上告受理申立）

X（原告・控訴人）対Y（被告・被控訴人）

「(3)　以上の認定判断に基づき、本件事案の性質、相手方当事者の予測可能性及び応訴による負担の程度、証拠の所在等の証拠調べの利便性、準拠法、その他の事情を彼此勘案してみると、本件は、民訴法5条10号に該当する場合であるとはいえ、その特殊例外的ともいえる裁判籍が認められた趣旨に沿う実体には乏しく、他方で、わが国との関連性が甚だ稀薄な本件をわが国で審理することが相当とはいい難い事情も少なからず存在するというべきであるから、結局、本件をわが国で審理及び裁判することは当事者間の公平、裁判の適正・迅速を期するという理念に反する特段の事情があると判断するのが相当である。

3　以上の次第であるから、当裁判所の判断と同旨の原判決は相当であって、本件控訴は理由がない。」

❖ コメント

本件は、パナマ共和国法人である控訴人が、ロシア連邦法人である被控訴人に対し、二〇〇四年七月三日現地時刻午前一〇時一〇分ころ、千島列島オストロフ・マツア島東方沖合の北太平洋の公海上である北緯四八度〇七分・東経一五四度三五分の地点で発生した、控訴人がパナマ共和国法人Cインクから裸傭船していたパナマ船籍の貨物船アルファ号と被控訴人が所有していたロシア船籍のトロール漁船ベータ号との船舶衝突事故について、被控訴人所有の船舶側に航法違反や操船上の過失があると主張して、不法行為に基づく損害賠償として損害金合計四八八万五〇三〇円およびこれに対する不法行為の日である同日から支払済みまで民法所定の年五分の割合による遅延損害金の支払を求める事案である。

本判決は、本件をわが国で審理および裁判することは当事者間の公平、裁判の適正・迅速を期するという理念に反する特段の事情があると判断するのが相当であるとして、パナマ法人である控訴人の控訴を斥けている。

原判決については、石田満編「保険判例二〇一一」（保険毎日新聞社）三一一頁参照。原判決は、民訴法五条一〇号の規定をわが国に国際裁判管轄を認める根拠規定とすることは、不合理である、とし、日本の国際裁判管轄が否定され、訴えを却下している。

なお、契約上の債務に関する訴え等の管轄権について、現行民訴法三条の三第九号は、「船舶の衝突その他海上の事故に基づく損害賠償の訴え」について、「損害を受けた船舶が最初に到達した地が日本国内にあるとき」とある。改正前の「損害を受けた船舶が最初に到達した地」とあったのを変更している。

本判決の日本の国際裁判管轄を否定する根拠については、この変更はなんら影響を及ぼすものでない。

本事案は、保険事件でないが、海事事件として取り上げる意義のある事例である。

三　東京地判平成二三年九月三〇日判例タイムズ一三七九号一九三頁

船舶間の衝突事故に関し、横切り船航法（海上衝突予防法一五条）が適用されるとし、原告避航船（ワ号）の船員の過失を七割、被告保持船（ア号）の船員の過失を三割とされた事例（損害賠償請求事件）（中間判決）

X^1（原告ワ号船主）、X^2（原告傭船者）対Y（被告ア号所有者）

「1　争点1（船舶が輻輳し同一地点に集まっていたことを理由として、ワ号とア号に船員の常務が適用されると解すべきか。）について

原告らは、本件衝突が生じた当時、本件衝突が生じた海域に、ワ号、ア号、ジ号及びニ号の4隻が集まっていたから、適用される航法規定がなく、船員の常務が適用されると主張する。この点について検討すると、海上衝突予防法第2章は、船舶の遵守すべき航法を規定し、同章第2節では、互いに他の船舶の視野の内にある船舶の航法を規定しているところ、同節における規定では、二船間の関係における航法に関して規定しているものの、2隻を超える船舶が視野の内にある場合に同節の規定が適用されないとは規定していないから、多船間の関係も一船対一船の航法関係に還元し、そのどちらか一方の船舶に他方の船舶の進路を避けさせることを基本原則としていると解される。したがって、多数の船舶が存在するだけでなく、複数の船舶に対して相矛盾する義務を同時に負う船舶が存在し、二船間の航法によることができないなどの特段の事情のある場合に初めて、同2節に規定された航法が適用されず、船員の常務（同法39条）に従うべきことになると解するのが相当である。

そうすると、本件においても、ワ号とア号との関係で適用される航法が何か、この航法によってワ号やア号がいかなる義務を負うかを検討し、この義務と、ワ号及びア号が、ジ号又はニ号との関係で適用される航法によって負う義務とが相矛盾する関係にあるかを検討することによって、船員の常務が適用されるかを判断すべきであり、単に多数の船舶が同一海域に集まっていたという事実のみで船員の常務を適用すべきとは解されない。

2　争点2（ワ号とア号には、横切り船航法が適用されるか。）について

(1)　被告は、ワ号とア号の関係では、横切り船航法（海上衝突予防法15条）が適用されると主張する。

同条にいう、「2隻の動力船が互いに進路を横切る場合において衝突するおそれがあるとき」とは、両船の船長が実際に衝突の危険を認めた関係にあることをさすものではなく、注意深い船長が注視していたとすれば衝突の危険があるものと認めるべき関係にあることをさすものと解すべきである（最高裁昭和36年4月28日第二小法

廷判決・民集15巻4号1115頁）。

そして、同法7条は、船舶は、他の船舶と衝突するおそれがあるかどうかを判断するため、そのときの状況に適したすべての手段を用いなければならず（同条1項）、接近してくる他の船舶のコンパス方位に明確な変化が認められない場合は、これと衝突するおそれがあると判断しなければならず、また、接近してくる他の船舶のコンパス方位に明確な変化が認められる場合においても、大型船舶に接近し、又は近距離で他の船舶に接近するときは、これと衝突するおそれがあり得ることを考慮しなければならない（同条4項）と規定しているから、衝突のおそれの有無は、接近してくる他の船舶のコンパス方位の変化、その他の諸般の事情を総合考慮して判断する必要がある。」

「(6)　以上の検討の結果、ワ号及びア号については、午前1時48分00秒ころ以降、本件衝突に至るまで、横切り船航法が適用され、ワ号が避航船、ア号が保持船であったと認められる。

3　争点3（ア号の船員につき、本件衝突の発生と相当因果関係を有する過失があったと認められるか。）について

(1)ア　前記2で説示のとおり、ワ号とア号との間には、遅くとも午前1時48分00秒の時点で、互いに進路を横切る場合において衝突するおそれがある関係が生じ、両船には海上衝突予防法15条1項の横切り船航法が適用され、ワ号が避航船、ア号が保持船という関係であったから、保持船であるア号は、その針路及び速力を保たなければならなかった（海上衝突予防法17条1項）が、他方、避航船であるワ号と間近に接近したため、ワ号の動作のみではワ号との衝突を避けることができないと認める場合は、同項の規定にかかわらず、衝突を避けるための最善の協力動作をとる義務を負う（同条3項）。

前提事実(6)、甲1、乙7、弁論の全趣旨によれば、ア号のA[2]二等航海士が、本件衝突の約1分12秒前である午前1時52分25秒ころ、ア号との距離が約0・7海里のときに、ワ号に対してレッドトゥレッドを呼びかけ、ワ

号のW2二等航海士がこれに同意し、ワ号とア号との間でレッドトゥレッドの合意が成立したことが認められるところ、同時刻の両船間の距離、両船の針路及びその速力に加え、両船の運動性能を考慮すると、同時刻には、ワ号とア号が間近に接近しており、ワ号が前記合意に基づいて右転の動作をとるのみではア号との衝突を避けることができない状態であったというべきである。

　したがって、ア号は、レッドトゥレッドの合意が成立した時点で、ワ号との衝突を避けるための最善の協力動作をとらなければならなかったところ、ワ号とア号との間で、衝突を避ける航過方法として、ＶＨＦ交信でレッドトゥレッドと合意した以上、最善の協力動作として、この合意に従って航行する義務を負ったと認められる。」

「ウ　以上によれば、ワ号とア号との間でレッドトゥレッドの合意が成立した後、ア号は、ワ号との衝突を避けるための最善の協力動作として、レッドトゥレッドの合意に従った航法をとるべき義務を負ったものであり、ア号のA2二等航海士は、甲板手に右転の操船を指示するなどして、ア号が前記合意に従って右転するように操船を行う義務があったのに、これをしなかったのであり、A2二等航海士によるこの義務違反行為は、過失による違法行為と言わざるをえない。

　そして、前提事実(6)のとおり、レッドトゥレッドの合意成立後、ワ号はこの合意に従って右転したが、ア号はこの合意に従った操船をすることができず、逆に、左舵一杯の状態で左転し、この合意成立から約１分12秒後に本件衝突が発生したのであって、これらの事実経過に照らせば、A2二等航海士の過失による違法行為と本件衝突との間には、相当因果関係があると認められる。」

「４　争点４（ワ号の船員につき本件衝突の発生と相当因果関係を有する過失があったと認められるか。）について

(1)　前記２で説示したとおり、ワ号とア号との間には、遅くとも午前１時48分00秒の時点で、互いに進路を横切る場合において衝突するおそれがある関係が生じたのであり、両船には海上衝突予防法15条１項の横切り船航

法が適用され、ワ号が、ア号の動力船の進路を避けなければならず、ア号から十分に遠ざかるため、できる限り早期に、かつ、大幅に動作をとらなければならなかった（同条16条）。

ところが、ワ号のW_2二等航海士は、午前1時48分10秒ころ、ア号のマスト灯を視認し、その後ア号がワ号の前路を横切る態勢で接近したにもかかわらず、ア号から十分に遠ざかるために大幅に動作をとることをせず、自動操舵による小刻みな右転を繰り返すにとどまった（前提事実(6)ア(ク)）。その結果、ワ号とア号との船橋間の距離及び最接近距離は、別紙2のとおり、午前1時48分00秒の時点ではそれぞれ3・1海里、0・44海里であったところ、午前1時51分40秒の時点ではそれぞれ1・17海里、0・06海里となったことが認められる（前提事実(6)ア(ク)、甲1）。この間、ワ号が大幅な避航動作をとることができなかったとは認められない。しかも、航行中の動力船は、互いに他の船舶の視野の内にある場合において、海上衝突予防法の規定によりその針路を右に転じるときは、短音を1回鳴らして、汽笛信号を行わなければならない（同法34条1項）ところ、ワ号の船員は、ワ号が前記右転を開始した後、汽笛信号を鳴らさなかったと認められる（乙7、弁論の全趣旨）。

したがって、ワ号のW_2二等航海士が大幅な避航動作をとらず、小刻みな右転しか行わなかったこと、この右転に際して汽笛信号を鳴らさなかったことは、過失による違法行為であり、これにより、ア号の船員がワ号の小刻みな右転を認識しないまま、ワ号とア号の距離が極めて接近してしまった状況を作出したのであるから、この違法行為が本件衝突の原因となったということができる。」

「(3)　以上の検討によって、ワ号の船員であるW_2二等航海士の過失による違法行為が存在し、この違法行為と本件衝突との間に相当因果関係があると認められる。

5　争点5（過失割合）について

前記3、4の認定事実及び判断のとおり、本件衝突と相当因果関係のある行為として、ア号の船員であるA_2二等航海士の過失と、ワ号の船員であるW_2二等航海士の過失、双方の過失の競合によって本件衝突が生じたものと認められる。

その過失割合について検討すると、遅くとも午前1時48分00秒までにワ号に避航船としての義務が生じていたにもかかわらず、ワ号のW²二等航海士が大幅な避航動作をとらなかったことにより、前提事実(6)イ(サ)の段階（本件衝突の約1分12秒前）をむかえたもので、この段階でワ号は、ア号の協力によって衝突を回避する状態に至った。

他方、保持船であるア号は、保持船として海上衝突予防法17条に基づき、午前1時50分30秒ころまで針路及び速力を維持して航行しており（同時刻ころからゆっくりと左転を開始した点は針路を保たなかったということができるものの［前提事実(6)イ(ク)］、仮に、ワ号が避航動作をとっていたとした場合にワ号の避航動作の決定及びその実行に影響を生じさせるようなものではないといえる。）、その後、前記3で説示したとおり、ア号の船員には、レッドトゥレッドの合意に従わなかった過失が認められるものの、この過失は、ア号とワ号の距離が0・7海里となった切迫した状況でのものであり、衝突を回避すべく余裕のない状況下でとった行動であるから、ワ号の船員の過失と比較するときは、より小さな過失と評価せざるを得ない。

そして、前記1から4までに説示された本件衝突に至った経緯をも総合的に考慮すると、ワ号の船員の過失が7割、ア号の船員の過失が3割と認めるのが相当である。」

❖ コメント

本件は、東京都利島北東方沖合において、被告所有のバラ積み貨物船アルファ・アクション号の船員が、平成一九年七月二七日午前一時五二分二五秒ころ、原告ワン・ハイ・ラインズ（シンガポール）プライベート・リミテッド（以下「原告船主」という）所有のコンテナ船ワンハイ三〇七号に対し、レッドトゥレッド（互いに右転して左舷対左舷で航過すること）を呼びかけ、ワンハイ三〇七号の船員がこれに同意したことによって、両船が左舷対左舷で航過する合意が成立したにもかかわらず、アルファ・アクション号の船員がこの合意を遵守せずに逆に左転したため、両船が衝突したなどと主張して、原告船主およびワンハイ三〇七号を傭船していた原告ワン・ハイ・ラインズ・リミテッド（「原告傭船者」）が、被告に対し、船舶衝突ニ付テノ規定ノ統一ニ関スル条約（「一九一〇年衝突条約」）、商法六九〇条および民法七〇九条に基づき、損害の賠償を求めた事案である。

本中間判決では、請求の原因、すなわち、両船の衝突について被告が一九一〇年衝突条約、商法六九〇条および民法七〇九条に基づく損害賠償責任を負うか、損害賠償責任を負うとして原告にも過失があるために過失相殺が認められるか、過失相殺が認められる場合の過失割合について判断している。海上衝突予防法一五条（横切り船）一項は、「二隻の動力船が互いに進路を横切る場合において衝突するおそれがあるときは、他の動力船を右げん側に見る動力船は、当該他の動力船の進路を避けなければならない。この場合において、他の動力船の進路を避けなければならない動力船は、やむを得ない場合を除き、当該他の動力船の船首方向を横切ってはならない」と規定している。本判決は、原告避航船（ワ号）の船員の過失を七割とし、被告保持船（ア号）の船員の過失を三割としている。

本事案は、保険事件でなく、海事事件であるが、ここで取り上げることとした。

四　山口地下関支決平成二四年一月一〇日判例タイムズ一三六七号二四八頁

船舶に対する抵当権および根抵当権の効力が、再編整備等推進支援事業における不要漁船処理対策助成金にかかる請求権に及ばず、債権者は、本件差押債権につき物上代位権を行使することができない、とされた

事例（債権差押命令申立事件）（申立て却下）（確定）

X（債権者）対Y_1（債務者兼所有者）、Y_2（第三債務者）

「2　以上の事実を踏まえ、債権者が、本件差押債権につき物上代位権を行使することができるか否かについて検討する。

前記1(3)のとおり、本件助成金は、我が国周辺水域及び国際漁場における資源状況が低迷していることに鑑み、資源水準に見合う漁業の体制を構築するための減船などを実施するに当たり、漁業経営等への影響を緩和し、資源の管理及び回復並びに漁業生産構造の再編整備の円滑な推進を図るという政策的な目的に基づく奨励金の性質を有しており、その算定方法などに照らしても、船舶の価値に代替するものであるとはいうことができない。特に、漁船のスクラップ処分等を被災漁業者等への漁船の譲渡の方法によって行う場合にあっては、譲渡によって得た代金のほかに助成金が交付されることが予定されており、本件助成金が船舶の価値と性質を異にすることが顕著である。

また、本件抵当権設定登記及び本件根抵当権設定登記がされた当時、本件助成金は想定されておらず、債権者の職員である債権者代理人丙川三郎も、債権者が、本件助成金のような助成金に係る請求権について、抵当権に基づく物上代位権の行使による差押えの申立てを行った事例はなく、基本的に減船助成金は減船を行う者に交付されるべきものである旨陳述するところであり、債権者が、本件助成金を担保として把握していたとはいうことができない。

これらの事情からすれば、本件抵当権及び本件根抵当権の効力は、本件助成金に係る請求権に及ばず、債権者が、本件差押債権につき物上代位権を行使することはできないというべきである（大阪高等裁判所平成21年4月

23日判決・金融法務事情１８７９号37頁参照）。」

❖ コメント

本件は、債権者が、債務者兼所有者に対し、別紙担保権、被担保債権、請求債権目録記載の債権を有しているが、債務者兼所有者がその支払をしないので、別紙担保権、被担保債権、請求債権目録記載の抵当権および根抵当権に基づき、物上代位権を行使することができるとして、別紙差押債権目録記載の債権の差押えを求めた事案である。

本判決は、不要漁船処理対策助成金が船舶の価値に代替するものでないとして、船舶に対する抵当権および根抵当権の効力はこの助成金にかかる請求権に及ばず、債権者において、本件差押債権につき物上代位権を行使することはできない、と判示している。本助成金が船舶の価値に代替するものでない以上、物上代位権を否定した本判決の結論は、妥当である。

なお、本判決で引用する大阪高判平成二一年四月二三日金法一八七九号三七頁は、内航船舶に設定された船舶抵当権の効力が日本内航海運組合総連合会の営む内航海運暫定措置事業における内航船舶の建造等における納付金に関連して既存の内航船舶に関し認められている納付金免除船舶引当資格に及ばない、とする。この引当資格は、内航船舶の交換価値または使用価値自体に基づく権利または経済的利益であるとはいえないことを理由としている。

本事案は、保険事件でないが、海事事件として取り上げる意義がある。

五　東京地判平成二四年三月三〇日判例タイムズ一三八二号一五二頁

被告（税理士）と税務顧問契約を締結した原告が、その税理士に対して消費税課税事業者選択届出書の提出につき助言等をする義務を怠ったとして債務不履行に基づく損害賠償の請求について、これが否定された事例（損害賠償請求事件）（請求棄却）（控訴）

X（原告）対Y税理士（被告）

「2　争点⑴（原告が第2期の消費税の計算において本件ＤＶＤに係る仕入控除を受けられなかったことについて、被告に債務不履行があったか。）について

⑴　本件制度の存在等を助言した上、指導する義務について

ア　原告は、「被告には、第2期中において、原告に対し、①第2期末までに本件届出書を提出して課税事業者となるか又はこれを提出せずに免税事業者となるかを選択できる本件制度の存在をあらかじめ助言する義務があり、②また、第2期末において在庫商品が生じることが見込まれるときは本件届出書を提出する必要があるからあらかじめ被告に連絡するようにと注意喚起する助言、指導をする義務があった。」旨を主張する。

イ　本件顧問契約における被告の義務

前提事実⑵及び弁論の全趣旨によれば、本件顧問契約において、契約書上の委任業務の範囲は、税務代理及び税務書類の作成、税務調査の立会、税務相談、会計処理に関する指導及び相談、財務書類の作成、会計帳簿の記帳代行と定められており、原告の税務に関する経営判断に資する助言、指導を行う旨の業務（いわゆる税務に関

する経営コンサルタント業務）まで含むとは定められていないこと、被告による原告の定期訪問が予定されていないこと（後記(2)イ、ウ）、原告は被告に対して委任業務の遂行に必要な資料等を提供する責任を負うものと定めていること、顧問報酬は月額２万円と比較的低廉であることが認められる。

これらの事情からすれば、被告が本件顧問契約上なすべき業務は、基本的に契約書に明記された上記の税務代理や税務相談等の事項に限られるものであり、当該税務相談として原告からの税務に関する個別の相談又は問合せがない限り、被告において、原告に対し、原告の業務内容を積極的に調査し、又は予見して、原告の税務に関する経営判断に資する助言、指導を行う義務は原則としてないものと解すべきである。

もっとも、本件顧問契約は、被告が税理士法人であり専門的知識を有することを前提として締結されたものであるからすれば、原告からの個別の相談又は問合せがなくても、原告から適切に情報提供がされるなどして、被告において、原告の税務に関連する行為により課税上重大な利害得失があり得ることを具体的に認識し又は容易に認識し得るような事情がある場合には、原告に対し、その旨の助言、指導等をすべき付随的な義務が生じる場合もあるというべきである。

ウ　本件制度の利用の有無による原告の課税上の利害得失

第２期に課税事業者であった原告が、第２期中に仕入れた商品について第２期末までに売却できず在庫となった場合に、本件制度を利用するか否かによる原告の課税上の利害得失を検討する。

まず、本件制度を利用して第３期に課税事業者となったときは、同在庫について第２期に仕入控除を受けることができるものの、第３期の売上げについて消費税の負担を受けることとなる。また、本件制度を利用して課税事業者となった場合には、その後最低２年間は課税事業者となることが強制され、第３期だけでなく第４期の売上げについても消費税の負担を受けることとなる（前提事実(4)）。

これに対し、本件制度を利用せず第３期に免税事業者となったときは、同在庫について第２期に仕入控除を受けることはできないが、同在庫を含めて第3期の売上げに係る消費税の負担を免れることができる（前提事実(4)）。そして、第2期末の在庫が第3期には売れるような通常の場合であれば、売上価格は仕入価格に比較して高額で、付加される消費税も高額であるから、この在庫については、結果的に、課税事業者となったときに仕入控除によって還付されるべき消費税相当額以上の金額の消費税を免れることが期待できるともいえ、この点では、免税事業者となったときの方が消費税法上有利であるものといえる。

これらのことからすれば、原告において第3期に課税事業者となることが消費税法上有利であるといえるのは、第3期及び第4期において生じる消費税負担額よりも第2期末において仕入控除し得た在庫に係る消費税額の方が多い場合に限られ、具体的には、原告が第2期末の時点で仕入額が高額となる大量の在庫を抱え、かつ、それを翌期以降の事業年度にも販売することが見込めないような特段の事情がある場合に限られるものというべきである。

エ　被告は、原告が、本件届出書を提出して課税事業者となった方が課税上有利になることを具体的に認識し又は容易に認識し得たかについて

前記認定事実(6)エ、オによれば、原告は、第2期末の時点で第2期中に仕入れた棚卸資産である評価金額合計3億4770万5391円の本件DVD及びフォトブックを有していたことが認められ、前記認定事実(4)エによれば、本件DVDの販売は宗門向け（Z宗の各寺院向け）に特別に製造されたもので、一般市販向用に転化して販売することが許されておらず、第2期において既にその販売は行き詰まる傾向が現れていたことが認められ、これらの事実からすれば、原告が第2期末の時点で仕入額が高額となる大量の在庫を抱え、かつ、それを第3期及び第4期においてもほとんど販売することが見込めない特段の事情があったものと認めることができる。

しかしながら、前記認定事実(2)、(3)、(5)によれば、被告が原告から第2期中（平成21年4月）に交付を受けた本件共同製作利用契約及び本件製造委託契約の各契約書には、製作委員会に対する原告の拠出割合が66・67％で

ある旨、原告が本件ＤＶＤの販売経路を保有し、Ａ社にその製造を委託し、代金を支払う旨、原告が本件ＤＶＤ10万枚の販売を保証する旨などが記載されていることが認められるものの、その他に、第２期中に原告から被告に対して、製作委員会の権利義務関係の詳細、本件ＤＶＤの製造及び販売の開始時期、販売状況、在庫状況について、具体的な説明がされたことを認めるに足りる証拠はない。また、前記認定事実⑷から⑹までによれば、原告が第２期末に本件ＤＶＤの在庫を大量に抱えることになったのは、原告が第２期末の直前の平成21年９月９日に本件ＤＶＤのすべての在庫の所有権を取得したことによるものであるが、原告はこのことを被告に対して何ら連絡、相談していない上、被告から同年９月に決算処理に必要な月次資料、新規の契約書の写し、第２期末の在庫がわかる資料等を送付するよう依頼を受けたにもかかわらず、第２期末までにそれらの資料を送付していないのであり、本件全証拠によっても、被告において、原告による本件ＤＶＤの上記取得の事実を第２期末までに具体的に認識し又は容易に認識し得たと認めるに足りる証拠はない。

したがって、被告は、第２期末までに、原告が期末時点で仕入額が高額となる大量の在庫を抱え、かつ、それを第３期及び第４期末においてもほとんど販売することが見込めない特段の事情があったこと、ひいては、本件届出書を提出して課税事業者となった方が課税上有利になることを具体的に認識し又は容易に認識し得たとはいえない。

オ　以上によると、本件顧問契約において、被告は、原告に対し、原告の業務内容を積極的に調査し、又は予見して、原告の税務に関する経営判断に資する助言、指導を行う義務は原則としてない上、原告から適切に情報提供がされるなどして、被告において、原告が本件届出書を提出して課税事業者となった方が課税上有利になる特段の事情を有していたことを、具体的に認識し又は容易に認識し得たとはいえないから、原告が前記アで主張するように、①本件制度の存在をあらかじめ助言する義務や②第２期末に在庫商品が生じると見込まれるときはあらかじめ被告に連絡をするように注意喚起する助言、指導をする義務があったとはいえない。」

❖コメント

本件は、原告が、税理士法人である被告との間で、税務等に関する顧問契約を締結したところ、被告が消費税法上の課税事業者選択届出の提出に関する指導、助言等の義務を怠ったことから、原告は第二期事業年度の消費税等の計算において、期末に在庫として有していた棚卸資産について仕入控除を受けられなかったと主張して、被告に対し、債務不履行に基づき、仕入控除を受けられていた場合に得られていたとする還付金相当額一五九四万六九三〇円の損害およびこれに対する訴状送達の日の翌日である平成二二年一一月一八日から支払済みまで民法所定の年五分の割合による遅延損害金の支払を求める事案である。

原告は、次のように主張している。「被告には、第二期中において、原告に対し、①第二期末までに本件届出書を提出して課税事業者となるかまたはこれを提出せずに免税事業者となるかを選択できる本件制度の存在をあらかじめ助言する義務があり、②また、第二期末において在庫商品が生じることが見込まれるときは本件届出書を提出する必要があるからあらかじめ被告に連絡するようにと注意喚起する助言、指導をする義務があった」。

これに対して、本判決は、①本件制度の存在をあらかじめ助言する義務や、②第二期末に在庫商品が生じると見込まれるときはあらかじめ被告に連絡をするように注意喚起する助言、指導をする義務があったとはいえない、として原告の請求を斥けている。

本判決は、保険判例でないが、税理士賠償責任保険と関係する事案であるので、取り上げることとした。

六　神戸地尼崎支判平成二四年五月一〇日判例時報二一六五号一二三頁、自保ジャーナル一八八三号一八三頁

製造物責任法五条一項後段の「その製造業者等が当該製造物を引き渡したときから一〇年を経過したとき」に当たるとして、損害賠償請求権が消滅している、とされた事例（損害賠償請求事件）（請求棄却）（確定）

X会社（原告）対Y会社（被告）

「1　争点4（製造物責任法における除斥期間の経過の有無）について

(1)　製造物責任法5条1項後段は、「その製造業者等が当該製造物を引き渡したときから十年を経過したとき」に損害賠償請求権が消滅するものとして、除斥期間を規定していると解される（民法724条後段参照）。

前記前提事実及び証拠（略）によれば、被告は、平成10年9月30日、注文主であるB会社との車上引渡しの方法による引渡合意に基づいて、B会社に本件沈降槽を引き渡していると認められることから、かかる時点が、被告において本件沈降槽を「引き渡したとき」（製造物責任法5条1項後段）にあたるものと認められ、平成20年9月30日の経過により、その損害賠償請求権は消滅していると解するのが相当である。

(2)　この点、原告は、原告が本件排ガス等処理装置の引渡しを受けた平成11年10月31日を起算点とすべきであると主張するところ、これは、飽くまで、原告が、B会社らから、本件排ガス等処理装置全体の引渡を受けた時点にすぎない。

確かに、原告指摘のとおり、証拠（略）によれば、被告作成の見積仕様書の見積範囲に「据付立会」が含まれていることが認められる。

しかし、上記見積内容から明らかであるのは、飽くまで「立会」に過ぎず、かえって、前記認定事実及び証拠（略）によれば、B会社及びC会社が、本件ガス等処理装置の他の設備とともに、本件沈降槽設置工事を行っていたものと認められ、また、被告が、B会社らとともに、本件沈降槽設置工事等まで請け負っていたとの的確な証拠も存しない。

また、原告指摘のとおり、証拠（略）によれば、被告及び被告代表者は、原告a工場内で、①平成11年3月2日に、除塵塔循環ポンプストレーナー取付けを行ったこと、②同月14日に電機集塵機の整流板補修工事を行ったこと、③同年5月8日、同月15日にダクトEXPAN3か所の工事を行ったこと、④同年7月22日、同年8月12日に工事等を行ったことが認められる。

しかしながら、この点についても、前記前提事実のとおり、被告は、B会社からの注文により、原告a工場向けに本件沈降槽以外の製品製造等を行っているものであり、上記事実によって、被告が、本件沈降槽の設置工事等を行ったと推認するのは相当ではない。

上記の検討のとおり、原告の指摘を踏まえても、被告において、本件沈降槽についてB会社らの管理下に置かれた上記平成10年9月30日以降まで、製造物責任法における損害賠償請求権の除斥期間の起算点を遅らせる合理的な理由はないと言わざるを得ない。

よって、上記原告の主張は採用しない。

(3)　したがって、被告の製造物責任に基づく損害賠償請求権は、本件訴訟の提訴前に消滅していたものである。」

❖ コメント

本件は、原告a工場に設置された「群青排ガス廃液処理装置」の沈降槽Aが断裂し、酸性液が約六〇トン流出する事故が発生したところ、原告は、かかる沈降槽の破損は、同沈降槽の製造を担当した被告の施工の欠陥に基づくものであると主張して、製造物責任法二条二項、三条および民法七〇九条に基づく損害賠償金と遅延損害金の支払を請求する事案である。

製造物責任法五条一項後段の「その製造業者が当該製造物を引き渡したときから十年を経過したとき」に当たるとして、損害賠償請求権が消滅している、として原告の請求を棄却している。

本判決は、平成一〇年九月三〇日に、注文主であるB会社との車上引渡しの方法による引渡合意に基づいて、B会社に本件沈降槽を引き渡したと認められ、この時点が、被告において、本件沈降槽を「引き渡したとき」（製造物責任法五条一項後段）に当たると認められるとして、平成二〇年九月三〇日の経過により、その損害賠償請求権は消滅している、と判断している。

本事案は、保険事件ではないが、保険と関連する製造物責任事案であるので、ここで取り上げることとした。

七　大阪地判平成二四年九月一三日判例時報二一七四号一二〇頁

> 被保険者の告知義務違反による保険会社の生命保険契約の解除が有効であるから、原告（被保険者の相続人）において、消滅時効の成否にかかわらず、もともと保険金請求権を有していなかったとして、受任した弁護士に対する損害賠償請求が棄却され、また、その弁護士が加入していた弁護士賠償責任保険の代位請求が却下された事例（損害賠償等請求事件）（一部棄却）（一部却下）（確定）

X1、X2（原告）対Y1弁護士、Y2保険会社（被告）

「2　被告丙川に対する請求について

原告らは、三井生命に対し、本件保険契約に基づく保険金請求権を有していたところ、被告丙川による委任事務の履行の懈怠により、同請求権は時効により消滅し、請求することができなくなったとして、被告丙川に対し、同人の委任事務の履行の懈怠により発生した損害の賠償を請求している。これに対し、被告丙川は、三井生命は、花子の告知義務違反を理由に本件保険契約を解除したのであり、原告らは、消滅時効の成否にかかわらず、もともと、同請求権を有していなかったと主張する。

そこで、三井生命の本件保険契約の解除の有効性について判断する。

(1)　肥満、血糖・総コレステロールの異常値が告知すべき重要な事実に該当するか否かについて

ア　改正前の商法678条1項本文は、「保険契約ノ当時保険契約者又ハ被保険者カ悪意又ハ重大ナル過失ニ因リ重要ナル事実ヲ告ケス又ハ重要ナル事項ニ付キ不実ノ事実ヲ告ケタルトキハ保険者ハ契約ノ解除ヲ為スコトヲ得」と定めている。

上記の告知を要する「重要な事実」とは、保険事故発生の危険率の測定に関する重要な事実、すなわち、保険者がその事実を知ったならば、保険契約の締結を拒絶したか、又は、少なくとも同一条件（特に同一保険料）では契約を締結しなかったであろうと客観的に考えられるような事情をいうと解するのが相当である。

そして、ある事実が重要な事実に該当するか否かは、具体的なケースについて、個別的に、保険の種類、契約条件（その事実の有無により保険料が変わることを保険者が明示している事実も含む。）、当事者の契約意図などを総合して判断するのが相当である。

イ　本件で、前記のとおり、三井生命が生命保険契約を締結するか決定するための告知書には、被保険者の身長及び体重に加え、被保険者が、過去5年以内に、糖尿病等で医師の診察、検査、治療及び薬の処方を受けたかどうかが質問事項として記載されている。また、総コレステロール値は、血液検査の結果により得られるところ、過去2年以内に受けた健康診断ないし人間ドックにおいて、血液及び内科検診で要経過観察、要再検査、要精密

検査及び要治療を指摘されたことがあるかどうかも質問事項として記載されている。なお、高い血糖値や総コレステロール値が、糖尿病や動脈硬化等を惹起させ、あるいはそれらの存在を推認させるものであり、健康リスクを評価する上で重要な事実であることは公知の事実である。

したがって、三井生命が生命保険契約を締結するか決定するに際し、肥満であるかどうか、糖尿病及び血液検査について検査等を受けたか、あるいは、精密検査や治療を受けるよう指摘されたかどうかは告知事項になっていたものであり、肥満、血糖及びコレステロールの異常値についても、告知するべき重要な事実にあたるといえる。

なお、花子は、本件保険契約を締結するにあたり、三井生命の診査医に対し、体重及び身長を告知していることからすると、肥満については、告知義務違反はなかったと認められる。

(2)　花子が、三井生命に対し、重要な事実を告知しなかったことに故意又は重過失があるか否かについて

上記認定事実のとおり、平成13年1月20日に花子が受けた健康診断において、総コレステロールについては、1デシリットルあたり282ミリグラム、糖尿病については、空腹時血糖が、1デシリットルあたり134ミリグラムといずれも基準値を大きく外れる結果が出されている。また、同健康診断成績表の総合コメント欄では、血糖及びコレステロール値のいずれについても治療を受けるよう指示されている。そして、花子が、同健康診断の結果について、医師から直接説明や指導を受けたかどうかは明らかでないものの、同健康診断成績表を花子は受け取っているのであり、同健康診断の結果について把握していたと推認でき、少なくとも容易に把握できたといえる。それにもかかわらず、花子が、同健康診断の約1年後に、三井生命に対し、上記(1)の重要な事実を告知しておらず、告知義務に違反したことについて、故意か、重大な過失があったといえる。」

「(5)　以上より、三井生命による本件保険契約の解除は有効であり、原告らは、消滅時効の成否にかかわらず、もともと本件保険契約に基づく保険金請求権を有していなかったのであるから、被告の丙川による法律事務の懈

怠と、原告らの損害（保険金相当額）発生の事実が認められない。したがって、原告らが、被告丙川に対し、損害賠償を請求することはできない。

3　被告会社に対する訴えについて

前記のとおり、原告らの被告丙川に対する委任事務の履行の懈怠による損害賠償請求権の存在は認めることができないから、債権者代位権の要件としての被保全債権は存在しないことになる。

したがって、原告らの被告会社に対する訴えは、債権者代位権を行使する要件を欠き、原告らに当事者適格を認めることができないから、原告らの被告会社に対する訴えは、不適法である。」

❖ コメント

原告らは、弁護士である被告Y[1]が、原告らから保険金請求に関する法的処理を受任したにもかかわらず、法的手続を進めず、同請求権を時効によって消滅させたとして、被告Y[1]弁護士に対し、債務不履行に基づき、保険金相当額等の損害賠償およびこれに対する訴状送達の日の翌日からの遅延損害金の支払を請求するとともに、被告Y[1]弁護士が在籍していた法律事務所との間で同被告を被保険者とする弁護士賠償責任保険契約を締結している被告株式会社損害保険ジャパンに対し、債権者代位権に基づき、被告Y[1]弁護士に対する請求認容判決が確定することを条件として、同額の保険金請求権およびこれに対する遅延損害金の支払を求める事案である。

弁護士である被告Y[1]が原告X[1]（被保険者Aの相続人）らから平成一四年一二月三日、本件保険金請求についても受任し、①Y[1]弁護士は、生命保険会社Bの平成一五年一月二七日付けの回答書（その内容は明らかでない）に対して、平成一六年四月六日および平成一八年九月一日反論等を記載した内容証明郵便を送付し、②平成一九年三月、Y[1]弁護士を代理人として、生命保険会社Bを相手方として、本件保険契約の生命保険金の支払を求める調停を京都簡易裁判所に申し立てたが、生命保険会社Bは、本件保険契約の請求権がすでに時効により消滅していたとし、調停は不調に終り、③X¹らは、平成一九年五月一八日、被告Y¹弁護士との間のすべての委任契約を解除し、平成一九年七月二〇日、本件訴訟の被告生命保険会社（上記B）に対し、本件保険金の支払を求める訴えを京都地方裁判所に提起したが、平成二〇年二月二七日、同請求権が時効消滅しているとして、X¹らの請求が棄却され、④X¹らは、平成二〇年三月一二日、大阪高等裁判所に控訴したが、平成二〇年六月二〇日、この保険金請求権は、本件訴訟の被告生命保険会社Bからの本件保険契約の死亡保険金支払拒絶の意思が明確にされた平成一五年一月一五日には、消滅時効期間が満了しているとして、控訴が棄却されている。

Y¹弁護士がX¹らから保険金の請求を受任している以上、Y¹弁護士において受任者としての注意義務に違反するところがあることは否定できないのである。

本判決は、被保険者の告知義務違反による保険会社の生命保険契約の解除が有効であるから、原告（被保険者の相続人）において、消滅時効の成否にかかわらず、もともと保険金請求権を有していなかったとして、受任した弁護士に対する損害賠償請求を棄却し、また、その弁護士が加入していた弁護士賠償責任保険の代位請求を却下している。

本判決においては、争点として「本件保険契約の告知義務違反を理由とする解除の成否」が挙げられているが、本来ならば、原告側としては、生命保険会社Bを相手方として、その解除の成否を争うべきであったのである。

本判決に関連して東京地判平成二二年五月一二日判タ一三三一号一三四頁を挙げておく。この判決は、弁護士賠償責任保険契約を締結していた弁護士において、依頼者である刑事事件被告人が第一審で実刑判決の言渡しを受け、控訴したが、控訴趣意書の提出期限を徒過して判決が確定したために、依頼者との間で和解をし、保険金請求につき、一〇万円の相続（相当慰謝料）が認められた事例である（本判決については、石田満編「保険判例二〇一二」（保険毎日新聞社）一四頁（石田清彦）、および「同」二八四頁参照）。

本判決については、石田満編「保険判例の研究と動向二〇一四」九九頁（上原純）の評釈がある。

八　東京地判平成二四年一〇月一六日判例時報二一七六号四八頁

原告が母の死亡に伴い税理士法人である被告に相続税の申告手続を委任し、被告税理士法人において相続税申告書を税務署に提出したところ被相続人名義で締結された年金型保険契約が意思表示のない状態で締結されたものであり無効とされ、その支払済みの保険料の返還請求権が相続財産に当たり重加算税等が課せられたことにつき、被告税理士法人の債務不履行責任が否定された事例（損害賠償請求事件）（請求棄却）（控訴）

X（原告）対Y税理法人（被告）

「2　争点⑴（被告の債務不履行責任の有無）について

⑴　税理士は、税務に関する専門家として、納税義務者の信頼にこたえ、租税に関する法令に規定された納税義務の適正な実現を図ることを使命としているから（税理士法1条参照）、税務申告の委任を受けた税理士は、委任契約に基づく善管注意義務として、委任の趣旨に従い、税務申告が適正に行われるよう、専門家として高度の注意をもって委任事務を処理する事務を負うものと解される。

したがって、税務申告の委任を受けた税理士は、申告書を作成するに際して、基本的に委任者から提供された資料や委任者からの指示説明に依拠することはもとより当然のことであるが、委任者から提供された資料が不十分であるとか、委任者の指示説明が不適切であるために、これに依拠して申告書を作成すると適正な税務申告がされないおそれがあることを認識し又は認識し得べき場合には、委任者に対して追加の資料提供や調査を指示し、不十分な点や不適切な点を是正した上で税務申告を行う義務を負うものという[illegible]とである。

(2)　そこで、本件について検討する。

ア　被告は、原告らから亡松子の相続税の申告手続を委任された税理士法人[illegible]して、所属する乙山税理士において、前記1(3)のとおり、原告らを代表していた梅夫から事情を聴取したとこ[illegible]梅夫は、乙山税理士に対し、本件保険契約に係る支払調書を示し、本件保険会社において原告らの保険金の[illegible]給権を確定させたことを明らかにしたほか、亡松子が本件保険契約を締結した理由や、本件保険契約が締結で[illegible]て喜んでいたことなどを説明したのである。そうすると、本件保険会社が原告らの受給権を確定させて本件保[illegible]契約の効力を認めている上、梅夫の語る内容は特に不自然なものではなく信用し得るものであるから、乙山税[illegible]士において、梅夫の提供した資料と説明が不十分、不適切なところはないと判断したからといって、税理士と[illegible]ての上記(1)の義務に違反したと認めることはできない。

イ　この点、原告は、本件保険契約の締結日のわずか3日後に亡松子が死亡[illegible]たことや、合計3億円もの巨額の保険料が支払われていることから、課税当局が本件保険契約の有効性を否認[illegible]る可能性があることは、専門家でなくとも容易に認識可能であり、専門家である被告としては当然に認識すべ[illegible]事柄であった旨主張する。しかし、《証拠略》によると、亡松子の本件申告書上の相続財産の価額は10億円を[illegible]えることが認められるから、相続人らのために年金を遺す趣旨で3億円の契約を締結することがそれほど不自[illegible]であるとはいえないし、契約者が死亡直前まで意識が明瞭であることは十分あり得ることである。そして、上[illegible]のとおり本件保険会社においても本件保険契約の有効性を認めて原告らの保険金受給権を確定させている上、梅[illegible]の説明は信用し得るものであったのであるから、原告が指摘する上記の事情だけでは、乙山税理士において、[illegible]税当局が本件保険契約の有効性を否定する可能性を認識すべきであったなどということはできない。

ウ　そして、実際にも、乙山税理士において調査すれば本件保険契約の有効[illegible]に問題のあることを認識し得る状況にあったということもできない。すなわち、前記1(2)のとおり、梅夫は、亡松子の病室に大和証券の社員とともに入り、本件保険契約の締結について亡松子の了解が得られたとしていたものであり、前記1(4)のとおり、梅夫は、国税調査官に対しても同旨の説明をしていたのであるから、乙山税理士が聞いても真実を述べたとは解されない。また、前記1(1)、(2)の亡松子の状態を認識していた原告も、梅夫とともに国税調査官の質問を受けながら、前記1(2)のとおり自ら認識した内容、すなわち亡松子が契約を了承する意味で頷くことはあり得ない状況であったことを国税調査官に対し明らかにしてはいないのであるから、乙山税理士が原告に聞いても、原告がこのことを述べたとは解されない。さらに、本件保険会社が本件保険契約の有効性を認めて原告らの受給権を確定させている以上、代理店である大和証券側から真実が語られるということも考え難い。前記1(4)のとおり、課税当局において本件保険契約の有効性を否認することができたのは、亡松子のカルテを取り寄せて分析を行った結果であるが、税理士にはこのような調査手段がない以上、乙山税理士において、課税当局と同様に本件保険契約の有効性に問題のあることを認識し得るような資料を入手し得たとはいえない。

エ　以上のとおり、被告において、委任者である原告らから提供された資料が不十分であるとか、原告らの指示説明が不適切であるために、これに依拠して申告書を作成すると適正な税務申告がされないおそれがあることを認識し又は認識し得べきであったと認めるに足る証拠はない。よって、被告において前記(1)の税理士としての義務に違反したと認めることはできない。」

❖ コメント

本件は、原告が、母である亡丙川松子の死亡に伴い、税理士法人である被告に対して相続税の申告手続を委任し、被告が北沢税務署に相続税申告書を提出したところ、同税務署から原告に対し、亡松子名義で平成二〇年一二月に締結された保険契約はその当時亡松子が意思表示のできない状態で締結されたものであるため無効であり、支払済みの保険料三億円の返還請求権が亡松子の相続財産になるなどとして、重加算税、過少申告加算税および延滞税を課されたことについて、被告の債務不履行により重加算税一二五九万六五〇〇円、過少申告加算税一六万一〇〇〇円、延滞税二六二万四七〇〇円および相続税申告手数料二〇〇万円の合計一七三八万二二〇〇円の損害を被ったなどと主張して、債務不履行による損害賠償請求権に基づき、一七三八万二二〇〇円およびこれに対する損害額が確定した日の翌日である平成二三年六月二二日から支払済みまで民法所定の年五分の割合による遅延損害金の支払を求める事案である。

本事案において、原告Xの母である訴外Aの死亡直前に節税対策として、生命保険会社との間で被相続人（A）名義で年金型保険契約を締結し、三億円の保険料を支払ったことにつき、税務署において、Aが保険契約を締結した当時意思能力がなく、三億円の保険料の返還請求権が相続税になるなどとしての更正決定等を行い、Xは、本税のほか、過少申告加算税および重加算税を納付することになった。そこで、Xは、税理士法人であるYに対して、Aが締結した保険契約の有効性を検討することを怠ったとして、債務不履行に基づく損害賠償を請求している。

本判決は、この原告Xの請求を斥けている。すなわち、税理士法人Yに所属する税理士において、税理士としての義務に違反したと認めることはできない、とする。

本判決は、保険に関連する事案であるので、ここで取り上げた。

本判決については、石田満編「保険判例の研究と動向二〇一四」一三〇頁（寺澤真一）の評釈がある。

九　東京地判平成二五年八月二六日金融・商事判例一四二六号五四頁

別件交通事故訴訟における判決で認定された弁護士費用を、賠償義務者において被保険者（被害者）に支払った場合の弁護士費用額と被告保険会社がすでに支払った自動車保険契約の弁護士費用等担保特約に基づく保険金との合計額が、被保険者において委任契約により弁護士に支払った費用の全額を超過する場合はその被告会社にはこの特約に基づく保険金支払義務はない、とされた事例（保険金請求事件）（請求棄却）（控訴）

X（原告）対Y保険会社（被告）

「1　本件特約に基づく被告の原告らに対する保険金支払義務の有無

(1)　約款1条①は、「当会社は、日本国内において発生した次の各号のいずれかに該当する急激かつ偶然な外来の事故によって、被保険者（被保険者が死亡した場合は、その法定相続人とします。）が費用を負担したことによって被る損害に対して、この特約に従い、保険金を支払います。」と規定し、同条②は、「前項における費用とは、あらかじめ当会社の同意を得て弁護士、裁判所またはあっせん・仲裁機関（申立人の申立に基づき和解のためのあっせん・仲裁を行うことを目的として弁護士会等が運営する機関をいいます。）に対して支出した弁護士報酬、訴訟費用、仲裁、和解または調停に要した費用であって、次の各号のいずれかに該当する費用をいいます。」と規定する。

以上からすれば、被告が、本件特約により、保険金を支払う対象となるのは、約款1条①によれば、該当すべき事故により「被保険者が費用を負担したことによって被る損害」であり、同条②によれば、「費用」とは、弁護士、裁判所に対して支出した弁護士報酬、訴訟費用であると解される。

(2)　約款12条①は、被告が、被保険者に支払った保険金の返還を求めることができる場合について規定し、同条①(2)は、上記の返還を求めることができる場合として、（ⅰ）1項の事故に関して被保険者が提起した訴訟の判決に基づき、被保険者が賠償義務者から当該訴訟に関する弁護士費用の支払を受けた場合で、（ⅱ）判決で認定された弁護士費用の額と被告が1条によりすでに支払った保険金の合計額が、被保険者が当該訴訟について弁護士に支払った費用の全額を超過する場合と規定する。約款12条②は、同条①の規定により被告が返還を求める保険金額は、超過額に相当する金額で、1条の規定により支払われた保険金の額を限度とすると規定する。

以上からすれば、被保険者が、保険事故に関して賠償義務者に対する訴訟を提起し、同訴訟の判決に基づいて、賠償義務者が、被保険者に対し、当該訴訟に関する弁護士費用を支払った場合は、判決で認定された弁護士費用の額と被告が既に支払った保険金の合計額が、被保険者が弁護士に対して支払った費用の全額を超過する場合は、被告は、被保険者に対し、その超過額に相当する額（支払われた保険金の額を限度とする）の返還を求めることができるのであり、そうであるとすれば、被告は、賠償義務者が被保険者に対して判決で認定された弁護士費用を支払った場合の弁護士費用の額と被告が既に支払った保険金の合計額が、被保険者が委任契約により弁護士に対して支払った費用の全額を超過する場合は、被告は、本件特約に基づく保険金の支払義務がないことになると解される。

(3)　本件特約は、約款1条①によれば、日本国内において発生した急激かつ偶然な外来の事故によって、被保険者が費用を負担したことによって被る損害に対して保険金を支払うものであることから、保険契約のうち、保険者が一定の偶然の事故によって生ずることのある損害をてん補することを約するものであり、損害保険契約（保険法2条6号）である。そして、本件特約は、被保険者1名につき３００万円を限度として支払われる合意であって、損害額のいかんにかかわらず、３００万円あるいはその他の一定額が支払われる旨の契約ではないことについては争いがない。そうすると、本件特約は、被保険者が、弁護士、裁判所に対して支出した弁護士報酬、訴訟費用を負担したことによって被る損害について、３００万円を限度として、被告が、被保険者に対する保険金の支払によりてん補するものであると解される。

本件特約の目的が損害のてん補であるとすれば、他の方法によって既にてん補されている損害については、保険金を支払う必要はないことになり、このように考えることは、前記(2)のとおり、賠償義務者が被保険者に対して判決で認定された弁護士費用を支払った場合の弁護士費用の額と被告が既に支払った保険金の合計額が、被保険者が委任契約により弁護士に対して支払った費用の全額を超過する場合は、被告は、本件特約に基づく保険金の支払義務がないと解することとも整合する。

(4)　以上によれば、賠償義務者が被保険者に対して判決で認定された弁護士費用を支払った場合の弁護士費用の額と被告が既に支払った保険金の合計額が、被保険者が委任契約により弁護士に対して支払った費用の全額を超過する場合は、被告は、本件特約に基づく保険金の支払義務がないことになる。

これを本件についてみると、賠償義務者が被保険者に対して判決で認定された弁護士費用を支払った場合の弁護士費用の額及び訴訟費用の額の合計は５４７万９３３３円（ただし、弁護士費用５２９万円について支払われた分の遅延損害金は除いた額）であり、被告が既に支払った保険金の額は、訴え提起手数料28万４０００円であり、その合計額は５７６万３３３３円である。

他方、被保険者が委任契約により弁護士に対して支払うべき費用の全額は、原告らの主張によれば、本件委任契約による着手金10万円を既に支払い、加えて弁護士報酬として３１７万円の支払義務があるとのことであり（訴状の記載によれば、既に支払った額はうち45万４０００円のみである。）、訴え提起手数料28万４０００円を加えると、３５５万４０００円となる。そうすると、賠償義務者により既に支払われた額及び被告が既に支払った額の合計額５７６万３３３３円は、原告らが本件委任契約により支払義務がある（あるいは既に支払った）と主張する額３５５万４０００円を上回っているので、被告には、本件特約に基づく保険金の支払義務がないことになる。」

❖ コメント

本件は、被告と自動車保険契約を締結していた者の相続人である原告らが、別件交通事故訴訟において認められて支払われた弁護士費用は、保険契約における弁護士費用等担保特約における弁護士費用とは別のものであると主張して、同特約に基づき、保険会社である被告に対し、原告らに対する保険金各一三五万八〇〇〇円およびこれらに対する平成二五年四月二七日（訴状送達日の翌日）から支払済みまで商事法定利率年六分の割合による遅延損害金の各支払を求めた事案である。

本事案の被保険者が委任契約により弁護士に対して支払うべき費用の全額は、原告らの主張によれば、まず、第一に、着手金一〇万円をすでに支払い、第二に、弁護士報酬として三一七万円の支払義務があり（そのうち四五万四〇〇〇円支払済）、第三に、訴え提起手数料二八万四〇〇〇円であり、その合計額は三五五万四〇〇〇円である。

賠償義務者によりすでに支払われた額および被告がすでに支払った額は五七六万三三三円であり、これは委任契約により弁護士に対して支払うべき費用の合計額三五五万四〇〇〇円を超えているとして、本判決は、被告には、本件特約に基づく保険金の支払義務がないとして、原告の別件交通事故訴訟において認められて支払われた弁護士費用が弁護士費用等担保特約における弁護士費用とは別のものであるとの主張を斥けている。妥当な判示である。

二　新保険判例の動向（傷害・生命保険関係）

はじめに

新保険判例の動向（傷害・生命保険関係）において、次の一三件の判決例を取り上げた。

第一事件　東京地判平成二三年八月一〇日は、銀行による変額個人年金保険の販売に関し、適合性原則違反が否定された事例である。

第二事件　札幌地判平成二三年九月二八日は、交通事故（正面衝突）による死亡につき、傷害保険契約の疾病免責条項の適用が否定された事例である。

第三事件　福岡地判平成二三年一一月八日は、変額年金保険の販売に関しても適合性原則違反が否定された事例である。

第四事件　さいたま地川越支判平成二四年一月二三日は、遺贈により死亡共済金請求権を原始取得したとの主張が斥けられ、共済者の元受取人に対する貸金請求者の相殺が認められた事例である。

第五事件　札幌地判平成二四年三月二九日は、生命共済入院特約に基づく共済金請求権が破産財団に属する財産であり、破産管財人による請求が認容された事例である。

第六事件　大阪地判平成二四年五月三〇日は、高速道路上で停車中追突され、死亡したことにつき、普通傷害保険約款の重過失免責が否定された事例である。

第七事件　東京高判平成二四年七月一一日は、生命保険無催告失効条項が消費者契約法一〇条により無効となるものでなく、復活により自殺免責条項が適用され、この適用を主張することが権利の濫用ないし信義則違反に当たらない、とされた事例である。

第八事件　東京地判平成二四年八月七日は、団体信用生命保険契約を追加させるに当たり、保険会社において被保険者の告知義務違反に該当する事実を知らなかったことにつき過失がない、とされた事例である。

第九事件　東京高決平成二四年九月一二日は、破産手続開始決定前に成立した保険契約につき、同決定後に保険事故が発生した場合の保険金請求権が破産財団に帰属する、とされた事例である。

第一〇事件　東京地判平成二四年九月一二日は、生命保険契約の無催告失効条項が消費者契約法一〇条後段に該当しない、とされた事例である。

第一一事件　東京高判平成二四年一〇月二五日は、無催告失効条項が信義則に反せず、かつ、消費者契約法一〇条後段により無効とされない、とされた事例である。

第一二事件　東京高判平成二四年一一月一四日は、簡易生命保険において、保険契約申込書の保険契約者の氏名欄に氏名を記載された者とは異なる者が保険契約者として認定された事例である。

第一三事件　最三小判平成二五年四月一六日は、普通傷害保険契約者兼被保険者の嘔吐した物を誤嚥して窒息したことが、約款にいう「外来の事故」によるものとされた事例である。

一　東京地判平成二三年八月一〇日金融法務事情一九五〇号一一五頁

銀行による変額個人年金保険の販売に関し適合性原則違反および説明義務違反があるとはいえない、とされた事例（不当利得返還等請求事件）（請求棄却）（控訴）

X（原告）対Y1生命保険会社、Y2銀行（被告）

「(4)　適合性原則違反及び説明義務違反

上記説示のほか、証拠《略》、証人Pによれば、Pは、証拠《略》のパンフレットを読み上げて原告に説明しており、一時払保険料が１８００万円であった場合における本件保険契約の初期費用、管理費用等の具体的な金額に基づく説明まではしていないものの、率についての説明はしたと述べている。また、本件保険の特長として中途解約が最も大きいリスクであるので特に重点的に説明したとの証人Pの供述にも本件保険の内容に即した合理性を認めることができる。Pの原告に対する説明に説明義務違反があったと認めることができない。

本件保険は、一時払保険料の元本保証をした商品ではないが、一時払保険料に基づく積立金を原資として終身年金を受け取れば、受取金額が一時払保険料を下回ることはなく、死亡保障にも最低保障があり、一時払保険料の運用実績が良ければ年金原資が一時払保険料を上回る可能性があるなど終身年金を考えている者にとっては、中途解約による損失や長期の年金支払期間になることによる保険会社の破綻等のリスクはあるものの、初期費用、保険契約管理費の負担があるとはいえ、運用成績が良くなれば利益を得ることができる可能性もある商品である。原告の経歴、財産の状況は上記認定のとおりであり、本件保険契約締結時に、退職金が支給されたことで、原告は、退職金をどのように運用するかを検討する状況にあり、住宅ローンを退職金で完済した後、残金の約290０万円を現金、定期預金等に1050万円振り分けていることからしても、終身年金を選択肢の一つとして考えることには十分な合理性があったことなどを考慮すれば、被告銀行が本件保険を原告に紹介したことが不適当な勧誘であるとまでは認めることができず、本件保険契約の締結が適合性原則に違反するということができない。」

❖ コメント

本件は、被告A生命の保証金額付特別勘定年金特約（終身型）付変額個人年金保険について、被告A生命の媒介代理店である被告株式会社B銀行a支店従業員Pが原告に対する本件保険の契約の勧誘に当たり、原告に対し、解約時には、払込金額に利子を付加した金額である一九〇八万円から支払済みの年金額を差し引いた残額が返戻金額になる旨の不実の説明を行い、解約による返戻金額が運用実績により払込保険料を下回ることになるリスクがあるという重要事項（不利益事実）を告げず、本件保険契約には契約初期費用はかからないなどと説明したことなどから、原告がその旨誤信し、本件保険契約を締結したなどと主張して、被告A生命に対し、錯誤無効（民法九五条）、消費者契約法四条一項、二項に基づく本件保険契約の取消しにより、払込金額一八〇〇万円と解約返戻金一三八三万〇〇九〇円の差額四一六万九九一〇円を不当利得としてその返還を求め、被告らに対し、適合性原則違反、説明義務違反による不法行為あるいは債務不履行に基づいて、原告に生じた損害の賠償を請求する事案である。

本判決は、本保険契約の勧誘した銀行員Pの原告に対する説明に説明義務違反があったと認めることはできないとし、かつ、被告銀行が本件保険を原告に紹介したことが不適当な勧誘であるとまで認められないとして、本件保険契約の締結が適合性原則に違反することはできない、とする。結論として、原告の適合性原則違反、説明義務違反による不法行為責任もしくは債務不履行による損害賠償請求を斥けている。認定事実から妥当な判断であろう。

本判決については、石田満編「保険判例二〇一三」（保険毎日新聞社）一七八頁（田中秀明）の評釈がある。

なお、変額個人年金保険等の適合性原則違反を否定した事例として**第三事件**がある。

二　札幌地判平成二三年九月二八日判例タイムズ一三七二号二〇四頁

交通事故（正面衝突）で死亡した保険契約者兼被保険者が事故直前、気を失っていた可能性が否定されないが、これが糖尿病に伴う低血糖による発作であったと認められない、として、傷害保険契約の疾病免責条項の適用が否定された事例（保険金請求事件）（一部認容）（確定）

X（原告）対Y保険会社（被告）

「第3　当裁判所の判断

1　争点①について

本件保険契約の約款（乙1）においては、被保険者が「急激かつ偶然な外来の事故」により傷害を負ったことを保険金支払の要件として定めており、また、同時に疾病免責条項を定めている。このような本件保険契約の約款の文言や構造に照らせば、保険金の請求者（原告）は、外部からの作用による事故と被保険者の傷害との間に相当因果関係があることを主張、立証すれば足りるというべきである（最高裁平成19年(受)第95号同年7月6日第二小法廷判決・民集61巻5号1955頁参照）。また、ここでいう「偶然」とは、「故意」と対をなす概念であり、保険事故が被保険者の意思に基づかないこと、あるいは原因又は結果の発生が被保険者の立場から見て予知できないことを意味すると解するのが相当である。

証拠（乙２）によれば、亡太郎には自殺する原因は見当たらず、亡太郎が故意に本件事故を招致したとは認められない。そして、証拠（乙２）及び前提事実記載の本件事故の態様に照らせば、亡太郎は、本件事故という外部からの作用により、腸間膜断裂の傷害を負い、その結果出血性ショックにより死亡したものと認められるから、被保険者である亡太郎は「急激かつ偶然な外来の事故」により傷害を負い、死亡したものと認めるのが相当である。

2　争点②について

(1)　本件事故に疾病免責条項が適用され、保険者である被告が本件保険契約に基づく保険金の支払を免れるためには、本件保険契約の約款の文言（乙１）に照らせば、保険者（被告）は、被保険者（亡太郎）の傷害（腸間膜断裂）が亡太郎の疾病により生じたことを主張立証することが必要というべきである。本件においては、上記傷害の直接の原因が本件事故であることは明らかであるから、被告は、その間接的な原因すなわち本件事故を惹起した原因が亡太郎の疾病であることを主張立証すべきである。そして、この場合、疾病免責条項が「次の各号に掲げる事由のいずれかによって生じた傷害に対しては保険金を支払いません。」と規定されていることに照らせば、被告のこのための主張立証としては、単に被保険者（亡太郎）に疾病の既往歴や素因があるとの主張立証では足りず、特定の疾病による特定の症状のために本件事故が惹起されたことの主張立証が必要であると解するのが相当である。

(2)　ア　前提事実及び証拠（乙２）によれば、本件事故は、ほぼ直線上の道路において、亡太郎運転の車両が、対向車線にはみ出し、対向車線を進行していた乙山春男運転の車両に正面衝突するというものであり、亡太郎が衝突直前に進路を変更したり、急制動の措置を講じたりしたとは認められないものである。また、乙山春男は、衝突直前に、亡太郎は運転席にいない感じがしたと説明している。上記事故態様及びこの乙山の説明を前提とすると、亡太郎は、本件事故直前に何らかの事情により、気を失っていた、あるいは居眠りをしていた可能性があることは否定できない。

イ　証拠（甲8、乙2）によると、亡太郎は、平成3年頃から2型糖尿病によりインスリンを注射するようになったこと、平成20年3月には胃ガンにより幽門側胃部の切除手術を受けたこと、その後、糖尿病等の治療のため、北の台クリニックに入通院をし、同年12月には合計22日間入院（通院日は同月22日）したこと、その後のインスリンの注射は、持続性インスリン（レジベル）を1日に1回（夕方）4単位、速効型インスリン（ノボラピット）は、朝6単位、昼2単位、夜2単位するように指導を受けていたことが認められる。さらに、亡太郎の上記退院前の血糖値は、朝食、昼食、夕食の前後の値が、88／185、129／216、99／101であり、HbA1cは5・1％であったと認められる。

ウ　証拠（乙2）によると、亡太郎は、食事をきちんととらずにアルコールだけを飲み、さらにインスリンを注射すれば、低血糖の発作を起こす可能性があったこと、また、心筋梗塞を引き起こす素因を持っていたことが認められる。

エ　証拠（乙2）によると、亡太郎は、上記退院後本件事故までの間、酒を飲んでおらず、食生活を含め規則正しい生活をしていたこと、インスリンをきちんと注射していたことが認められ、本件事故当日、亡太郎は、朝食としてご飯を茶碗1杯、バナナ、ヨーグルトを食べたものと推認できる。

(3)　以上の事実関係によれば、亡太郎は、糖尿病患者であり、たとえば空腹時（低血糖時）にインスリン注射をすれば、低血糖に伴う発作を起こす可能性があることは否定できない（上記(2)ウ）。しかしながら、亡太郎の退院前（本件事故は、退院の3日後に発生した。）の血糖値の状況は、良好な数値であり（上記(2)イ）、また、本件事故直前の亡太郎の生活状況（上記(2)エ）に照らせば、亡太郎が低血糖による発作を起こす可能性は極めて低いものと認められる。しかも、亡太郎が、本件事故当日の朝食を取らずに、インスリンを注射したことを示す的確な証拠もない。したがって、本件事故直前、亡太郎は気を失っていた可能性は否定できないものの、これが糖尿病に伴う低血糖による発作であったとは認められない。そうすると、本件事故は、亡太郎の疾病により惹起されたものと認めるに足りる証拠はないといわざるを得ない。」

❖ コメント

本件は、被告との間で傷害保険契約を締結していた被保険者兼保険契約者が交通事故で死亡したため、その妻である原告が、被告に対して、上記保険契約に基づく死亡保険金のうち自己の相続分相当額の支払を求める事案である。

本判決は、被保険者が「急激かつ偶然な外来の事故」により傷害を負い、死亡したことを認め、保険金支払の要件を肯定し、次に、本判決は、本件事故直前に被保険者（兼保険契約者）は気を失っていた可能性は否定できないものの、これが糖尿病に伴う低血糖による発作であったとは認められない、として、結論として、本件事故は、被保険者の疾病によって惹起されたものと認めるに足りる証拠はない、として、傷害保険契約の疾病免責条項の適用を否定している。

免責を主張する保険会社の立証が成功しなかったことになる。

本判決については、石田満編「保険判例二〇一三」（保険毎日新聞社）一三六頁（杉野嘉彦）の評釈がある。

三　福岡地判平成二三年一一月八日金融法務事情一九五一号一三七頁

無職で一人暮らしの女性に対する変額個人年金保険、仕組債、株式投資信託、外貨預金の勧誘・販売につき適合性原則違反が認められない、とされた事例（損害賠償等請求事件）（請求棄却）（控訴）

「⑶　本件変額年金保険について

X（原告）対Y_1銀行、Y_2証券、Y_3証券（被告）

ア　前記1⑹及び⑺によれば、本件変額年金保険は、加入者が目標値（110％）を定め、目標値に到達した時点で運用成果が支払われる内容の保険であり、最大運用期間（10年間）終了時点での積立金が仮に元本を下回った場合であっても、15年間の年金受取総額としては元本額が保証され、一括受取の場合にはこの元本の90％が保証されるものである。

イ　この点、原告は、本件変額年金保険の内容は極めて複雑であり、原告には理解困難である旨主張する。しかし、上記アの本件変額年金保険の基本的仕組みは、それほど難解なものとはいえない。また、原告が金融商品について一般社会人と同程度またはそれ以上の理解力を有していたと認められることは前記⑵のとおりであるし、前記1⑹のとおり、Jは、原告に対し、販売用資料等を示して本件変額年金保険の内容を説明しているのであるから、原告には理解が十分可能であったというべきである。

ウ　なお、原告は、一括受取の場合は元本の90％となり、原告の投資意向とは合致しない旨主張する。しかし、原告の投資意向は、前記⑵ア㈦のとおりであるところ、一括受取を選択したとしても、元本の大部分は確保できるのであるから、本件変額年金保険は、10年後の老人ホーム入居の資金の確保という原告の意向に沿うものである。また、年金形式であれば15年間に分けて元本額全額を受け取ることができるのであるから、生活資金の確保という原告の意向にも沿うものといえる。

したがって、上記原告の主張は採用できない。

エ　以上より、本件変額年金保険について、適合性原則に違反するものとは認められない。」

❖ コメント

本判決の変額年金保険の部分だけを挙げた。この部分の判決は、銀行の適合性原則違反を否定している。なお、銀行の変額年金保険の適合性原則違反・説明義務違反を否定した事例として、**第一事件**がある。

本判決については、石田満編「保険判例二〇一三」（保険毎日新聞社）一七八頁（田中秀明）の評釈がある。

四　さいたま地川越支判平成二四年一月二三日判例タイムズ一三八五号二四三頁

> 乙山（共済契約者）の原告への共済金請求権の遺贈により死亡共済金請求権を原始取得したとする原告の主張が排斥され、共済者において、原告に対し、共済者の乙山に対する債権を自働債権として共済金請求権と相殺することができる、とされた事例（死亡共済金請求事件）（請求棄却）（控訴）（後控訴棄却）

X（原告）対Y共済組合（被告）

「第3　判断

1　請求原因⑴、⑵エ及び⑶の事実は当事者間に争いがない。同⑵アの事実は、甲2号証（本件公正証書）により認めることができる。

2　同⑵イについて

確かに、甲2号証の第1条では、「死亡共済金の受取金請求権」を遺贈する旨の表現は採られていないが、乙山が法律の専門家であったと認めるべき証拠の提出はないこと、及び、同条記載の遺贈の趣旨から、乙山は原告に本件共済金請求権を確実に譲渡させる意思であったと推認できる。したがって、本件遺贈の合理的解釈としては、乙山は、原告に、本件遺贈により、乙山が受け取るべき死亡共済金自体ではなく、その支払請求権、すなわち本件共済金請求権を遺贈したものというべきである。

したがって、請求原因⑵イの事実を認めることができる。なお、同⑵ウの成否については後に述べる。

3　抗弁について

⑴　同⑴の成否について判断するまでもなく、次のとおり、同⑵の主張が採用できるので、本件共済金請求権は相殺により消滅しており、原告は被告に対し、その履行を求めることはできない。

⑵　同⑵について

ア　同アの事実は乙1号証により、同イの事実は同3号証の1、2及び弁論の全趣旨により、いずれも認めることができる。

イ　本件相殺の可否（同共済金請求権の原始取得の成否）について

本件共済契約は、本件約款の規定によれば、共済契約者が被告（組合）に対し共済金を支払い、支払事由（例えば、被共済者が被告の責任開始時以後共済期間内に死亡したこと）の発生により、被告が所定の共済金（上記例では死亡共済金）の支払義務を負うことを基本的内容としていると認められる（2条及び3条）。

また、本件共済契約が解約等された場合には、被告は、原則として、共済契約者に解約返戻金を支払う義務を負い（同36条）、さらに、本件共済契約の契約者は、本件共済契約の解約返戻金の80パーセントに相当する範囲で、被告より金銭の借入れをすることもできる（38条、共済証書貸付）。

このように、本件共済契約において、共済契約者は、支払事由の発生以前においても、共済者である被告より財産的利益を受けることが可能である旨定められている。そして、上記解約返戻金の発生や共済証書貸付の制度は、そのときまでに、共済契約が失効せず（本件約款14条参照）、その後、支払事由が発生することにより、将来的に共済金支払請求権が具体的に発生することを前提として設けられているというべきである。

そうすると、本件共済契約上の共済金支払請求権は、支払事由の発生によって初めて生じるものではなく、共済契約の締結時に、将来、上記失効や解約等のなされないことを条件として発生する権利と解すべきである。現に、原告も、支払事由（乙山の死亡）の発生前に、本件共済金請求権について質権を設定している（乙２号証参照。原告も争わないと認められる。）。

すなわち、本件共済金請求権は、同共済契約締結のときに条件付き権利として発生し、支払事由である乙山の死亡によって具体的権利となり、同時に、本件遺贈により原告に移転する（民法９８５条１項）というべきである。

したがって、本件共済金請求権について、本件遺贈により原告が原始取得したとの主張（請求原因(2)オ）は採用できない。

ウ　そして、仮に、本件通知が同共済金請求権の譲渡（遺贈）の対抗要件たり得るとしても、これがなされる前に、被告は、乙山に対する貸金請求権を取得し、これを認容する別件判決も確定している。したがって、被告は、原告に対し、上記乙山に対する債権を自働債権として本件共済金請求権と対当額で相殺することができる（民法４６８条2項）。

なお、本件相殺の意思表示は、本件通知の前になされたものであり、これは、本来的に、原告による質権の主張に対抗してなされたものと認められるが（乙２号証参照）、原告による質権者としての主張も本件遺贈の主張も乙山の本件共済金請求権を取得したという点で共通するものであること、及び、民法４６７条１項所定の通知又は承諾は、あくまで対抗要件に過ぎず、債務者において、それがなされる前に債権の譲受人を債権者として扱うことが許されない訳ではないことからすると、本件相殺の意思表示の効力は否定されないというべきである。

エ　上記法理は、本件遺贈により本件共済金の受取人の変更がなされたと構成しても（請求原因(2)ウ）、変わりはない。

４　上記のとおり、本件共済金請求権は、被告による適法な相殺の意思表示により全額消滅しているのであるから、その余の点について判断するまでもなく同請求権に基づく本訴請求権は理由がないので棄却する。」

❖ コメント

本件は養老生命共済契約の共済契約者、被共済者および死亡共済金受取人であった乙山（平成二二年一〇月一〇日死亡）から死亡共済金請求権の遺贈を受けたと主張する原告Xが、共済者である被告Y組合に対して、本件共済契約に基づき死亡共済金三〇〇〇万円およびこれに対する本件遺贈の通知がされた日の翌日である平成二二年一二月一八日から支払済みまで商事法定利率年六分の割合による遅延損害金の支払を求める事案である。

乙山は、昭和五八年一一月、Y（農業協同組合）との間で、共済者をY組合、共済契約者・被共済者・死亡共済金を乙山とする死亡共済金額三〇〇〇万円とする養老生命共済契約を締結していた。

乙山は、平成二一年二月二六日、遺言公正証書を作成し、妻を遺言執行者として、その一条で「死亡共済受取金の総額（参千万円）を」Xに対して遺贈する旨の遺言をしたとされる。

乙山は、平成二二年一〇月一〇日死亡した。

この遺言公正証書の内容の法的判断が本事案の重要な論点である。本判決は、乙山のY組合に対する共済金請求権を遺贈したものというべきである、とする。

本判決は、本件共済金請求権は、共済契約締結の時に条件付権利として発生し、支払事由である乙山の死亡によって具体的権利となり、同時に、本件遺贈によりXに移転する（民法一八五条一項）ことになり、したがって、本件共済金請求権について、遺贈によりXが原始取得したとの主張は採用できない、とする。その論旨は、正当である。そこで、本判決は、結論として、被告Y組合において、乙山に対する債権を自働債権として本共済金債権と対当額で相殺することができる（民法四六八条二項）とする。妥当な判断である。

Xは、遺贈により死亡共済金請求権を原始取得している、と主張している。Xは、本件遺贈の時において、共済金受取人の変更があったと主張しているものと思われるが、仮にこのような主張が認められるとしてもY組合の相殺の意思表示の時点（平成二二年一一月一九日）以後に、XがY組合に対して通知（平成二二年一二月一七日）をしたというのであるから、Y組合による相殺の意思表示により本共済金請求権は、消滅している。したがって、Xの本訴請求権は、理由がないとして棄却した本判決の判断は妥当であることはいうまでもない。

本判決について、Xは控訴した。控訴審判決（東京高判平成二四年七月一〇日）も、Xの本訴請求には理由がなく、これを棄却すべきである、としている（判タ一三八五号二四七頁）。

五　札幌地判平成二四年三月二九日判例時報二一五二号五八頁

破産者の締結した生命共済の入院特約に基づく共済金請求権が破産財団に属する財産であるとして、破産管財人による請求が認容された事例（共済金請求事件）（認容）（確定）

X（原告）対Y生活協同組合（被告）

「1　そこで検討すると、保険金請求権は、保険契約締結とともに、保険事故の発生を停止条件とする債権として発生しており、保険事故発生前における保険金請求権（以下、「抽象的保険金請求権」という。）も、差押えや処分が可能であると解される。このように、抽象的保険金請求権が、差押えや処分が可能な財産であるとされている以上、破産者の財産に対する包括的差押えの性質を有する破産手続開始決定についても別異に解する理由はなく、保険契約が締結された時点で、破産手続開始決定により破産財団に属させることが可能な財産として発生しているものとみるのが合理的である。したがって、破産手続開始前に締結された保険契約に基づく抽象的保険金請求権は、破産法34条2項の「破産者が破産手続開始前に生じた原因に基づいて行うことがある将来の請求権」として、破産手続開始決定により、破産財団に属する財産になるものと解するのが相当である。

そして、本件共済契約も保険契約の一種であると解されるから、上述したところが本件共済契約にも当てはまるものと解すべきである。

2　もっとも、最高裁判所昭和57年9月28日第三小法廷判決・民集36巻8号1652頁は、自動車保険契約における保険金請求権につき、「保険事故の発生と同時に被保険者と損害賠償請求権者との間の損害賠償額の確定を停止条件とする債権として発生し、被保険者が負担する損害賠償額が確定したときに右条件が成就して右保険金請求権の内容が確定し、同時にこれを行使することができることになる」と判示する。しかしながら、この事例は、保険事故発生により具体化した保険金請求権の発生時期が、保険事故発生時か、損害賠償額の確定時期かが問題となった事例であって、抽象的保険金請求権の発生時期について判示したものではないと解されるから、上記一の結論を左右することはない。

3　被告は、本件共済契約は、いわゆる掛け捨てタイプの契約であって、貯蓄としての性格は持っていない旨主張するが、貯蓄性の有無と、当該権利が破産財団に属するか否か、すなわち、破産手続開始前に発生したか否かとは、何ら関係がないものと解される。

また、被告は、共済金請求権は、共済契約が締結されたことのみに基づいて生ずるわけではなく、掛金の支払が要件となっているから、破産手続開始前に支払われた掛金に対応する保障期間内に生じた共済事故による共済金請求権のみが、破産財団に属するものと考えられると主張する。しかしながら、本件共済契約に適用される生命共済事業規約（甲４）をみても、月々の掛金の支払いに対応する「保障期間」なるものは観念されていない。同規約上は、掛金の不払いが共済契約の終了事由となっているに過ぎないのであって、月々の掛金の支払いが、これに対応する「保障期間」中に生じた共済事故に係る共済金請求権の発生要件となっているものとは解されないから、被告の主張は採用できない。

さらに、被告は、破産手続開始後の稼動に係る賃金については、破産財団を構成することはないところ、掛金の支払の継続は、雇用契約における稼動に類比できるものであると主張する。しかし、上述したとおり、本件共済契約においては、月々の掛金の支払いが、これに対応する「保障期間」中に生じた共済事故に係る共済金請求権の発生要件となっているものとは解されない一方、雇用契約においては、労務の提供が、当該月の賃金支払請求権の不可欠な発生要件になっているものと解されるのであって、両者は性質を異にするといわざるを得ず、これを同一視することはできないというべきである。

４　被告は、破産者の生活の再出発が著しく困難になることを避けるべきであるとも主張する。しかし、破産財団に属する財産か否かは、破産手続開始前に生じたものであるか否かによって決まるのであり、その判断に当たって、破産者の生活再建の必要性を考慮する余地はほとんどないものというべきである。むしろ、破産者の生活再建の必要性は、破産法上、自由財産拡張の決定に当たって考慮すべき要素とされている（破産法34条４項参照）ことからしても、破産者が共済金を受け取れなくなることにより破産者に酷な事態が生ずる場合には、自由財産拡張等の手段によって対処すべきであると考えられる。

5　また、被告は、共済契約が破産手続開始前に締結されたか否かによって、結論に差が生じるのは均衡を失するとも主張するが、このような不均衡が生じることは、破産財団の範囲につき破産手続開始時を基準とする固定主義を採用している以上、避けられないことであるといわざるを得ない。

6　以上によれば、本件入院共済金請求権は、破産手続開始前に締結された本件共済契約に基づき発生したものであるから、「破産者が破産手続開始前に生じた原因に基づいて行うことがある将来の請求権」として、破産財団に属する財産であると解するのが相当である。」

❖ コメント

本件は、破産者甲野太郎が破産手続開始前に被告との間で共済契約を締結していたところ、破産手続開始後に共済事故が発生したことから、破産者の破産管財人である原告が、この共済事故に基づき発生した共済金請求権は破産財団に属する財産であると主張し、この共済契約に基づき、被告に対し、共済金およびこれに対する遅延損害金の支払を求める事案である。

本事案は、①平成二一年一一月一日に生命共済契約を締結し、②平成二二年一二月一七日に破産手続開始決定があり、③平成二三年一月一九日から同年二月二二日までの三五日間、疾病入院共済金が発生したというのである。X（原告）（破産管財人）は、Y生活協同組合（被告）に対して、共済金を請求した。

論点は、破産手続開始前に締結された共済契約に基づく抽象的（未必的）共済金請求権は、破産三四条二項の「破産者が破産手続開始前に生じた原因に基づいて行うことがある将来の請求権」として、破産財団に属する財産であるから、破産管財人による請求が認容される、とする点である。これを肯定した本判決の判断は、妥当である。

本判決については、石田満編「保険判例二〇一三」（保険毎日新聞社）一六九頁（吉川栄一）の評釈がある。

六　大阪地判平成二四年五月三〇日自保ジャーナル一八八三号一七五頁

高速道路の追越車線に停止し、後続の普通貨物車に追突され死亡した被保険者に普通傷害保険約款の重過失免責を否定し、保険金の支払を認容した事例（保険金請求事件）（請求認容）

Xら（原告）対Y保険会社（被告）

「1 「重大な過失」について

(1) まず、傷害保険契約は、被保険者が急激かつ偶然な外来の事故によって傷害を受けた場合に保険金を支払うことを主内容とする（すなわち、保険事故の発生によって保険契約者ないし被保険者側が利益を受けることになる。）ものであるところ、本件故意重過失免責条項は、いわゆる保険事故招致免責規定であり、その趣旨は、保険契約者等が故意または重過失によって保険事故を招致することは、契約当事者に求められる信義誠実の原則に反するものであり、社会的にも許されない公序良俗に反するものであるという点にあると解されることに照らせば、本件故意重過失免責条項にいう『重大な過失』によって生じた傷害」とは、ほとんど故意に近い著しい注意義務違反によって当該保険事故（傷害）を招致した場合のみならず、その注意義務違反が極めて悪質重大なものであったり異常無謀なものであったり反社会的なものであったりするために当該保険事故（傷害）を自ら招致したのも同然であると評価し得る場合を含む（このような場合にまで保険金請求を行うことや保険金支払を行うことは、信義誠実の原則や公序良俗に反する。）ものと解するのが相当である。

他方、傷害保険契約は、急激かつ偶然な外来の事故を適用対象とするもので、保険事故につき無過失または軽過失があるにすぎない場合のみを適用対象とするのではなく、過失がある場合全般を適用対象とし、その上で、本件故意重過失免責条項によって、上記趣旨から故意・重過失がある場合を免責事由として適用除外とするものであるから、そこにいう「重大な過失」には、当該注意義務違反の内容程度が相当程度に重いものであったとしても、それが信義則違反であるとも公序良俗に反するものであるともいえないような場合は含まれないものと解するのが相当である（このような場合にまで免責を認めることは、上記趣旨を超えて免責範囲を不当に拡大しすぎるもので、多くの保険事故が免責対象ということになりかねず、妥当でない。特に、保険事故が交通事故の場合は、双方に過失があるのが通常であり、一方ないし双方に通常想定されるよりも重い過失があると評価される場合も多々ある（なお、実務上、損害賠償額を算定する前提としての交通事故当事者間の過失割合を検討する場面においてではあるが、通常想定されるよりも重い過失について、著しい過失と重過失とを区別する取扱が数十年も前から慣行的に行われていることは、公知の事実といえる。）ところ、それらを全て免責対象とするのでは、保険適用における原則と例外とを逆転させることになりかねず、不適切である。）。

(2)　これを本件についてみるに、前提事実によれば、亡太郎は、本件高速道路の追越車線上に、そこに太郎車を停止させることが危険なことであることを認識しながら、また、左側にはゼブラゾーンや路側帯があることも当然認識しながら、飛んで行った受取伝票を拾うためという理由（停止することがやむを得ない場合とはいえない。）で、太郎車を停止させ、その結果、本件事故が生じたのであるから、亡太郎には、本件事故につき、軽過失に止まらない相当大きな注意義務違反があるといわざるを得ない。

しかし、亡太郎が太郎車を停止させるために減速して停止し、その後、原告花子が助手席から降りて、後方から走行してくるトラックに気付いて、手を挙げて合図をし、トラックが減速してくれたので、その間に受取伝票を拾ったという経緯であることに照らせば、亡太郎が太郎車を停止させようとした時点ないし停止させた時点においては、後続車とは相当程度の距離があり、少なくとも後続車が間近に迫っていたという状況にはなかったとものと推認できる。また、その際に亡太郎が念頭に置いていた停止時間は、原告花子が受取伝票を拾うまでのせいぜい数秒～数十秒程度と推認でき、それ故に、太郎車を左側にあったゼブラゾーンや路側帯に寄せることなく、そのまま追越車線上に停止させたものと推認できる。そして、一般に、高速道路上での停止は危険であるものの、通行量が多くはない状況で、かつ、後続車とも相当程度の距離が空いている状況で、車両を停止させたとしても、直ちに追突事故が発生することは稀であって、後続車は、停止車両を認めて減速して停止したり車線変更して通過したりするのが通常であり、停止時間が長くなり後続通過車両の数が増えるうちに、上記のような回避措置を怠って追突してしまう車両が出て来て、事故に至るというケースが多いものと考えられる。そうすると、亡太郎は、太郎車を停止させることが危険なことであることを認識していたといっても、それは一般的抽象的に高速道路上で停止することが危険なことであることを認識していたというに止まり、具体的に追突事故（本件事故）が発生することまでは予見しておらず、むしろ、通行量も多くはない中で、せいぜい数十秒程度の短時間の停止であるため、その間には後続車は来ないか、せいぜい数台程度の車両が来る程度で、それらの車両も減速して停止するなり車線変更するなりしてくれるであろうから大丈夫であろう、実際に事故になることはまずないであろうと考えて、本件高速道路の追越車線上にそのまま太郎車を停止させたものと推認するのが相当である。

そして、実際に、原告花子は後続のトラックが減速してくれている間に受取伝票を拾ったのであり、丁山車も脇見（距離にして約46・4メートルもの間の脇見）をすることなく進路前方を見て走行していれば、前車（トラック）が走行車線への車線変更をしている間に進路前方で停止している太郎車を認めて減速するなどしたはずであり、その間に太郎車は、原告花子を乗せて発進することができたはずであったと考えられるのであり、本件事故は、太郎車の停止後、折り悪くわずか2台目の後続車（丁山車）が前車（トラック）との車間距離不保持で走行してきた上に脇見をするという稀な出来事が重なったために発生したものといえるし、亡太郎において、このような稀な出来事が重なって本件事故が発生することを具体的に予見することは、必ずしも容易なことではなかったといえる。

そうすると、上記状況下で亡太郎が太郎車を本件高速道路の追越車線上に停止させたことは、本来的に事故発生の具体的危険性が極めて高いものであったとまではいえないし、その結果として本件事故が発生することを具体的に予見することが極めて容易であったとまではいえないのであり、一般的抽象的危険性の高い極めて軽率な相当大きな注意義務違反行為であるとの誹りは免れないものの、亡太郎に、本件事故発生につき、ほとんど故意に近い著しい注意義務違反があったとはいえないことはもとより、その注意義務違反が極めて悪質重大なものとも、異常無謀なものとも、反社会的なものともいえず、当該保険事故を自ら招致したのも同然であると評価することもできない（保険金請求を行うことや保険金支払を行うことが、信義則や公序良俗に反するということはできない。）というべきである。

(3)　したがって、亡太郎に、本件故意重過失免責条項にいう「重大な過失」があったとは認められないのであり、本件事故に本件故意重過失免責条項が適用される旨の被告の主張は採用できない。」

❖ コメント

本件は、交通事故により死亡した甲野太郎（昭和一三年九月生）の法定相続人である原告らが、保険会社である被告に対し、死亡保険金の支払を求める事案である。

なお、本件保険契約に適用される傷害保険普通保険約款第三条一項一号は、保険契約者または被保険者の故意または重大な過失によって生じた傷害に対しては保険金を支払わない旨を定めている。

本判決は、亡太郎が太郎車を高速道路の追越車線上に停止させたことは、第一に、本来的に事故発生の具体的危険性が極めて高いものであったとまではいえないし、その結果として本件事故が発生することを具体的に予見することが極めて容易であったとまではいえない、とする。その結果第二に、一般的抽象的危険性の高い極めて軽率な相当大きな注意義務違反行為であるとの誹りは免れないものの、亡太郎に、本件事故発生につき、ほとんど故意に近い著しい注意義務違反があったとはいえない、とする。そのうえで、その注意義務違反が極めて悪質重大なものとも、異常無謀なものとも、反社会的なものともいえず、この保険事故を自ら招致したのも同然であると評価することもできない、とし、そこで、保険金請求を行うことや保険金支払を行うことが、信義則や公序良俗に反するということができない、とする。

重過失概念は、客観的要因および主観的要因を総合して判断されるべきである。客観的要因とは、事故当時における被保険者の行動の危険性からの判断である。主観的要因とは、被保険者の個性であり、この場合、重大な過失ありとする非難を免除することに役割を果たすものとされる。

本事案においては、太郎車は、高速道路の追越車線に停止し、後続の普通貨物車に追突され死亡したというのである。太郎車を高速道路の追越車線上に停止していた、というのであるから「重大な過失」の客観的要因を充足しているといわざるを得ない。次に、主観的要因については、太郎車の助手席に同乗していた原告花子が飛んだ受取伝票を拾うためで、結果として拾ったが二台目の後続車と衝突したのである。この事実が「重大な過失」を免除する主観的要因であったとまでいえない、と考える。「重大な過失」については石田満・保険判例の研究Ⅱ（傷害保険・責任保険・生命保険・傷害特約）（一九九五、文眞堂）一八〇頁参照。

七　東京高判平成二四年七月一一日金融・商事判例一三九九号八頁（原審・東京地判平成二三年八月一八日金融・商事判例一三九九号一六頁）

生命保険無催告失効条項が消費者契約法一〇条により無効となるものでなく、かつ、生命保険会社において、復活により自殺免責期間が再開され、自殺免責条項の適用を主張することが権利の濫用ないし信義則違反に当たらない、とされた事例（保険金請求控訴事件）（原判決取消）

X（原告・被控訴人）対Y保険会社（被告・控訴人）

「1　争点(1)（本件失効条項が消費者契約法10条により無効となるか）

(1)　前記引用に係る原判決記載の前提事実によれば、本件失効条項は、保険料が払込期月内に払い込まれず、かつ、その後1か月の猶予期間の間にも保険料支払債務の不履行が解消されない場合に、保険契約が失効する旨を定めているところ、保険料の払込みがされない場合に、その回数にかかわらず、履行の催告（民法541条）なしに保険契約が失効する旨を定めるものであるから、この点において、任意規定の適用による場合に比し、消費者である保険契約者の権利を制限するものである。しかし、多数の保険契約者を対象とするという保険契約の特質に加え、同記載の前提事実のとおり、本件約款において保険契約者が保険料の不払をした場合にもその権利保護を図るために一定の配慮をした定めが置かれていること（本件約款12条において、保険料が遅滞しても直ちに保険契約が失効するものではなく、債務不履行の状態が一定期間内に解消されない場合に初めて失効する旨が明確に定められている上、上記一定期間は、民法541条により求められる催告期間よりも長い1か月とされていること、本件約款13条において、払い込むべき保険料等の額が解約返戻金の額を超えないときは、自動的に控訴人が保険契約者に保険料相当額を貸し付けて保険契約を有効に存続させる旨の条項が定められていて、長期間にわたり保険料が払い込まれてきた保険契約が1回の保険料の不払により簡単に失効しないようにされていること）にかんがみれば、控訴人において、本件保険契約の締結当時、保険料支払債務の不履行があった場合に契約失効前に保険契約者に対して保険料払込みの督促を行う態勢を整え、そのような実務上の運用が確実にされていたとすれば、通常、保険契約者は保険料支払債務の不履行があったことに気付くことができると考えられるから、本件失効条項は、信義則に反して消費者の利益を一方的に害するものに当たらないと解される（最高裁平成24年判決）。

(2)　前記引用に係る原判決記載の前提事実、証拠（甲11、乙3、4、8、74、76～78）及び弁論の全趣旨によれば、①控訴人は、本件保険契約の締結時である平成18年11月1日当時から現在まで、保険契約者に関する情報管理、保険料の請求・収納・督促等に関する処理、保険契約の失効・復活・解約等の契約状況の変動に関する処理等、保険契約の情報処理の全てを、控訴人のAセンターに設置されたホストコンピューターのコンピューターシステムで管理していること、②控訴人に支払われる毎月の保険料の振替日は、当月27日（金融機関休業日の場合は翌営業日）であり、振替日から4営業日後に、振替結果に関するデータが記録された電磁的記録媒体であるカートリッジ式磁気テープ（CMT）が保険料の振替処理をする各金融機関からAセンターに送付され、このCMTをAセンター内のホストコンピューターにセットすると「請求収納システム」というコンピューターシステムの処理により、振替の成功又は不能の結果が、契約状況を管理している各種データベースに保険契約単位で格納された上、翌月中旬に、不能の結果が格納されている保険契約者（振替不能契約者）につき、いずれもホストコンピューターの夜間自動処理により、a控訴人督促書式（乙76）に必要事項が入力された督促通知書、b2か月分の保険料を振替処理するよう各金融機関に依頼する保険料請求データを記録したCMTが、それぞれ自動的に作成されること、③控訴人督促書式は、別紙1のとおりの内容・体裁のものであり、作成後2営業日前後にAセンターからB郵便局に持ち込まれ、振替不能契約者向けに一斉に発送されること、④代理店に対しても、控訴人から、毎月10日ころ、前月の振替不能契約者の一覧表が送付され、失効とならないように注意するよう保険契約者に連絡するよう依頼することとなっていること、⑤上記CMTは、各金融機関に配送されて、各金融機関が振替不能契約者について翌月2か月分の保険料の振替を実行し、翌月の振替結果に関するCMTをホストコンピューターにセットすると、夜間自動処理により、2か月連続して振替不能となった保険契約について、解約返戻金の自動貸付による継続か、失効かの自動判定が行われ、失効した契約については、失効通知書（乙8）が自動的に作成され、B郵便局から一斉に発送されること、⑥以上の事務手続の流れは、本件保険契約締結当時、控訴人の〈略〉部作成の「〈略〉（編集注・契約管理についてのマニュアル）」2006年5月版に記載され、本件保険契約の失効及び復活の手続が行われた平成19年8月～10月当時も、督促の書式が別紙2のとおり、わずかに異なるものの（以下、別紙2の書式を「控訴人督促書式2」という。）、「〈略〉（編集注・契約管理についてのマニュアル）」2007年4月版に記載され、社内において制度化されていたこと、⑦実際上、平成15年5月から現在まで、以上の事務手続に大きなトラブルが生じたことはなかったこと、⑧亡四郎についても、平成19年7月27日の1回目の振替不能の際、以上の事務手続に基づいて、控訴人督促書式2による本件督促通知書（乙4）が通知され、丙川からも亡四郎に対する連絡がされたが、同年8月27日の2回目の振替も不能となって、本件失効通知書（乙8）が送付されたこと、以上の事実が認められる。

上記認定事実によれば、控訴人は、本件保険契約の締結当時、保険料支払債務の不履行があった場合に契約失効前に保険契約者に対して保険料払込みの督促を行う態勢を整え、そのような実務上の運用が確実にされていたと認められ、通常、控訴人の保険契約者は、保険料支払債務の不履行があったことに気付くことができると認められる。したがって、本件失効条項は、信義則に反して消費者の利益を一方的に害するものには当たらないというべきである。

(3)　被控訴人は、上記事務手続は不十分であると主張し、その理由として、①本件督促通知書に契約失効に関する注意書きが下段の小さな枠内に付随的に記載されているにすぎないこと、②督促による支払がされなかった場合に失効となるのか、自動振替貸付制度が適用されるのかの区別が記載されておらず、むしろ後者が原則であるかのような体裁となっていて誤解を与えかねないこと、③督促通知書が翌振替日まで1週間前後、失効日までで10日前後の時期に送付され、振込用紙が同封されているわけではないこと、④住所変更の場合に送達が確保されないことを挙げている。

しかし、前記(1)で説示したとおり、控訴人において、本件保険契約の締結当時、督促を行う態勢を整え、実務上の運用が確実にされていた場合に、本件失効条項が信義則に反して消費者の利益を一方的に害するものに当たらないといえるのは、上記実務上の運用によって、通常、保険契約者は保険料支払債務の不履行があったことに気付くことができると考えられるからである。したがって、その督促の態勢や実務上の運用の確実性は、通常、保険契約者が保険料支払債務の不履行があったことに気付くことができる程度に整えられ、確保されている必要があると解すべきところ、前記のとおり、控訴人においては、通常、控訴人の保険契約者が保険料支払債務の不履行があったことに気付くことができると考えられる程度に督促の態勢を整え、実務上の運用を確実にしていたことが認められる。

被控訴人の主張に即してみても、別紙1の控訴人督促書式及び別紙2の控訴人督促書式2は、被控訴人の上記①及び②の指摘にかかわらず、いずれもその内容・体裁からみて、これを受領した保険契約者が保険料支払債務の不履行があったことに十分気付くものと認められる。確かに上記②の指摘については、失効となるのか自動振替貸付制度の適用となるのかの区別が督促通知書に記載されていることは、確実に失効を回避する上で望ましいとは考えられる。しかし、上記各書式には、代理店名、取扱者及びその電話番号が記載されている上、前記認定の控訴人の事務手続では、控訴人から、代理店に対して失効にならないように注意するよう保険契約者に連絡するよう依頼することとなっているなど、その事務手続は、保険料支払債務の不履行があったことに気付いた保険契約者が必要な情報を代理店から得られる態勢とされていると認められ、多数の保険契約者を対象とする保険契約の特性をも踏まえると、督促通知書自体に上記の区別が記載されていないからといって、そのことから、本件失効条項が信義則に反して消費者の利益を一方的に害するものに当たることにはならないと解するのが相当である。③送付時期についても、控訴人が、振替結果の格納から督促通知書の送付までに10日程度の期間を置くのは、保険契約の解約等による契約の変動や振替不能に気付いた保険契約者からの入金を可能な限り反映するという合理的な目的に基づく処理と認められ（乙78）、督促通知書の送付を受ける振替不能契約者は、もともと振替予定日に振替の方法により保険料を支払うべき者であるから、翌振替日まで1週間前後、失効日までで10日前後の時期に送付を受けて、保険料支払債務の不履行があったことに気付けば、振込用紙が同封されていなくても、振替のための準備は可能であるのが通常と考えられ、送付時期が不当ということはできない。さらに、④住所移転の場合の送達の確保については、証拠（乙1、79）及び弁論の全趣旨によれば、保険契約者は、住所を変更したときは、速やかに控訴人に通知することとされ、その通知をしなかったときは、控訴人の知った最終の住所に発した通知が通常到達するために要する期間を経過した時に保険契約者に到達したものとみなされることとされていること（本件約款32条）、控訴人が保険契約者に毎年送付する「ご契約内容のお知らせ」において住所変更通知専用の書式を送付し、住所変更通知を励行するよう促していることが認められ、多数の保険契約者を対象とするという保険契約の特質をも踏まえると、保険契約者が、本件約款の定めに反し、住所変更通知を励行するよう促されたにもかかわらず、控訴人に対して住所移転の通知をせず、更に保険料支払義務を怠って、督促を受けるに至ったときに、そのような保険契約者に対して督促通知書が送達されることまでが確保されていないとしても、そのことから、本件失効条項が信義則に反して消費者の利益を一方的に害するものに当たることにはならないものというべきである。

(4)　したがって、被控訴人の上記主張は採用できず、本件失効条項は、消費者契約法10条により無効となるものではない。

2　争点(2)（控訴人の自殺免責の主張は権利の濫用ないし信義則違反に当たるか）

(1)　被控訴人は、仮に本件失効条項が有効であるとしても、本件において控訴人が自殺免責を主張することは、権利の濫用ないし信義則違反として許されないと主張し、その理由として、①復活により従前の契約が継続するにもかかわらず自殺免責期間が再開することに理論的合理性がないから、保険者が自殺免責を主張できる場合は限定的に解すべきであり、保険契約者による逆選択であることを具体的にうかがわせる事情が存在しない限り、その主張は権利の濫用というべきこと、②本件保険契約が失効に至ったことについて亡四郎に落ち度がなく、保険料を滞納したのも初めてであり、その自殺が自殺免責期間の3か月前であったのに対し、控訴人は亡四郎から滞納保険料の支払を受け、復活に応じ、その後、滞りなく保険料の支払を受けていたこと、③丙川が復活時に自殺免除期間の再開等について説明していないことを挙げる。

(2)　しかし、まず、復活による自殺免責期間の再開に理論的合理性がないとする点（上記(1)①）については、被保険者の自殺は、旧商法６８０条1項1号（保険法51条1号）が、生命保険契約における一般的な免責事由として定めるものであって、保険契約の期間のうち契約当初の一定期間に固有のものではない。また、上記各号の定めは、被保険者が自殺をすることにより故意に保険事故（被保険者の死亡）を発生させることは、生命保険契約上要請される信義誠実の原則に反し、また、そのような場合に保険金が支払われるとすれば、生命保険契約が不当な目的に利用される可能性が生ずるから、これを防止する必要があること等によるものと解され、本件免責条項のような自殺免責条項は、生命保険契約締結の被保険者の自殺による保険金の取得にあったとしても、その動機を一定の期間を超えて、長期にわたって持続することは一般的には困難であり、一定の期間経過後の自殺については、当初の契約締結時の動機との関係は希薄であるのが通常であることなどから、一定の期間内の被保険者の自殺による死亡の場合に限って、動機・目的にかかわりなく、一律に保険者を免責することとし、これによって生命保険契約が上記のような不当な目的に利用されることを防止する考えによるものと解される（最高裁平成16年3月25日第一小法廷判決・民集58巻3号７５３頁）。一方、本件免責条項が復活時に自殺免責期間を再開させることとしているのは、復活が、いったん保険契約を失効させた保険契約者が保険契約の復活を求めるものであるため、当初の契約締結時と同様に生命保険契約が上記のような不当な目的に利用されることを防止する必要があるとの考えによるものと解され、旧商法680条1項1号（保険法51条1号）の上記趣旨にかんがみれば、上記のような考えにより、復活の場合に自殺免責期間を再開させることに理論的合理性がないとはいえない。そして、本件免責条項が復活時にも一定の期間を自殺免責期間として再開することとしているのは、当初の自殺免責期間と同様に、一定の期間内の被保険者の自殺による死亡の場合に限って、動機・目的にかかわりなく、一律に保険者を免責することによって生命保険契約が上記のような不当な目的に利用されることを防止する考えによるものと解されるから、個別の保険契約者の動機・目的により、その適用が左右されることは相当でない。したがって、亡四郎に逆選択をした形跡がないことから控訴人の自殺免責の主張は権利の濫用ないし信義則違反に当たるとの被控訴人の主張は採用できない。

(3)　次に、被控訴人は、亡四郎には失効について落ち度がなく、保険料を滞納したのも初めてであり、自殺が自殺免責期間の3か月前であったという亡四郎側の事情と、控訴人が亡四郎から滞納保険料の支払を受け、復活に応じ、その後、滞りなく保険料の支払を受けていたという控訴人側の事情を挙げている（上記(1)②）。

しかし、本件保険契約が失効・復活という経過を辿ることとなったのは、亡四郎が本件保険契約に違反して保険料支払債務を怠り、本件保険契約を失効させた後、復活を希望したことによるのであり、しかも、前記1(2)で認定した事実によれば、亡四郎は、第1回目の振替不能の際、本件督促通知書の送付を受け、丙川からも連絡を受けたのに、本件保険契約を失効させたものである。一方、控訴人は、亡四郎から復活を求められて復活に応じたのであるから、復活した保険契約に基づき、滞納保険料の支払を受け、契約に基づく保険料の支払を受けたからといって、自殺免責の主張が権利の濫用ないし信義則違反に当たることになるものではない。

(4)　被控訴人が、丙川は、復活の際、亡四郎に対し、自殺免責期間が再開することを説明しておらず、それにもかかわらず、控訴人が自殺免責を主張することは、騙し討ちに等しいと主張する点（前記(1)③）については、確かに、丙川が、復活の際、亡四郎に対し、自殺免責期間が再開することを説明したと認めるに足りる証拠はない。

しかし、証拠（甲11、乙1、2、8、74）及び弁論の全趣旨によれば、復活の際に自殺免責期間が再開することについては、本件保険契約締結時に亡四郎に交付された本件約款の1条（乙1）に記載されているほか、復活の前提となる失効通知（乙8）においても、表面に、保険契約が失効した旨と「つきましては、裏面をご参照の上、必要なお手続きをお取りください。」という案内文が記載された上で、裏面に「保険契約の復活を希望される場合」と「保険契約の復活を希望されない場合」とに分けて複数の注意事項が記載され、このうち、復活を希望される場合の注意事項の一つとして「⑤復活後の告知義務違反や自殺免責を判定する際に基準となる危険開始日は復活日となります。」との記載がされており、その内容は、失効通知を受けた保険契約者が、これらの注意事項等を検討した上で復活を求めるかどうかを検討できるものとなっている。また、生命保険は一般に新規の契約時には自殺免責期間があるのが通常であり（公知の事実）、本件保険契約を復活させず、他の保険契約を締結したとしても、自殺免責期間は生ずるし、亡四郎が自殺して生命保険金を取得するために本件保険契約を復活させたと認めることはできないから、自殺免責期間が再開するかどうかが、当時の亡四郎にとって、本件保険契約を復活させるかどうかの動機に関係したとは認められない。すなわち、本件では、復活時に自殺免責期間が再開する旨の説明がされていれば、亡四郎は本件保険契約を復活させなかったであろうとは認められないから、控訴人の説明に対する亡四郎の信頼を保護する関係にはなく、控訴人の説明内容が、権利の濫用ないし信義則違反を基礎付けるものということもできない。

(5)　以上のとおり、被控訴人が挙げる事情は、いずれも控訴人の自殺免責の主張が権利の濫用ないし信義則違反となることを基礎付ける事情とはいえず、他に控訴人の自殺免責の主張が権利の濫用ないし信義則違反となることを基礎付ける事情は見当たらない。したがって、争点(2)に関する被控訴人の主張は採用できない。

3　以上によれば、本件免責条項による免責により、控訴人には亡四郎の死亡に基づく死亡保険金を支払う義務がないから、被控訴人の請求は理由がない。」

❖ コメント

控訴人は、平成一八年一一月一日、亡四郎との間で、同人を被保険者とし、その法定相続人を受取人として、約款に基づき、生命保険契約を締結した。本件保険契約には、①本件失効条項（月払契約の場合、払込期月の翌日初日から末日まで保険料を猶予するが、猶予期間内に保険料が払い込まれないときは、保険契約は猶予期間満了の日の翌日から効力を失う旨の条項。本件約款一二条一項および二項）、②本件復活条項（保険契約者は、保険契約が効力を失った日から起算して三年以内は保険契約の復活を請求することができる旨の条項。本件約款一五条一項）のほか、③自殺免責条項（責任開始期〔復活の取扱いが行われた後は最後の復活の際の責任開始期〕の属する日から起算して二年以内の自殺を免責事由とする条項。本件約款一条、一五条三項、八条一項。本件免責条項）があり、本件保険契約は、①平成一九年八月三一日の経過により、同年七月分の保険料の不払を理由として本件失効条項により失効したものと扱われ、②同年一〇月三一日、亡四郎からの復活の申込みに基づいて本件復活条項に基づいて復活したものと扱われていたところ、③亡四郎は、本件免責条項により復活後に再開された自殺免責期間内の平成二一年七月二二日、自殺により死亡した。

本件は、亡四郎の法定相続人から本件保険契約に基づく死亡保険金請求権の譲渡を受けた被控訴人が、①本件失効条項は消費者契約法一〇条により無効であり、②仮にそうでないとしても、控訴人が本件免責条項による免責を主張することは権利の濫用ないし信義則違反として許されないと主張して、死亡保険金一二〇〇万円およびこれに対する本件訴状送達の日の翌日（平成二二年一一月一三日）から支払済みまで商事法定利率年六分の割合による遅延損害金の支払を求めた事案である。

本判決については、石田満編「保険判例二〇一三」（保険毎日新聞社）二四一頁（久保田光昭）の評釈がある。

第一〇事件、第一一事件参照。

八　東京地判平成二四年八月七日判例タイムズ一三九一号二八七頁

保険会社において、被保険者を団体信用生命保険契約に追加加入させるに当たり、その被保険者に告知義務違反に該当する事実があったが、それを知らなかったことにつき過失がない、とされた事例（損害賠償請求事件）（請求棄却）（確定）

X（原告）対Y保険会社（被告）

「(3)　以上を前提として、本件において被告（被告団体保険課）に過失が認められるか否かを検討する。

被告団体保険課は、上記(1)記載の運用を原則としながら、申込書兼告知書の告知事項が「ある」に「○」が付されている場合及び申込金額が３０００万円以上である場合につき、自己防衛という観点から、念のため自社が保有する個人保険に係る保険金等の支払歴等を確認しているところ、膨大な数に上る団体信用生命保険の追加加入の全てにつき（被告が幹事会社として引き受けているものに限っても、毎月１万２０００人ないし１万８００0人である。弁論の全趣旨）、個人保険のデータベースにアクセスして、告知義務違反の有無を確認しなければならないとすると（なお、被告において、個人保険に係る保険金等の支払履歴から団体信用生命保険に係る告知義務違反に該当する事実の有無を確認するためには、金融機関から送付されてきた被保険者名簿に記載された被保険者の氏名、生年月日等を個人保険のデータベースに入力し、その結果、仮に当該被保険者について個人保険が発見され、保険金等の支払歴等が判明した場合には、それが告知義務違反に該当するか否かを判断するため、更に当該保険金等の支払理由まで遡って調査を行う必要がある。）、それに要する時間や費用により、保険料の高額化や引受判断の遅延を招き、団体信用生命保険の特色を損なうおそれがあるから（仮にそのようなおそれがないのであれば、被告としては、自己防衛の観点から、全ての場合につき個人保険のデータベースにアクセスするはずである。）、告知義務違反という重大な約定違反をした被保険者のために、その他の被保険者が不利益（保険料の高額化など）を被ることにもなりかねない。そして、それよりもむしろ上記運用を是認し、被告の負担を軽減させることで、より低額な保険料やより迅速な引受判断を実現させる方が、保険契約者ないし被保険者の利益となるのであるから、そもそも告知義務制度が被保険者に誠実な告知を期待している点に鑑みても、被告団体保険課が、上記運用に従ったことで告知義務違反の事実を看過することがあったとしても、当該告知義務違反をした被保険者との関係で、それが衡平に反するということはできないというべきである。そうすると、被告団体保険課が、本件申込書兼告知書に何ら告知義務違反を疑うべき事情の存しない本件団信契約を引き受けるに当たって、個人保険のデータベースにアクセスしなかったことが注意義務違反に当たるということはできないから、被告には本件約款24条2項ただし書にいう過失は認められないと解するのが相当である。」

❖ コメント

甲野太郎（平成二一年五月二八日死亡）は、A損害保険株式会社から、住宅購入資金一七〇〇万円を借り入れるに当たり、A損保と被告との間で締結された団体信用生命保険契約に被保険者として追加加入していたところ、その後、亡太郎が死亡したことから、A損保が、被告に対して、本件団信契約にかかる死亡保険金の支払を求めたのに対して、被告は、亡太郎の告知義務違反を理由に、A損保に対して、同契約を解除するとの意思表示を行った。本件は、亡太郎の唯一の相続人である原告が、被告に対して、被告は本件団信契約にかかる追加加入当時、亡太郎に告知義務違反にかかる事実があることを過失により知らなかったために本来同契約を解除することができず、また、被告の解除権は徐斥期間の経過により消滅していたから、被告による解除の意思表示は不法行為に当たり、それにより死亡保険金が上記借入金の一括弁済に充てられず、原告は、A損保に対して、同借入金残高一五五五万七二三九円を、亡太郎が上記借入れに基づきA損保に対して負担する一切の債務について連帯保証をしていた株式会社Bに対して、未払保証金一三万四一一〇円を支払わざるを得なくなり、同借入金残高および未払保証料相当の損害ならびに弁護士費用相当額一五〇万円の損害を被ったと主張して、合計一七一九万一三四九円の損害賠償およびこれに対する原告が同借入金残高および未払保証料を支払った日の翌日である平成二二年三月三一日から支払済みまで民法所定の年五分の割合による遅延損害金の支払を求めている事案である。

本事案は、保険会社において被保険者と個人保険契約を締結したことがあり、その際の情報がデータベースに記録されていて、その後、その被保険者を本団体信用生命保険契約（団信契約）を追加加入させることになったというのである。

本判決は、被告保険会社の団体保険課が本件申込書兼告知書に何ら告知義務違反を疑うべき事情の存しない本件団信契約を引き受けるに当たって、個人保険のデータベースにアクセスしなかったことが注意義務違反に当たるということができず、したがって、約款二四条二項ただし書にいう過失は認められない、と判示している。妥当な判断であろう。

九　東京高決平成二四年九月一二日判例時報二一七二号四四頁、金融・商事判例一四一二号二〇頁、金融法務事情一九六三号一〇〇頁（原審・東京地決平成二四年八月六日金融・商事判例一四一二号二三頁）

本生命保険契約および共済契約について、抗告人（破産者）を死亡保険金受取人および死亡共済金受取人として本件破産手続前に成立しており、本保険金請求権および共済金請求権が抗告人（破産者）の破産財団に帰属するとして、抗告が棄却された事例（引渡命令に対する抗告事件）（抗告棄却）（確定）

X（申立人・相手方・破産管財人）対Y（抗告人・破産者）

「2　一件記録によれば、以下の事実が認められる。

(1)　抗告人は、平成24年3月14日午後5時、東京地裁において破産手続開始決定（以下「本件開始決定」という。）を受け、相手方が破産管財人に選任された。

(2)　本件開始決定前の時点において、以下のとおり、抗告人の長男である甲野一郎（以下「一郎」という。）を契約名義人及び被保険者とする生命保険契約（本件保険契約）並びに契約名義人及び被共済者とする共済契約（本件共済契約）が存在していた。

ア　本件保険契約（甲1）
保険会社　日本生命保険相互会社
契約番号　《略》
死亡保険金受取人　抗告人

イ　本件共済契約（甲2、6）
共済団体　全国労働者共済生活協同組合連合会
組合員番号　《略》

死亡共済金受取人
第1順位　契約者の配偶者
第2順位　死亡当時その収入により生計を維持していた契約者の子、父母、孫、祖父母及び兄弟姉妹
第3順位　死亡当時その収入により生計を維持していた契約者の配偶者の子、父母、孫、祖父母及び兄弟姉妹
第4順位　上記第2順位に該当しない契約者の子、父母、孫、祖父母及び兄弟姉妹

(3)　一郎は、本件開始決定後である平成24年4月25日に死亡した。一郎には、本件共済契約締結時から死亡時に至るまで、配偶者、子及び孫はなく、死亡当時その収入により生計を維持していた祖父母及び兄弟姉妹もいなかった。

(4)　抗告人は、平成24年5月25日、本件保険契約に基づき、一郎の死亡による死亡保険金２０００万円につき抗告人名義の預金口座への振込の方法により払戻しを受け（甲12）、同月30日、本件共済契約に基づき、一郎の死亡による死亡共済金４００万円につき同方法により払戻しを受け（甲13）、同月28日から同年6月4日にかけて、上記口座から２４００万円の現金を引き下ろし、これを保管している（甲16）。

3　一般に、保険金請求権は、保険契約の成立とともに保険事故の発生等の保険金請求権が具体化する事由を停止条件とする債権（以下、具体化事由の発生前の保険金請求権を「抽象的保険金請求権」という。）であって、抽象的保険金請求権のまま処分することが可能であるのみならず、法律で禁止されていない限り差押えを行うことも可能であるところ、破産手続開始決定が、破産者から財産管理処分権を剥奪してこれを破産管財人に帰属させるとともに破産債権者の個別的権利行使を禁止するもので、破産者の財産に対する包括的差押えの性質を有することに鑑みると、その効果が抽象的保険金請求権に及ばないと解すべき理由はない。したがって、破産手続開始決定前に成立した保険契約に基づく抽象的保険金請求権は、「破産手続開始前に生じた原因に基づいて行うことがある将来の請求権」（破産法34条2項）として、破産手続開始決定により「破産財団に属する財産」（同法1

56条1項）になるというべきである。

そして、前記2(2)のとおり、本件保険契約は抗告人を死亡保険金受取人として、本件共済契約（保険契約の一種と解される。）は抗告人を最優先順位の死亡共済金受取人として、それぞれ本件開始決定前に成立しているから、本件保険金請求権は抗告人の破産財団に帰属するものと認められる。」

❖ コメント

本件抗告の趣旨は、原決定を取り消す旨の裁判を求めるものであり、抗告の理由は、原決定別紙財産目録記載の保険金または共済金の各請求権は抗告人の自由財産であり、「破産財団に属する財産」（破産法一五六条一項）には該当しないにもかかわらず、これに該当することを前提に、抗告人が本件保険金請求権に基づき払戻しを受けて保管中の現金について、相手方の引渡命令の申立てを認容した原決定は取り消されるべきであるというものである。

本事案は、①平成二四年三月一四日に、抗告人Yは破産手続開始決定を受け、相手方Xが破産管財人に選任された。②平成二四年三月一四日前の時点において、抗告人の長男である甲野一郎を契約名義人および被保険者とする生命保険契約ならびに被共済者とする共済契約を締結していた。③この死亡保険金受取人および死亡共済金受取人は、甲野一郎が平成二四年四月二五日に死亡時においては抗告人Yとされた。

本件抗告は、上述のとおり上記の保険金および共済金の請求権は抗告人の自由財産である、として、相手方（破産管財人）の引渡命令の申立てを認容した原決定は取り消されるべきである、とするものである。

本決定は、「破産手続開始前に成立した保険契約に基づく抽象的保険金請求権（本件の共済請求権を含む）は、『破産手続開始前に生じた原因に基づいて行うことがある将来の請求権』（破産法三四条二項）として、破産手続開始決定により『破産財団に属する財産』（同法一五六条一項）になるというべきである」と判示している。

抗告人Yは、保険事故発生前における抽象的保険金請求権（未必的保険金請求権）の帰属者であり、この権利は、条件付権利（民法一二九条）である。抗告人が主張するように自由財産（差押禁止物や破産宣告後に取得した新たな財産）に当たらないことは当然であり、抗告を棄却した本決定は妥当である。

本判決については、石田満編「保険判例の研究と動向二〇一四」七三頁（田中秀明）の評釈がある。

一〇　東京地判平成二四年九月一二日判例タイムズ一三八七号三三六頁

生命保険契約の無催告失効条項が信義則に反して消費者の利益を一方的に害するものに当たらず、消費者契約法一〇条後段に該当しない、とされた事例（保険金請求事件）（請求棄却）（控訴）

X（原告）対Y（被告保険会社）

「⑵　そこで、本件失効条項が信義則に反して消費者の利益を一方的に害するものに当たるか否かについて判断する。

ア　民法541条の定める履行の催告は、債務者に、債務不履行があったことを気付かせ、契約が解除される前に履行の機会を与える機能を有するものである。本件保険契約のように、保険事故が発生した場合に保険給付が受けられる契約にあっては、保険料の不払によって反対給付が停止されるようなこともないため、保険契約者が保険料支払債務の不履行があったことに気付かない事態が生ずる可能性が高く、このことを考慮すれば、上記のような機能を有する履行の催告なしに保険契約が失効する旨を定める本件失効条項によって保険契約者が受ける不利益は、決して小さなものとはいえない。

イ　しかしながら、本件保険契約においては、保険料は払込期月内に払い込むべきものとされ、それが遅滞しても直ちに保険契約が失効するものではなく、この債務不履行の状態が一定期間内に解消されない場合に初めて失効する旨が明確に定められている上、上記一定期間は、民法５４１条により求められる催告期間よりも長い１か月とされていることは前示のとおりである。

ウ　さらに、被告は、本件保険契約締結時に、保険料の支払状況を払込期月の翌月の10日頃に把握することができるシステムを構築し、保険契約者が保険料を予定どおり支払わない場合には、原則として振替結果確認通知（未入通知）を送付する（ただし、保険料の支払が恒常的に月遅れになっており、毎月入金が継続されている保険契約者の場合には、自らの保険料支払が遅れていることを承知していることから、例外的に未入通知を送付しない。）態勢を整えており、これに加え、被告には平成18年4月1日時点で全国１０２か所（平成24年3月末日時点で84か所）の支社及び１６４１か所（平成24年3月末日時点で１２６３か所）の営業オフィス（ただし、平成18年当時の呼称は支部）が存在し、平成17年3月末日時点で約４万５０００人（平成24年3月末時点で４万４０００人）の営業職員が在籍しており、営業職員が保険契約者に対し、電話、訪問等の方法で注意喚起を行う態勢を整えていたこと、実際に、春男に対しても未入通知の送付や営業職員である丁谷らによる注意喚起が行われていたことは前記１認定のとおりである。そうすると、被告においては上記態勢に沿った運用が確実に行われていたということができ、保険契約者は上記の態勢の確実な運用により保険料支払義務の不履行があったことに気付くことができるものと考えられる。多数の保険契約者を対象とするという保険契約の特質をも踏まえると、本件約款において、保険契約者が保険料の不払をした場合にも、権利保護を図るために一定の配慮をした猶予期間の定めが置かれていることに加え、被告において上記の運用を確実にした上で本件約款を適用していることが認められるから、本件失効条項は信義則に反して消費者の利益を一方的に害するものに当たらないと解される。」

「イ　原告は、本件保険契約には保険料についてのいわゆる自動貸付条項が定められていないことを指摘して、本件保険契約は保険契約が失効する危険性が高く、保険契約者の保護が十分でないと主張する。

しかし、民法５４１条の定める履行の催告は、債務者に、債務不履行があったことを気付かせ、契約が解除される前に履行の機会を与える機能を有するものであるから、このような機能を有する督促の要否の判断における本質的な要素は、保険契約者に保険料支払債務の不履行があったことを気付かせる必要があるかどうかである。自動貸付条項は長期間にわたり保険料が払い込まれてきた保険契約が1回の保険料の不払により簡単に失効しないようにする機能を有するものではあるが、自動貸付条項が定められているかどうかと、債務者に債務不履行があったことを気付かせる必要の有無とは別個の問題である。本件保険契約に自動貸付条項が定められていないのは、同保険が保険料が安い代わりに責任準備金の蓄積が少なく解約返還金が少ない定期保険であり、自動貸付条項を定めたとしても、解約返還金がほとんどないため、その条項が適用される余地がほとんどないためであることがうかがわれるのであって、自動貸付条項が定められていないことにつき合理的な理由がある。そうすると、自動貸付条項が定められていないとの一事をもって、直ちに保険契約者の保護として不十分であるとはいえない。そもそも、本件失効条項においては1か月の猶予期間の定めがある上、被告は保険契約者に債務不履行があったことを気付かせるための態勢を構築しそのような運用を確実にした上で本件約款を適用しているのであるから、本件失効条項は消費者の利益を一方的に害するものに当たらないというべきである。」

「(4)　以上によれば、本件失効条項が信義則に反して消費者の利益を一方的に害するものに当たるということはできないから、消費者契約法10条後段に該当しない。したがって、本件失効条項が無効ということはできない。」

❖ コメント

本件は、原告の父である甲野春男が被告との間で生命保険契約を締結していたところ、死亡保険金受取人である原告が、春男が死亡したと主張して、本件保険契約に基づき、被告に対し、死亡保険金一五〇〇万円およびこれに対する訴状送達の日の翌日である平成二三年六月二五日から支払済みまで商事法定利率年六分の割合による遅延損害金の支払を求めた事案である。

本判決は、生命保険契約の無催告失効条項が信義則に反して消費者の利益を一方的に害するものに当たらず、消費者契約法一〇条後段に該当しない、と判示している。

最二小判平成二四年三月一六日民集五六巻五号二二一六頁は、保険料の払込みがなされない場合に履行の催告なしに保険契約が失効する旨を定める約款の条項が、保険契約者の権利保護のための配慮をしている等から消費者契約法一〇条にいう「民法一条二項に規定する基本原則に反して消費者の利益を一方的に害するもの」に該当しない、と判示している（原審・東京高判平成二一年九月三〇日、第一審・横浜地判平成二〇年一二月四日）。

本判決は、この最高裁判決と同趣旨である。

第七事件、第一一事件参照。

本判決については、石田満編「保険判例の研究と動向二〇一四」八九頁（久保田光昭）の評釈がある。

一一　東京高判平成二四年一〇月二五日判例タイムズ一三八七号二六六頁、金融・商事判例一四〇四号一六頁（第一審・横浜地判平成二〇年一二月一四日、差戻前控訴審・東京高判平成二一年九月三〇日、上告審・最二小判平成二四年三月一六日民集六六巻五号二二一六頁）

無催告失効条項が信義則に反せず、かつ、消費者契約法一〇条後段により無効であるとすることはできない、とされた事例（生命保険契約存在確認請求控訴事件）（控訴棄却）（上告・上告受理申立て）

Ｘ（原告・控訴人）対Ｙ保険会社（被告・被控訴人）

「１　争点１（本件失効条項の効力）について

⑴　前判示第２の１の各事実によると、消費者契約に当たる本件各保険契約における保険料の払込を怠った場合の契約の効力に関する定めである本件各失効条項では、第２回目以後の保険料について、各払込期月の初日から末日までの間に払い込むべきものとされているので、その弁済期は各払込期月の末日であることが明らかであるところ、本件猶予期間条項により払込期月の翌月の初日から末日までが払込猶予期間とされているから、保険料が弁済期までに支払われなかった上、その後１か月以内に債務不履行が解消されなかったときは、何らの催告を要せず、かつ、解除する旨の意思表示がなくとも、本件各保険契約は、当然に失効することになる。

一般私法の任意規定によれば、契約の当事者の一方がその債務を履行しない場合、相手方が相当の期間を定めて履行の催告をし、その期間内に履行がないときに、解除をすることができる（民法５４０条、５４１条）とされているから、これと対比すると、本件失効条項は、履行の催告を要しないこと及び解除の意思表示を要しないことの２点で解除の要件を緩和しており、消費者である保険契約者にとってはその権利を制限されることになるため、信義則に反して消費者の利益を一方的に害するものであるか否かが問題となる。

この点、保険契約は、通常は長期間にわたって保険料を払い込むことによって保険事故が発生した場合に一時に多額の保険給付を請求できる権利を確保するという性質を有するので、契約が保険契約者の意に反して中途で終了した場合の不利益は大きいということができるばかりでなく、契約期間中に不払が生ずる可能性を否定しきれない以上、中途では保険者からの反対給付がないため不払の事態を認識し難い面があることから、履行の催告の有する意義を軽視することはできないというべきである。

もっとも、前判示のとおり、本件各保険契約においては、保険料の不払により直ちに契約が失効するものではなく、本件猶予期間条項により払込期月の翌月の末日までの１か月間に債務不履行が解消されない場合に初めて当然失効すること、その猶予期間も、金銭債務の不履行について民法５４１条を適用する場合に通常求められる催告期間が通常は数日から1週間程度にとどまるのに対比して、1か月と長く定められていること、不払のまま上記猶予期間が経過しても、払い込むべき保険料と利息の合計額が解約返戻金を超えない場合には本件自動貸付条項により契約の存続を図るなど、保険契約者の保護のための方策が採られているのであって、一概に履行の催告を不要としている点だけを捉えて、保険契約者の利益を一方的に害するとするのは相当でない。

そして、履行の催告は、債務者に対して債務不履行の状態にあることを知らしめてその履行を促し、契約の存続を図る機会を与えるための制度であるから、保険契約者に対して上記のような契約の失効を防ぐための配慮をする一方、形式的には催告に当たらなくとも、その前段階である債権管理の場面で保険料の支払を怠った保険契約者に対して債務不履行の状態にあることを知らしめて契約の失効を防ぐための方策を講じていることになるので、本件失効条項をもって信義則に反するものとすることはできないと考えられる。」

「⑶　以上によると、被控訴人においては、本件各保険契約締結当時、同契約の中で保険契約者が保険料の支払を怠った場合についてその権利保護のために配慮がされている上、保険料の払込みの督促を行う態勢が整えられており、かつ、その実務上の運用が確実にされていたとみることができるから、本件失効条項が信義則に反して消費者の利益を一方的に奪うものとして消費者契約法一〇条後段により無効であるとすることはできない。」

❖ コメント

本件は、原判決別紙生命保険契約目録記載一の医療保険契約（以下「本件医療保険契約」という）および同目録記載二の生命保険契約（以下「本件生命保険契約」といい、本件医療保険契約と併せて「本件各保険契約」という）の保険契約者兼被保険者である控訴人が、保険者である被控訴人に対し、控訴人と被控訴人との間において、本件各保険契約がいずれも存在することの確認を求めた事案である。

本事案は、①第一審　横浜地判平成二〇年一二月四日は、原告において本失効条項が消費者契約法一〇条により、または公序良俗もしくは信義則に反して無効であるなどと主張して争ったが、この原告の主張を受け、②第二審東京高判平成二一年九月三〇日は、本失効条項が消費者契約法一〇条により無効であるとして、控訴人（原告）の請求を認容し、③最二小判平成二四年三月一六日は、本失効条項が保険契約者の権利保護のための配慮をしている等から消費者契約者法一〇条にいう「民法第一条第二項に規定する基本原則に反して消費者の利益を一方に害するもの」に該当しない、と判示し、②の原審判決を差戻した。

本判決は、差戻後判決であり、無催告失効条項が信義則に反せず、かつ、消費者契約法一〇条後段により無効であるとすることはできない、と判示している。

本失効条項の効力については、この事案の最二小判平成二四年三月一六日の評釈である石田満編「保険判例二〇一三」（保険毎日新聞社）九五頁（久保田光昭）を参照されたい。

第七事件、第一〇事件参照。

一二　東京高判平成二四年一一月一四日判例時報二一七一号四八頁、判例タイムズ一三八六号二七七頁、金融・商事判例一四〇八号三一頁（原審・東京地判平成二四年五月三一日判例時報二一七一号五四頁、金融・商事判例一四〇八号三七頁）

簡易生命保険の保険契約申込書や保険証書において、保険契約者・保険金受取人の氏名欄に原告の子やその子（原告の孫）の氏名が記載されていたが、そこに記載されていない原告をもって保険契約者と認定され

た事例（預金払戻等請求控訴事件）（一部原判決取消・請求認容、一部控訴棄却）（確定）

X（原告・控訴人）対Y機構（被告・被控訴人）、Z_1、Z_2、Z_3、Z_4、Z_5（被告補助参加人・被控訴人補助参加人）

「イ　保険契約者の地位の確認請求について

(ア)　本件各保険に係る保険契約申込書の記載をみると、保険契約者の氏名欄には補助参加人乙野竹子の氏名が記載されている。しかしながら、その住所欄には、その時点で同補助参加人と住所を異にする控訴人の住所が記載され、それが控訴人方である旨が付記されている。自らの氏名、住所（生活の本拠）がいずれも上記各記載のとおりであるという人物は、厳密には実在しない。このように、本件は、いわゆる形式説に立つとしても、保険契約申込書に保険契約者として特定の実在の人物が一義的に表示されているとはいい難い事案である。

(イ)　保険契約者の義務（保険料の払込み）をみると、本件保険①については、契約時に全額が払い込まれているものの、本件保険②については、保険契約者の自宅に来訪してくる集金人に交付する方法により払い込むものとされており、契約成立後相当の期間を経た時期にも、なお、保険料の払込みという簡易生命保険契約の基本的部分に関わる債務を保険契約者が負担していることが予定されている。ところが、本件各保険契約の締結前後の経緯に照らすと、控訴人としても、被控訴人の担当職員としても、補助参加人乙野竹子がそのような義務を法的に負担することを予定していたとは解し難い。

実際にも、本件保険②の保険料は、契約時を含めて前後五回に分けて、控訴人がその自宅に来訪してきた集金人に現金を交付する方法によって払い込んでいる。

(ウ)　保険料の出捐者をみると、本件各保険の保険料の払込みの際に補助参加人らその他の者が何らかの出捐をしたことは主張も立証もされておらず、控訴人が保険料の出捐者であると認められる。

(エ)　以上のとおり、本件各保険に関しては、保険契約申込書の保険契約者の住所欄に記載された住所を生活の本拠とし、その場所において、簡易生命保険契約の勧誘ないし締結、保険料の集金等の用務のために来訪してきた被控訴人の担当職員と応対し、保険契約者がすべき意思表示をし、保険契約者がすべき払込みについて責任を持つ人物が控訴人であることを前提として、一切の手続が何らの支障もなく進められてきたのであって、そのような人物で、しかも保険料の出捐者でもある控訴人をもって保険契約者と認定するのが相当である。

(オ)　これに対し、被控訴人は、保険契約者の特定については、いわゆる実質説ではなく、いわゆる形式説によるべきことを主張する。

しかしながら、既に述べたとおり、本件は、いわゆる形式説の説く形式的な保険契約者そのものが一義的に明らかになっているとはいい難く、いわゆる形式説の想定する前提を欠くのではないかという疑問のある特殊事案である。

被控訴人が実質説の弊害として主張する前記第2の11の①ないし④についても、少なくとも本件各保険に関しては、前記のとおり、保険契約申込書の保険契約者の住所欄に記載された場所を住所とし、契約の締結に当たり、保険料の払込みに責任を持つ人物が控訴人であることを前提として一切の手続が支障なく進められてきたのであって、それにもかかわらず、控訴人を保険契約者と解することに具体的な支障があることは主張も立証もされていない。

被控訴人が前記第2の11で引用する裁判例の事案でも、控訴審判決は、被控訴人の指摘するような説示をしつつも、最終的には、具体的な事実関係の下で保険証券に保険契約者として表示された者を保険契約者と認定したものであり、上告審判決は、旧民訴法の規定に基づき、上記認定の違法等を理由に提起された上告に対し、控訴審の認定判断は正当として是認することができ、その過程に所論の違法はないと説示しつつも、最終的には、論旨は控訴審の専権に属する証拠の取捨判断、事実の認定を非難するか、又は控訴審の認定しない事実を交え、独自の見解に基づいて控訴審判決の不当をいうものであって、採用することができないと説示して上告を棄却したものである。この上告審判決は、いわゆる形式説を採るべき旨の一般的な法理を判示したものではないし、少なくとも、そもそも保険契約申込書に保険契約者が一義的に表示されているともいい難い本件事実関係の下で控訴人を保険契約者と認定することは、この上告審判決に何ら違反するものでない。」

❖ コメント

(1)　平成一二年四月三日に、原告の孫である補助参加人乙野二郎、補助参加人乙野梅子および補助参加人乙野三郎の各名義で、国（郵政省）に対し預入がなされた定額郵便貯金につき、被告（なお、被告がその権利義務を承継した日本郵政公社ないし国を指す場合も含めて、以下「被告」という）は、補助参加人二郎、補助参加人梅子および補助参加人三郎の父である補助参加人乙野太郎に対し、払戻を行っているところ、原告は、本件各貯金の預金者は原告であり、上記払戻は本件各貯金の預金者でない者へ誤ってされたものであるとして、預金契約に基づく返還請求として、本件各貯金の元金合計四五〇万円およびこれに対する平成一二年四月三日から払戻請求日である平成二〇年一二月一五日まで年二厘の割合による利息の支払いを求めた。

(2)　被告との間で平成六年一〇月一九日に締結された、保険契約者が補助参加人乙野竹子、被保険者が補助参加人梅子、保険金受取人が補助参加人竹子の各名義となっている別紙保険目録記載一の保険契約（以下「本件保険契約①」という）および平成七年一一月九日に締結された、保険契約者、被保険者および保険金受取人がいずれも補助参加人竹子名義となっている同目録記載二の保険契約（以下「本件保険契約②」といい、本件保険契約①と併せて「本件各保険契約」という）につき、原告は、いずれもその契約者・被保険者・受取人が原告であるとして、

ア　主位的に、原告が、本件各保険契約の保険契約者・被保険者・受取人の地位にあることの確認と、本件保険契約②に基づく平成一八年一一月九日を支払期日とする生存保険金三五万円およびこれに対する平成一八年一一月一〇日から支払済みまで民法所定の年五分の割合による遅延損害金の支払いを求め、

イ　予備的に、本件各保険契約の契約者・被保険者・受取人が原告ではないと解されるのであれば、(ア)原告は、契約者・被保険者・受取人として契約を締結したものであるから、錯誤により本件各保険契約を申込み、被告に保険料を払い込んだことになり本件各保険契約は無効であるとし、不当利得の返還として払込保険料五三〇万四九一六円および被告が悪意であるとして、各払込日から各支払済みまで年五分の割合による利息の支払いを求め、または、(イ)郵便局員が原告に対し、原告が保険金を受け取れない事態となる可能性を十分認識しながらその危険性を秘匿し原告に本件各保険契約を締結させ払込保険料相当額の損害を被らせたとして、不法行為に基づき、払込保険料五三〇万四九一六円および各払込日から各支払済みまで年五分の割合による遅延損害金の支払いを求めた。

本保険契約①は、保険契約者が補助参加人乙野竹子、被保険者が梅子、保険金受取人竹子となっており、本保険契約②は、保険契約者、被保険者および保険金受取人のいずれも補助参加人竹子名義になっている。

X（甲野松子）（原告・控訴人）は、Y（独立行政法人郵便貯金・簡易生命保険管理機構）（被告・被控訴人）に対して、主位的に、Xが上記①②の保険契約・被保険者・受取人の地位にあることの確認と生存保険金等の請求を求めた。

原判決は、保険契約者・被保険者・保険金受取人をXの子や孫（氏名欄の記載のとおり）と認定し、Xの請求を棄却している。

これに対して、本判決は、保険契約者の地位の確認請求だけを認容し、被保険者・保険金受取人の地位の確認請求を棄却している。

保険契約者について、これをXと認定した理由として、Y機構の担当職員と応対して保険契約者がすべき意思表示をし、かつ、保険契約者がすべき払込みについて責任を負うべき者がXであり、しかも保険料の出捐者であることをその根拠としている。妥当な判断である。

本判決については、石田満編「保険判例の研究と動向二〇一四」一三六頁（小野寺千世）の評釈がある。

一三　最三小判平成二五年四月一六日裁判集民事二四三号三一五頁、裁判所時報一五七八号一頁、判例時報二二一八号一二〇頁、判例タイムズ一四〇〇号一〇六頁、金融・商事判例一四一六号一四頁（原審・大阪高判平成二三年二月二三日判例時報二一二一号一三四頁、金融・商事判例一四一六号二〇頁、第一審・神戸地判平成二二年九月一四日判例時報二〇五六号一四三頁、判例タイムズ一三三八号二二〇頁、金融・商事判例一四一六号二一頁）

> 普通傷害保険契約者兼被保険者の嘔吐した物の誤嚥窒息死したことが、約款にいう「外来の事故」によるものとされた事例（傷害保険金等請求事件）（破棄差戻）

X（原告・被控訴人・上告人）対Y保険会社（被告・控訴人・被上告人）

「1　本件は、普通傷害保険契約の契約者兼被保険者が嘔吐した物を誤嚥して窒息し、死亡したことについて、保険金受取人である上告人らが、保険者である被上告人に対し、死亡保険金の支払を求める事案である。

2　原審の確定した事実関係の概要は、次のとおりである。

(1)　被上告人は、Aとの間で、同人を被保険者とする普通傷害保険契約（以下「本件保険契約」という。）を締結していた。本件保険契約に適用される傷害保険普通保険約款（以下「本件約款」という。）には、次のような定めがあった。

ア　被上告人は、被保険者が急激かつ偶然な外来の事故によってその身体に被った傷害に対して、保険金を支払う。

イ　被上告人は、被保険者の脳疾患、疾病又は心神喪失によって生じた傷害に対しては、保険金を支払わない。

ウ　被上告人は、被保険者が上記アの傷害を被り、その直接の結果として、事故の日からその日を含めて180日以内に死亡したときは、死亡保険金を支払う。

エ　死亡保険金が支払われる場合において、死亡保険金受取人の指定がないときは、被保険者の法定相続人を死亡保険金受取人とし、その法定相続分の割合により支払う。

(2)　Aは、平成20年12月24日、飲酒を伴う食事をした後、鬱病の治療のために処方されていた複数の薬物を服用した。その後、Aは、うたた寝をしていたが、翌25日午前2時頃、目を覚ました後に嘔吐し、気道反射が著しく低下していたため、吐物を誤嚥し、自力でこれを排出することもできず、気道閉塞により窒息し、病院に救急搬送されたが、同日午前3時18分に死亡が確認された。Aの死因は、吐物誤嚥による窒息であった。

Aが服用していた薬物は、いずれもその副作用として悪心及び嘔吐があり、その中には、アルコールと相互に作用して、中枢神経抑制作用を示し、知覚、運動機能等の低下を増強するものもあった。

Aの窒息の原因となった気道反射の著しい低下は、上記誤嚥の数時間前から1、2時間前までに体内に摂取したアルコールや服用していた上記薬物の影響による中枢神経の抑制及び知覚、運動機能等の低下によるものである。

3　原審は、本件保険契約における保険金の支払事由である外来の事故は、外部からの作用が直接の原因となって生じた事故をいい、薬物、アルコール、ウイルス、細菌等が外部から体内に摂取され、又は侵入し、これによって生じた身体の異変や不調によって生じた事故を含まないとした上、Ａの窒息の原因となった気道反射の著しい低下は、体内に摂取したアルコールや服用していた上記薬物の影響による中枢神経の抑制及び知覚、運動機能等の低下によるものであるから、Ａの窒息は外部からの作用が直接の原因となって生じたものとはいえないと判断して、上告人らの請求を棄却した。

４　しかしながら、原審の上記判断は是認することができない。その理由は、次のとおりである。

本件約款は、保険金の支払事由を、被保険者が急激かつ偶然な外来の事故によってその身体に傷害を被ったことと定めている。ここにいう外来の事故とは、その文言上、被保険者の身体の外部からの作用による事故をいうものであると解される（最高裁平成19年(受)第95号同年7月6日第二小法廷判決・民集61巻5号１９５５頁参照）。

本件約款において、保険金の支払事由である事故は、これにより被保険者の身体に傷害を被ることのあるものとされているのであるから、本件においては、Ａの窒息をもたらした吐物の誤嚥がこれに当たるというべきである。そして、誤嚥は、嚥下した物が食道にではなく気管に入ることをいうのであり、身体の外部からの作用を当然に伴っているのであって、その作用によるものというべきであるから、本件約款にいう外来の事故に該当すると解することが相当である。この理は、誤嚥による気道閉塞を生じさせた物がもともと被保険者の胃の内容物であった吐物であるとしても、同様である。

５　以上と異なり、Ａの窒息は外来の事故による傷害に当たらないとした原審の判断には、判決に影響を及ぼすことが明らかな法令の違反がある。論旨はこの趣旨をいうものとして理由があり、原判決は破棄を免れない。そして、保険金支払の可否を判断すべく、更に審理を尽くさせるため、本件を原審に差し戻すこととする。

よって、裁判官全員一致の意見で、主文のとおり判決する。なお、裁判官田原睦夫の補足意見がある。

裁判官田原睦夫の補足意見は、次のとおりである。

誤嚥は、通常経口摂取したものによって惹起されるところ、本件では、誤嚥の対象物が吐瀉物であったところから、原判決はその外来事故性に疑問を抱いたものと思われる。

しかし、誤嚥とは、一般的な医学用語辞典によれば、本来口腔から咽頭を通って食道に嚥下されるべき液体又は固体が、嚥下時に気管に入ることをいうものであって、誤嚥自体が外来の事故であり、誤嚥の対象物が口腔に達するに至った経緯の如何、即ち経口摂取か、吐瀉物（吐物、吐血を含む。）か、口腔内の原因（口腔内出血、破折歯片等）によるかは問わないものである。」

❖コメント

本事案の第一審判決である神戸地判平成二二年九月一四日判時二〇五六号一四三頁、判タ一三三八号二二〇頁、金商一四一六号二一頁は、食吐物誤嚥を原因とする窒息死が傷害保険契約の被保険者において「急激かつ偶然な外来の事故」により死亡したものと認めるのが相当である、と判示している（傷害保険金等請求事件）（請求認容）（控訴）。

控訴審判決である大阪高判平成二三年二月一四日（平成二二年(ネ)第三〇九七号）は、「被保険者に起こった窒息は、嘔吐により、食道ないし胃の中の食物残渣が吐物となって口腔内に逆流し、折から、被保険者の気道反射が著しく低下していたため、これが気道内に流入して生じたものであって、気道反射の著しい低下は、数時間前から一、二時間前に体内に摂取したアルコールや服用していた向精神薬の影響による中枢神経の抑制、知覚、運動機能の低下等が原因であるから、上記窒息は、外部からの作用が直接の原因となって生じたものとはいえない。また、梅酒ロックを飲もうとしたことが嘔吐の契機となったとしても、それは、契機にすぎず、これによって嘔吐や気道反射の低下が生じたものではない」として被保険者に起こった窒息が「外来の事故」であると認めることはできないとする。控訴審判決は、保険会社の控訴を認容し、原判決を取り消している。

本最高裁判決は、「本件約款において、保険金の支払事由である事故は、これにより被保険者の身体に傷害を被ることのあるものとされているのであるから、本件においては、Ａの窒息をもたらした吐物の誤嚥がこれに当たるというべきである。そして、誤嚥は、嚥下した物が食道にではなく気管に入ることをいうのであり、身体の外部からの作用を当然に伴っているのであって、その作用によるものというべきであるから、本件約款にいう外来の事故に該当すると解するのが相当である。この理は、誤嚥による気道閉塞を生じさせた物がもともと被保険者の胃の内容物であった吐物であるとしても、同様である」と判示し、「Ａの窒息は外来の事故による傷害に当たらないとした原審の判断には、判決に影響を及ぼすことが明らかな法令の違反がある」として、原審に差し戻している。

本最高裁判決は、約款の保険金の支払事由である事故は吐物の誤嚥である、とする。原判決は、別段これを否定したものと解されない。論点は、吐物の誤嚥の原因である。原審判決の認定事実によれば、「数時間前から一、二時間前の間に体内に摂取したアルコールや服用していた向精神薬の影響による中枢神経の抑制、知覚、運動機能の低下等」が原因となって、結果として窒息死するに至ったというのであるからこの原因は、いわば病気（疾病）に比肩し得る状態にあったものと評価することができよう。したがって、本事案においては、「外来性」の要件が欠けており、被保険者Ａの窒息死は、内因によるものと解するのが妥当であると判断する。本最高裁判決は、原審判決上記の認定事実についてどのように判断するか、明らかにすべきであったのである。

本最高裁判決は、原判決を破棄し差戻した。その後、本事案は和解により解決したとされている。

本事案の第一審判決である神戸地判平成二二年九月一四日判時二一〇六号一四一頁、判タ一三三八号二二〇頁については、石田満編「保険判例二〇一二」（保険毎日新聞社）八二頁（戸出正夫）の評釈がある。なお「同」三一八頁参照。

本判決については、石田満編「保険判例の研究と動向二〇一四」一八九頁（戸出正夫）の評釈がある。

三　新保険判例の動向（火災保険関係）

はじめに

新保険判例の動向（火災保険関係）において、次の七件の判決例を取り上げた。

第一事件　広島地福山支判平成二四年一月一八日は、債権者（原告）が差押命令により火災保険金請求権の取立権を取得したが、火災が債務会社の取締役の故意によるとされ、保険金の請求が斥けられた事例である。

第二事件　福岡高判平成二四年二月二四日は、火災が共済契約者ないしはその意を受けた第三者の放火によるものとされた事例等である。

第三事件　東京地判平成二四年三月二八日は、無人の建物が風水害等給付金付共済規約の「人が居住する建物」に当たらない、とされた事例である。

第四事件　水戸地判平成二四年六月二九日は、保険の契約者（原告）が建物の所有者でなく、保険契約は無効であり、かつ、その火災が原告またはその意を通じた第三者の故意により発生したとされた事例である。

第五事件　広島地福山支判平成二四年七月一九日は、失火責任法に基づく損害賠償責任が認められた事例である。

第六事件　東京地判平成二四年一〇月四日は、パチンコ店建物の火災につき企業総合保険契約に基づく財物保険金の残部請求（棄却）と利益喪失保険金の請求（一部認容）にかかる事例である。

第七事件　長野地松本支判平成二五年七月一七日は、建物の火災が被保険者またはその意を通じた者の故意によるものと強く推認される、とされた事例である。

一　広島地福山支判平成二四年一月一八日判例時報二一六〇号一二八頁

債務者会社の火災保険金請求権につき債権者（原告）が差押命令により取立権を取得したが、保険会社（被告）に対する保険金請求について、火災が債務会社の取締役の故意の放火によるものであるとして、棄却された事例（保険金請求事件）（請求棄却）（確定）

X（原告）対Y保険会社（被告）

「2　(1)　被告は、本件火災は、丁原が故意に放火したことにより生じたものである旨主張する。

そこで検討するに、前記1の認定事実(5)、(7)のとおり、本件建物外周部では本件建物の南面の東側及び東面の南側の焼損が強く、本件建物内部では本件建物の南東角にある給湯室の焼損が最も強くなっていること、本件判定書において給湯室が出火場所であると判定されていることからすれば、給湯室が本件火災の出火場所であると認められる。

また、前記1の認定事実(5)、(8)のとおり、事務室において木製書棚が激しく焼毀しているところ、木製書棚上部の天井面の不燃ボードはほとんど落下していないことからすれば、給湯室から出火した火炎が天井面を伝って事務室に入り木製書棚に燃え下がったとは考え難く、他に給湯室から出火した火炎が事務室の木製書棚に燃え移る経路は考え難いこと、木製書棚には扇形上に焼損している部分があること、木製書棚の蓋の木片からは灯油に類似する組成が検出されたことからすれば、給湯室に加えて事務室の木製書棚付近も本件火災の独立の出火場所であると認められる。

そして、給湯室内において電気配線の異常はうかがわれないし、木製書棚付近に電気配線の存在もうかがわれないから、本件火災が自然発火によるものであるとは考え難く、かえって、本件火災が異なる2箇所から出火しており、その出火場所のうち木製書棚からは灯油に類似する組成が検出されていることからすれば、本件火災は放火によるものであると推認される。

株式会社極東損保調査事務所作成の特別調査報告書中の「消防の見解」及び本件火災の消火活動を指揮した福山地区消防組合芦品消防署の消防司令連下の証言によれば、本件火災現場から油分は出なかったとされるが、その検査方法は、臭いの有無と水を張り、油膜が出るかどうかを確認するというものであり、油成分の撒かれた場所や量等によって、臭いが感知されず、油膜が出ない場合もあり得ると考えられるので、上記各証拠は採用できない。

(2)　そこで、本件火災が丁原の放火によるものであるかについて検討するに、前記1の認定事実(1)、(4)のとおり、本件火災当時、本件建物は施錠されていたこと、本件建物は国道沿いに存在すること、本件建物内への第三者の侵入の形跡はうかがわれないことからすれば、本件火災の出火原因は、本件建物を展示場兼事務所として使用していた丙川社の関係者による放火であると推認される。

そこで丙川社の関係者に放火の動機があるかについて検討するに、前記1の認定事実(3)、(10)のとおり、丙川社は、本件火災当時、取引先及び金融機関に対し7000万円を超える債務を負担し、本件建物の敷地の賃料6か月分を支払っておらず、また、株式会社もみじ銀行に対する平成20年3月31日を支払期日とする貸金債務の支払がされなかったこと、丙川社は本件火災の8日後に手形の不渡りを出したこと、丙川社の第2期（平成17年9月1日から平成18年8月31日まで）における営業利益は約244万円で、第3期（平成18年9月1日から平成19年8月31日まで）における営業利益は約157万円であり、上記債務の返済が容易ではない状況にあったことからすれば、丙川社の資金繰りが悪化していたことが認められ、丙川社の関係者が保険金目的で本件建物に放火する動機が認められる。

そして、丙川社の代表者である丁原は、本件契約に基づく保険金を受領することなく、本件火災の約1か月後から行方が分からない状況にあり、丁原自身に本件契約に基づく保険金を受領する意思はないものと認められるところ、本件火災がたばこの火の不始末による失火を原因とするものであるならば、丙川社が上記のような多額の債務を負う状況にありながら、受領できるはずの保険金を受領しないというのは不自然であるといわざるを得ず、丁原は本件契約に基づく保険金を受領することができないことを認識していると推認される。

また、丁原は、前記1の認定事実(2)のとおり、本件建物を平成19年5月に新築した際には火災保険に加入しなかったのに、その約1年後である平成20年4月18日、丁原自身から知人に相談して保険代理店の紹介を受けて本件契約の締結に至り、その4日後には本件火災が発生しているのであって、本件契約の締結に至る経緯及びその後の経過に不自然な印象が否めない。

なお、原告は、本件契約は工事現場で建築中の建物に火災保険をかけることに合わせて締結したものであるから不自然ではない旨主張する。

しかしながら、前記1の認定事実(2)のとおり、丙川社は、本件契約の際と同じ保険代理店を介して、工事現場で建築中の建物について工事保険契約を締結しているところ、丙川社は、建築工事の設計、施工等を目的とする会社であるから、これまで同様の工事保険を多く契約してきたはずであるにもかかわらず、自ら知人に相談して保険代理店の紹介を受けたというのは不自然であるし、また、本件建物について約1年もの間火災保険契約を締結していなかったにもかかわらず、工事保険契約の締結が本件建物の火災保険契約を締結する契機になるというのは容易に理解し得るものではない。

したがって、丙川社には本件建物に放火する動機が認められ、また、本件火災の前後における丙川社の唯一の取締役である丁原の行動にも不自然な点が多いといわざるを得ないから、本件火災は、丙川社の取締役である丁原の故意の放火により生じたものであると強く推認される。

本件判定書は、丙川社の関係者による放火の可能性が低いとする根拠について、「従業員の態度、印象に不審なところは感じられない」からであるとするが、保険金目的の放火の可能性について十分な裏付け調査を経ていない主観的印象に基づくものであって、根拠が薄弱であるといわざるを得ない。」

❖ コメント

本件は、原告が、有限会社丙川の被告に対する火災保険金請求権について、差押命令を得て取立権を取得したとして、被告に対し、その支払を求める事案である。

なお、丁原松夫は、丙川社の唯一の取締役である。

本判決は、本件火災が保険契約者兼被保険者（丙川社）の取締役（丁原）が故意に放火したことにより生じたものである、と認定し、原告の被告保険会社に対する保険金請求を斥けている。認定事実から妥当な判断であろう。

本判決については、梅村悠・保険毎日新聞二〇一三年五月八日四頁の評釈がある。

二　福岡高判平成二四年二月二四日判例時報二一四五号一〇八頁、判例タイムズ一三八九号二七三頁（原審・福岡地判平成二三年三月三一日）

火災が共済契約者ないしはその意を受けた第三者の放火によるものと推認され、かつ、この火災事故につき共済金の支払を請求したことは詐欺行為に該当し、共済組合が共済契約者に対してした生命共済契約を解除する旨の通知により解除されたとされた事例（共済金請求控訴事件）（取消）（上告・上告受理申立）

X（原告・被控訴人）対Y全国生活協同組合連合会（被告・控訴人）

⑵　そこで、次に、本件火災が被控訴人の故意によるものであるか否かについて検討を加える。

ア　上記1の認定事実によれば、以下の事情が認められる。

㋐　被控訴人は、本件火災発生の3か月ほど前、本件放火依頼発言を行っている。

この点について、被控訴人は、公衆のいるファミリーレストランで、何の脈絡もなく、突然、放火の依頼に関する話を始め、かつ、I及びJもその理由を聞かなかったというのは不自然であるし、仮にそのような発言が行われたとしても、真剣に取り上げる価値のない発言である旨主張する。しかしながら、本件放火依頼発言に関する原審証人I及び同Jの各証言は、その内容が具体的で一貫しており、少なくとも、核心部分において相互に一致している上に、I及びJがあえて虚偽の証言をしなければならない理由は見当たらないから、その信用性は高いというべきである。そして、本件放火依頼発言は本件火災に対する被控訴人の関与の有無を判断する上で重要であるところ、被控訴人は、原審における本人尋問において、同発言につき、「言った記憶はないが、自信はない。」、「言っていない方が強い。」などと曖昧な供述をしている上に、被控訴人がKから同発言を行ったことを指摘されながら反論していないこと（原審における被控訴人）も併せ考慮すると、被控訴人は本件放火依頼発言を行ったものと認めるのが相当である。

本件放火依頼発言は、他人に犯罪行為を行うことを依頼するものであり、通常、飲食店内で行われる性質のものではないことは確かであるが、店舗内での飲食の際の発言ということになれば、発言者の真意を確定的に把握することは困難な面があり、現に、I及びJは「冗談半分の発言であると理解」したのであって、かえって好都合であるということもできる（逆に、改まった場所で行われた場合、相手方から発言者の確定的な意思に基づくものであると受け取られる可能性が高い。）し、I及びJが、あえて、被控訴人に上記発言の理由を問いただ さなかったのも、被控訴人の真意を測りかねていたためであるということができるから、被控訴人の不自然である旨の指摘は当たらないというべきである。

そして、本件放火依頼発言が行われた時期が本件火災発生の2、3か月前であり、かつ、本件火災共済契約が締結された直後であることからすれば、同発言は本件火災に対する被控訴人の関与を窺わせる極めて重大な発言であるというべきである。

(イ)　被控訴人は、控訴人との間で平成4年11月に締結した本件自宅建物及びA山荘の火災共済契約を平成17年6月30日に掛金延滞により終了させた後、平成19年6月ころ、上記両建物ではなく、本件建物につき、本件火災共済契約を締結している。本件自宅建物及びA山荘の固定資産税評価額（平成22年度）合計は3500万円を超えているのに対し、被控訴人自身が行った本件建物の評価額（平成18年時点）は1000万円程度であることや、月々の保険料は1000円程しか差がないことを考えると、あえて、新規に本件建物のみを火災保険の対象としたこと自体、不自然な感を否めない。被控訴人は、本件火災共済契約を締結した経緯につき、原審における本人尋問において、銀行に備え付けられていたパンフレットを見て本件火災共済契約を申し込んだと供述するが、上記1(8)ア(ア)認定の被控訴人の控訴人との間の火災共済契約歴に照らして不自然である。

しかも、本件火災共済契約は、建物の保障額が被控訴人自身の評価額を著しく上回るものであった。

(ウ)　さらに、本件火災は、本件火災共済契約締結の約5か月後、その保障開始日の約4か月後という近接した時期に発生している。

(エ)　本件火災発生当時、被控訴人は、2000万円を超える支払債務を抱え、明らかになっているものだけでも月々の約定支払額が55万円を超えていた（久留米市宮ノ陣町の物件の売買代金債務を含む。）。被控訴人は、その一部（少なくとも月額９万３４００円）の支払を遅延し、他の一部（月額15万６０００円）については支払停止の状態となり、債権者から支払の督促を受けていたばかりか、固定資産税等多額の税金を滞納し、その支払に窮する状況にあった。

もっとも、被控訴人の所有する本件各不動産については担保価値が存在しており、被控訴人も一旦は、金融機関に対し、これらを担保に追加融資を申し入れ、金融機関から融資可能額の提示を受けていた。しかしながら、被控訴人は、その後、追加融資の申込みを行っていないところ、当時、別件離婚等請求事件において、本件各不動産が財産分与の対象財産となっていたことや追加融資を申し込んだ後に申込先の金融機関に対する借入金債務の一部の支払を停止する事態となり、残部についても支払を遅滞し、同機関から支払督促を受けるに至ったこと等からすれば、結局、本件各不動産を担保に融資を受けることは困難であったと考えられる。

被控訴人が自ら進んで本件火災共済契約を締結したのは、まさに、このような状況下においてであった。

(オ)　被控訴人は、これまで、長期間にわたり、多数の保険会社との間で多数回にわたり保険契約を締結し、その結果、平成11年から平成22年までの間に支払を受けた保険金額は合計２０００万円を超えており、保険金が被控訴人の重要な収入源となっていたと言っても過言ではない。そして、被控訴人が、本件火災発生当時、債務や税金の支払に窮していたにもかかわらず、月額７万円前後の保険料（共済掛金）を支払い続けていたことは、被控訴人の保険金に対する依存の強さを示すものである。

(カ)　被控訴人は、本件火災の約19年前に発生した旧自宅建物の火災事故により、控訴人他１名から共済金合計４５７０万円の支払を受けた経験を有している。

(キ)　本件火災発生当日の被控訴人の行動（アリバイ）を裏付ける客観的資料はない。当日、被控訴人がＲに電話を掛けた事実があったとしても、そのことをもってアリバイの成立を認めることはできない。

かえって、本件火災の発生箇所である本件建物の3階西側の部屋ないし3階東側の部屋に関し、前者については被控訴人自らが単身で居住しており、後者については、入居者であるFが、本件火災発生当日、早朝から外出して不在であり、被控訴人は、家主として同部屋の予備の鍵を保管していたというのであるから、自ら、ないしは第三者を使用して、これらの部屋の内部に放火することは十分に可能であったことになる。

イ　以上の各事情を総合勘案すると、本件火災は、被控訴人自らないしはその意を受けた第三者が、本件建物の3階部分の居室内に放火したことにより発生したものと推認するのが相当である。」

「(3)　以上によれば、本件火災は、被控訴人の故意によるものであるから、控訴人は、被控訴人に対して、本件火災事故について共済金の支払義務を負わない。また、被控訴人が本件火災事故について共済金の支払を請求したことは詐欺行為に該当するから、これを理由に、控訴人が、被控訴人に対してした本件生命共済契約を解除する旨の通知（上記前提事実⑽）によって、同契約は解除されたことになる。そうすると、控訴人は、被控訴人に対し、本件転落事故、本件第1交通事故、本件暴行事故及び本件第2交通事故について、本件生命共済契約に基づく共済金の支払義務を負わない（上記前提事実⑵イ）。」

❖ コメント

本件は、控訴人との間で火災共済契約および生命共済契約を締結した被控訴人が、各共済事故が発生したとして、各共済契約に基づき、約定の共済金およびこれらに対する各支払拒絶通知日の翌日から支払済みまで民法所定の年五分の割合による遅延損害金の支払を求めた事案である。

原判決は、火災の原因を放火と認定できるほど確たる事情が認められない、と判示した。

本判決は、本件火災が被控訴人（被共済者）自らないしはその意を受けた第三者において本件建物の三階部分の居室内に放火したことにより発生したものと推認するのが相当である、と判示し、本件火災事故に基づく火災共済金の請求を斥けている。また、原告は、この共済金の請求のほか、生命共済契約に基づく共済金を請求していたが、共済組合において、原告が火災契約に基づく共済金の支払請求について詐欺行為をしたとして共済規約・規則に基づき生命保険契約を解除している。本判決は、控訴人Yが被控訴人Xに対してした本件生命共済契約を解除する旨の通知によって同契約は解除されたことになるとして、生命共済契約に基づく共済金の請求をも斥けている。この生命共済契約の解除は、信頼関係の破壊による無催告の解除すなわち特別解約権に基づく契約の解除を具体化したものと解されよう。

本判決については、石田満編「保険判例の研究と動向二〇一四」一九頁（吉川栄一）の評釈がある。

三　東京地判平成二四年三月二八日自保ジャーナル一八八一号一八二頁

> 無人の競売物件住宅の火災による焼失につき、本件建物が風水害等給付金付火災共済規約の「人が居住する建物」に当らない、として、共済金の支払要件を満たさない、とされた事例（共済給付金請求事件）（請求棄却）（確定）

X（原告）対Y共済（被告）

「2　争点1（本件建物が「人が居住する建物」（本件規約第7条1項第3号）に該当するか）について

(1)　前記争いのない事実等によれば、本件共済契約に適用される本件規約には、共済の目的とすることのできる建物について、「人が居住する建物」（同条項3号）、「人が居住していない建物であっても、この会が細則に定めるものは、共済の目的とすることができる。」（第7条2項）との定めがあり、本件細則には、規約第7条（共

済の目的　建物）第２項にいう「この会が細則に定めるもの」について、「申込みの日において発効日から起算して30日以内に人が入居することが明確になっている空家または無人の建物」（第６条１項２号）、「この細則に定めるもののほか、共済契約について必要な事項は、内規で定める。」（第32条）との定めがあり、本件内規には、「５．「人が居住する建物」について⑴「居住」とは、「ある程度の継続性や頻度をもって寝泊りし、食器や家具等を取り揃えて日常生活を営んでおり、かつ原則として生活の中心の場として使用すること」をいいます。」との定めのあることが認められる。

ところで、原告は、本件共済契約締結前に、被告のコールセンターに問い合わせた際、オペレーターから、３ヶ月も半年も引っ越せないのでは困るが、１ヶ月前後、２ヶ月まではいかない期間で引っ越すなら問題ないと言われたなどとして、原告が契約締結日ころから１ヶ月前後、２ヶ月まではいかない期間に本件建物に入居予定であったことが契約締結日に明確であれば、「人が居住する建物」に当たると主張する。しかしながら、被告のコールセンターのオペレーターが上記のような発言（説明）をしたことを裏付ける的確な証拠がない上、前記争いのない事実等及び上記１認定事実に照らせば、原告の主張内容は、本件規約等と齟齬している上、原告が事後的に被告コールセンターに問い合わせた際にも、被告コールセンターのオペレーターは、原告に対し、入居する１ヶ月前からしか加入できないと説明していることから、被告コールセンターのオペレーターが原告が主張するような発言をすることは考えにくいこと、原告の主張や供述内容が、「２ヶ月も半年もかからないでしょと言われ」た（訴状）、「３ヶ月も半年も引っ越せないのでは困るが、１ヶ月前後で引っ越すのになら問題ないと言われ」た（原告準備書面２）、「２ヶ月までぐらいまでは掛からないですよねということを言われました」（原告本人）などと変遷していることなどにかんがみると、原告の主張する事実があったものとは認められない。したがって、本件規約、本件細則等と異なる内容の合意の成立を前提とする原告の上記主張は採用することができない。

そして、前記争いのない事実等によれば、本件共済契約は、原告又は原告と生計を一にする親族が居住する建物（持ち家）を目的とするものであることが明らかである。

そうすると、本件においては、共済契約の発効日に原告やその親族が居住していなかったことが明らかであるから（なお、原告は、本人尋問において本件建物に「居住の意思はありましたけど、住んだことはないです。」と供述している。）、「人が居住する建物」（本件規約第7条1項第3号）に該当するかどうかは、本件共済契約の申込みの日において発効日から起算して30日以内に原告やその親族が入居することが明確になっていたかどうかによって判断すべきものである。

(2)　前記争いのない事実等及び上記1認定事実に照らせば、原告やその親族は、発効日から起算して30日目である平成21年9月24日の時点で、本件建物に居住していなかったことが明らかである。加えて、本件共済契約の申込日である平成21年8月23日の時点では、原告の主張を前提としても、原告は、四郎に対し、同日、同年9月15日までに本件建物から退去することを要請する書面を送付したにとどまり、四郎とは連絡がついておらず、四郎が退去する時期が判明していなかったこと（この点に関し、原告は過去に何回か建物の居住者を退去させた経験があるため、立ち退き料を払ってでも立ち退かせる自信があったと述べているが、合理的な根拠があるとはいえず、原告が、四郎の退去日は同月15日の予定であったが同月22日に延びたと主張していることからしても四郎の退去予定日が確実であったとはいえない。）、本件建物には風呂場と給湯器等のリフォームの必要があったことなどを考慮すると、本件共済契約の申込日に、原告が発効日から起算して30日以内に本件建物に入居することが明確であったとはいえない。また、原告は、同年8月20日に本件建物所在地への住所移転の届出をしているが、この事実から直ちに本件共済契約の申込日に原告が発効日から起算して30日以内に本件建物に入居することが明確であったと認めることもできない。

したがって、本件共済契約の申込日に原告やその親族が発効日から起算して30日以内に本件建物に入居することが明確であったものとは認められない。

(3)　以上によれば、本件建物は「人が居住する建物」（本件規約第7条1項第3号）には該当せず、共済の目的ではないから、共済金の支払要件を満たさない。」

❖ コメント

本件は、原告が、被告に対し、原被告間の火災共済契約の目的である建物が火災によって全焼したとして、火災等共済金とその遅延損害金の支払を求めるものである。

共済契約の規約には、共済の目的とする建物について、「人が居住する建物」とある（規約七条一項三号）。これが原則とされる。例外として、「人が居住していない建物であっても、この会が細則で定めるものは、共済の目的とすることができる」と規定しているのである。細則で、「申込みの日において発効日から起算して三〇日以内に人が入居することが明確になっている空屋または無人の建物」と規定している（六条一項二号）。

本判決は、結論として、原告が発効日から起算して三〇日以内に本件建物に入居することが明確であったとはいえない、として、原告の火災等共済金の請求を斥けている。認定事実から妥当な判断である。

なお、火災保険普通保険約款では、「通知義務」として、「保険の目的である建物又は保険の目的を収容する建物を引き続き三〇日以上空屋若しくは無人として、又はその建物が工場である場合に、引き続き三〇日以上作業を休止すること」との規定を設けていたが、現行約款では、この条項を削除している。

四　水戸地判平成二四年六月二九日判例時報二一八〇号一三三頁

保険の契約者（原告）が建物の所有者でなく、これを告知していないため建物の部分の保険契約は無効とされ、かつ、火災が原告等またはその意を通じた第三者の故意により発生した、とされた事例（保険金請求事件）（請求棄却）（確定）

X（原告）対Y保険会社

「(5)　したがって、原告は、本件保険契約の締結時点において、本件建物の所有権が乙山社に移転していること、すなわち原告が本件保険契約のうち建物に係る部分は、他人のために締結したものであることを被告に告知しなかったと認められるから、同部分は本件約款19条1項により無効となる。」

「オ　以上によれば、本件窓は、本件火災の時点では開いておらず鎮火後に開けられたものであって進入路ということはできず、放火した者は本件建物の出入口から侵入して放火し、その出入口から出て行ったものと認められる。そして、証拠（甲22、証人戊田、原告）によれば、本件火災後も出入口の鍵は壊れていなかったこと、出入口の鍵は原告と戊田のみが所持していたこと、同鍵については本件火災直後も原告と戊田が所持しており、盗まれたとか人に貸したとか、合鍵が作られたといった事情も認められないことに照らすと、本件火災は、原告、戊田あるいはその意を受けた者により放火されたものと推認される。」

「ウ　検討

以上の事実を総合すると、原告は、そばZを開業したものの、思うように売上げが上がらず、債務の返済期限に負われることになったことから火災保険を詐取することを思いつき、種々の偽装工作をした上、平成21年11月12日未明に自らあるいは第三者に依頼して本件建物に放火をしたものと認めるのが相当である。

(4)　結論

以上によれば、本件火災は、原告の故意によって発生したものと認められるから、本件約款2条1項の免責事由が認められ、被告は原告に対して保険金の支払義務を負わないことになる。」

❖ コメント

本件は、原告が、被告との間で、原告が経営するそば屋の店舗および什器備品について火災等を対象とする保険契約を締結していたところ、本件建物が同年一一月一二日に何者かの放火により半焼して什器・備品もすべて焼損または毀損したとして、保険契約に基づき、一〇〇〇万円およびこれに対する本件火災の翌日から支払済みまで年五分の割合による遅延損害金の支払を求める事案である。

本判決は、本件保険契約のうち建物にかかる部分は、他人のために締結したものであることを被告（保険会社）に告知しなかったと認められるから、この部分は約款により無効となる、とする。ただ、保険法八条は、「被保険者が損害保険契約の当事者以外の者であるときは、当然に当該損害保険契約の利益を享受する」と規定し、この規定は、半面的強行規定とされているに留意しなければならない。

次に、本判決は、本件火災は、原告、戊田あるいはその意を受けた者により放火されたものと推認される、と判示している。この点が本判決の核心といえよう。認定事実から妥当な判断であろう。

本判決については、石田満編「保険判例の研究と動向二〇一四」四一頁（出口正義）の評釈がある。

五　広島地福山支判平成二四年七月一九日自保ジャーナル一八八八号一八〇頁

火元になった火災につき被告に「注意義務違反の程度に著しい」ものがあり、重過失があるとして、不法行為および失火責任法に基づく損害賠償責任が認められた事例（損害賠償請求事件）（請求一部認容）（確定）

原告（X）対被告（Y）

「2　以上の事実を前提に、以下、本件の争点について検討する。

(1)　争点(1)（本件火災の発生につき被告に重過失が認められるか否か。）について

ア　前記認定の事実によれば、被告は、本件火災前日の午後6時ころ、1階和室（仏間）の仏壇のろうそく（長さ10センチメートルくらい、高さ10センチメートルくらい）と線香立て（直径12センチメートルくらい、高さ10センチメートルくらい）に線香2本（長さ15センチメートルくらいで新しいもの）を立て、火を点けたが、仏壇にお参りした後、いつもはろうそくの火と線香の火を消すのに、消すのを忘れて町内の見回りに出かけ、午後6時30分ころ、自宅に戻り、すぐに2階西側の寝室へ上がり、いつの間にか寝てしまったところ、線香立てに立てた線香が床に置かれた座布団上に落下し、座布団に着火して、床等に燃え移り、本件火災が発生したことが推認される。

そして、前記認定の事実によれば、被告は、仏壇の前の床に座布団が置かれていることを知っていたのであるから、線香立てに立てた線香が床に置かれた座布団に落下して火災になるおそれがあることを容易に予見することができたというべきであり、火を点けた線香を2つに折って線香立ての中に横に置くか、線香立ての灰を少なくして線香が倒れないようにするか、座布団を線香立てから遠ざけるか、いつものように線香の火を消してから

仏壇を離れる等のわずかな注意を払いさえすれば、本件火災の発生を防げたのであり、被告には、通常人としての注意義務違反の程度が著しいものであったと認めるのが相当である。

よって、被告には、本件火災の発生につき、重過失があったというべきである。
イ　被告は、通常は、点火した線香は仏壇の線香立てに立てておけば、特別の事情がない限り、線香が燃え尽きれば自然に消火するものと通常予想され、線香立てに立てた線香が倒れて出火することを当然に予想すべきであったとはいえないなどとして、本件火災の発生についての被告の過失は、軽過失にとどまると主張するが、本件火災発生の際の具体的状況に照らして、被告に重過失が認められることは、前記説示のとおりである。
よって、被告の上記主張は採用できない。
ウ　よって、被告は、原告に対し、不法行為及び失火責任法に基づく損害賠償として、本件火災によって原告が被った損害を賠償する義務がある。」

❖ コメント

本件は、原告が、平成二〇年五月一日午前〇時二〇分ころに被告の自宅が火元になった火災によって原告の自宅が焼損したことにつき、本件火災の原因は、被告が消し忘れた仏壇の線香が座布団の上に落下し、座布団に着火して出火したことにあり、被告には重過失があったなどとして、被告に対し、不法行為および失火ノ責任ニ関スル法律（以下「失火責任法」という）に基づく損害賠償請求として、引越代金、駐車場代金、慰謝料等と弁護士費用の合計六九八万六一〇〇円と遅延損害金の支払を求めた事案である。

本判決は、仏壇の線香放置による火災につき被告に「注意義務違反の程度に著しい」ものがあり、本件火災の発生につき、重過失があるとして、類焼の被害を被った原告に不法行為および失火責任法に基づく損害賠償請求の一部を認容している。妥当な判断であろう。

本判決については、石田満編「保険判例の研究と動向二〇一四」六二頁（戸出正夫）の評釈がある。

六　東京地判平成二四年一〇月四日判例タイムズ一三九二号二五八頁

パチンコ店建物の火災につき企業総合保険契約に基づく財物保険金の残部請求につき全損に至っていない、として原告のこの請求を棄却したが、この保険契約に基づく利益喪失保険金の請求については、復旧のために必要な期間を九ヵ月と認定し、被保険者である企業の営業実態に即した利益率を算定して一部認容された事例（保険金等請求事件）（一部認容）（控訴）

X（原告）対Y損害保険会社（被告）

「(2)　財物保険金について

原告は、本件建物が全損であることを前提に、本件建物の財物保険金及び解体撤去費用の残額を請求する。しかし、本件建物について、これを全損であると認めることはできないことは前記(1)判示のとおりであり、財物保険金等の残額の支払を求める原告の主張は、その前提を欠くものである。

そして、前記1(3)ウで認定したように、被告は、本件建物について補修可能であることを前提に財物保険金額及び付帯保険金額を算定し、原告に支払済みであるところ、原告もこの保険金額について異議を述べることなく受領していることからすると、これら保険金額は相当なものであったと推認できる。

以上により、本件保険契約に基づく財物保険金等については、被告においてすべて支払済みであり、その残部を請求する原告の主張は理由がない。」

「ア　本件保険約款（甲3）

本件保険契約の際に、被告から原告に交付された本件保険約款（甲3）によれば、利益喪失保険金の算定は「利益減少額×約定填補率－支出を免れた経常費×約定填補率／利益率」という計算式に基づき算定することとなる。（但し、約定填補率が実際の利益率を上回る場合は上記約定填補率を利益率と読み替える。）

ここで、収益減少額とは、事故直前12か月のうち填補期間又は復旧期間に対応する期間の営業収益（これを本件保険約款は「標準営業収益」と定義し、本件パチンコ店においては、営業収益としては売上高が採用される。）から填補期間中の営業収益（売上高）を差し引いたものである。また、利益率とは、直近の会計年度の営業収益（売上高）に占める営業利益と経常費の割合であるが、同期間中に営業損失が生じたときは、（経常費－営業損失）／営業収益として計算する。なお、営業利益（営業損失）は、営業収益（売上高）から営業費用（売上原価、一般管理費、販売費等の営業に要する費用）を差し引いた額である。」

「(エ)　利益喪失保険金額

本件保険約款に基づく利益喪失保険金の計算式は、「収益減少額×約定填補率－支出を免れた経常費×約定填補率／利益率」であるが、本件では約定填補率（13・0％）が実際の利益率を上回るので、約定填補率に代えて、利益率3・166％を用いて算定すると452万7873円となる。

（計算式）

収益減少額×利益率－支出を免れた経常費×19億0302万5618円×3・166％－2406万1918円＝452万7873円」

「ウ　以上より、原告は、前記(3)で認定した限度で、本件保険契約に基づく利益喪失保険金請求権及び遅延損害金請求権を有していると認められる。」

❖ コメント

本件は、被告との間で企業総合保険契約を締結していた原告が、その所有するパチンコ店建物で発生した火災について、財物保険金、利益喪失保険金等の支払を求める事案である。

本件は、火災による企業総合保険契約に基づく財物保険金の残部請求および利益喪失保険金の請求にかかる事案である。

本判決は、前者について認定事実から被告保険会社において、すべて支払済みであり、その残部を請求する原告の主張は理由がない、として、この請求を斥けている。本事案においては、利益喪失保険金額の認定が重要である。本判決は、約定填補率（一三・〇％）が実際の利益率を上回るとして、約定填補率に代えて、利益率三・一六六％を用いて算定して利益喪失保険金額を算定している。この点が本判決の重要な論点である。

七　長野地松本支判平成二五年七月一七日判例時報二二〇一号一三三頁

> 建物の火災保険金請求につき、その火災が被保険者（原告）またはその意を通じた者の故意に発生させたものと強く推認される、とされた事例（保険金請求事件）（請求棄却）（控訴）

X（原告）対Y保険会社（被告）

「(5)　原告及びその関係者以外の第三者による放火の可能性について

ア　原告は、平成18年ころの役員報酬減額等に対する乙野らからの逆恨みされている可能性があるなど、怨恨による放火があり得る旨を主張する。

確かに、《証拠略》によれば、平成18年ころ、原告と乙野らとの間で、乙山社の経営権等を巡るトラブルがあったことが認められ、乙野らがそのことについて原告に対する怨恨の情を抱いていた可能性は否定できない。

しかし、上記トラブルが、一般に放火の原因になる程の強い怨恨を抱かせるような事情とまでは直ちにいい難い上、《証拠略》によれば、乙野らは、平成21年11月当時、乙山社又はその関連会社の取締役や代表取締役に就任していること、当該トラブルから本件火災発生までの約3年間に、本件建物や原告自身に対する目立った嫌がらせ等もなかったことなどが認められることに照らせば、乙野らが、原告に対する逆恨みから、本件建物に放火したとは考え難い。

イ　また、原告は、調査会社による調査の時点から、長野銀行が債権回収等の目的で本件建物に放火した可能性があり得る旨などを述べており、本人尋問でも概ね同旨の供述をするが、本件土地建物について本件根抵当権の設定を受け、かつ、担保として本件株式の差し入れを受けていた長野銀行又はその従業員が、損害保険金による債権の回収を図る目的で担保物件に放火することも容易に想定し難いことといわなければならない。

ウ　そうすると、本件においては、本件放火の特質から浮かび上がる犯人像を満たす第三者の存在は想定し難いというべきである。」

「(7)　以上によれば、原告には、保険金取得目的で本件火災を故意に発生させる十分な動機があること、住宅ローンの返済が困難となって本件土地建物の任意売却により局面の打開を図ろうとしたが奏功せず、長野銀行から本件根抵当権実行方針の通知を受け、その競売開始決定を原因とする差押登記がなされた10日後に本件放火が行われていること、本件放火の特質から想定される犯人像に合致する第三者が想定し難いこと、本件放火犯人は、本件建物の構造をよく知る者とみられること、原告には本件火災後に不自然・不合理な言動がみられることに照らすと、本件火災は、原告又は原告と意を通じた者が故意に発生させたものと強く推認される。」

❖コメント

本件は、原告が、被告との間で、原告所有の建物に関する損害保険契約を締結していたところ、平成二一年一一月一四日に同建物において火災が発生したため、被告に本件保険契約に基づく保険金の支払を請求したが、被告が保険金の支払を拒否したとして、被告に対し、本件保険契約に基づき、損害保険金三九〇〇万円およびこれに対する遅延損害金の支払を求める事案である。

本判決は、火災が被保険者またはその意を通じた者の故意によると強く推認される、とされた事例である。認定事実から本判決の結論に異を唱えることはむずかしいといわざるを得ないであろう。

四　新保険判例の動向（自動車保険関係）

はじめに

新保険判例の動向（自動車保険関係）において、次の二六件の判決例を取り上げた。

第一事件　大阪高判平成二三年八月二四日は、車両盗難による車両保険金等の請求につき、合理的な疑いを超える程度の立証がなされていない、とされた事例である。

第二事件　大阪高判平成二三年八月二六日は、未成年者（一四歳）が自転車を運転中歩行者（八五歳）と衝突し、負傷させ不法行為責任が認められ、その両親の指導監督義務違反が否定された事例である。

第三事件　大阪高判平成二三年九月二七日は、自動車盗難の外形的事実が合理的な疑いを超える程度にまで証明されていない、として原判決が取り消された事例である。

第四事件　大阪高判平成二三年九月二八日は、保険契約者が故意に自動車をため池に落下させたとして、車両損壊による車両保険金の請求が斥けられた事例である。

第五事件　大阪地判平成二四年二月一日は、ダム湖に自動車ごとに転落し、死亡したことにつき、人傷条項の「急激かつ偶然な外来の事故」により死亡したと認められる、とされた事例

第六事件　東京地判平成二四年三月二七日は、自動車の損傷等につき原告の故意によるものと推認できる、とされた事例である。

第七事件　東京地判平成二四年三月二七日は、飲酒運転により対向車に衝突して死亡させたことにつき運転者

と共に飲酒した同乗者に民法七一〇条二項に基づく責任が認められた事例である。

第八事件　札幌地判平成二四年四月一二日は、被保険者が海中に転落していた自動車の車内で死亡していたことにつき自殺によるものと認めるのが相当であるとして、生命保険契約および自動車保険契約に基づく保険金の請求が斥けられた事例である。

第九事件　東京地判平成二四年七月九日は、交通事故と医療過誤との競合について被害者の弁護士において医療過誤による解決金受領の事実を説明すべき義務を怠ったとされた事例である。

第一〇事件　大阪高判平成二四年七月一一日は、自損事故による車両保険金等の請求につき、保険契約者の故意によるものとされた事例である。

第一一事件　横浜地判平成二四年九月一一日は、孫請会社の従業員が起こした交通事故につき元請会社の運行供用者責任が認められる、とされた事例である。

第一二事件　広島高岡山支判平成二四年九月二八日は、自動車との正面衝突により被害自動車の原告同乗者が後遺障害を被ったことにつき複数の被告保険会社の責任等が争われた事例である。

第一三事件　徳島地判平成二四年一〇月一日は、被保険自動車のベンツの海中転落が被保険者が意図的に転落させたとされた事案であり、被告保険会社の故意免責の抗弁が認められた事例である。

第一四事件　東京地判平成二四年一〇月一一日は、将来の介護費用につき一時金賠償方式による請求にかかわらず、裁判所が定期金賠償方式による支払を命じる判決をすることができる、とされた事例である。

第一五事件　仙台高判平成二四年一一月二二日は、運転免許を保有していないのに運転免許証の色を「ブルー」と告知したことは、告知義務違反に当たり、かつ、その事実を保険会社が知らなかったことにつき過失がなかったとして保険契約の解除が認められた事例である。

第一六事件　大阪地判平成二四年一一月三〇日は、被保険自動車に薬剤がまかれて塗装に損傷を受けたとする保険金の請求につき、保険契約者またはその者と意を通じた第三者による事故招致によるとされた事例である。

第一七事件　東京地判平成二四年一二月六日は、台風による集中豪雨のために冠水していた道路に進入して走行不能になった自動車の同乗者が降車し、避難する際に濁流に流されて死亡した側の自賠法一六条一項に基づく自賠責保険金が否定された事例等である。

第一八事件　東京高判平成二四年一二月二〇日は、活魚運搬業者の交通事故による休業による外注について、不法行為が認められる債権侵害に当らず、かつ、被害者である従業員とその会社（原告・被控訴人）との間で経済的一体性が認められないとされた事例

第一九事件　東京地判平成二四年一二月二〇日は、自賠法一六条一項に基づく損害賠償額の支払請求権は、差し押えることができない債権であるから、交通事故により物的損害を受けた債権者が民法四二三条一項に基づく代位行使することができない、とされた事例である。

第二〇事件　大阪地判平成二五年一月二八日は、メルセデス・ベンツの損傷につき保険契約者が関与していると推認される、とされた事例である。

第二一事件　東京地判平成二五年一月三〇日は、車両の盗難の外形的事実が認められ、かつ、被保険者である会社の代表取締役において故意に発生させたものと認められない、とされた事例である。

第二二事件　岐阜地判平成二五年二月一五日は、マイスリーまたはソセゴン（睡眠導入剤）を使用した影響により「正常な運転ができないおそれがある状態で運転している時に」自損事故が生じた、とされた事例である。

第二三事件　東京地判平成二五年三月七日は、低血糖による意識障害に陥って交通事故を起した加害者の人的損害の損害賠償責任および物的損害賠償責任が肯定された事例である。

第二四事件　岡山地判平成二五年三月八日は、交通事故当時、酒に酔って正常な運転ができないおそれがある状態にあったことが強く推認される、とされた事例である。

第二五事件　東京高判平成二五年三月一四日は、将来介護費用について定期金による支払が相当であるとした第一審判決の判断が是認できる、とされた事例である。

第二六事件　宇都宮地判平成二五年四月二四日は、クレーン車運転中にてんかん発作により意識を失い、小学生六名に衝突し死亡させた事例である。

一　大阪高判平成二三年八月二四日判例タイムズ一三八六号二九二頁（原審・大阪地判平成二二年一〇月二八日）

> 車両盗難による車両保険金等の請求につき、原告の主張事実は、「被保険者以外の者が……被保険自動車を持ち去った事実」について合理的な疑いを超える程度の立証には至っていない、として斥けられた事例（保険金請求控訴事件）（控訴棄却）（確定）

X（原告・控訴人）対Y保険会社（被告・被控訴人）

「(1)　当裁判所も、原判決と同様、次のとおり、控訴人の本件保険金請求は理由がないと判断する。

ア　盗難による損害について保険金請求をするために控訴人が立証責任を負う事実は、①被保険者の占有に係る被保険自動車が保険金請求者の主張する所在場所に置かれていた事実、及び②被保険者以外の者がその場所から被保険自動車を持ち去った事実である。

イ　本件では、上記ア②の事実を認めることができない。」

「3　控訴人の当審補充主張に対する判断

控訴人は、以下のとおり本件車両が本件保険契約が規定する盗難に遭った旨種々主張するが、これらは、いずれも採用できない。その理由は、以下のとおりである。」

「4　総括

以上によれば、控訴人の当審における上記各主張もまた、本件車両の盗難被害の事実を裏付けることはできず、結局、控訴人の主張事実は、「被保険者以外の者が……被保険自動車を持ち去った事実」について合理的な疑いを超える程度の立証には至っておらず、これを認めるに足りる証拠はない。」

❖コメント

本件は、控訴人が、その所有する車両が盗難に遭って損害を被ったと主張して、同車両について車両保険契約を締結した被控訴人に対し、車両保険金として、損害保険金（協定保険価額）一一〇〇万円、盗難に関する代車等費用補償特約に基づく代車費用九万円および車両全損時諸費用補償特約に基づく保険金額二〇万円の合計一一二九万円、ならびに、これに対する履行期後であることが明らかな平成一九年四月一日から支払済みまで商事法定利率年六分の割合による遅延損害金の支払を求めた事案である。

原判決は、本件車両が盗難にあったとは認められないとして、控訴人の請求を棄却した。そこで、控訴人が、原判決を不服として、本件控訴を提起した。

本判決は、立証責任を負う事実は、①被保険者の占有にかかる被保険自動車が保険金請求者の主張する所在場所に置かれていた事実、および②被保険者以外の者がその場所から被保険自動車を持ち去った事実であるとし、この②の事実について、合理的な疑いを超える程度の立証には至っていない、とする。控訴人の保険金請求は理由がないとして、請求を棄却した原判決は相当である、と判示している。

車両条項の盗難の外形的事実の主張立証責任については、最一小判平成一九年四月二三日（平成一七年(受)第一八四一号）、石田満編「保険判例二〇〇九」（保険毎日新聞社）三七〇頁参照。この判決については、石田満・損害保険研究六九巻二号二六五頁以下の評釈がある。また、最一小判平成一九年四月二三日（平成一八年(受)第九二号）、前掲「保険判例二〇〇九」三七一頁は、車両保険金を請求する者が盗難の外形的事実を主張、立証すれば足り、被保険自動車の持ち去りが被保険者の意思に基づかないものであることを主張、立証すべき責任を負わない、とする。この判決については、前掲「保険判例二〇〇九」一八八頁（石田満）の評釈がある。

盗難の外形的事実が合理的な疑いを超える程度まで証明されていない、とする**第三事件**参照。

二　大阪高判平成二三年八月二六日判例タイムズ一三八七号二五七頁（原審・京都地判平成二三年三月二五日）

未成年者（一四歳）が自転車を運転中歩行者（八五歳）と衝突し、負傷させた事故につき、その未成年者の不法行為責任が認められ、その両親の指導監督義務違反が否定された事例である（損害賠償反訴請求控訴事件）（一部変更、一部控訴棄却、附帯控訴棄却・上告、上告受理申立）

X（原告・控訴人・附帯被控訴人）対Y1（被告・被控訴人・附帯控訴人）、Y2・Y3（被控訴人）

「ウ　まとめ

以上の認定判断によれば、被控訴人松男は、歩道がなく路側帯のみが設置された本件道路の路側帯内を自転車で進行する場合は、進路前方を注視し、歩行者の有無及びその安全を確認しながら進行すべき注意義務があるのに、これを怠り、終始右側を脇見しながら約10メートルにわたり本件自転車を運転し、路側帯内で佇立していた控訴人に衝突するまで気付かなかったのであり、しかも、被害者である控訴人は、自転車運転者が道路側端を通行する場合に、その動向に最大の注意を払い、その安全を脅かさないように慎重な運転を求められている高齢者（本件事故当時85歳）であったのだから、被控訴人松男には本件事故の発生について重大な過失があった。なお、京都府上京警察署長も、被控訴人松男が惹起した本件事故について、重過失傷害（平成18年法律第36号による改正後の刑法２１１条１項後段）で京都地方検察庁に送致している。

エ　無灯火での本件自転車運転について

被控訴人松男は、無灯火で本件自転車を運転していたが、本件事故は、日没後2時間とは経過していない午後6時40分ころという時間帯に発生した。そして、本件事故現場は、京都市内の市街地にあって、控訴人の居住するマンションのすぐ前付近で、付近には街灯等の照明もあった（甲31の２：１頁上、乙29：右上番号70頁）。そうすると、被控訴人松男が無灯火で本件自転車を運転したことは、本件事故の発生と相当因果関係がある過失とは認められない。

(4)　被控訴人らの責任について

ア　被控訴人松男の責任について

証拠（甲39、40、乙29：控訴人及び被控訴人松男の各司法警察員及び検察官に対する供述調書）及び弁論の全趣旨によれば、本件事故当時、被控訴人松男は中学2年生（14歳）であり、控訴人は、被控訴人松男の体が大きいので、被控訴人松男を大学生と間違えた程であるところ、被控訴人松男は、その1年数か月後にR高等学校に進学しており、心身ともに平均以上の成長を見せていたものであることが認められる。

したがって、被控訴人松男については、民事上の責任能力が優に認められる。

イ　被控訴人両親の責任について

(ア)　一般論

原判決８頁４行目から同12行目の「解される」までに記載のとおりであるから、これを引用する。

(イ)　本件への適用

本件事故は、前記(3)で認定判断したとおり、被控訴人松男の重大な過失によるものではあるが、所詮は、被控訴人松男が、本件事故当時（塾に行く途中）、非常に危険で無謀な自転車の運転方法をしていたというに留まる。そして、被控訴人両親から見て、本件事故当時、被控訴人松男が、①社会通念上許されない程度の危険行為を行っていることを知り、又は容易に知ることができたことや、②他人に損害を負わせる違法行為を行ったことを知り、そのような行為を繰り返すおそれが予想可能であることについて、控訴人は、具体的な主張、立証をしていない。

(ウ)　まとめ

したがって、被控訴人両親について、被控訴人松男の自転車運転に関する危険防止のための具体的な指導監督義務を認めることができないから、本件事故の発生について、被控訴人両親の責任は認められない。」

❖コメント

本件は、歩行者である控訴人が被控訴人松男の運転する足踏み式自転車に衝突され、負傷した事故に関する訴訟である。

控訴人は、被控訴人松男に対しては、本件事故が被控訴人松男の自転車運転上の過失によって発生したものであるとして、民法七〇九条に基づき、同被控訴人の両親である被控訴人竹男および同梅子に対しては、いずれも自転車の安全運転に関する被控訴人松男に対する指導監督義務を怠っており、本件事故はこの指導監督義務違反と因果関係があるとして、民法七〇九条に基づき、本件事故により控訴人が被った損害（人損および物損）に関し、被控訴人らが連帯して損害賠償金九〇二万六七一一円の内金七〇〇万円、およびそれに対する本件事故の発生日である平成一八年一一月二四日から支払済みまで民法所定年五分の割合による各遅延損害金を支払うことを求めた。

原判決は、被控訴人松男について責任能力を認め、民法七〇九条に基づく不法行為責任を認めたが、被控訴人両親については、指導監督義務は認められないと判断した。そして、原判決は、控訴人の請求のうち、被控訴人松男に対する部分については、九八万七三三〇円およびこれに対する遅延損害金の支払を命ずる限度で請求を認容し、その余の請求を棄却し、被控訴人両親に対する部分は、いずれも請求を棄却した。

そこで、原判決を不服として、控訴人が本件控訴を、被控訴人松男が本件附帯控訴を各提起した。

本判決は、被告運転者には本件事故の発生について重大な過失があり、民事上の責任がある、として不法行為責任を認めたが、その両親について自転車運転に関する危険防止のための具体的な指導監督義務を否定している。

三　大阪高判平成二三年九月二七日判例時報二一七〇号一三〇頁（原審・神戸地判平成二二年八月二六日判例時報二一七〇号一三七頁）

> 自動車の盗難の外形的事実が合理的な疑いを超える程度にまで証明されていない、として請求を認容した原判決が取り消された事例（保険金支払請求控訴事件）（一部取消）（上告〈上告棄却〉）

X（原告・被控訴人）対Y保険会社（被告・控訴人）
「1　車両保険金請求における盗難事故の主張立証責任について
一般に盗難とは、占有者の意に反する第三者による財物の占有の移転をいうものと解することができるが、被保険自動車の盗難という保険事故が保険契約者、被保険者等の意思に基づいて発生したことは、本件条項2により保険者が免責事由として主張、立証すべき事項であるから、被保険自動車の盗難という保険事故が発生したとして本件条項１に基づいて車両保険金の支払を請求する者は、「被保険者以外の者が被保険者の占有に係る被保険自動車をその所在場所から持ち去ったこと」という盗難の外形的な事実を主張、立証すれば足り、被保険自動車の持ち去りが被保険者の意思に基づかないものであることを主張、立証すべき責任を負うものではない。そして、その外形的な事実は、「被保険者の占有に係る被保険自動車が保険金請求者の主張する所在場所に置かれていたこと」及び「被保険者以外の者がその場所から被保険自動車を持ち去ったこと」という事実から構成されるものというべきである（最高裁平成18年㈷第１０２６号同19年４月17日第三小法廷判決・民集61巻３号１０２６頁、最高裁平成17年㈷第１８４１号同19年４月23日第一小法廷判決・裁判集民事２２４号１７１頁参照）。」

「3　争点１のうち「被保険者以外の者が保険金請求者の主張する所在場所から被保険自動車を持ち去ったこと」について

(1)　被控訴人は、平成20年５月29日午前５時30分ないし午前６時ころ、本件駐車場の18号区画に本件自動車を駐車して、自宅に帰り、その後、同年６月３日午前５時30分ころ、本件自動車を運転して外出するため、本件駐車場に行ったところ、本件自動車が何者かによって盗まれているのを発見したと主張し、その旨供述するところ、引用にかかる原判決説示の前提となる事実に、証拠（甲８、乙８、被控訴人）及び弁論の全趣旨を総合すれば、被控訴人は、同年６月３日、兵庫警察署平野交番所において、被控訴人の通報により同交番所に駆けつけた警察官に対し、同年５月29日午前５時ころから同年６月３日午後５時30分ころまでの間、本件駐車場に施錠して駐車していた本件自動車を盗まれた旨被害届を提出したこと、被控訴人は、警察官に被害届を提出した後、本件駐車場を管理している会社に赴き、本件自動車が盗まれたことを伝えた後、本件駐車場に設置されている防犯カメラのビデオを見せてくれるように申し入れたところ、防犯カメラはダミーであると言われたこと、その後、被控訴人は、控訴人に対し、本件自動車が盗まれた旨電話で申告したこと、現在に至るまで本件自動車は発見されていないことが認められる。

しかしながら、本件においては、被保険者以外の者が本件駐車場から本件自動車を持ち去ったことを目撃した者や防犯カメラの映像等の直接証拠は存在しないから、被控訴人の本件自動車が盗難に遭った旨の上記供述の信用性は慎重に判断する必要があるところ、被控訴人の上記供述及びこれと同旨の警察に対する被害届、控訴人に対する被害申告の各内容は直ちに採用することはできず、以下の各事情を併せて考慮すると、結局、被控訴人の上記供述は信用することができず、被控訴人以外の者が本件駐車場から本件自動車を持ち去ったという盗難の外形的事実が合理的な疑いを超える程度にまで証明されたということはできない。」

「(4)　以上のとおり、本件自動車の盗難が非常に困難であることに加えて、第三者の持ち去りと認めるには疑わしい被控訴人側の事情に照らすと、被控訴人の供述は信用できず、ほかに本件自動車が被控訴人以外の第三者によって持ち去られたことを認めるに足る証拠はない。むしろ、上記認定の事実関係に照らすと、被控訴人が自ら本件自動車を運転して本件駐車場から運び出し、リモコンキー1本とともに第三者に引き渡した可能性が高いものというべきである。なお、被控訴人は、防犯カメラの抑止力は被控訴人に対しより強く働いていたといえるから、被控訴人が駐車場管理会社に赴き、防犯カメラを見せてくれるように申し入れた行為は、被控訴人以外の者が本件自動車を持ち去ったことを推認させる事実である旨主張する。しかしながら、その主張は、「被控訴人は、防犯カメラがあることは知っていたが、それがダミーであることを知らなかった」という事実が前提となるところ、被控訴人が平成19年3月6日に本件駐車場で車上荒らしに遭った際、防犯カメラがダミーであることを知らされていた可能性があることは上記認定のとおりであるから、被控訴人の上記行為も被控訴人以外の者が本件自動車を持ち去ったことを積極的に裏付ける事実とはいえない。」

❖ コメント

本件は、被控訴人が、控訴人との間で締結した自動車保険契約の被保険自動車が盗難の被害に遭ったとして、控訴人に対し、上記保険契約に基づき、車両保険金七七五万円、代車等費用保険金一五万円および弁護士費用保険金五二万五〇〇〇円の合計八四二万五〇〇〇円およびうち七九〇万円に対する支払を請求した日の翌日である平成二〇年六月七日から、うち五二万五〇〇〇円に対する訴状送達の日の翌日である同年一〇月九日から各支払済みまで商事法定利率年六分の割合による遅延損害金の支払を求めた事案である。

原判決は、被控訴人以外の者が被控訴人の賃借していた駐車場から本件自動車を持ち去った事実が認められる上、本件自動車の持ち去りが被控訴人の意思に基づくものとは認められないとして、被控訴人の請求を七九〇万円およびこれに対する商事法定利率年六分の割合による遅延損害金の支払を命じる程度で認容し、その余を棄却したので、これを不服とする控訴人が控訴した。

本判決は、自動車の盗難の外形的事実が合理的な疑いを超える程度にまで証明されていない、として、請求を認容した原判決を取り消している。

本判決は、車両保険金の支払を請求する者は、「被保険者以外の者が被保険者の占有に係る被保険自動車をその所在場所から持ち去ったこと」という盗難の外形的な事実を主張、立証すれば足りるとし、この外形的な事実は、「被保険者の占有に係る被保険自動車が保険金請求者の主張する所在場所に置かれていたこと」および「被保険者以外の者がその場所から被保険自動車を持ち去ったこと」という事実から構成されているとして、最三小判平成一九年四月一七日民集六一巻三号一〇二六頁、石田満編「保険判例二〇〇九」（保険毎日新聞社）八頁（石田満）の評釈および最一小判平成一九年四月二三日裁判集民事二二四号一七一頁、（同「保険判例二〇〇九」三七〇頁）を引用している。

この後者の最高裁判決は、上記の盗難の外形的事実の立証について、「矛盾のない状況」の立証だけでは「合理的な疑いを超える程度にまで」立証したことにならない、と判示している。立証の程度について、この原判決と異なり、やや厳しく判示しているのである。重要な最高裁判決である。

本判決は、この最高裁判決に盗難の外形的事実が合理的な疑いを超える程度にまで証明されたということができない、として原判決を取り消したものである。**第一事件**参照。

本判決については、石田満編「保険判例の研究と動向二〇一四」三頁（佐藤公平）の評釈がある。

四　大阪高判平成二三年九月二八日判例タイムズ一三八八号二八七頁（原審・大阪地判平成二三年三月一五日）

保険契約者が故意に自動車をため池に落下させたとして、車両損壊による車両保険金の請求が斥けられた事例（保険金請求控訴事件）（控訴棄却）（確定）

X（原告・控訴人）対Y保険会社（被告・被控訴人）

「(6)　まとめ

結局、以上の諸事情を総合考慮すると、本件事故は、控訴人が主張する事故原因（本件事故直前、猫を避けるためブレーキをかけようとしたところ、ブレーキと間違えてアクセルを踏んでしまい、本件自動車もろとも本件ため池に突っ込んだもの）ではなく、被控訴人が主張する事故原因（控訴人は、本件自動車に掛けている保険金を取得する目的で、故意に本件自動車を本件ため池に落下させた）であると推認できる。」

❖ コメント

本件は、控訴人が、その所有するトヨタセルシオに乗車して走行していたところ、運転を誤り車両もろともため池に突っ込んで水没したため、本件自動車が修理不能の損傷を受けた事故を起こしたが、同事故は、偶然の事故であると主張して、本件自動車について車両保険契約を締結していた被控訴人に対し、同契約に基づく損害保険金（協定保険価額）五三〇万円、およびこれに対する請求の日の後であることが明らかな平成二一年九月三〇日（訴状送達の日の翌日）から支払済みまで商事法定利率年六分の割合による遅延損害金の支払を求めた事案である。

原判決は、本件事故は、控訴人が保険金目的で故意に惹起した事故であるとして、控訴人の請求を棄却した。そこで、控訴人が、原判決を不服として、本件控訴を提起した。

本判決は、車両損壊による車両保険金請求につき、詳細な認定事実から本件事故が保険契約者兼被保険者（原告・控訴人）において保険金取得の目的で故意に発生させたものと推認できるとして、免責条項に該当する、と判示している。妥当な判断であろう。

五　大阪地判平成二四年二月一日判例時報二一六七号一〇八頁

> 自動車を運転中ダム湖に自動車ごと転落し、死亡したことにつき、人身傷害条項特約の「急激かつ偶然な外来の事故」によって死亡したと認められるとして、保険金の支払が認容された事例（保険金請求事件）（一部認容、一部棄却）（控訴〈和解〉）

X[1]ら（原告）対Y保険会社（被告）

「3　検討（争点1について）

本件転落の態様からは不慮の事故であると断定することは困難であるものの、明らかに故意に転落したとしかいえないものではなく、運転ミス等の可能性も十分あり得るものであり、太郎は、本件転落後、本件車両から脱出しようとした可能性が高いといえることは前記1のとおりである。

また、前記2のとおり、太郎は、趣味や地域活動に積極的に参加し、原告ら同居する家族と仲が良く家庭内においても葛藤があったとは窺えないし、負債はあったものの、その返済に窮していたとはいえないなど、自殺の動機となりうる事情は見当たらない。また、本件転落当日の高野山からの行動の経路も含めて、本件転落当日やそれ以前において自殺を疑わしめる言動はなく、かえって、本件転落当日においても趣味であった写真の撮影をしたり、魚釣りの道具を用意して出かけたほか、本件転落後にも旅行の予定があったなど、自殺とは相容れがたい事情も存する。

以上の事実によれば、本件転落は、不慮の事故によるものであったと推認される。

よって、太郎は、急激かつ偶然な外来の事故によって死亡したと認められるから、被告は、本件保険契約に基づき、約定の保険金を原告らに支払う義務がある。」

❖ コメント

本件は、自動車を運転中ダム湖に転落して死亡した甲野太郎の法定相続人であり、同自動車に付保されていた保険契約の保険金請求権者である原告らが、被告に対し、同保険契約に基づき、保険金およびこれに対する本件転落の日（太郎が死亡した日）の翌日である平成二〇年六月六日から支払済みまで商事法定利率年六分の割合による遅延損害金を請求した事案である。

本判決は、人身傷害条項特約の「急激かつ偶然な外来の事故」によって死亡したと認められるとして、保険金の支払を認容しているが、本判決は、「本件転落の態様からは不慮の事故であるものの、明らかに故意に転落したとしかいえないものではなく、運転ミス等の可能性も十分あり得る」という。微妙な説示といわざるを得ない。

六　東京地判平成二四年三月二七日判例タイムズ一三八七号二七五頁

駐車場に駐車していた自動車がタイヤ二本がパンクさせられ、その車体の全周に線状の傷を付けられたとして保険金を請求したことにつき、原告（被保険者）の故意によるものと推認できる、とされた事例（保険金請求事件）（請求棄却）（確定）

X（原告）対Y保険会社（被告）

「⑴　商法（平成20年法律第57号による改正前のもの）６２９条が損害保険契約の保険事故を「偶然ナル一定ノ事故」と規定したのは、損害保険契約は保険契約成立時においては発生するかどうか不確定な事故によって損害が生じた場合にその損害をてん補することを約束するものであり、保険契約成立時において保険事故が発生すること又は発生しないことが確定している場合には、保険契約が成立しないということを明らかにしたものと解すべきである。同法６４１条は、保険契約者又は被保険者の悪意又は重過失によって生じた損害については、保険者はこれをてん補する責任を有しない旨規定しているが、これは、保険事故の偶然性について規定したものではなく、保険契約者又は被保険者が故意又は重過失によって保険事故を発生させたことを保険金請求権の発生を妨げる免責事由として規定したものと解される。

本件支払条項は、「衝突、接触、墜落、転覆、物の飛来、物の落下、火災、爆発、盗難、台風、こう水、高潮その他偶然な事故」を保険事故として規定しているが、これは、保険契約成立時に発生するかどうか不確定な事故をすべて保険事故とすることを分かりやすく例示して明らかにしたもので、商法６２９条にいう「偶然ナル一定ノ事故」を本件保険契約に即して規定したものであり、他方、本件免責条項は、保険契約者、被保険者等が故意によって保険事故を発生させたことを、同法６４１条と同様に免責事由として規定したものというべきである。本件支払条項にいう「偶然な事故」を、同法６２９条にいう「偶然ナル」事故とは異なり、保険事故の発生時において事故が被保険者の意思に基づかないこと（保険事故の偶発性）をいうものと解することはできない。

　したがって、車両の表面に傷が付けられたこと等が保険事故に該当するとして本件支払条項に基づいて車両保険金の支払を請求する者は、事故の発生が被保険者の意思に基づかないものであることについて主張、立証すべき責任を負わないというべきである（最高裁平成18年6月6日第三小法廷判決・最高裁判所裁判集民事２２０号３９１頁参照）。」

「エ　前記(3)のとおり、本件事故発見時の原告らの供述が第三者によって本件事故が発生させられたことを前提にすると考えられないような曖昧さと、変遷及び食い違いを見せていることに加え、上記アないしウのとおり、原告には、本件事故を故意に起こす動機があったということも可能であるところ、実際に故意に本件事故を生じさせて修理代相当の保険金を得られれば経済的利益に結びつくということができるし、そのような経済的利益を本件事故を故意に起こしてまで獲得しようとした事実を推認させる事情は、本件車両の取得保有の状況や、本件駐車場を選択した行動及び本件車両の代金や被害額の水増しという原告の行動を通じて、客観的に認められるから、上記の故意を推認することができるというべきである。

　(5)　したがって、本件事故は、原告の故意によって惹起されたものと推認するのが相当で、本件免責条項該当の事由が認められる。」

❖ コメント

本件は、車両保険を付帯特約とする自動車総合保険契約を被告との間で締結していた原告が、被保険自動車である別紙車両目録記載の車両を有限会社Zの駐車場に駐車していたところ、何者かによって、本件車両の前輪のタイヤ二本がパンクさせられたりその車体の全周に線状の傷を付けられたりする事故に遭い、修理費相当額一七八万一五二九円の損害を被ったとして、被告に対し、上記自動車総合保険契約に基づき、保険金およびこれに対する訴状送達の日の翌日から支払済みまで民法所定の年五分の割合による遅延損害金の支払を求めているものである。

本判決は詳細な認定事実から本件事故が原告の故意によって惹起されたものと推認するのが相当であり、免責条項該当の事由が認められる、と判示している。妥当な判断であろう。

七　東京地判平成二四年三月二七日判例タイムズ一三九〇号二八一頁

飲酒運転による交通事故について、運転者と共に飲酒した同乗者二人らに民法七一九条二項に基づく責任が肯定された事例（損害賠償請求事件）（一部認容）（確定）

X¹、X²、X³、X⁴（原告）対Y¹、Y²、Y³、Y⁴損害保険会社（被告）

「⑵　以上の事実関係の下では、被告乙川と長時間にわたって飲酒を共にし、その後もB店で被告乙川と共に飲酒を求めた被告丁木及び被告亥井において、被告乙川がA亭での飲酒により相当酩酊し、B店から被告車を発進させるに当たって飲酒の影響で正常な運転が困難であることを認識していたことは明らかである。また、被告丁木及び被告亥井と被告乙川との関係等を踏まえると、被告丁木及び被告亥井が被告車で一回りするとの被告乙川の提案について了解したことが、被告乙川が正常な運転が困難な状態で被告車を走行させることを容易にしたこともまた明らかといえる（被告亥井は、被告乙川は既に被告車を発進させせようとしていたのであるから、被告亥井の言動は、被告乙川が被告車を発進させることに何ら影響を及ぼすものではなかったなどと主張する。しかしながら、被告亥井自身、被告乙川を被告人とする刑事裁判において、「３人の意見が合わないと多分車が動き出すことはなかったのではないか」と証言し〔甲28の３－11〕、被告乙川も、被告亥井を被告人とする刑事裁判において、「被告車を発進させるに当たり、３人の気持ちが同じになった」「被告丁木と被告亥井の一方又は双方から被告車を発進させることを反対されていれば、発進させなかった」と、被告亥井の上記証言と符合する証言をしており〔甲45の17ないし19・22頁〕、被告亥井の了解が、被告乙川が被告車を走行させることに影響を与えたことは明白であって、被告亥井の上記主張は採用の限りではない。）。

さらに、被告丁木及び被告亥井は、被告乙川から、被告車内で、被告車で一回りすることについて了解を求められた時点で、被告乙川が相当酩酊していることを認識していたことや、被告丁木及び被告亥井と被告乙川との関係等を踏まえると、被告丁木及び被告亥井には、被告乙川の運転を制止すべき注意義務があったというべきであるが、被告丁木及び被告亥井は、被告乙川が運転を開始する際はもとより、被告乙川が運転を開始した後も、特に運転を制止することもないまま、被告乙川の危険運転を容易にしたものといえる（この点、被告丁木は、被告丁木が「よせよせ」などと言ったにもかかわらず、被告乙川はこの発言を無視して被告車の加速を続けて本件事故を惹起したのであるから、被告丁木の了解又は黙認によって被告乙川の危険運転が容易になったとはいえないなどと主張する。しかし、仮に、被告丁木がそのように被告乙川に言ったとしても、被告丁木にそのように言われたのに被告乙川が答える間もなく本件事故が発生していること〔甲45の20頁、甲60の38頁等〕や、被告丁木の発言内容も、速度の出し過ぎを一言注意した趣旨に過ぎないと解されること〔甲60の37ないし38頁等〕によれば、被告丁木の上記発言が、被告乙川の運転を中止させるべきものではなかったことが明らかであるから、被告丁木の上記主張は採用の限りではない。)。

以上によれば、被告丁木及び被告亥井は、被告乙川の危険運転を幇助したものということができ、民法719条2項に基づき、本件事故につき、被告乙川と共に不法行為責任を負うというべきである。」

❖ コメント

本件は、飲酒の影響で正常な運転が困難な状態であった者の運転する自動車が対向自動車に正面衝突した事故について、本件事故によって死亡した被害者らの相続人であるX[1]らが、加害車両の保有者かつ運転者である被告Y[1]（乙川）に対しては自賠法三条ないし民法七〇九条に基づき、被告Y[1]と共に飲酒し本件事故当時加害車両に同乗していた被告Y[2]および被告Y[3]に対してはいずれも民法七一九条二項に基づき、被告損害保険株式会社に対しては被告Y[1]と被告会社の間で締結していた保険契約の約款に基づき、損害賠償および遅延損害金の支払を求める事案である。

本判決は、運転者と共に飲酒した同乗者は、運転者の危険運転を幇助したものということができるとして、民法七一九条二項に基づき、本件事故につき、運転者と共に不法行為責任を負う、と判示している。

飲酒運転による交通事故について同乗者に民法七一九条二項の共同不法行為責任を認めた事例として、山形地米沢支判平成一八年一一月二四日判時一九七七号一三六頁、判タ一二四一号一五二頁、石田満編「保険判例二〇〇九」（保険毎日新聞社）一一七頁（菊地秀典）がある。

本判決については、石田満編「保険判例の研究と動向二〇一四」三三二頁（菊地秀典）の評釈がある。

八　札幌地判平成二四年四月一二日判例タイムズ一三八六号二八四頁

被保険者が海中に転落していた自動車の車内で死亡していたことにつき自殺によるものと認めるのが相当であるとして、生命保険契約および自動車保険契約に基づく保険金の請求が斥けられた事例（保険金請求事件）（請求棄却）（控訴）

X（原告）対Y_1生命保険会社、Y_2損害保険会社（被告）

「(5)　まとめ

以上で述べたとおり、本件事故の態様等は、本件事故が亡太郎の自殺によるものであることを強く推認させるものであり、本件車両内からの亡太郎の遺体発見状況等も、本件事故が亡太郎の自殺によるものであったことと整合するものである。そして、本件事故以前の亡太郎の生活状況等も、本件事故が亡太郎の自殺によるものであることと矛盾するようなものではない。

これらの事情を踏まえると、本件事故は亡太郎の自殺によるものであると認めるのが相当である。」

❖ コメント

本件は、亡甲野太郎が平成二〇年一一月一四日ころに死亡したところ、亡太郎が締結していた生命保険契約および個人総合自動車保険契約に基づき、死亡保険金受取人または亡太郎の法定相続人である原告らが、被告らに対して、保険金および遅延損害金（起算日は被告損保会社から保険金支払ができない旨の通知を受けた日の翌日）

の支払を求めた事案である。

本判決は、争点（本件事故は亡太郎の自殺によるものか）について、㈠認定事実、㈡本件事故の態様等について、㈢本件車両内からの亡太郎の遺体発見状況等について、㈣本件事故以前の亡太郎の生活状況、を詳細に検討したうえで、本件事故は亡太郎の自殺によるものであると認めるのが相当である、と判示している。

九　東京地判平成二四年七月九日判例タイムズ一三八九号二三五頁

交通事故と医療過誤が競合した場合、被害者の代理人である弁護士（被告）がすでに医療過誤による解決金を示談により受理しながら、この事実を加害者に説明しないまま、加害者側の保険会社（原告）から訴訟上の和解に基づき損害賠償金の二重支払いを受けたことにつき、原告の損害賠償の請求が認容された事例（損害賠償請求事件）（一部認容）（確定）

X保険会社（原告）対Y弁護士（被告）

「2　被告の行為の違法性、権利侵害及び過失について

上記認定事実によれば、被告は、相続人らと実母の代理人として、埼玉医大との間で、医療過誤について６６００万円の解決金の支払を受ける示談を成立させて、被告の預金口座に振り込ませたこと、それにもかかわらず埼玉医大から解決金の支払を受けたことを加害者に明らかにすることなく、加害者の訴訟代理人との間で訴訟上の和解を成立させ、和解で支払うこととされた損害賠償金９０００万円を被告の預金口座に振り込ませて原告に支払わせた事実が認められる。

ところで、民法1条2項は、権利の行使及び義務の履行は、信義に従い誠実に行わなければならない旨を定め、民事訴訟法2条は、当事者は、信義に従い誠実に民事訴訟を追行しなければならないと定めている。そして、民法719条1項は、共同不法行為者の責任として、数人が共同の不法行為によって他人に損害を加えたときは、各自が連帯してその損害を賠償する責任を負うことを定め、民法442条1項は、連帯債務者の一人が弁済をしたときは、他の連帯債務者の債務も消滅することを前提として、弁済した連帯債務者が、他の連帯債務者に対し負担部分について求償権を有することを定めている。

そうすると前記争いのない事実（第2の2(1)、(2)）のとおり交通事故と医療過誤が競合して被害者の死亡の原因となった本件の場合、被害者の死亡による損害については、原則として、民法719条1項の共同不法行為ないしこれに準ずる法律関係として、交通事故の加害者の損害賠償債務と医療過誤による損害賠償債務とが連帯債務となり、交通事故の加害者は、被害者の死亡による損害の賠償が医療過誤に基づきされたときは、その部分について債務を免れることになる。

そして多数発生している交通事故の事例において、加害者において医療過誤の可能性を疑うことがあり得るとしても、現実に医療過誤が認められ医療機関による損害賠償あるいは交通事故の加害者から医療機関への求償請求がされることは、社会的には稀な事例である。交通事故の加害者やその訴訟代理人の立場において、被害者側から何ら説明がないときでも、医療過誤による損害賠償がされていることを予測して賠償の有無を積極的に問い合わせたり調査したりすることを期待することは、極めて困難であるといわなければならない。まして、本件の場合には、裁判所も、医療過誤による損害賠償の可能性を全く考慮に入れないまま和解案を提示しているのであり、法律専門家である弁護士の被告は、そのことを和解案の内容から当然に知ることができた。

このような事実関係及び社会的背景事情からすれば、上記のとおり共同不法行為の連帯債務関係に関する法律を熟知している弁護士である被告としては、訴訟上の和解により和解契約を締結するに際し、民法及び民事訴訟法に定める信義則上の義務として、医療過誤による連帯債務の弁済の事実を知らないことが訴訟経過から明らかな契約の相手方である加害者ないしは裁判所に対し、埼玉医大からの解決金の支払の事実を説明し、その情報を提供すべき義務があるというべきである。したがって、この義務を怠って訴訟上の和解を成立させ、和解に基づく損害賠償金の支払を受けたときは、その行為は不法行為としての違法性を有する。

この場合、和解をしなければ支払うことがなかったといえる部分、すなわち、和解により支払った損害賠償額のうち、交通事故により加害者が負うことになった本来の損害賠償債務から解決金の支払により消滅した連帯債務の部分を控除した損害賠償債務の残額を超える部分については、加害者に代わって損害賠償をした保険会社である原告の権利を侵害したものとして、その損害を賠償すべき義務がある。

そして被告は、共同不法行為の法律関係を熟知している法律専門家たる弁護士であったのであるから、埼玉医大からの解決金支払の事実を加害者側に説明し、情報を提供すべき信義則上の義務があることを認識し得たはずであり、それにもかかわらず、あえて説明をしないまま和解したものであって、上記のとおり違法に原告の権利を侵害したことにつき過失があったと認められる。」

❖ コメント

本件は、交通事故で死亡した被害者の相続人らの代理人である弁護士（被告）が、医療過誤に基づく解決金六六〇〇万円を事故後に入院した病院から受領していたことを明らかにすべき義務があったにもかかわらず、このような義務に故意または過失により違反して、交通事故の加害者との間で損害賠償金として九〇〇〇万円を受領する内容の和解を成立させたことが不法行為に当たるとして、賠償責任保険金として賠償金を支払った加害者の保険会社（原告）が被告に対し、七二六〇万円（支払った賠償金のうち六六〇〇万円と弁護士費用六六〇万円）の損害賠償とこれに対する賠償金支払日の翌日である平成二〇年二月一日から支払済みまで民法所定年五分の割合による遅延損害金の支払を求めた事案である。

本事案は、交通事故と医療事故とが競合した場合にかかる事案である。被告（弁護士）は、相続人らと実母の代理人として医大との間で医療過誤について六六〇〇万円の示談を成立させ、被告の預金口座に振り込ませたが、これを明らかにすることなく、加害者の訴訟代理人との間で訴訟上の和解を成立させ、損害賠償金九〇〇〇万円を被告の預金口座に振り込ませたというものである。

原告は、被告に対して、医療過誤に基づく解決金六六〇〇万円を受理していることを明らかにすべき義務があったにもかかわらず、交通事故の加害者との間で損害賠償金として九〇〇〇万円の和解を成立させ、被告の預金口座に振り込ませたことにつき、不法行為に当たるとして、損害賠償を請求した。

本判決は、交通事故と医療事故との競合につき共同不法行為であり、医大からの解決金支払の事実を加害者側に説明し、情報を提供すべき信義則上の義務があるにもかかわらず、説明しないまま和解したもので原告の権利を侵害したものとして、その損害を賠償すべき義務がある、と判示している。

交通事故と医療事故とが競合する場合、共同不法行為責任を負うことになるのであるから、X（交通事故加害者）とB（医療機関）とは、A（被害者）に対して共同不法行為責任を負うことになり、各不法行為者は被害者の損害の全額について連帯して責任を負うことになるのである（最三小判平成一三年三月一三日民集五五巻二号三二八頁）。したがって、本事案において、被告YがBから医療過誤に基づく解決金六六〇〇万円を取得しながら、これを秘したまま加害者に対し損害賠償訴訟を提起し、訴訟上の和解に基づき損害賠償金九〇〇〇万円の支払を受けることは二重請求に当たるのである。本判決の結論は妥当である。

本判決については、石田満編「保険判例の研究と動向二〇一四」五二頁（石田清彦）の評釈がある。

一〇　大阪高判平成二四年七月一一日判例時報二一六三号一三五頁（原審・大津地長浜支判平成二三年九月二九日判例時報二一六三号一四〇頁）

自損事故による車両保険金等の請求につき、保険契約者の故意により事故が発生したとして支払を拒むことができる、とされた事例（保険金請求控訴事件）（取消）（確定）

X（原告・被控訴人）対Y保険会社（被告・控訴人）

「(2)　(1)で認定した事実に基づき検討する。被控訴人が、本件事故発生時に被控訴人説明のとおりシートベルトをしないで本件自動車の車内（運転席）にいたのであれば、頭部、頸椎部、肩部、上肢部、下腿部の全身打撲の傷害を受けないはずがなく、このような傷害を受ければ当然医療機関での治療を要したはずであるのに、被控訴人は、本件事故後、医療機関で治療を受けていない（前記第3の3(6)ウ）。このことからすると、被控訴人は、本件事故当時、本件自動車の車内にいなかったことを推認することができる。また、本件自動車は、本件事故後、左側面を下にして停止したものであって、左側ドアから出ることは不可能であったにもかかわらず、被控訴人が左側ドアから脱出したと主張していることからも、被控訴人が、本件事故当時、本件自動車の車内にいなかったことを推認することができる。そして、被控訴人が、本件事故当時、本件自動車の車内にいなかったにもかかわらず、車内にいたと主張していること自体が、被控訴人が本件事故を故意に起こしたことを物語るものであるといえる。

ところで、被控訴人は、被控訴人や丙川には、本件事故を故意に起こす動機がない旨主張するが、《証拠略》を総合すると、丙川は、本件自動車を取得後1年4か月経っても売却先を見つけることができなかったこと、平成21年９月現在の本件自動車と同種車両の小売価格は約４１５万円であったことが認められ、このことからすると、被控訴人と丙川とが示し合わせて本件事故を故意に発生させれば、顧客に小売価格相当額で販売するよりも多額な保険金等を取得できることになるのであるから、被控訴人や丙川に本件事故を故意に起こす動機がないとはいえない。

なお、控訴人は、被控訴人が本件事故を故意に発生させたと考えられる根拠を他にも主張するが、上記検討した点だけで、十分これを肯認することができる。

(3)　そうすると、本件事故は、保険契約者である被控訴人の故意によって発生したものであるから、控訴人は、車両条項第３条１号により、保険金の支払請求を拒むことができる。」

❖ コメント

本件は、損害保険会社である控訴人との間で自動車保険契約を締結した被控訴人が、この保険契約の被保険自動車が自損事故により全損したと主張し、主位的に、自らが同契約の被保険者であるとして、予備的に、この保険契約の被保険者から保険金請求権を譲り受けたとして、控訴人に対し、この保険契約に基づき、車両保険金五二五万円、全損時諸費用保険金二〇万円および運搬費用一四万一七五〇円の合計五五九万一七五〇円およびこれに対する訴状送達の日の翌日である平成二二年五月二〇日から支払済みまで商事法定利率年六分の割合による遅延損害金の支払を求めた事案である。

原審判決は、本件事故が被保険者である原告の故意により生じたものであることを認めるに足りないと判断し、原告の請求を認容した。被告である保険会社は控訴した。本判決は、原判決を取り消している。本判決と原判決との判断が異なる事例である。

一一　横浜地判平成二四年九月一一日判例時報二一七〇号九七頁

孫請会社の従業員が起こした交通事故につき元請会社の運行供用者責任が認められた事例（損害賠償請求事件）（一部認容、一部棄却）（確定）

X[1]、X[2]（原告）対Y会社（被告）

「2　(1)ア　以上のとおり、被告と丙川社との間に直接の契約関係はなく、被告が元請け、イージークラフトが下請け、丙川社は孫請けとしての地位にあったと認められる。

しかし、前記1(1)イのとおり、イージークラフトは報酬関係の書類の作成などのみを行い、工事に全く関与しておらず、ケーブルテレビ設備の設置等の工事は、本件事故当時イージークラフトが主に行っていた業務（機械のメンテナンス）とは、性質がかなり異っていた。また、前記1(2)のとおり、被告は、直接、丁原に対して、工事内容が記載された本件指示書等を交付し、工事の技術的な事項についての問合せも、丁原から被告が直接受けていた。これらのことに照らすと、丙川社は、実質的には、被告との間で請負関係にあったといえ、被告との間で直接の契約関係にないことは、被告の運行供用者性を否定する事情にはならない。

イ　上記アのことに加え、前記1(1)ウ、(2)ア、カ、(4)のとおり、被告は、工事の進捗状況の管理を行うとともに、乙山を含めて工事を行う作業員に対して講習を行い、工事は、基本的には、被告ないしジェイコムが行う「Jupiter 認定講習」の認定試験に合格した者のみが行っていたこと、現に乙山も認定講習を受けて工事をしていたこと、本件指示書の交付など工事についてのやり取りは被告と本件班の丁原との間で直接行われ、乙山らは、工事内容が記載された本件指示書に従って、工事を行っていたこと、工事は班を単位として行われていたことに照らすと、被告と乙山ら本件班の班員との間には、指揮監督関係があったものと認められる。

そして、前記１⑵イ、エのとおり、被告が工事の前日に交付していた書面及び本件指示書には、工事先の住所と工事を行う時間帯が記載されており、乙山らは毎回本件事務所に集合して、その近くにある駐車場から工事先に向かっていたから、同書面及び本件指示書により、運行ルートは、実質的に決定されていたといえる。また、前記１⑴ウのとおり、被告は、本件車両を含めた工事に使用する車両のタイヤのすり減り具合や車検切れの有無を確認していた。さらに、前記１⑺のとおり、本件車両には、ジェイコムのロゴマークのマグネット標識が取り付けられ、乙山らは、ジェイコムのロゴがついたユニフォームを着用して工事を行っていた。

以上のことに照らすと、被告は、本件事務所から工事先までの本件車両の運行を支配していたということができる。

ウ　前記１⑴ア、イ、⑵エのとおり、乙山らが行っていた工事は、被告が発注を受けたものであり、本件車両は、その工事を実施するために使用されていたものであるから、被告は、本件車両の運行により、経済的利益を得ていたと認められる。

エ　以上のことに照らすと、本件車両の運行は、被告の支配のもとに、被告のためにされたということができ、被告は、自賠法３条の運行供用者として、その責任を負うものと認められる。

上記の関係が認められる以上、①丙川社が被告からの工事を専属的に行っていなかったこと、②丙川社は被告とは別個の法人であり、人員配置も丙川社の代表者が決定していたこと、③本件車両の実質的な所有者は丙川社であることなどの事情があったとしても、運行供用者性に関する上記認定を到底左右するものではない。」

❖ コメント

本件は、原告甲野花子が交通事故によって傷害を負い、被告が運行供用者に当たるとして、原告花子およびその夫である原告甲野太郎が自賠法三条に基づき、損害賠償と事故の日からの遅延損害金を請求する事案である。認定事実によれば、①Yは有線テレビ放送施設等の開発、設計、施工、保守等を行っている会社であり、ケーブルテレビ設備の設置等の工事を請け負い、この工事をB会社に下請けさせ、②B会社は、さらにC会社に孫請けさせていた。C会社の従業員であるAがこの工事の施工先に向かう際に、自宅付近の道路に立っていたX_1に車両を後進させて衝突させ傷害を負わせたというのである。

本判決は、本件車両の運行は、被告Yの支配のもとで、被告Yのためにされていたということができ、被告Yは、自賠法三条の運行供用者として、その責任を負う、と判示している。認定事実から妥当な判断である。

一二　広島高岡山支判平成二四年九月二八日自保ジャーナル一八八五号一頁（原審・岡山地判平成二四年一月三一日自保ジャーナル一八八五号一一頁）

加害自動車（Y_1運転、無保険自動車）と被害自動車（A運転、X_1搭乗）との衝突によりX_1が傷害を負い、後遺障害を被ったとして、（一）X_1がY_1に対し損害賠償の請求をし、（二）X_1が人傷保険を締結していたY_2保険会社に対する人傷保険金または無保険車傷害保険金の請求をし、（三）Aの母であるBが自動車保険を締結していたY_3保険会社に対する無保険車傷害保険金の請求につき、（二）、（三）の按分の処理を否定し、Y_3保険会社の責任を認容した事例（損害賠償請求控訴事件）（控訴棄却等）

X_1（原告・控訴人兼被控訴人）、X_2（X_1の実父）（原告）対Y_1（被告・被控訴人）、Y_2保険会社（被告・控

訴人）、Y_3保険会社（被告・控訴人兼被控訴人）

「2　被告Y_2保険会社の保険金支払義務（争点(2)）について

(1)　一般に、人身傷害補償条項は、被害者（被保険者）が被った傷害による損害を填補する目的で設けられた保険であり、過失相殺・好意同乗による減額部分や、加害者の資力不足による危険（無保険車による事故の場合など）等をもカバーする点に特長があるが、人身傷害補償条項による保険金額では被害者の損害が填補されない場合に備え、別に無保険車傷害特約が設けられており、人身傷害補償条項と無保険車傷害特約のうち、被害者に有利ないずれか一方が適用されることによって、上記目的が達成されるよう制度設計されている。そして、本件各特約の約款の規定によれば、本件各特約に基づく保険もこれと全く同趣旨のものとして設けられていることが認められる。

(2)　本件各特約の約款、殊に各第2条の規定及び同規定にいう「他の無保険車傷害保険等」の定義（各第4条(5)）によれば、本件各特約のいずれも、無保険車事故については、被保険自動車以外の自動車であって被保険者が搭乗中のものについて適用される無保険車傷害特約がある場合には、まずは同特約から優先して保険金が支払われ、これに自賠責保険等（自動車損害賠償保障法に基づく責任保険又は責任共済）からの支払額を併せてもなお被害者の損害を填補することができない場合に、初めてその不足額についてのみ保険金支払義務が生じるものと定められている。そして、被告Y_2保険会社の本件無保険車傷害危険担保特約からすれば、被告Y_3保険会社の本件無保険車事故傷害特約が上記「他の無保険車傷害保険等」に該当する（逆に本件無保険車事故傷害特約からすれば、本件無保険車傷害危険担保特約はこれに該当しない）のは明らかであるから、まずは被告Y_3保険会社の本件無保険車事故傷害特約に基づく保険金が優先して支払われることとなる（その具体的金額は、上記1で認定のとおりである。）」。

そして、本件無保険車事故傷害特約の保険金額は一名につき2億円であり、原告花子は、自賠責保険等からの支払額と本件無保険車事故傷害特約に基づく保険金の支払によって、その損害額全部が填補される（不足額が生じない）から、被告Y2保険会社に対し、本件無保険車傷害危険担保特約に基づく保険金の支払を求めることはできない。

(3)　このように、優先する無保険車傷害特約が適用されて、被保険者の損害全額が填補された結果、劣後する無保険車傷害特約が適用されず、同特約に基づく保険金支払義務が生じなかった場合であっても、上記(1)記載の人身傷害補償条項及び無保険車傷害特約の目的・制度設計の趣旨を踏まえて本件各特約の約款の規定を合理的に解釈すれば、重ねて人身傷害補償条項が適用されることはないと解するのが相当である。被告Y3保険会社は、本件無保険車事故傷害特約に基づく保険金を支払うことにより、原告花子の被告乙山に対する損害賠償請求権を代位取得し、原告花子はその限度で上記請求権を失うのであるから、重ねて人身傷害補償条項に基づく保険金を請求することはできない。被告Y2保険会社の人身傷害補償条項に基づく保険金支払義務が生じることを前提に、被告Y3保険会社の上記保険金支払義務との間で按分処理すべきであるとする被告Y3保険会社の主張は採用することができない。

(4)　したがって、原告花子の、被告Y2保険会社に対する人身傷害補償条項に基づく保険金請求は理由がない。」

❖ コメント

自動車の正面衝突により被害自動車の同乗者が後遺障害を被ったことにつき、自ら自動車保険契約を締結していたY2保険会社に対する人身傷害条項・無保険車傷害危険担保特約に基づく保険金の請求と被害自動車の運転者の母が自動車保険を締結していたY3保険会社に対する無保険車事故傷害特約に基づく保険金の請求との競合につき、Y3保険会社の無保険車事故傷害特約の支払責任が優先払の責任を負うものとし、按分処理をすべきであるとするY3保険会社の主張を斥けている。この点が本件決の重要な論点である。

本判決については、石田満編「保険判例の研究と動向二〇一四」一一八頁（石田満）の評釈がある。

一三　徳島地判平成二四年一〇月一日自保ジャーナル一八八三号一六五頁

被保険自動車のベンツの海中転落が被保険者が意図的に転落させたと考えるのが合理的であり、被告保険会社の故意免責の抗弁に理由がある、として車両保険金の請求が斥けられた事例（保険金請求事件）（請求棄却）（確定）

X（原告）対Y保険会社（被告）

(3)　本件転落直後の状況

ア　原告は、「本件車両が海面に転落したとき、運転席側の窓は10センチメートル程度開いていた。最初は、運転席ドアを開けたものの、海水が本件車両の中に入ってくるとともに運転席ドアが閉まったため、岸壁が近かった助手席側の窓を開けた。まず、助手席側の窓からクーラーボックスと釣り竿1、2本程度を車外に出し、自らも車外に脱出した。本件車両が海面に転落した後は、足を固定物に付けることができなかった。岸壁に近付いた後、クーラーボックスを先に岸壁上に上げ、自らも岸壁に上がった。」旨を供述する。

イ　しかし、本件車両が海面に転落した時点で、本件車両の運転席側の窓は全開の状態であったと認められ、予想外に本件車両が海面に転落したという緊急状態であったのであれば、運転席にいたはずの原告としては、より近い運転席側の窓から直ちに脱出したと考えられ、あえて助手席側の窓を開けてそこから脱出しようというのは、助手席側に岸壁があったことを考慮しても、やや不自然である。一方、本件車両が海中から引き上げられた段階では、助手席側の窓はわずかに開いていた程度であって、ここから原告が車外に脱出できたかどうかについては、疑問がある。

また、原告は、どのようにして海面に浮かぶクーラーボックスを岸壁上まで上げたのか、具体的な説明ができていない。むしろ、原告は、本件車両が海面に転落した後は、足を固定物に付けることができなかったと供述しているところ、そのように泳ぎながらクーラーボックスを岸壁上へ上げることは困難であったと考えられる。この点の原告の供述も、不合理な内容を含んでいるといわざるを得ない。

ウ　原告は、本件転落が発生した平成21年4月18日午前3時ころ、被告の担当者を通じて手配したC会社が本件車両を海中から引き上げる際、自ら海中に潜って本件車両にワイヤーを通した旨を説明する。しかし、不意に本件車両とともに海中に転落して生命の危機に瀕したというのであれば、その約1時間後に自ら同じ海中に潜るというのは、いささか不自然である。

エ　上記に説示したところによると、原告が本件転落直後の状況として供述する内容は合理性に欠け、むしろ、原告は、本件転落の際には本件車両内にいなかったことが推認されるというべきである。

2　本件車両及び原告が新たに購入した自動車に関する事情

(1)　原告は、平成19年3月ころ、知人で自動車販売のアルバイトをしていた丙川から、本件車両を約３４０万円で購入したこと、本件車両の車検満了日は、本件転落の4日後である平成21年4月22日であったこと、本件転落時における本件車両の下取り価格は、高くとも１６０万円程度であったことが認められる。

また、原告が、本件転落の2日後、上記丙川に連絡をしたところ、上記丙川は、その1年くらい前から、メルセデスベンツ社製のアバンギャルド仕様の自動車を保管していたこと、上記丙川は、その自動車について、車検手続と原告への名義変更手続をした上、本件事故の９日後である同月27日、原告に約２２０万円で売却したことが認められる。

(2)　原告は、同月15日又は16日ころ、上記丙川に対し、本件車両の車検手続を依頼した旨を説明していたが、上記丙川は、原告から本件車両の車検手続について詳細な打ち合わせはしていなかった旨を説明しており、原告の上記説明は客観的な事実関係と食い違うといわざるを得ない。原告は、本件転落の時点でも本件車両の車検手続を行う具体的な検討はしていなかった可能性があり、このことは、本件車両を車検の有効期間満了後には使用しない予定であったのではないかと疑わせる事情である。

(3)　原告は、約３４０万円で購入した本件車両に保険金額が４３０万円の本件保険契約を締結した上、本件転落のわずか９日後には、その保険金額の約半額程度の価格で同じメルセデスベンツ社製の自動車を購入したものである。原告が、本件転落の前の段階から、上記丙川が保管していた上記自動車の存在を認識していたと認めるに足りる証拠はないものの、本件車両の車検の有効期間が本件転落の4日後であったことと併せて考慮すると、原告が意図的に本件車両を水没させたことと矛盾しない事実といえる。また、原告は、本件車両の下取り価格を大幅に上回る保険金を受領する状況にあったもので、これは、意図的に本件車両を水没させる要因の１つになるといえる。

3　総合評価

上記に認定説示したところによると、本件転落に関する原告供述は信用することができず、他に本件転落が原告主張のとおりの機序で発生したことを認めるに足りる的確な証拠はない。かえって、本件転落に関する事実関係に照らすと、原告が意図的に本件転落を生じさせたと考えるのが合理的であり、また、原告が意図的に本件転落を生じさせて新たな自動車を購入する状況にあったともいえる。

そうすると、被告の故意免責の抗弁は理由がある。」

❖ コメント

本件は、原告が保険会社である被告に対し、自動車保険契約に基づく保険金四六〇万八三五〇円およびこれに対する請求日以後の日である平成二一年六月一三日から支払済みまで商事法定利率である年六分の割合による遅延損害金の支払を請求した事案である。

一四　東京地判平成二四年一〇月一一日判例タイムズ一三八六号二六五頁

> 交通事故により重度後遺障害者となった原告等が一時金賠償方式による将来の介護費用を請求していても、裁判所が定期金賠償方式による支払を命じる判決をすることができる、ものとされた事例（損害賠償等請求事件〈第一事件〉、損害賠償等請求事件〈第二事件〉）（一部認容）（控訴）

第一事件　X^1（原告）、X^2（原告）対Y^1（被告）、Y^2（被告）、第二事件　X保険会社（原告）対Y（被告）

「3　将来の介護費用について定期金賠償方式によることの可否及び相当性（争点(3)）

被告会社、被告丙川は、原告太郎の将来の介護費用について、定期金賠償方式によるべきであると主張し、他方、原告太郎、原告次郎及び原告花子は、法的紛争を速やかに終了させ、原告太郎の介護に専念したいので、定期金賠償方式による賠償金の支払を全く望まないと主張している。

原告太郎の余命については、D教授は、遷延性植物状態の余命に関する医学論文を参考にして、原告太郎の平均余命は文献上2年から5年であり、10年生存する可能性は極めて低いとの意見を述べ（乙11の1）、公立学校共済関東中央病院脳神経外科のE部長は、データ及び医学文献上、脳挫傷後の遷延性意識障害患者の平均生存余命は健康人に比較して短いとされていると指摘し、遷延性意識障害の患者一般について、一般人の平均余命年数と比較して早期に死亡する確率は高い上、原告太郎は、脳幹及び上部脊髄にも損傷があり、自発呼吸がなく人工呼吸器が必須であるため、一般的な植物状態の患者に比較して予後が大きく悪い可能性があるという意見を述べている（乙14の1）。これに対し、Bセンター長は、最近では治療方針も変化しつつあり、遷延性意識障害の患者の生命予後も変化していると考えられるとした上、原告太郎は、本件事故前は、健康体の若年者であり、無酸素脳症により植物状態になってから3年半を超えて生存していることなどから、D教授の上記意見には懐疑的な意見を述べている（甲55）。もっとも、D教授、Bセンター長ともに、原告太郎の余命は、感染症、特に呼吸器感染及び尿路感染症等の予防治療に大きく左右されるとする点では意見が一致している（甲55、乙11の1）。

ところで、千葉療護センターは、前記のとおり、集中治療室並みの体制で充実した手厚い看護・介護を行っているが、同センターにおいてさえ、原告太郎には、慢性の尿路感染症が見られるほか、気管カニューレからの空気漏れや喀痰による呼吸不全、呼吸器感染が疑われる症状等が頻繁に見られる状況であって、同センターから他の医療機関に転院した場合には、同センターと同程度の体制の介護を受けられるのかどうかは定かではなく（Bセンター長も、千葉療護センターの患者の死亡率が他の医療機関に比べて低いと述べている。）、現状に比べて、感染症の罹患のリスクが少なくなるとも思われない。このように、原告太郎は、症状固定時には25歳であり、既に事故から約4年以上、人工呼吸器を付けて生存しているものの、上記のとおり状態は決して安定しているとはいえず、感染症罹患のリスクも相当高いのであるから、その余命を含めて将来の状況を的確に予測することは困難であると言わざるを得ない。このような場合に、一般人の平均余命を前提として、将来の介護費用を算定して加害者側にその全部を一括して賠償を命じることは、損害の公平な分配という損害賠償の理念に照らし、適当とは思われない。

他方、原告花子らの自宅介護の意向は強いことから、将来、感染症罹患の十分な防止策がとられ、サポート態勢も確保されて介護環境等も整い、一定期間自宅介護がされる可能性も全くないとは言い切れず、施設介護を前提として控え目に一時金賠償方式により中間利息を控除して将来の介護費用の支払を命じた場合には、実費補填の性格を有する介護費用に不足が生じても、その不足分を裁判上請求する途を閉ざすことにもなってしまい適当とも思われない。

本件においては、現時点で原告太郎の余命や介護環境等の将来の状況を的確に予測することは困難であり、将来に著しい変動が生じた場合には変更判決の制度（民事訴訟法１１７条）によって対応を図るのが適当であるから、実質的に賠償金を支払うのは原告保険会社であって履行が確保できることをも考慮に入れると、将来の介護費用は、定期金賠償方式によるのが相当であるというべきである。

なお、原告太郎、原告次郎及び原告花子は、一時金賠償方式による将来の介護費用を請求するが、自賠法３条、民法７１５条、同法７０９条による人身損害に係る損害賠償請求権に基づき、その損害項目の一つとして将来の介護費用を請求しているのであって、一時金払と定期金払は、単なる支払方法の違いに過ぎないから、裁判所が定期金賠償方式により将来の介護費用の支払を命じる判決をすることは、当事者の申し立てていない事項について判決したことにはならないものと考える。」

❖ コメント

本件は、原告太郎が運転する自家用普通自動二輪車（以下「甲野車」という）と被告丙川が運転する事業用普通乗用自動車（以下「丙川車」という）とが出合い頭に衝突した交通事故について、（一）原告太郎が、被告会社に対し、自賠法三条、民法七一五条に基づき、被告丙川に対し、自賠法三条、民法七〇九条に基づき、それぞれ、人的損害等にかかる損害賠償金およびこれに対する自賠責保険支払日の翌日である平成二二年二月二六日から支払済みまで同法所定の年五分の割合による遅延損害金の支払を求め、(二)原告次郎および原告花子が、被告会社および被告丙川に対し、同法七一五条、七〇九条に基づき、それぞれ、固有の慰謝料等およびこれに対する不法行為の日(本件事故の日)である平成二〇年五月一九日から支払済みまで同法所定の年五分の割合による遅延損害金の支払を求め(第一事件)、他方、(一)被告会社が、原告太郎に対し、同法七〇九条に基づき、物的損害等にかかる損害賠償金およびこれに対する不法行為の日である同日から支払済みまで同法所定の年五分の割合による遅延損害金の支払を求め、(二)被告会社が、共同不法行為者間の求償に基づき、第三者に支払った損害賠償金のうち原告太郎の負担割合に相当する求償金およびこれに対する訴状送達の日の翌日である平成二三年五月一〇日から支払済みまで同法所定の年五分の割合による遅延損害金の支払を求め、(三)原告保険会社が、被告会社との間で締結した自動車損害保険契約に基づき第三者に保険金を支払ったことにより、平成二〇年法律第五七号による改正前の商法六六二条により代位取得した損害賠償請求権に基づき、原告太郎に対し、物的損害等にかかる損害賠償金およびこれに対する上記保険金支払日の後(訴状送達の日の翌日)である平成二三年五月一〇日から支払済みまで民法所定の年五分の割合による遅延損害金の支払を求める事案(第二事件)である。

本事案は、第一事件はX_1(原告)(甲野太郎)、X_2(原告)(甲野次郎)対Y_1(被告)(丙川秋男)、Y_2会社(被告)(東京海上日動社)であり、第二事件はX_1(原告)(東京海上日動社)対Y(被告)(甲野太郎)である。

本事案の論点は、裁判所において定期金賠償方式により将来の介護費用の支払を命じる判決をすることが当事者の申し立てていない事項について判決をしたことになるかどうかである。

本判決は、結論として、定期金賠償方式により支払を命じることができる、と判示している。

なお、将来の介護費用について、福岡高判平成二三年一二月二二日判時二一五一号三一頁は、被害者が一時金賠償方式による支払を求めたにもかかわらず、定期金賠償方式が相当とした第一審判決を変更し、一時金賠償方式が相当とされた事例である。この判決については、石田満編「保険判例二〇一三」(保険毎日新聞社)二三二頁（菊地秀典）の判旨反対の評釈がある。この原判決の福岡地判平成二三年一月二七日判タ一三四八号一九一頁については、石田満編「保険判例二〇一二」（保険毎日新聞社）一八八頁（小野寺千世）の判旨反対の評釈がある。原則としては、被害者側の判断によるべきでないか、と考える。

本判決の控訴審判決である**第二五事件**参照。

一五　仙台高判平成二四年一一月二二日判例時報二一七九号一四一頁、判例タイムズ一三九〇号三一九頁、自保ジャーナル一八八九号三四頁（原審・仙台地判平成二三年一二月二二日判例時報二一七九号一四四頁、判例タイムズ一三九〇号三二三頁）

運転免許を保有していないのに運転免許の色を「ブルー」と告知したことは告知義務違反に当たり、かつ、その事実を保険会社が知らなかったことにつき過失がなかったとして保険契約の解除が認められた事例（損害賠償請求控訴事件）（変更）（上告・上告受理申立）

X1、X2（原告・控訴人）、Z保険会社（控訴人ら補助参加人兼控訴人）対Y（被告・被控訴人）

⑴　告知義務違反について

ア　証拠（甲16、18の1～5）及び弁論の全趣旨によれば、丁原は、平成21年7月22日に運転免許取消処分を受け、これによる欠格期間が2年間であること、丁原保険契約の締結に当たり、補助参加人が、被保険自動車を主に運転する記名被保険者の氏名、住所及び運転免許証の色を告知事項と定めて、丁原に対してその告知を求め、丁原は、運転免許証の色が「ブルー」であるかと質問されて、「はい。」と応答し、平成22年4月17日に丁原保険契約が締結されたことが認められる。

イ　上記事実によれば、運転免許を保有せず、そもそも運転免許証の色を告知できない丁原が、丁原保険契約の締結に当たり、運転免許証の色を「ブルー」と告知したことは、告知事項につき故意に虚偽の事実を告知したものであり、丁原保険契約の解除事由である告知義務違反（保険法28条1項）に当たると認められる。

ウ　これに対し、被控訴人は、告知事項は厳格に解釈すべきであるとして、上記告知事項は「運転免許証の有無又は有効性」の回答を求めるものではないから、告知義務違反には当たらないと主張する。

しかしながら、告知義務の制度は、危険に関する重要事項をよく知る立場にある保険契約者等をして保険者に対する情報提供義務を課し、保険者に危険を測定して保険を引き受けるか否か及び保険料をどう決定するかを判断させるためのものであるところ、運転免許証の色が「ブルーである」のか「色を告知できない」（すなわち、有効な運転免許を保有していない。）のかは、保険者が自動車保険を引き受けるか否かを判断する上で極めて重要な事項であることは明らかというべきである。上記のような問いは告知者において運転免許を有することを前提とした上で、その免許証の色を尋ねる形式を採っているため、運転免許の有無を直接の告知事項とはしていないものの、運転免許を有しない者はこの問いに対しては答えることができない旨告知するほかなく、それにもかかわらず、丁原がこの問いに対して「はい」と答えたことは、告知事項につき虚偽の回答をしたものとして、告知義務違反があったことにほかならないというべきである。

(2)　過失について

ア　被控訴人は、補助参加人が、丁原に対し、運転免許証の写しを送付させたり、運転免許の種類、番号、有効期限等の記載事項を申告させたりせずに、電話で運転免許証の色を確認したにとどまるから、補助参加人は、告知義務違反の事実を過失により知らなかったものであるとして、保険法28条2項1号又は約款により、丁原保険契約を解除することができないと主張する。

イ　しかしながら、告知義務の制度は、危険に関する重要事項の情報が保険契約者等の側に偏在するため保険者が自ら当該情報を調査することが困難であることに鑑み、当該情報をよく知るはずの保険契約者等に回答義務を負わせてその告知をもって保険者の調査に置き換えたものであると解されるから、保険者が保険契約者等から告知された内容について、その信ぴょう性に疑問を抱かせるような特段の事情があれば格別、そうでない場合に、更にその真偽を確認ないし検証するための調査を要求することは、保険者に一律に重要事項の調査義務を負わせるに等しい結果となり、上記のような告知義務制度の趣旨や構造にそぐわないものというべきである。

これを本件についてみると、補助参加人は、丁原に対し運転免許証の色の告知を求めて、丁原からその告知を受けており、その際、告知内容の信ぴょう性に疑問を抱かせるような特段の事情を認めるに足りる証拠がない以上、それ以上に丁原の告知内容の真偽の確認ないし検証のための調査をすべき義務はないというべきであって、取引上必要な注意を欠いていたと認めることはできない。

ウ　したがって、被控訴人の上記主張を採用することはできず、補助参加人が丁原に対して平成22年12月11日付けで告知義務違反を理由にした丁原保険契約の解除は有効である。」

❖ コメント

本件は、亡甲野一江の父母である控訴人らが、一江との間で自動車総合保険契約を締結した損害保険会社である被控訴人に対し、上記保険契約の無保険車傷害特約条項に基づき、一江が原審相被告丁原竹夫を加害者とする後記交通事故で死亡したことによって一江および控訴人らに生じた損害の賠償として、事故後に補填を受けた合計三〇〇〇万円を控除した残額である控訴人ら各自につき三〇五一万八九五円およびこれに対する訴状送達日の平成二三年四月二七日から三〇日が経過した日の翌日である同年五月二九日から支払済みまで商事法定利率年六分の割合による遅延損害金（原審で、民法所定の年五分の割合による遅延損害金を請求していたのを、当審において拡張した）の支払を求める訴訟で、丁原との間で締結したスーパー自動車保険契約を告知義務違反を理由に解除した補助参加人が控訴人らおよび被控訴人から訴訟告知を受けて控訴人らに補助参加した事案であるところ、原審が請求を棄却したのに対し、控訴人らおよび補助参加人が控訴した。

本判決は、まず丁原において告知義務違反がある、とする。そのうえで、Z保険会社において告知義務違反の事実を過失によって知らなかったかどうかについて、Z保険会社は、①丁原に対して運転免許の色の告知を求めて、丁原からその告知を受けていたこと、②その際、告知内容の信ぴょう性に疑問を抱かせるような特段の事情がなかったことを理由に、丁原の告知内容の真偽の確認ないし検証のための調査をすべき義務がなく、したがって、Z保険会社において告知義務違反の事実を知りまたは過失によって知らなかったこと（保険法二八条二項一号）に当らないとして、解除は有効である、とする。

原判決は、Z保険会社において、単なる口頭の確認のみで運転免許保有があると信じたとすれば、保険者として通常尽くすべき注意事務を怠ったものとして過失があるとして、解除権の効力を否定している。

本事案の運転免許の保有等の有無の告知方法には、検討の余地があろう。

本判決については、石田満編「保険判例の研究と動向二〇一四」一四七頁（梅村悠）の評釈がある。

一六　大阪地判平成二四年一一月三〇日判例時報二一七七号一二三頁

> 被保険自動車（メルセデス・ベンツ）に薬剤がまかれて塗装に損傷を受けるなどの被害を受けたとする保険金の請求につき、この損傷が保険契約者（原告）またはその者と意を通じた第三者により招致されたものであるとの事実は優に認定できる、として、請求が棄却された事例（保険金請求事件）（請求棄却）（確定）

X（原告）対Y保険会社（被告）

「⑷　まとめ

以上をまとめると、①本件事故の客観的状況等に照らして、原告又は原告と意を通じた第三者が行うことは極めて容易であるが、反面、通りすがりの第三者や原告に恨みを持つ者が本件いたずらを行う可能性は極めて乏しいこと、②本件事故当時において、原告にとって本件車両は必ずしも必要な車ではなく、処分できる状況にあった上、原告が本件車両を転売しても、購入時と比較して十分なメリットがあるという客観的状況にはない反面、原告又は原告と意を通じた第三者が、保険事故により丁原見積書ないし丁原領収証のとおり保険金を取得した場合には十分な経済的メリットがあったこと、③本件保険契約は、車両保険金額が本件車両の購入価格に比して明らかに高額なものであったことが認められ、これに、④原告の保険事故歴は3年余りの短期間のうちに3度にも上ることも併せ鑑みると、本件事故が原告又は原告と意を通じた第三者により招致されたものであるとの事実は優に認定できる。」

❖ コメント

本件は、損害保険会社である被告との間で車両保険契約を締結していた原告が、被保険自動車である自家用普通乗用車に薬剤がまかれて塗装に損傷を受けるなどの被害を受けたと主張して、被告に対し、上記契約に基づき、保険金四五六万五九九九円および請求手続の後の日である平成二三年一月七日（訴状送達日）から支払済みまで民法所定の年五分の割合による遅延損害金の支払を求めた事案である。

本判決は、結論として、本件事故が原告または原告と意を通じた第三者により招致されたものと認定できる、と判示している。認定事実から妥当な判断であろう。

一七　東京地判平成二四年一二月六日判例タイムズ一三九一号二六一頁

台風による集中豪雨のために冠水していた道路に進入して走行不能になった自動車の同乗者が降車し、避難する際に濁流に流されて死亡し、その相続人において、自賠法一六条一項に基づき、自賠責保険金の請求をしたが、その死亡が同法三条本文の「運行によって」生じたといえず、かつ、車両の運行と死亡との間の相当因果関係も認められない、とされた事例（保険金請求事件）（請求棄却）（控訴）

X（原告）対Y保険会社（被告）

「⑶　前記1の認定事実によれば、本件車両は、本件現場において、夏山車に続いて停止したものであるが、その時間については、秋山が本件現場に到達したのが平成21年8月9日午後9時前後と供述し、近くの家で同日午後9時20分に発令された避難勧告を聞いていること、通常であれば、作東インターチェンジから本件現場までは、約30分程度かかること（甲37）などからすると、同日午後9時前ころのことであると推認することができる。また、秋山は、佐用高校に戻ろうとして本件現場から北方向に歩き始めたのであり、その際には、道路の水位は秋山車の車体の底につくかつかない程度であり、膝下程度にとどまっていた旨供述しており、本件車両が停止した時点においては、佐用川は増水していたものの、既に右岸堤防高を越えて浸水が始まっていたのか（右岸堤防高を越えたのは午後9時ころとされている。）どうかは明らかではなく、本件車両の停止時における道路の水位も定かではない上、秋山は、本件車両のライトは付いていたと供述しているのであるから、本件車両は、夏山車が停止していたためにその後方に停止したにとどまるのか、進路の前方が浸水して車両による走行が困難であると判断して停止したのか、冠水した道路に進入して浸水により走行が不能になって停止したのかなど、停止の理由は明らかではない。しかし、前記認定によれば、その後、周囲の水位が徐々に高くなってきたことなどから、太郎、花子、一郎及び二郎が停止した本件車両から出て、本件国道を歩いて南方向に移動していたところ、折から佐用川が右岸堤防高を越えて氾濫したことによる濁流が押し寄せ、太郎、花子、一郎及び二郎がそれに流され、花子及び一郎が溺死したものと認められる。

したがって、花子及び一郎の死亡は、１００年に一度の降雨を凌ぐ予測を超える局地的な集中豪雨による佐用川の氾濫という自然災害によるものであって、自動車本来が有する固有の危険性が具体化したものではないから、本件車両の運行によるものとはいえないというべきである。」

「原告は、本件車両の停止と花子及び一郎の死亡との間には、相当因果関係が肯定されるべきである旨主張する。しかしながら、上記のとおり、花子及び一郎は、予測を超える局地的な集中豪雨による佐用川の氾濫という自然災害によって死亡したものであって、その死亡と本件車両の運行との間には相当因果関係はないというほかはない。」

❖ コメント

本件は、甲野太郎が運転する自家用普通乗用自動車が、折からの台風による集中豪雨のため冠水していた道路に進入し、走行不能になったため、太郎、同乗していた妻である甲野花子、長男である甲野一郎および二男甲野二郎が本件車両から降車し、避難する際、太郎、花子および一郎が濁流に流されて死亡したとして、花子の実母であり花子の権利義務を承継し、一郎の祖母であり遺産分割協議により一郎の自賠責保険の保険金請求権を取得した原告が、本件車両を被保険自動車とする自賠責保険の保険会社である被告に対し、太郎を運行供用者として、自賠法一六条一項に基づき、一郎が取得した損害賠償請求権の相続分として保険金額三〇〇〇万円の限度で、花子の死亡を原因とする固有の慰謝料として保険金額五五〇万円の限度で、各損害賠償額およびこれに対する損害賠償額の請求日の後である平成二三年七月一三日から支払済みまで商事法定利率年六分の割合による遅延損害金の支払を求める事案である。

本事案の運転者甲野太郎および同乗者である妻甲野花子、長男甲野一郎および二男甲野二郎が車両から降車し、避難する際、太郎、花子および一郎が濁流に流され死亡したことにつき、花子の実母である原告が花子の権利義務を承継し、かつ、一郎の自賠責保険金を取得したとして、保険金の請求をした。

本判決は、花子および一郎の死亡が車両の運行によるものでないとし、かつ、車両の運行と死亡との間には相当因果関係がない、として、原告の請求を斥けている。妥当な判断であろう。

本判決の控訴審判決である東京高判平成二五年五月二二日について、石田満編「保険判例の研究と動向二〇一四」二〇一頁（丸山一朗）の評釈がある。

一八　東京高判平成二四年一二月二〇日判例タイムズ一三八八号二五三頁（原審・横浜地相模原支判平成二四年四月二四日判例タイムズ一三八八号二五六頁）

活魚運搬業者の交通事故による休業による外注について、不法行為責任が認められる債権侵害に当らず、被害者である従業員とその会社（原告・被控訴人）との間で経済的一体性が認められないとして、外注費用の損害賠償請求を認めず、それを認容した原判決を取り消した事例（損害賠償請求控訴事件）（取消、自判）（上告受理申立）

X会社（原告・被控訴人）対Y会社（被告・控訴人）

「(1)　被控訴人は、本件事故による被害者である丙山について、従業員の代替要員確保が困難であり、被控訴人にとって丙山が行うべき業務を外注する必要があったとして、被控訴人が本訴において主張する損害は、本件事故により当然に発生するものであって、本件事故との相当因果関係ないし経済的同一性の範疇にあるから、控訴人がその損害を賠償すべき義務があると主張する。

しかし、本件において被控訴人が主張する損害は、不法行為の被害者である丙山が直接に被った損害ではなく、それに含まれないいわゆる間接損害であり、かつ、その実質は、被控訴人が従業員から雇用契約上の義務の履行を受けられなかったという債権侵害による損害であるといえる。そして、第三者の不法行為により侵害される権利が債権である場合には、債権としての性質上、一般的に、直接被害者と債権関係を有する間接被害者の範囲や生じる損害の種類、態様が広範となることが想定されるから、第三者による債権侵害による損害について加害者の不法行為責任が認められるのは、不法行為法上の損害の衡平な分担という観点に照らし、第三者である加害者の行為につき、故意があるか又はこれに準じる場合であることを要件とすると解される。本件において、控訴人の従業員の七瀬による本件事故の発生は、そのような場合であるとは、本件全証拠によるも認めるに足りない（むしろ、本件事故は、七瀬の一般的な過失によって発生したと認められる。）。

そうすると、被控訴人の請求は、その余の点について判断するまでもなく、理由がないことになる。

(2)　もっとも、以上のように解するとしても、雇用あるいは委任等の契約関係にある個人に対する不法行為により間接損害を被った企業が、例えばいわゆる個人会社であり、その実質が個人と変わりがなく、その個人には企業の機関としての代替性がない場合等において、経済的にその個人と企業が一体をなす関係にあると認められるときには、企業に対する加害者の不法行為責任が肯定されると解される。しかし、前記認定事実によれば、本件事故の被害者である丙山は、被控訴人に入社して間もない試用期間中の従業員であって、被控訴人と経済的一体関係にある者とはいえないことが明らかである。

したがって、この点によっても、被控訴人の請求は、失当というほかない。被控訴人は、大型自動車免許を保有する丙山の業務は、被控訴人の他の従業員等では代替できないと主張するが、仮に、そのような事実が認められるとしても、以上の結論を左右しない。」

❖ コメント

本件は、被控訴人の従業員が交通事故により負傷し休業したことにより、担当の業務ができなくなり、その業務を他社に外注せざるを得なくなったとして、被控訴人が、交通事故の加害者の雇用主である控訴人に対し、民法七一五条の使用者責任に基づき、外注費用一五六万八七六〇円、弁護士費用二〇万円の損害金合計一七六万八七六〇円及びこれに対する不法行為の日である平成二一年八月二二日から支払済みまでの遅延損害金の支払を求める事案である。

原審は、外注費用一五六万八七六〇円および弁護士費用一五万円の合計一七一万八七六〇円とこれに対する遅延損害金について被控訴人の請求を認容し、控訴人がこれを不服として控訴した。

本控訴審判決は、①不法行為責任が認められる債権侵害に当らず、②従業員とその会社との間で経済的一体性が認められないとして、外注費用の損害賠償請求を斥けている。

原判決は、原告がZ水産に活魚の運送代行を外注し、原告の仕入れ業務を継続したことにつき、原告にとってやむを得ない措置であり、その必要性および相当性のいずれも肯定し、しかも、この外注費用と本件事故との間に相当因果関係がある、と判示していた。

本控訴審判決は、原判決を取り消した。

論点は、上記の債権侵害に当たるか、また、上記の経済一体性の有無である。

本判決については、石田満編「保険判例の研究と動向二〇一四」一五八頁（田中秀明）の評釈がある。

一九　東京地判平成二四年一二月二〇日判例タイムズ一三八八号二六一頁（原審・東京簡判平成二四年八月二三日）

自賠法一六条一項に基づく損害賠償額の支払請求権は、差し押えることができない債権であるから、交通事故により物的損害（修理費等）を受けた債権者が民法四二三条一項に基づく代位行使することができないとされた事例（保険金支払請求控訴事件）（控訴棄却）（確定）

X（原告・控訴人）対Y保険会社（被告・被控訴人）

「1　本件は、控訴人が、民法７０９条に基づく本件事故による物的損害等に係る損害賠償請求権を被保全権利として、本件事故により人的損害を負ったとされる乙川が被控訴人に対して有する自賠法16条1項に基づく損害賠償額の支払請求権を債権者代位権（民法４２３条１項）により控訴人が乙川に代わって代位行使しようとする事案である。

自賠法16条1項所定の自賠責保険の保険者に対する損害賠償額の支払請求権は、被害者保護を徹底するという責任保険の社会保障的性質に鑑み、同法18条により差し押さえることはできないとされている。そして、差押えを許さない権利は、債権者の共同担保となるものではないから、その性質上債権者が民法４２３条１項に基づき代位行使することはできない債権であるというべきである。

2　控訴人は、自賠法18条の趣旨は、保険金を被害者に現実に給付させる点にあるから、被害者が権利行使をする機会が十分あったにもかかわらず、あえてこれを行使しない場合にはその趣旨が妥当しないところ、乙川はあえて自賠法16条1項に基づく損害賠償額の支払請求権を行使しないから、控訴人の代位行使を認めても被害者の保護には反することにはならない、また、そのように解しないと、自賠責保険の保険者である被控訴人が損害賠償額の支払を不当に免れることとなって著しく正義に反するなどと縷々主張している。しかしながら、債務者が権利を行使するかどうかは、債権者が債権者代位権を行使する要件となるものであるが、それにより、代位行使しようとする対象債権の性質が変わるものではない。本件においては、前記のとおり、控訴人が債権者代位権に基づき代位行使しようとする上記債権が性質上代位の対象債権にはならないというべきであるから、控訴人の上記主張は採用できない。」

❖ コメント

本件は、控訴人が運転する自家用普通乗用自動車（以下「甲野車」という）と乙川が運転する自家用原動機付自転車（以下「乙川車」という）が出合い頭に衝突した交通事故（以下「本件事故」という。）について、控訴人が、民法七〇九条に基づく乙川に対する物的損害等にかかる損害賠償金五六万五〇二八円およびこれに対する不法行為の日（本件事故の日）である平成二二年八月五日から支払済みまで同法所定の年五分の割合による遅延損害金の請求権を保全するため、控訴人との間で締結された自賠責保険の保険者である被控訴人に対し、債権者代位権（民法四二三条一項）に基づき、乙川に代位して、乙川が自賠法一六条一項に基づき被控訴人に対して有する損害賠償額六四万円およびこれに対する同日から支払済みまで民法所定の年五分の割合による遅延損害金の支払を、上記控訴人の乙川に対する請求権の限度で求める事案である。

原審は、控訴人の請求を棄却したので、控訴人がこれを不服として控訴した。

本判決は、自賠法一六条一項の規定の損害賠償額の支払請求権は差し押えることのできない債権であるとして、交通事故により物的損害（修理費等）を受けた債権者（原告）において民法四二三条一項の規定に基づく代位行使することができない、と判示している。妥当な判示である。

二〇　大阪地判平成二五年一月二八日判例時報二一九七号一三一頁

被保険自動車であるメルセデス・ベンツの損傷につき、保険契約者である原告が関与していると推認される、として、車両保険金の請求が斥けられた事例（保険金請求事件）（棄却）（確定）

X（原告）対Y保険会社（被告）

「(2)　上記(1)で認定した本件損傷の具体的内容に照らせば、本件損傷は、その目的はともかくとして、何者かが故意に生じさせたものであることが明らかである。

被告は、本件損傷の発生に原告が関与している旨主張するので、以下検討する。

上記(1)イ～オで認定したとおり、本件損傷を覚知した経緯等に関する原告の陳述や主張、供述は、大きく変遷しているところ、とりわけ、本件車両を本件現場に駐車した時期及び人物に関する原告の陳述等は、以下のとおり看過し得ない変遷を辿っている。

すなわち、原告は、本件損傷を覚知してから3日後に行われた2月16日聴取では、平成22年1月31日頃、大阪から和歌山に本件車両で向かう途中でサスペンションの故障に気付き、本件車両を自ら本件現場に駐車したが、その後は本件損傷を覚知するまで、誰も本件車両を使用していなかったかのように陳述していたものであり、3月17日聴取では、本件車両は平成21年12月上旬頃から和歌山支社の従業員らが使用していた旨陳述し、本件車両が和歌山へ移動した時期こそ改めたものの、平成22年1月31日に本件車両を自ら本件現場に駐車し、その後は誰も本件車両を使用していなかった旨の陳述は、これを維持していたものである。ところが、4月21日聴取では、本件損傷を覚知する約2週間前に自ら本件現場に駐車した後は、丙川が本件車両を使用したかどうかは分からない旨陳述内容を変更し、さらに、訴状では、これまでと異なって、原告が本件現場に駐車した時期は、本件損傷を覚知した日の前日である旨主張するに至った。しかるに、平成23年10月16日付け準備書面1において唐突に、原告が本件車両を本件現場に駐車したのは、イベントが終了した平成22年1月31日であり、その後、同年2月10日ないし12日頃に、和歌山支社の従業員である丁原が本件車両を利用し、本件現場に駐車した旨主張を改め、陳述書（甲8）では、上記のイベントに原告は参加しておらず、自ら本件車両を本件現場に駐車したことはないかのように記載していた。そして、原告は、本人尋問の際、主尋問においては、概ね陳述書（甲8）の内容に沿った供述をしていたが、補充尋問において、裁判官から、訴状の記載との不一致を指摘されると、陳述書の記載やこれまでの供述の内容と上記訴状の記載内容は同じであるとか、自分が平成22年2月12日頃に本件現場に本件車両を止めたかどうかは定かではないなどと、およそ不合理な供述を繰り返した挙げ句、最終的には上記訴状の記載に沿うような供述を変遷させている。

以上のとおり、本件損傷を覚知するまでの経緯に関する原告の陳述書は、本件車両を本件現場に駐車した時期及び人物の点を中心に看過し得ない変遷を辿っているが、このような変遷は、本件損傷を覚知するまでの出来事を真実体験した被害者であれば、およそ生じるはずのないものであり、変遷の程度も著しく、変遷の理由につき原告が合理的な説明もなし得ていないことからすると、上記の変遷は、原告において、本件損傷の発生に関与していることを隠蔽しようとしたために生じたものと強く推認される。

そうすると、本件損傷の発生については、保険契約者である原告が関与しているものと推認され、本件免責条項に該当する事由が認められるから、被告は、原告に対し、保険金の支払義務を負わない。」

❖ コメント

本件は、原告が、被告に対し、自動車保険契約に基づき、車両保険金二四二万九九〇〇円およびこれに対する平成二三年七月二二日（訴状送達の日の翌日）から支払済みまで商事法定利率年六分の割合による遅延損害金の支払を求める事案である。

本判決は、本被保険自動車の損傷の発生につき原告が関与しているものと推認される、として、原告の請求を斥けているのである。この認定事実の重要な点は、原告の陳述の変遷であろう。

二一　東京地判平成二五年一月三〇日判例タイムズ一三九四号二八九頁

> 車両の盗難の外形的事実が認められ、かつ、被保険者である会社の代表取締役において故意に発生させたものと認められない、として車両保険金の請求が認められた事例（保険金等請求事件）（一部認容）（控訴）

X^1会社、X^2、X^3（原告）対Y保険会社（被告）

「(1)　争点(1)（盗難の外形的事実）について

ア　被保険者が立証すべき「盗難の外形的事実」の内容について

本件保険契約の普通保険約款第４章（車両条項）第１条ウは、保険契約の締結時に発生するかどうか不確定な被保険自動車の盗難について、保険事故とすることを規定したものであり、同第３条１号アは、保険契約者又は被保険者が故意によって保険事故を発生させたことを免責事由として規定したものと解することができる。そして、被保険自動車の盗難という保険事故が発生したとして同第1条ウに基づいて車両保険金の支払を請求する者は、盗難の外形的事実として、「被保険者の占有に係る被保険自動車が保険金請求者の主張する所在場所に置かれていたこと」及び「被保険者以外の者がその場所から被保険自動車を持ち去ったこと」を合理的な疑いを超える程度に立証することを要する（最高裁平成18年(受)第１０２６号平成19年４月17日第３小法廷判決・民集第６１巻３号１０２６頁、最高裁平成17年(受)第１８４１号平成19年４月23日第１小法廷判決・判タ１２４２号１００頁）が、前記の「被保険者以外の者」とは、その文言どおり、被保険者本人又は被保険者たる法人の代表者を意味するというべきである。被告は、この「被保険者以外の者」とは、「被保険者及び被保険者と意を通じた者以外の者」と解すべきであると主張するが、これによれば、車両保険金の支払を請求する者が、被保険自動車を持ち去った者が被保険者と意を通じていないことを主張立証すべきであることとなり、上記の盗難の外形的事実の主張立証についての考え方に反するものであるから、被告の上記主張は、採用することができない。

イ　本件における「盗難の外形的事実」の存否

本件では、本件車両が本件駐車場に駐車されていたこと及び原告会社の代表者である原告甲野以外の者が本件駐車場から被保険自動車を持ち去ったことは当事者間に争いがないから、盗難の外形的事実が存在することは明らかである。」

「以上のとおり、本件事故については、本件犯人の窃取の際の行動自体に不自然な部分があり、原告甲野らの行動や本件車両の発見状況についても不自然といえなくもない部分があるが、これらを総合しても、本件事故が原告甲野の故意により惹起されたものと認定することはできず、本件保険契約の免責条項が適用されるとする被告の主張は、採用することができない。」

❖ コメント

本件は、損害保険会社である被告との間で総合自動車保険契約を締結していた原告株式会社が、原告会社所有の被保険自動車が盗難に遭ったと主張して、被告に対し、車両保険金三五〇万円およびこれに対する催告の日の翌日から支払済みまでの商事法定利率である年六分の割合による遅延損害金の支払を求めるとともに、原告甲野太郎および原告乙山次郎が、前記盗難発生後の被告の対応により名誉を傷付けられたとして、被告に対し、不法行為に基づく損害賠償として慰謝料各一〇〇万円および弁護士費用各一〇万円ならびにこれらに対する不法行為の後の日から支払済みまで民法所定の年五分の割合による遅延損害金の支払を求める事案である。

本判決は、盗難の外形的事実が存在することは明らかである、とし、かつ、本件犯人の窃取の際の行動自体に不自然な部分があり、原告会社の代表者原告甲野らの行動や本件車両の発見状況についても不自然といえなくもない部分があるとしても、結論として、本件事故が原告甲野の故意により惹起されたものと認定することはできず、免責条項は適用されない、として、原告の車両保険金の請求を認容している。この原告の請求については本判決は微妙なところがあることを認めているのである。

二二　岐阜地判平成二五年二月一五日判例時報二一八一号一五二頁

> マイスリーまたはソセゴン（睡眠導入剤）を使用した影響により「正常な運転ができないおそれがある状態で運転している時に」自損事故が生じた、とされた事例である（保険金等請求事件）（請求棄却）（控訴）

X（原告）対Y保険会社（被告）

「3　まとめ

以上の次第で、本件事故は、原告がマイスリー又はソセゴンを使用した影響により正常な運転ができないおそれがある状態で本件車両を運転している時に生じたものと認められる。そして、前示のとおり、本件保険約款第3章第3条③は、保険契約者等が、麻薬、大麻、あへん、覚せい剤、シンナー等の影響により正常な運転ができないおそれがある状態で被保険自動車を運転している場合に生じた損害については、車両保険金の支払が免責される旨定めており、ここに言う「麻薬、大麻、あへん、覚せい剤、シンナー等」とは、使用の影響により正常な運転ができないおそれがある状態を生じさせる薬剤を例示したものと解されるところ、前示のとおり、マイスリーもソセゴンも、使用の影響により正常な運転ができないおそれがある状態を生じさせる薬剤である上、医師である原告は、そのことを十分認識していたというべきであるから被告は、本件約款の同条項に基づき、本件事故による本件車両の損害について、車両保険金の支払を免れることとなる。」

❖ コメント

本件は、原告が、損害保険会社である被告との間の自動車保険契約に係る被保険車両が事故により全損したと主張して、同保険契約に基づき、車両保険金八〇五万円および弁護士費用八〇万五〇〇〇円の合計八八五万五〇〇〇円およびこれに対する事故発生日から支払済みまで民法所定年五分の割合による遅延損害金の支払を求めるものである。

本事案は、マイスリーまたはソセゴンを使用した影響により、約款にいう「保険契約者等が麻薬、大麻、あへん、覚せい剤、シンナー等の影響により正常な運転ができないおそれがある状態で被保険自動車を運転している場合」に当たるかどうかが争われたものである。

本判決は、これを肯定し、車両保険金の請求を斥けている。妥当な判断である。

なお、大阪地判平成二一年五月一八日判時二〇八五号一五二頁、判タ一三二一号一八八頁（酒気帯び運転）、

静岡地沼津支判平成二一年一一月三〇日判時二〇七三号一五一頁、自保ジャーナル一八一六号二九頁（シンナー吸引）は、いずれも免責条項の適用を肯定している。この判決については、石田満編「保険判例二〇一一」（保険毎日新聞社）二四八頁（田爪浩信）の評釈がある。また、「同」三八七・四一四頁参照。

本判決については、石田満編「保険判例の研究と動向二〇一四」一六七頁（遠山聡）の評釈がある。

二三　東京地判平成二五年三月七日判例時報二一九一号五六頁、判例タイムズ一三九四号二五〇頁

低血糖による意識障害に陥って交通事故を起した加害者において、民法七一三条は自賠法三条の運行供用者責任には適用されず、そこで人的損害の損害賠償責任を免れないとし、かつ、民法七〇九条の物的損害については民法七一三条ただし書の過失があるとして損害賠償責任を免れない、とされた事例（損害賠償請求事件）（一部認容、一部棄却）（確定）

X1、X2、X3（原告）対Y（被告）

「1　争点(1)（自賠法3条本文に基づく人的損害に係る損害賠償請求）について

被告は、自賠法4条は、民法713条を準用しているところ、被告は、本件事故当時には責任能力を欠いていたのであるから、自賠法3条本文に基づく損害賠償義務を負うものではない旨主張する。

しかしながら、自賠法3条は、自動車の運行に伴う危険性等に鑑み、被害者の保護及び運行の利益を得る運行供用者との損害の公平な分担を図るため、自動車の運行によって人の生命又は身体が害された場合における損害賠償責任に関し、過失責任主義を修正して、運行を支配する運行供用者に対し、人的損害に係る損害賠償義務を

負わせるなどして、民法７０９条の特則を定めたものであるから、このような同条の趣旨に照らすと、行為者の保護を目的とする民法７１３条は、自賠法３条の運行供用者責任には適用されないものと解するのが相当である。

したがって、被告は、自賠法３条本文に基づき、本件事故による人的損害に係る損害賠償責任を免れない。

２　争点(2)（民法７０９条に基づく物的損害に係る損害賠償請求）について

「(3)　他方、前記(1)によれば、被告は、インシュリン投与後や運動後には血糖値が下がることを知っていた上、最近では、頻繁に低血糖状態になり、実際に警告症状がないまま低血糖状態に陥ったこともあり、自動車の運転中に低血糖になったこともあったのであるから、自動車の運転などといった他人に危害を加えることにもなり得る危険な行動をする際には、血糖値を把握し、必要に応じて糖分補給をするなどして低血糖状態に陥ることを回避するように血糖値を管理する義務があるというべきところ、被告は、本件事故当日、夕食前に速効型インシュリンを自己注射し、スポーツクラブで運動をし、低血糖を招きやすい状況であったにもかかわらず、簡易に血糖値を測定する器機を持ち合わせながら血糖値を測定せず、糖分補給もしないまま、血糖値管理を怠って、１人で自動車の運転をして無自覚性低血糖による意識障害に陥ったものであるから、民法７１３条ただし書の過失があるものというべきである。

したがって、被告は、民法７０９条に基づく物的損害に係る損害賠償義務も免れない。」

❖　コメント

本件は、被告が運転する自家用普通乗用自動車（以下「被告車」という）と亡甲野二郎（平成三年九月一九日生、平成二一年九月二〇日死亡）が運転する自転車（以下「原告車」という）との間で発生した交通事故により亡二郎が死亡したなどとして、被告に対し、選択的に自賠法三条本文または民法七〇九条に基づき、亡二郎の相続人である原告太郎および原告花子が、人的損害にかかる損害賠償金等およびこれに対する不法行為の日（本件事故の日）である平成二一年九月一日から支払済みまで同法所定の年五分の割合による遅延損害金を各法定相続分の割合で支払を求め、原告太郎、原告花子および亡二郎の姉である原告一江が、それぞれ固有の慰謝料等およびこれに対する不法行為の日（本件事故の日）である同日から支払済みまで同法所定の年五分の割合による遅延損害金の支払を求め、同法七〇九条に基づき、原告太郎および原告花子が、物的損害にかかる損害賠償金等およびこれに対する不法行為の日（本件事故の日）である同日から支払済みまで同法所定の年五分の割合による遅延損害金を各法定相続分の割合で支払を求める事案である。

本判決は、低血糖による意識障害に陥って交通事故を起した加害者（被告）において、①被害者（原告）に対して民法七一三条の規定が自賠法三条の運行供用者責任には適用されず、自賠法三条の運行供用者責任を免れないとして人的損害の損害賠償責任を肯定し、②民法七〇九条の規定に基づく物的損害については民法七一三条ただし書の過失があるとして損害賠償責任を免れない、と判示している。

①については、自賠法四条の規定は、「自己のために自動車の運行の用に供する者の損害賠償の責任については、前条の規定によるほか、民法（明治二十九年法律第八十九号）の規定による」とある。この規定によれば、本事案の場合、民法七一三条の規定が自賠法三条の規定と重複して適用されるとするならば被害者の保護を図った自賠法の目的（自賠法一条）に反することになる。自賠法三条の規定が適用される場合には、民法七一三条の適用が否定されるものと解する。したがって、本判決のこの点の判旨については妥当である。

②については、自賠法が適用されない物的損害の請求事案であり、民法七一三条の本文により加害者において第三者に加えた損害を賠償する責任を負うことが原則とされるが、本判決は本条ただし書の過失を肯定し、これについては、加害者の責任を肯定している。

二四　岡山地判平成二五年三月八日判例時報二一九八号一三四頁

交通事故当時、原告が酒に酔って正常な運転ができないおそれがある状態にあったことが強く推認される、として車両保険金の請求が斥けられた事例（保険金請求事件）（請求棄却）（確定）

X（原告）対Y保険会社（被告）

「⑵　本件交通事故発生当時、原告が酒に酔った状態（アルコールの影響により正常な運転ができないおそれがある状態）で本件車両を運転していたことを直接認定することができる証拠はない。

しかしながら、前記認定事実と原告の供述を前提とすれば、本件車両で本件交通事故現場に到着するまでの間、約3、4キロメートルの距離を約4時間かけていることが認められるが、不合理不可思議な走行というほかない。

また、前記認定事実によれば、原告は、本件交差点内が暗く、特に進行方向右側の見通しが悪いにもかかわらず、優先道路である丙川側道路を原告の進行方向右側から本件交差点に向けて進行している車両の存在を認識しながら、車両の動静を確認しないまま本件交差点に本件車両を進入させたこと、丙川が原告側道路から車両が本件交差点に進入しようとしていることを認識して注意していたにもかかわらず、本件車両が飛び出してきたため本件交通事故が生じていること、本件車両は、事故の衝撃で後部左側を本件交差点の西角の電柱に衝突させながらなお前進し、本件交通事故の衝突位置から約13メートル前進したところで、脱輪により停止したことが認められる。これらの事実からすれば、本件車両は、本件交差点内に相当の勢いで進入していたというほかないが、優先道路である丙川側道路から本件交差点に進入しようとする車両があることを認識しながらこれを確認せず、明かりがなく、見通しが悪い本件交差点に、そのような勢いで進入することは、無謀な運転というほかない。

さらに、前記認定事実によれば、本件交通事故後、原告は直ちに通話を試みたオペレーターに対して、事故を積極的に説明ないし報告しようとしなかったこと、丙川に近寄って本件交通事故のことを話し合おうともせず、警察官が臨場することを認識しながら、前照灯もエンジンも切らないまま、その場にいる複数名の誰にも声をかけることなく、立ち去っていることが認められるが、これらの行動は不自然であって、丙川や警察官との接触を意図的に回避しようとしたことがうかがわれる。

その上、前記認定事実と原告の供述によれば、本件交通事故後、原告は外気温5度以下、時間帯によっては氷点下の岡山市内を、徒歩約35分の距離を約14時間かけて歩いて帰宅したことになり、きわめて不自然である。

加えて、前記認定事実によれば、原告は、警察が原告を探していることを認識しながら、本件交通事故から約17時間後、帰宅の約3時間後になって警察署に出頭している事実が認められる。このように出頭するまでに時間がかかったことについて、原告は何ら合理的な説明をしていない。

以上のとおり、本件交通事故の発生前後の経緯において、原告はきわめて不自然不合理な言動をとり続けており、そのことについて合理的な説明を行っていない。そうすると、本件交通事故から約17時間経過しているため飲酒運転の立証はできなかったものの、警察官が原告の飲酒運転を疑っていたこと、原告が酒臭かったことを直接あるいは間接に供述する丙川や甲田には、虚偽の事実を供述する理由も事情も認められないことなどの事情も総合的に考慮するならば、本件交通事故当時、原告が酒に酔って正常な運転ができないおそれがある状態にあったことが強く推認されるというべきである。」

❖ コメント

本件は、原告が、被告との間の損害保険契約に基づき、被告に対して保険金と遅延損害金の支払を請求する事案である。被告は、①原告が酒に酔った状態で運転していたこと、②原告が調査に協力しなかったこと等から、免責事由が存在するとして、その支払を拒んでいる。

本判決は、交通事故から約一七時間経過しているため飲酒運転の立証ができなかったが、原告が酒臭かったことを直接あるいは間接に供述する第三者の供述等総合的に考慮すると、本件交通事故当時、原告が酒に酔って正常な運転ができないおそれがある状態にあったことが強く推認される、と判示し、保険会社の免責の抗弁は理由があるとしている。妥当な判断であろう。

二五　東京高判平成二五年三月一四日判例タイムズ一三九二号二〇三頁（原審・東京地判平成二四年一〇月一一日判例タイムズ一三八六号二六五頁）

> 交通事故により重度の後遺障害を負った被害者が一時金による損害を求めたのに対し、将来介護費用については定期金による支払が相当であるとして、同旨の第一審判決の判断が是認できる、とされた事例（損害賠償等請求控訴事件）（変更）（確定）

X^1、X^2（原告・控訴人）対Y^1、Y^2（被告・被控訴人）

「(2)　控訴人らは、控訴人太郎の将来の介護費用について定期金賠償方式によることは誤りである旨主張する。しかし、控訴人太郎の後遺障害の内容や程度等に照らすと、現時点で控訴人太郎の余命について的確に予測することが困難であることは前示（原判決引用部分）のとおりであることに加え、交通事故の被害者が事故のために介護を要する状態になった後に死亡した場合には、死亡後の期間に係る介護費用を交通事故による損害として請求することはできないことに鑑みると、本件において、平均余命を前提として一時金に還元して介護費用を賠償させた場合には、賠償額に看過できない過多あるいは過小を生じ、かえって当事者間の公平を著しく欠く結果を招く危険があることが想定されるから、このような危険を回避するため、余命期間にわたり継続して必要となる介護費用を、現実損害の性格に即して現実の生存期間にわたって定期的に支弁して賠償する定期金賠償方式を採用することは、合理的であるといえる。そして、控訴人太郎に対して賠償金の支払をするのは事実上は被控訴人保険会社であって、その企業規模等に照らし、将来にわたって履行が確保できているといえることからすると、控訴人花子や控訴人次郎が、金銭の授受を含む法的紛争を速やかに終了させて、控訴人太郎の介護に専念したいという強い意向を有し、定期金賠償方式による賠償を全く望んでいないという事情を考慮しても、本件において、定期金賠償方式を採用することが不相当であるとはいえず、むしろ、定期金賠償方式を採用するのが相当というべきである。なお、一時金賠償方式による将来の介護費用の支払を求める請求に対し、判決において、定期金賠償方式による支払を命じることは、損害金の支払方法の違いがあることにとどまっていて、当事者の求めた請求の範囲内と解されるから、処分権主義に反しない。」

❖ コメント

一　本件は、控訴人太郎が運転する自家用普通自動二輪車（以下「甲野車」という）と被控訴人丙川が運転する事業用普通乗用自動車（以下「丙川車」という）とが出合い頭に衝突した交通事故について、(一)①控訴人太郎が、被控訴人会社に対し、自賠法三条、民法七一五条に基づき、被控訴人丙川に対し、自賠法三条、民法七〇九条に基づき、人的損害等にかかる損害賠償金およびこれに対する不法行為の後（自賠責保険の支払日の翌日）である平成二二年二月二六日から支払済みまで民法所定の年五分の割合による遅延損害金の支払を求め、②控訴人太郎の未成年の子である控訴人次郎および控訴人太郎の妻である控訴人花子が、被控訴人会社および被控訴人丙川に対し、民法七一五条、七〇九条に基づき、それぞれ、固有の慰謝料等およびこれに対する不法行為の日（本件事故の日）である平成二〇年五月一九日から支払済みまで民法所定の年五分の割合による遅延損害金の支払を求める第一事件と、(二) ①被控訴人会社が、控訴人太郎に対し、民法七〇九条に基づき、物的損害等にかかる損害賠償金およびこれに対する不法行為の日である前同日から支払済みまで民法所定の年五分の割合による遅延損害金の支払を求め、②控訴人会社が、共同不法行為者間の求償に基づき、第三者に支払った損害賠償金のうち控訴人太郎の負担割合に相当する求償金およびこれに対する訴状送達の日の翌日である平成二三年五月一〇日から支払済みまで民法所定の年五分の割合による遅延損害金の支払を求め、③被控訴人保険会社が、被控訴人会社との間で締結した自動車損害保険契約に基づき第三者に保険金を支払ったことにより、平成二〇年法律第五七号による改正前の商法六六二条により代位取得した損害賠償請求権に基づき、控訴人太郎に対し、物的損害等にかかる損害賠償金およびこれに対する上記保険金支払いの日の後（訴状送達の日の翌日）である平成二三年五月一〇日から支払済みまで民法所定の年五分の割合による遅延損害金の支払を求める第二事件からなる事案である。

二　原審は、第一事件における控訴人らの請求のうち、控訴人太郎の請求については、被控訴人会社および被控訴人丙川に対し四六七五万七五七九円とこれに対する遅延損害金および将来の介護費用として一か月二五万円の定期賠償金の各連帯支払を求める限度で、控訴人次郎および控訴人花子の各請求については、被控訴人会社および被控訴人丙川に対しそれぞれ一六五万円とこれに対する遅延損害金の連帯支払を求める限度で請求を認容し、第二事件における被控訴人らの請求のうち、被控訴人会社の請求については、控訴人太郎に対し合計二二万二一四円とこれに対する遅延損害金の支払を求める限度で、被控訴人保険会社の請求については、控訴人太郎に対し九万八五六二円とこれに対する遅延損害金の支払を求める限度で請求を認容した。

控訴人らは、いずれも上記敗訴部分を不服として控訴した。

本判決は、将来介護費用について定期金による支払が相当である、と判示している。東京地判平成二四年一〇月一一日判タ一三八六号二六五頁は、原告等が一時金賠償方式による将来の介護費用を請求していても、裁判所が定期金賠償方式を命じる判決をすることができる、と判示している。**第一四事件**参照。

本判決については、石田満編「保険判例の研究と動向二〇一四」一七七頁（梅村悠）の評釈がある。

二六　宇都宮地判平成二五年四月二四日判例時報二一九三号六七頁

クレーン車運転中にてんかん発作により意識を失い、小学生六名に衝突し死亡させた事故につき、その運転者のほか加害車両を保有し、かつその運転者を雇用していた会社およびその運転者と同居していた母親の損害賠償責任が認められた事例（損害賠償請求事件）（一部認容、一部棄却）（確定）

X1～X6（原告）対Y1～Y3（被告）

「ウ　被告五美は、本件事故当日の遅くとも午前7時ころまでには、被告八夫がその前夜に服用すべきであった抗てんかん薬を服用していない状態で被告会社へ出勤しクレーン車等の運転に従事することになることを認識していたのであるから、被告会社に対して、被告八夫がてんかんに罹患していること及び本件事故当日は抗てんかん薬を処方どおりに服用していないから特に発作を起こしやすい状態にあることを通報するなどしていれば、被告会社において、被告八夫に対して事情を確認する等の措置を講ずることができ、少なくとも漫然と被告八夫をクレーン車の運転に従事させることはなかったものと認められる。そして、被告八夫が自宅を出た直後に被告五美が被告会社に通報することは容易であったことからすれば、被告五美がかかる措置を執っていれば本件事故の発生を回避することができたといえる。

なお、被告五美と被告八夫の体力差や、現に被告五美は過去に被告八夫から暴力を受けたことがある（被告五美本人）こと等にかんがみると、被告五美が被告八夫に対して直接に被告会社への出勤をやめさせるべき法的義務を負っていたとまではいえない。

エ　したがって、被告五美は、遅くとも被告八夫が自宅を出た本件事故当日の午前7時ころまでには、前日の夜に抗てんかん薬を処方どおりに服用しなかった被告八夫による自動車の運転行為により歩行者等の生命、身体及び財産に対する重大な事故が発生することを予見することができた一方で、被告会社に通報すれば被告会社において漫然と被告八夫をクレーン車の運転に従事させることはなく、本件事故の発生を防止することができたものと認められ、被告八夫が自宅を出た直後に被告五美が被告会社に通報することは容易であったことからすれば、被告五美が通報しなかったことには違法性が存するというべきである。

(4)　被告五美は、前記のとおり、被告会社に対する通報義務を負っていたにもかかわらず、これを果たさなかったがために本件事故が発生したのであるから、本件事故により生じた損害を賠償する責任を負うものというべきである。」

❖ コメント

本件は、被告乙原八夫が、時速約四〇キロメートルで大型特殊自動車（以下「被告クレーン車」という）を運転中、てんかんの発作を起こして意識を喪失し、折から、通学のために歩道上を歩行していた甲野竹夫、丙川一郎、戊田七郎、乙野十郎、丁川九江、戊原五夫に被告クレーン車を衝突させ、同人らを死亡させた交通事故について、被害児童らの両親、兄弟姉妹および祖父母である原告らが、被告八夫に対しては、自賠法三条および民法七〇九条に基づき、また、被告クレーン車の保有者であり、被告八夫を雇用していた被告株式会社丙田に対しては、自賠法三条、民法七一五条一項および同法七〇九条に基づき、さらに、被告八夫の母親であり、本件事故当時被告八夫と同居していた被告乙原五美に対しては、民法七〇九条に基づき、それぞれ損害の賠償と本件事故日からの遅延損害金の支払を求める事案である。

本判決は、てんかん発作により意識を失い、小学生六名に衝突させた事故につき、その運転者、その会社および母親の損害賠償責任を認めている。

なお、横浜地判平成二三年一〇月一八日判時二一三一号八六頁、自保ジャーナル一八六〇号一頁は、普通貨物自動車の運転中てんかんを発症し、意識を喪失した状態で衝突死亡事故を発生させた運転者、その者の会社およびその会社の代表取締役（運転者の父親）に対して、被害者の両親からの損害賠償請求を認めているが、祖父母の請求を斥けている。この判決については、石田満編「保険判例二〇一三」（保険毎日新聞社）四九頁（寺澤真一）、「同」三六九頁参照。

編者略歴

石田　満（いしだ　みつる）

1931年　札幌市に生まれる
1955年　北海道大学法学部卒業
現　在　上智大学名誉教授
　　　　法学博士

保険判例の研究と動向　2014

2014年7月31日　第1版第1刷発行

編　者　石田　満
著　者　保険判例等研究会
発行者　前野　弘

東京都新宿区早稲田鶴巻町533
発行所　株式会社　文　眞　堂
電話　03（3202）8480
FAX　03（3203）2638
http://www.bunshin-do.co.jp
郵便番号（162-0041）振替00120-2-96437

印刷・モリモト印刷　製本・イマキ製本所

定価はカバー裏に表示してあります
ISBN978-4-8309-4828-2　C3032